市民のための歴史学

テーマ・考え方・歴史像

桃木至朗

大阪大学出版会

目　次

序 章　現代世界の中の歴史学 ……………………………… 1

　　1．現代世界の激動と歴史をめぐる戸惑い　2
　　2．歴史学入門（史学概論）の内容と役割　11

第1章　歴史学はなにをどう問題に
　　　　してきたか、こなかったか ……………………… 21

　　1．歴史学の基本視角と対象　22
　　2．日本の歴史学の位置と課題　30

第2章　史料（資料・史資料）とはなにか ……………… 40

　　1．史料（資料・史資料）とその種類　41
　　2．史料（資料・史資料）の捜し方・使い方　46
　　3．中華世界における外国情報とその記録　55

第3章　時間の認識と時代の区分 ………………………… 59

　　1．時間と時代　60
　　2．歴史観と時代区分　65
　　3．新しい近代像とアジア・日本の位置　70

第4章　ローカルな歴史とグローバルな歴史 ………… 80

　　1．一国史（国民国家の歴史）を越える／
　　　　相対化する地域・空間設定　81
　　2．日本史とアジア史・世界史をつなぐ　91

第5章　環境と人類、技術と科学の歴史 ……………………100

　1．歴史と環境　100

　2．技術・科学と環境・人類　106

　3．歴史人口学の世界　112

第6章　暮らしと経済の歴史 ………………………………120

　1．暮らしと衣食住　121

　2．経済史の刷新　124

　3．貨幣の不思議　134

第7章　政治と外交、権力と反抗の歴史 ……………140

　1．政治と権力の歴史　141

　2．国家・政体と外交　148

第8章　戦争・平和と軍事の歴史 …………………161

　1．軍事・戦争の方法と意味　162

　2．軍事力の担い手と社会・国家体制　168

　3．反戦平和と学問　174

第9章　法と秩序・制度の歴史 ……………………179

　1．「法」の諸類型と系譜　180

　2．社会と「制度」「体制」「秩序」　184

　3．制度と人を結ぶ　193

第10章　社会と共同体・公共性の歴史 ……………199

　1．社会とはなにか　200

　2．社会史という方法　203

　3．共同体と公共性　205

　4．中国「社会」とはどんなものだったか　214

第11章　ジェンダーの歴史、家族の歴史 ……………………219

　　1．ジェンダーという概念　220

　　2．家族・親族と婚姻・ライフサイクル　227

　　3．東アジア史のなかの日本型の家　230

第12章　文化・芸術・思想と
　　　　情報・メディアの歴史 ………………………………241

　　1．文化史研究の現在　242

　　2．言語論的転回以後の歴史研究　252

　　3．オリエンタリズム　258

第13章　歴史と記憶、歴史と現在 ………………………………261

　　1．「記憶」と「歴史」　262

　　2．歴史と現在　266

　　3．支配者（多数者）の歴史、
　　　　勝者の歴史や国民の歴史でないものの模索　270

終　章　歴史学の未来を考える ……………………………………280

　　1．歴史学とその「外部」　281

　　2．社会変動と制度改革のなかの歴史学と歴史教育　287

　　3．研究者のキャリアパスと大学・学界　293

付　録

　　1．歴史の基本公式の例・第5版（2021年9月1日補訂）　301

　　2．マルクス主義歴史学とは？　314

　　3．言語論的転回と「歴史＝物語り」論、
　　　　そしてポストモダニズム　327

　　4．アジアの中の日本中世・近世史　335

参考文献 ……………………………………………………………… 350

あとがき ……………………………………………………………… 373

索引 …………………………………………………………………… 375

序　章

現代世界の中の歴史学

　本書は歴史学の基本的な考え方と現代における動向を解説する入門書である[1]。最初に、なぜ歴史理論や史学史の専門家ではない一介のベトナム史家、もしくはせいぜい「歴史教育改革とグローバルヒストリーにコミットした世界史教員」であったはずの著者が、大きな背伸びを要するそんな企てを必要と考えたか、著者の意図を説明しておきたい。それは第一に、紹介すべき現代歴史学の多面的かつ高度な発展、それがもつ面白さと社会的意義にある。意義が大きいが多様で高度なものをみんなが理解するには、解説が必要である。第二はそれと対照的に、専門外の社会では歴史と歴史学についての誤解・無理解が拡大していることである。しかも第一の方向にせよ第二の方向にせよ、歴史学の特性や現状について問われた際に、きちんと考えを整理して、相手や場に応じて説明や反論をする意志・能力を十分身につけた学生や若手教員が少ない。これが、著者が蛮勇を奮って本書を書こうと決心した理由である。たとえば以下の四つの課題すべてについて、十分習ったり考えたことがある読者は、学界・教育界の中でも外でもあまり多くないだろう。

課題 序-1 ────

日本の歴史学は、研究や教育・専門家養成のやり方について、諸外国と比べてどんな特徴をもつだろうか。また研究の広さや深さは世界の学界の中でどんな位置にあるだろうか。

---

(1)本書は科学研究費補助金「研究者・教員・市民のための新しい歴史学入門」（課題
　番号 26244034、2014-17年度）、同「ジェンダー視点に立つ「新しい世界史」の構

課題 序-2

学校で教える歴史というのは、（1）すでにわかっている（＝動かない）過去のことを、（2）暗記するだけの、（3）現在や未来とは関係のない（＝役に立たない）科目だろうか（後掲『市民のための世界史』p.1 に加筆）。

課題 序-3

大学で歴史学を専攻したことのない人々は一般に、「歴史は好きな人間ならだれにでもできる」と考えている。それは「謎解き」であり「論争の勝ち負けは読んだ歴史書（どんな？）の多寡と、推理能力の優劣の二点で決まるので、たくさん読んでいて推理能力にたけた作家やジャーナリストが歴史学者に勝つのは簡単である」というわけである。これらの見方にどう反論したらよいか（または反論不能か）を論ぜよ。

課題 序-4

「歴史学は世の中の役に立たないしカネにならないので、趣味としてはともかく、大学で専門的に学ぶ意味はない」という判断を前提に「なぜ大学で歴史など学ぶのか」と友人や親・親戚に言われたらどう反論するか。①「好きだから」と答えたら「税金泥棒」と非難される危険性（現代日本では国公立大学はもちろん私大にも税金が投入されている）、②論争の技術（自分の強みを主張する方法と相手の矛盾や弱点を突く方法、不利な論争は土俵を変える方法などを組み合わせる）の二点も念頭に置きながら考えよ。

1．現代世界の激動と歴史をめぐる戸惑い

1.1．世界の激動と歴史学・歴史教育の危機

　日本でも世界でも急速に「世の中」が動きつつあり、漫然と今までの仕組みや考え方・行動を維持していてはだめだ、という言説は至るところで聞かれる。

想と「市民教養」としての構築・発信」（15H01858、2015-19 年度）、「グローバルシティズンシップの観点を主題とする歴史総合・探究科目の教材開発」（21K02561、2021-23 年度）などの研究成果にもとづくものである。記して感謝したい。

2

「急速な変化」は近代社会で一貫して言われてきたことだが、現在の変化の感覚には、**工業化**と**市民革命**や**近代国民国家**形成に始まる「**近代社会**」ないし「**近代世界**」が、根本的に別の時代に移りつつある（もしくは行き詰まっている）という「**ポスト近代**」的な認識をともなう場合が多い。2020年の新型コロナウイルス（COVID-19）によるパンデミックとその全社会への影響が、そうした感覚を強めたことは言うまでもないだろう。

　たとえばこのパンデミックの中で、オンライン授業に頼る大学などの教育機関を含め、テレワークが一挙に広がり、それを可能にした**情報化**やICT化など「工業化の時代の次に来た情報化の時代」のあり方に、あらためて関心が集まった。産業界・経済界などがそこでの技術進歩に明るい夢をいだく一方で、AI（人工知能）が人間の知能を超える「シンギュラリティ」が到来すれば、SFでおなじみの人間が機械に支配される事態が来るのではないかという予測もある。ロボットやAIが人間の労働の多くの代替できる世の中はそもそも、かつて共産主義者が夢見た自由で平等な社会を可能にするか、それともすべての人間を単一のランク付けのもとに置く究極の格差と支配をもたらすのだろうか。その他にも、政治・経済から文化・芸術の世界まであらゆる領域で、新しいやり方やアイディアが広がる一方で、**近代民主主義**と国民国家の行く末、消費と技術の**暴走**、**地球環境**の危機と大規模災害、「**家族**」の変化と少子高齢化や人口減少などをめぐって、人類はかつてない深刻な事態にもつぎつぎ直面している。学校教育やマスコミで最近しばしば言及されるSDGs（持続可能な開発目標）も、新しい覇権をめざす中国の戦略も、そうした状況下で行われている、国際社会の模索や綱引きの産物と理解すべきだろう。

　こうした世界や社会の激動のもとでは、世の中が決まった方向に動いている時代と違い、個々人にせよ社会や国家にせよ、歴史に学んで適切な戦略を立てたり状況判断・行動をしなければならないということも、しばしば説かれるところである。他方、日本人は一般に「歴史好き」であり、文学やドラマだけでなく、歴史学の裾野の広さとレベルの高さも明らかに世界有数の水準にある。行き詰まったマルクス主義と古い実証主義しか選択肢がない状況で学生時代を送った著者は、個人的にも、本書で紹介するような日本の歴史学の新しい研究

成果、世界の学界の刷新の動きなどが楽しくてしかたがない。にもかかわらず
それは、現代日本の学校教育や市民社会で十分活かされているとは到底言えない。多数の良質な出版物の一方で、大学の危機と「**教養**」や「人文学」の衰退、2006年度に発覚した「世界史未履修問題」に象徴される中学・高校歴史教育の失敗、そして「**歴史修正主義**」や「トンデモ史学」の横行など、むしろ社会における無理解と危機が広がっているように見える[(2)]。

　日本社会におけるその直接的な理由として著者が重視することが二つある。第一に、高校の教科書や授業でも歴史の新しい知識や歴史像が教えられることは確実に増えているのだが、一般にそれは「正しい結論」として示されるだけで、その背後にある歴史学の**方法論**や**考え方**、歴史が書き換えられるとはどういうことなのかなどはブラックボックスのままにされているため、生徒は（しばしば教員も）それを個別**知識**として**覚える**だけしかできない。そういう知識は、入試に出たり別人から聞かされる「権威ある旧説」や「上手に語られる珍説」によって、簡単に上書きされるだろう。第二に、歴史学の方法論や考え方は、（理由は後述するが）大学史学系や教員養成課程においてすら体系的に教育されることがめったになく、現代歴史学の全体像や方向性は、個別の分野や方法の例から学生が経験的・帰納的に発見するに任せられている。そのため、高校教員も教科書執筆者・編集者も入試の出題者も、「自分がかつて暗記した通りにする」のでなければ、「自分の専門分野だけを刷新する」ことしかできない。結果として、新しい知識も考え方もどこまで行っても個別の断片にとどまり、教育全体や市民社会では、「古い枠組みや考え方」が再生産され続ける。学問が発展する過程で細分化が起こるのは必然だが、日本の学界の場合、冒頭に述べたような大きな時代の転換について総括的な議論を展開できる歴史の専門家は、あまりに少なくないだろうか（だから作家や財界人が歴史を語ることになる）。

---

(2)歴史学と歴史教育の間でいま何が問題で何が必要かの考え方について、本書は小田中直樹［2007ほか］、それに小川幸司［2011-12、2021ほか］などからヒントを得ている。小田中や小川の考えが、2022年度から施行される高校歴史の新学習指導要領（終章を見よ）の積極的な部分に影響を与えていることは、関係者の間ではよく知られている。

　著者たちはすでに、全体の構図も個別の諸論点も新しいうえに、上記の課題
序-2 などにふれる「超簡単史学概論」も含んだ大学教養課程の世界史教科書
『市民のための世界史』［大阪大学歴史教育研究会（編）2014］を出版したが、
それが難しすぎて理解できない、教えられないという高校・大学教員の声が少
なくない。自分たちの書き方の不十分さを棚に上げて言えば[3]、この現象も、現
代歴史学はどこを向き、何のために何をしているのかのコンパクトかつ系統的
なイントロダクションに接した経験をもたない教員や学者——そのような人々
は史学概論部分をそもそも読まないか？——が教育現場の多数を占めることが、
その大きな原因であるとしか思えない[4]。

1.2.　歴史教育（一部は研究も）をめぐって業界内でよく聞かれる素朴な疑問

　終章であらためて触れるが、国民の歴史理解の後退や歴史無用論の蔓延を憂
慮する歴史の教員や研究者は少なくない。ただし関係者のあいだでは、下のよ
うな素朴な考え方がよく聞かれる。終章で紹介する「**大阪大学歴史教育研究会**
http://www.geocities.jp/rekikyo/」や全国組織「**高大連携歴史教育研究会** https://
kodairekikyo.org/」、それに教育系・歴史系の学会や各地の高校教員の研究会な
どでも、これらの意見や疑問は至る所で提起されてきたが、それが納得いくま
で討議されその先に議論が進む機会は必ずしも多くない。

---

　(3)高校教員の場合は、それが教科教育学（高校の）の定石通りに組み立てられてい
　　ないことへの違和感を示される場合もあるが、この本が、記述内容は高校で参考に
　　なるが、書籍として高校の授業用に作られたものでない点は、序章に明示してある。
　(4)高校教科書の記述内容のどこがどう古いか、新しい見方はどのようなものかにつ
　　いての個別例の解説は教員向けの冊子や一般書などでも頻繁に解説・紹介されてお
　　り（ただし世界史・日本史の古い内容の全面的刷新にはそれらを何本読んだらよい
　　かわからない）、教科内容研究と教育実践の経験をもとにした高校教員の著作も少な
　　くない［大橋 2018 など］。中には［神奈川県高等学校教科研究会・社会科部会歴史
　　分科会（編）2008］のように世界史のほとんどの地域・時代をカバーする総合的な
　　ものもあるが、それも歴史学全体の変化を十分説明してはいない。

資料序-1　歴史学と歴史教育をめぐる「よくある疑問」

（生徒・学生とその能力について）

- （阪大で行ってきた新しい歴史研究の成果を教育の場に紹介する取り組みについて）先生方の理想はわかるが、いきなり教育内容や試験のやり方を激変させたら生徒が戸惑う。
- 思考力などの難しいことを受け付けるのは一部の優秀な生徒だけで、圧倒的多数の中レベル以下の生徒たちは、暗記すら十分できないのだから、そんなことは考えようもない。
- 子供たちは（しばしば大学生も）抽象的な理屈や概念は受け付けないので、具体例を学ばせるなかで少しずつ抽象的思考に導くしかない。
- 子供たちの理解力や思考力はすべて小さな事柄から大きな事柄へと一方向に発展する。

（教育内容・方法や目標について）

- まず基礎知識がなければ考えることもできない。
- 古典の文句を引用した政治家の演説など、現代社会でも起源や典拠を知らなければ理解できないことがたくさんあるから、近現代史だけでなく古代史から教えなければならない。
- 知識だけでない思考力や概念を身につけるには、資料を読む中で経験的に発見する方法しかない。
- 「資料は一次史料に限る」「文章資料は原文（日本史なら古文・擬古文その他）で読ませねば意味がない」。
- グローバル人材育成とは多国籍企業や財界のための考え方である。

（高大それぞれの役割と入試）

- 中学校で基礎知識をきちんと教えていないから高校が苦労する。
- 高校までは基礎知識を教えるので、考え方などは大学で教えればよい。
- 高校歴史教育は歴史学（専門家養成）の教育ではない。
- マークシートや穴埋め方式の試験は短時間で公平な採点ができるが、論述式などは手間がかかるうえに公平な採点が難しいのでとてもできない（どうやったら実現できるか見当がつかない）。無理にやると入試の公平性がそこなわれる。
- 暗記は貧富の差なくできるし成果は努力に比例する。しかし「思考力」「表現力」などを問われると一部の優等生とそれ以外の差が広がるし、特別な訓練を受けられる恵まれた家庭（高所得の家庭、「文化資本」に恵まれた教育程度の高い家庭）の子供が有利になる。

- 歴史など人文学は現在を疑う批判精神を養うために学ぶものであるから、「役に立つ」ことや現代的意義を求めるのは間違っている。
- 概念や大きな像などは解釈が分かれるから、それを教えるのは特定の歴史観の押しつけになる。

　本書は直接これらについて論じるものではないが、新しい知識や考え方（いずれも複数形）の全面的な普及は、これらを乗り越えた先にあると信じる。それを含め、現代社会の状況と、研究者・教員を含む多くの人々がいだく歴史に関する理解や戸惑いを念頭に置きながら、阪大の研究・教育の経験を踏まえ、高校・大学の新しい教科書の背景にあるような歴史学の考え方・動きが理解できるようにすることが本書の目標である。そのために本書の各所に、古い知識・考え方の問題点や新しい歴史学の要点・面白さに関わる「課題」や「資料」（狭い意味の資料の紹介より、そのテーマに関する著者の要約や見解を書いたものが多いが）を配置する。課題には、一部を除き直接の「正解」は示さないが、読者は本書のどこにヒントがあるかにも気を配りつつ、どんな解答や説明が可能か考えていただきたい。

　ただそれには、第13章・終章などでも触れるような、歴史学より広い学問一般のありかたや歴史学と他の学問の共通点と差異、学問と社会との関わり、そして現代世界の動きと課題などに関連した、「教養」や「ことばと学知のOS」のアップデートが必要な場合も多い。たとえば物事を表現する際、日本語はどこが便利でどこが不便だろうか。それらに関する知識やスキル[5]が中学ないし

─────────

(5)たとえば本書は「世の中」「謎解き」など用語や説明にしばしばカギカッコを付ける。これをうるさいと感じる読者も少なくないだろうし　カギカッコといえば引用符（" "など）の代わりか、さもなければ「いわゆる○○」（しばしば著者がその概念やネーミングに賛成していないニュアンスも示す）という用法しか思い浮かべない読者には、何を言いたいのかわからないという戸惑いを与えそうである。しかし新聞をよく見るとわかることだが、カギカッコには語句や命題を強調する機能がある（高校教科書では太字や下線を用いることが多い）。また学問には不可欠の「一般社会の用法ではなく学術用語としてその語を用いる」（ただし「複数の定義・用法

高校程度であっても、専門的な歴史の学習・研究には差し支えないだろうか。すべての科学は厳密かつ単純な法則・理論や定理・定義に従った唯一絶対の正解（真理）を追求しているだろうか。学問の種類によって「正しさ」の性質は違わないのだろうか。そもそも「定義」や「**理論**」とは何だろうか。ある学問の大きな枠組みが変わる「パラダイム転換」が起こったとき、どの学問でもそれまでの具体的な研究成果は無意味・無用になるのだろうか。学問の高度化を反映して医歯学系は最初から6年制、理工系では修士号を取ってから企業に就職するのが当たり前になっている時代に、学部4年間だけで人文学の十分な実力を身につけることはどこまで現実的だろうか。これらの問いを「考えたこともない」読者がいたら、新しい歴史学の考え方を理解することもやや難しいかもしれない。

　また現代世界の動きについて言えば、もちろん歴史学は政策提言などを直接の目標とする学問ではない。しかし現代の諸課題につながるテーマはたくさんあるし、それをあえて避け、眼前の世界やその常識に縛られない批判的精神を目ざす際にも、一定の現状認識がなければ、（よほど恵まれた自由な地位にない限り）かえって現実に巻き込まれ押し流されることになりかねない。たとえば大学教員が入試改革に無知なままでは受験生に明確な被害を与えるし、市民の権利・義務という点では、環境やジェンダーについて一切知らないというのは許されないだろう。「脱俗的」発想が不可欠な人文学はそうした点で根源的な矛盾を抱えていることを、最低限認識しておきたい。付言すれば、そうした感覚を磨くには、あらゆる対象について専門論文や原史料を読まねばならないという大学院生が持ちがちな「常識」が邪魔になることがある。むしろ新聞を毎日読めばわかることがたくさんある。

があるがそれを列挙したらきりがないので、仮に最大公約数的な定義・用法にしたがう」「ある強力な批判を受けた古い概念や用語を、あえて新しい意味で使用する」などの場合もある）ケースもカギカッコがよく使われる。本書の性格上、それらの機能を封印して「中学校レベル」の日本語表現にとどめることはできない点を、ご諒解いただきたい。もう一点、本書の語句の表記は完全に統一されてはいない。そうなっていない史料の読解は、大学歴史教育に必須だからである。

資料序-2　「教養」と「学知とことばの OS」に関する私見

　現代日本の大学教養教育は、（1）アカデミックライティングや資料検索技術など学問の土台となるスキルの教育、（2）各学問の入り口を示す概論講義や基礎セミナーはあっても、（3）諸学問の共通の土台（＝異分野との相互理解や協働の土台）となる**論理学**、**科学論**ないし科学哲学・科学社会学などがほとんど教えられていない点に、根本的な欠陥があると考える。第13章・終章でも取り上げるが、こうした欠陥から来る人文学への低レベルな誤解と批判、それに対する人文学側の拙劣な反論や開き直りなど、「古い知の OS」のままでの議論が日本の学問を衰退させている。これに対し「国際バカロレア」の大学入学資格が得られる DP プログラムでは、必修科目「知の理論」でどの科目にも共通する考え方（主要な共通点と差異）を学ばせる仕組みがあり、日本でもこれを取り入れる高校が増えている。「知の理論」教科書の翻訳は[Sue Bastin, Julian Kitching, Ric Sims 2016]参照。なお「大学改革」の迷走と、その背景にある日本社会の、「近代」など外来の新しい枠組みに対する受け止め方の問題点については、苅谷剛彦[2019ほか]が参考になる。

　次に、歴史学や哲学、文学・語学などは言葉（研究対象と研究成果を発表する媒体の両方の意味で）との結びつきが特に強い。著者は特に、言語（日本の「国語」を含む）や文学の研究・教育に関心が強い。歴史の研究・教育のありかたを考える上で特に参考にしたのは、言葉の教育と読解力についての[新井2018][鳥飼・苅谷・苅谷2019]、歴史無用論の隣りで展開された「古典教育は必要か論争」に関する[勝又（編）2019][坪井ほか（編）2020]などである。また哲学の世界では現象学に注意を払うべきだろう。

　同時に本書は、ヨーロッパ中心史観、国民国家史観（一国史観）や男性中心史観など従来の歴史学や歴史教育の内容上の偏り・限界を乗り越える方向性を示そうとする。想定読者は（1）史学系専攻の学生・院生、（2）新しい歴史教育を目ざす高校などの教員、（3）歴史学とは何かを理解したい他分野の研究者、知識人や市民などである[6]。特に（1）の学生・院生のために、細かい説明注や

（6）従来の出版界では、専門研究・専門教育以外の歴史書というと、子供向けや小中高校などの教員向けを別にすれば、「ビジネスマン（男性）」を主要な読者とする想

参考文献リスト⁽⁷⁾を付けるが、文献リストは少数の例外を除いて、基本的に日本語で読めるもの（翻訳を含む）に限定する。

　もう一点、本書の叙述はもちろん、著者の専門や研究・教育経験を踏まえたもので、取り上げるテーマや実例にも偏りがある。またそれは、著者の著者の歴史や現代社会についての「思想」を反映している。<u>教育の場で教員が自分の思想を生徒・学生に押しつけてはいけないという原則は、「だから教員は自分の思想を述べてはならない」という意味ではない</u>。第12章ほか各所で述べるとおり、完全中立・非政治的な教育が可能だなどという幻想はいい加減に卒業すべきだし、多元的民主主義の担い手はいろいろな政治的見解に触れなければ育たないと信じる（それにともなう危険を恐れて一切の政治性を排除しようとするのは火や刃物に触れさせない子育て、「寝た子を起こすな論」にもとづく性教育と同じで、現実に存在する、より大きく極端な危険に気づき対処する能力を子供から奪う）。学習者に保証されるべきは完全中立・無色透明な教育内容ではなく、複数の考えに触れて考え、選ぶ権利、相手が教師だろうと押しつけにはあらがう権利であるはずだ。だから、『市民のための世界史』が A World History for Citizens という英語タイトルを冠したのと同じ意味で、本書も（いろいろありうる中の）一つの見方を示すものである⁽⁸⁾。

　定がしばしばなされるが、これは「家族と言えば男性サラリーマンと専業主婦、未婚の子供からなる核家族」という像と同様に、現在の日本ではそもそも比率からいって、もはや正当化できない。本書の「市民」はそれより広い職種・階層やジェンダーを想定している。

(7)学部生にはまず、それらを見て参考文献［表記法は文献リストの冒頭に示した］や史料の書き方のルールを覚えてもらわねばならない（ただし本書の流儀が唯一絶対ではない）。挙げる文献は、分野により著者の読書量や理解度が違うため、代表的な研究書、研究入門や「学界展望」といった研究の手引きになる刊行物、それに新書やリブレットを含む一般向けの概説など、ばらつきがあることもご了承いただきたい。紙幅の都合で20世紀前半までの古典とされる文献はほぼ省略した。

(8)『市民』もそうだったが、本書が大阪大学の研究・教育の取り組みを強調する点に違和感を持たれる読者も当然あるだろう。ただ本書の至る所で触れる通り、著者は日本の歴史研究・教育について、学生の分野選択であれ高校教科書の選定や大学の名を売りにした一般書の出版であれ一般的な、「横並びの発想の強い有権者が小選挙区制で議員を選ぶ」傾向とその結果生じる「メジャーなものが実力や重要度をはる

2．歴史学入門（史学概論）の内容と役割

> **課題** 序-5
> それぞれの学問が用いる概念や定理はすべて実例から帰納されたものだろうか。またそれらは完全に価値中立的・非政治的であるだろうか。歴史学の場合はどうだろうか。考えてみよ。

> **課題** 序-6
> 歴史学者が明らかにする歴史とは客観的な「史実」だけを意味するだろうか。

　歴史学の入門書を大別すると、「**歴史理論／史学史**（研究史）系」と「**研究指南**（卒論指南）系」の二つに分けられるだろう（『○○史研究入門』と題するが、内容はその分野の研究史のまとめという書物も多い）。本書は前者で、歴史学の歴史と現代の動向を紹介することを目的としている。歴史理論・史学史系には、以下の内容が考えられる。

資料序-3　歴史理論・史学史の入門書の役割

（1）歴史学全体の**対象・方法**（歴史小説などとの違いを含めた基本的な約束事・概念や考え方 [→解説序 -2]、言い換えれば歴史哲学と「歴史の文法」）、目標・意義などとその変遷（→昔は [E.H. カー 1962] や [林 1953、1954]、最近は [遅塚 2010]、[秋田・永原ほか（編著）2016]、「世界史実践」の観点から（2）以下の各項にもまたがる見取り図を示して話題を呼

かに超える多数を得る」状況に強烈な反発を感じ、しかもそのなかで自分たちの研究・教育は正当な注目を受けていないという意識をもつ。本書の「阪大の連呼」を過大な地位を要求する不適切な行動として批判するためには、そうした日本の体質が、現在の世界中で批判されている「多数派の悪意のない無神経が少数派を苦しめる」例にあたらないかどうかについて、読者の理論武装が求められている。

んだ［小川幸司 2021 などがある］）。

（2）主要な下位領域ごと（例：政治史、経済史、文化史...）の特徴や動向
　［例：福井 2019（1997）］：個々の領域についてはあっても、1冊本はほと
　んどない。歴史学研究会が数次にわたって編纂した「歴史学の成果と課題」
　（最新版は［歴史学研究会（編）2017］）は数冊で全体を通覧しようとする
　が、「岩波講座世界歴史」の歴史学の全体動向の巻（最新シリーズでは［小
　川幸司ほか 2021］）も、テーマの網羅性には不満がある。

（3）地域ごと（日本史、中国史、イギリス史...）・時代ごと（古代史、現代
　世界...）の特徴や動向(9)。従来の高校の歴史はもっぱらこれらに関する事
　実やプロセスを学ぶだけだがそれでよいだろうか。大学レベルの研究入門
　は優れたものが増えているが、自国史（ナショナルヒストリー）と外国史・
　世界史との関係には現在の歴史教育改革から見てもなお配慮が必要である。

（4）（2）（3）に関する専門家の研究方法・指導経験の紹介も［大学の歴史
　教育を考える会（編）2016］などいろいろあるが、ほとんどがバラバラな
　話題の寄せ集めで歴史学の方法の全体ないし一般傾向は見えない。

（5）以上に関する組織面（大学、学会や国・地域ごとの学界のあり方）での
　特徴や動向(10)。

---

(9)日本では高校教科書より詳しく学ぼうとすると、地域ごとに分かれた概論をそれ
　ぞれ読まねばならない。1冊本では、日本史は［木村ほか（編）2016］［佐々木潤之
　介ほか（編）2000］、西洋史の［南塚・秋田・高澤（編）2016］［金澤（監修）2020］、
　東洋史で［吉澤（監修）2021］などがある。岩波新書の中国史シリーズ［渡辺信一
　郎ほか 2020-21］のような新書にも読むべきものが多いし、他方でより専門性の高
　い各地域の「世界各国史大系」（山川出版社）、「○○史研究入門」（名古屋大学出版
　会刊が多い）などもそれぞれ有用である。

(10)通常これは（大学院生以上で？）学会・研究会活動に参加したり外国の研究に触
　れた機会に経験的に学ぶに任されているが、就職活動で志望業種や企業を決める際
　には、その業界の在り方や企業体質なども検討するだろう。歴史学は（社会に、就
　職に）役に立たないという「都市伝説」を社会や学校で再生産させないためにも、
　学部教育を含めて（5）を学んでよいはずである。

資料序-4　歴史と概念・法則、基本的な約束事

　歴史学でいう**概念**やパターンは、数学や物理学の概念・法則のようなあらゆる場合に当てはまる普遍的法則を表現したものではなく、事実を理解する道具として便宜的に設定され、事実を検討した結果どんどん修正させるべきものである。これを数学や物理学の概念・法則のようなものと誤解したうえでその是非や必要性を議論することがよく見られるが、あまり意味がない。同様に、語学における「文法」というものは、「文法に従って表現が行われる」側面と、「その言語をよりよく理解するために学者が設定する約束事」（だから学者によって意見が分かれてもおかしくないし、現実の人々の言語活動に合わせてどんどん修正されうる）という側面の両方をもつ。学問と概念や法則について、本書の読者はそのような前提から出発することを要求される。なお歴史を学ぶのに必要な概念には、「史料」「時代」など歴史学の基本用語、「荘園制」「ファシズム」など特定の歴史事象を表現する用語、それに現代的課題に結びつけて学ぶ場合に必要になる「難民問題」「歴史修正主義」など「現代用語の基礎知識」的な用語の3種類があると考えられる。従来の高校歴史教育では、意識的な説明などが行われているのはほぼ第二の類型に属するものだけであるが、資料1のような提案をした人々は、その状況に強い違和感をいだいている。

　次に、本書は歴史学が学問として成り立つための基本的約束事として「事実立脚性」と「論理整合性」をあげ（[小川幸司 2021] も言うように事実と研究視覚や論理の関係は一方向的というより循環的なもので完全な区別は不可能だが）、歴史学（研究）の目的については、対象とする過去そのものへの関心から出発する「尚古的（個性記述的）歴史学」、現代社会に対する批判精神をもって現在と違う過去に光を当てようとする「反省的（静態重視的）歴史学」、歴史の展開をもとに現在を理解し未来を考えようとする「発展的（動態重視的）歴史学」の三つに分けたうえで、三者の相互補完・融合を説く遅塚忠躬 [2010] の考え方に大筋で賛成する。付言すればそれは、歴史小説やドラマ・マンガ・ゲームなどの創作物、思想家や政界・財界人の史論などを見下すものではない。ただし方法と役割の違いはきちんと理解しなければならない。

　以上を踏まえつつ本書は、形式上では上記の（1）と（2）を中心に据え、行論の中で（3）（4）（5）についてもいろいろな例をあげる。その点で本書の組

み立てとスタイルは、［山下（編）2019］［東京大学教養学部歴史学部会（編）2020］とはかなり共通の発想をもつ。第1章で歴史学全体の大きな変化、第2〜4章で歴史学一般の基本的な対象と概念・方法、第5〜12章で重要な下位領域のテーマと動向、第13章で人類社会における歴史と歴史学の意味などを紹介し、終章では歴史学の外側にある歴史趣味や史論、周辺諸学との共通点と差異、研究者のキャリアパスと学術・教育の改革の方向性などを展望する。序章・第1章と13章・終章が、歴史学全体の学知としての構成と位置を示す役割をもつ。付録として、後述する「歴史の公式」の一覧と、マルクス主義、ポストモダニズムなど歴史学に影響した諸潮流のいくつか、それにアジアと世界の中での日本史のとらえ方についての（独断的な）解説を掲載する。

　ところで、ある学問のあり方を学ぶには、入門・概論などの授業で体系的な解説を聞く直接的方法と、すぐれた著作や先端研究の成果に触れて自分で学び取る間接的方法（［樺山（編著）2010］［保立2015］はその一例）がある。2019年度から阪大の教養教育で設定された「〇〇学の考え方」と「〇〇学の話題」という科目名は、ネーミングのセンスに問題があるが、そうした二つの必要性を明示するものである。本書の著者は、大学歴史教育が後者に偏りすぎていることに強い危機感をもっている(11)。そのため本書は個人の著作でありながら、可能な限り歴史学の全体像を（上記の通りあくまで一つの見方として）とらえ、しかも個別のテーマや論点を網羅しようとしている。それは見るからに無謀な企てであるが、史学系の多くの教員のバラバラな原稿を寄せ集めた書物にはな

---

(11)もちろん人文学は社会科学と比べると対象の限定が困難で、広く見始めるときりがないという性質をもつ。哲学は特に、主要思想の網羅などには意味がないように思われるが、文学はそうでもないだろう。歴史がどちらに近いかというのは意見がわかれて当然である。ただ理解に苦しむのは、歴史の大きな見方は必ず主観性・政治性をもつという正しい命題を「だから歴史学の全体を見ることは不可能ないし不要だ」という奇妙な命題に転換する研究者・教員がよくいる点である。どんな図法で書いた世界地図にも必ず歪みがある。だからといって世界地図を一切使わない地理学・地理教育がありうるだろうか。それとも歴史は、「人間」や「社会」「世界」を多様なやり方で切り取り描写し表現することを目的とするが社会性や全体性が必須ではない点で、文学や芸術の仲間なのだろうか［→終章］。

い特色を出すことは出来るだろう。

　なお、こうした一般的な**概論・入門講義**を専門教育の「入り口」で先に聴き、あとはゼミや特殊講義でひたすら個別具体的なトレーニングだけするという伝統的なやり方は、「専門馬鹿」を量産するのでまずいという見方が広がっており、「**高度教養教育**」［→第13章］なども含めた「出口でのまとめ直し」の訓練が強く求められている(12)。阪大の東洋史学専門分野で、博士後期課程院生による学部生向けの「東洋史学史」「漢籍入門」などの「入門講義」を義務化している(13)のも、似た趣旨をもつ。この種の入門講義は、学部、博士前期ないし修士、博士後期と三回受講すると、それぞれに新しい学びができるはずである。

　本書の場合はそもそも、事典でもないのに記述が網羅的すぎて（その分野の研究テーマを羅列しただけの部分も多い(14)）、「情報が多すぎると人は選択や決断が出来ない」という矛盾に読者を追い込む危険も大きい。その意味では入門段階の読者には、一度に無理に全部読んで理解しようとするよりも、目次を頭に入れたうえで興味のあるところだけをまず（出来れば『市民のための世界史』と照らし合わせながら）読み、しかし時間をおいて複数回に分けて全体を読むような方法をお勧めしたい。歴史学研究の先にある進路について確信を持てない学生や進路指導教員など、終章から読むのがよい読者もいるだろう。ただし二回目以降には、本文中の参照指示などに従って、そのとき読んでいるのと別の章や巻末付録にある関連記述にも目を通すことを心がけていただきたい（学生には必須のトレーニングである）。特に本書の構成上、あるトピックや概念が複数の章で繰り返されたり異なる角度から紹介・分析されているケースがままある。それは大事なことを頭に入るように繰り返すというだけでなく、事象の

(12)大阪大学では、COデザインセンター（旧コミュニケーションデザイン・センター）が、大学院教養教育と「社学連携」をミッションとしている。
(13)［大阪大学歴史教育研究会・公益財団法人史学会（共編）2015：第1章］でも紹介している。
(14)そうした部分については読者の自習や、授業で本書を使用する場合は教員による適切な補足が望まれる。皮肉だがそのことは、重要用語・事項を羅列した従来の「受験用」高校歴史教科書も適切な使い方をすれば暗記以外の役に立つことを示唆しているように思われる。

総合的把握や歴史学の多面性の理解に必要だからである。それゆえにこそ、本文を一度通読するだけでない読み方が役立つはずである。

　もう一点、高大連携歴史教育研究会ではこれまでに、歴史の基礎概念のリスト［資料序-5］や、歴史学の基礎的な対象・考え方や実際の歴史に広く見られるパターンを説明する短文を集めた「**歴史の基本公式**」［資料序-6 にそれを使った解説例を示し、公式全体は付録1に掲載した］などを提起している。歴史学の基本的性格を押さえた上で新しい方法や世界史像を学ぶこと —— 自然科学でよく言われる「巨人の肩に乗って遠くを見る」ことに相当する —— は、多かれ少なかれこうした概念や「公式」の習得・理解と連動しているはずなのだが、今まではそれが高校・大学のどちらにおいても、個別例の学習から自然発生的に（つまり結果的に、しかも非体系的に）しか追求されていなかった点は、もう少し目的論的な方向に転換が必要と考えたためである。たとえば概念や「公式」のいくつかは、各自の思想にかかわらず、上記の（1）を学んだ学生全員が身につけていなければおかしい、言い換えれば理系の基礎的公式や実験方法・機械操作と同じでそれを身につけずに先へ進むことはできないはずなのだが、現実にそうなってはいない。しかし教育に当たる高校・大学教員は、必要に応じてこれらを解説したり授業や試験の出題に応用するような方法で、汎用的な「歴史的思考力」を学習者に意識させることができるだろう［資料序-2 は公式の高校生向け解説・課題例で、教科書の鎌倉幕府成立年代の変化が何を意味するかの理解だけでなく、歴史の解明・説明とは何を論じることかを感得するのにも役立つだろう[15]］。本書はこれらの概念・公式の説明そのものを目的にはしないが、あちこちで紹介・言及するので、読者も記載内容に関係する概念や「公式」を常に意識しながら読んでいただけるとありがたい。たとえばここでは、歴史学とは何をどうするものかについて、以下の四項を挙げておこう。

---

[15]卒業論文などである事件や人の行動について「なぜ」そうなったか、そうしたかを問う学生はきわめて多い。そこで優れた研究をするには、歴史学の方法では人の行動の動機（心の動き）を証明するのは実は難しい［遅塚2010］こと、「なぜ」はきっかけ、背景、行為者の動機・目的など複数の位相に分かれること［公式18］などの認識が役に立つことが多い。

公式1　歴史学は史料から事実（史実）を確定し、それをもとに時系列的な変化、因果関係や時代の特徴など大きな説明をしたり（歴史像を描く）、それらを批評・評価する学問である。

公式2　史料から事実を確定する作業は客観性をもつが、歴史像を描いたり批評・評価する部分では、研究者の「歴史観」などの主観から自由ではない。

公式3　歴史像を描いたり批評・評価する部分も含めて、研究者は他人が検証できるように資料的根拠と自分の論理展開を明示する義務がある。そのような検証を受けて多くの研究者に妥当性を承認された事実や像が「定説」となる。

公式13　全世界の歴史やあらゆる時代の歴史を同時に研究したり叙述することは個人ではもちろん集団でも容易でないので、通常の研究や叙述は、特定の時代や国・地域、自然や社会の領域に焦点を当てて行われる。

　ずいぶん本筋以外の付言や要求が多くて恐縮である。ただそれは、著者が従来の大学、特に学部レベルの歴史学の学びについて抱いている違和感の表明である。個々の授業で高度な内容や方法論を学んでも、別の授業や読書の場でそれが想起・活用され、相互に結びついて体系的な歴史像や応用可能な歴史学の考え方に結びつくことが少なすぎる（しかも大学受験用の――体系的とは言えなくても総合的には違いない――知識はどんどん抜け落ちる）。本書は、この状態を強制的に変える提案の書でもある。

資料序-5　高大連携歴史教育研究会が提案した「歴史の基礎概念」

学習内容	用　語
a．歴史の基礎用語	歴史、文学、哲学、世界史、歴史学（近代歴史学）、歴史教育（歴史学習）、時間と時代、紀年法、西暦、紀元前と紀元後、世紀、千年紀、年号、先史時代と歴史時代、資料（史料）、文字史料、文書、金石文、考古学、遺物・遺跡、民族学（民俗学）、神話・伝説（伝承）、図像・映像、記憶と証言、史料批判、実証、言説、歴史叙述
b．歴史の主なテーマ	人類、環境、災害、病気、気候変動、社会、文化・文明、言語、技術、人種、語族、民族、地域、ネットワーク、暮らし（生活）、衣食住、経済、生産・消費、狩猟・採集・漁労、農業（農耕、農耕社会）、牧畜、交換・流通、貨幣、商業、交易・貿易、交通・輸送、ライフサイクル、共同体、家族・親族、ジェンダー、人口、人の移動、移民、村（村落）、都市、国家、政治、支配と服従・抵抗、法と制度、官僚制、身分（身分制）と階級、租税、外交、軍事と戦争、文字、度量衡、暦（暦法）、文化遺産（文化財）、芸術・芸能、宗教・思想、 科学、教育、情報、コミュニケーション、通訳と翻訳、異文化接触、文化変容、アイデンティティ、他者認識
c．時代・地域を越えた歴史のキーワード	自然災害、人災、環境汚染、環境破壊、伝染病（感染症）、温暖化、寒冷化、エネルギー、文化圏、地域世界、グローバル化、アジア間貿易（アジア域内貿易）、性別分業、婚姻、外戚、都市国家、港市、領域国家、市民権、首長、君主、元首、王、王朝、王国（王政）、皇帝、帝国（帝政）、民主政（民主政治）、共和政、中間団体（社団）、革命、上からの改革、豪族、貴族、文官、軍、軍人（武人）、傭兵、知識人（文人）、農民、地主、小作人、商人、職人、奴隷（奴隷制）、被差別民、人身売買、専売制、労役、兵役、表音文字、表意文字、太陰太陽暦、太陰暦、太陽暦、天文学、葬儀（葬制、墓葬）、祖先崇拝、民間信仰、一神教、多神教、世界宗教、預言者、聖職者、聖典（経典）、偶像崇拝、巡礼、大学、伝統文化・伝統社会、コスモポリタニズム、リンガ・フランカ

資料序-6 「歴史の公式」解説・課題例
（見開き2ページで1項目を扱うと便利な副読本ができる）

公式8 ある事件の5W1Hは、それぞれ何を語るのかを定義しなければ説明できない。＊関連する公式：(11、16、22)

解説 たとえば、鎌倉幕府は「いつ」できたのだろうか。

年配の人々は教科書で「いい国（1192年）つくる」と覚えたのだが、現在は1183年、1185年などの説が普通である。これは「なにをもって幕府の成立と考えるか」という定義の問題であり、それは「誰が」「どこで」「何を」「どのように」したから幕府が成立したのかという問題にもつながる。

1183年は東国に独自の行政権を確立した年（朝廷が東海道・東山道の国衙領・荘園に関する紛争の処理権を頼朝に与える）、1185年はもちろん、平氏を倒した年である（同年に認められた守護・地頭の設置は臨時的なもので、恒常化するのは1191年のこと）。1192年は頼朝が征夷大将軍に任ぜられた年だが、幕府成立イコール「武家の独自政権の成立」なら1183年または頼朝政権が成立した1180年でもよいし、頼朝政権の支配機構が西国まで広がったことを重視すれば1185年に注目が集まるだろう（ただし奥州藤原氏を倒すのは1190年）。朝廷から与えられた地位を重視するのが1192年説だが、それなら1190年に朝廷の軍事・警察責任者である右近衛大将に任じられたことの方が、征夷大将軍への任命より大事かもしれない。

ここまで書けば諸君も気づくだろう。「鎌倉幕府」という言葉は、頼朝の時代からあった言葉ではない。当時は「関東」「武家」「公方」などの語が用いられていた。もともと幕府とは、中国で高い地位の将軍が指揮する陣地や将軍の本拠地を呼んだ言葉で、律令制の時代の日本でも、将軍自身やその館を幕府と呼んだ。幕府を朝廷から独立した政権の意味で使い、しかもトップが征夷大将軍だったものに限定して「鎌倉幕府」「室町幕府」「江戸幕府」の3つだけを幕府と呼ぶのは、江戸時代中期に始まった習慣である。

つまり頼朝が「何を」建てたかは、時代によって考え方が変わっている。現在では軍事指揮権をもつ将軍は征夷大将軍だけでなかったことに着目して、奥州藤原氏（鎮守府将軍）の政権を「平泉幕府」と呼んだり、将軍の肩書きはなくても朝廷の軍事指揮権を握っていた平氏を、平清盛の屋敷の所在地にちなんで「六波羅幕府」と呼ぶことを提唱している研究者もいる。そうなると、右大臣になった信長や関白になった秀吉などの政権も、征夷大将軍になっていないから（短命だったから？）という理由で無視するのは、それでよい

のかという疑問が出そうである。

「何を」の問題は、平氏を倒した戦争の呼び名にも影響する。それは昔から「源平合戦」と呼ばれていたのだが、実際は北条氏など関東の平氏系武士が頼朝を支持したように、源氏も平氏も一つにまとまっていたわけではない。それは、朝廷における貴族の対立、頼朝や平清盛とは無関係に起こった各地方の武士同士のローカルな争いなども複雑にからんだ戦争だった。このため、現在の教科書には、当時の年号を取って「治承寿永の内乱」という呼び方が登場している。

また、鎌倉幕府は、「だれが」建てたのだろうか。どんな場合でも頼朝と答えるだけでいいのだろうか。それでは北条氏は無関係か。集団としての鎌倉幕府を建てたのは、むしろ関東の武士団ではないか。そして平氏は「なぜ」負けたか。貴族化して力が弱まったからという説明は、現在の学界では信用されていない。たとえば室町幕府がもっとも強かったのは将軍義満のときだが、かれは上皇に準じた「准三后」の位を得るなど、室町将軍の中でもっとも貴族化を進めた人物だった。源頼朝の指導力や組織力もさることながら、最近では平氏の敗因として、1180 年に起こった「養和の飢饉」など地盤の西日本地域を襲った異常気象の影響が注目を集めている。

教科書の「いつ」「どこで」「だれが」「なにを」「なぜ」「どのように」したかという 5W1H の説明の背後には、このように多くの見方の中での取捨選択があり、他の見方はすべて完全な間違いというわけではないことも多い。

課題　治承寿永の内乱と鎌倉幕府の成立過程について調べ、政治・軍事だけでなく自然災害などにも注意しながら、年表と「歴史新聞」を作ってみよう。

参考文献

川合康『源平合戦の虚像を剥ぐ　治承寿永内乱史研究』講談社学術文庫、2010年.

川合康『源平の内乱と公武政権』吉川弘文館（中世の歴史 3）、2009 年.

高橋昌明『平家と六波羅幕府』東京大学出版会、2013 年.

高橋昌明「比較武人政権論」村井章介他編『日本の対外関係 3　通交・通商圏の拡大』吉川弘文館、2010 年.

第1章

歴史学はなにをどう問題に
してきたか、こなかったか

　最初に、歴史学が人類社会のなかでどのように成立・展開し、近代歴史学の
成立後は何をどのように問題にしてきたか、逆に何を見ないできたかを、簡単
に整理しておこう。

公式 12　　歴史学は社会科学と比べると、過去の出来事の共通性・法則性を見
ようとするだけでなく、個別の状況の違いや時代の特性も明らかにしようとす
る（例：別の時代の帝国や独裁政権について「歴史は繰り返す」と考えるだけ
でなく、それぞれの背景の違いにもこだわる）。

公式 17　　ある事象の理解や説明・評価には、当時の視点で見る方法と後の時
代からの視点（しばしば近代ないし現在の視点）で見る方法の両方がある。こ
れもどちらか一方に統一することは不可能である。

公式 21　　単一のモデル（例：封建社会、資本主義）や要因（例：地理環境、経
済構造、家族形態）ですべての歴史的事象を説明しようとすると、例外だらけ
になるか、修正を繰り返して多元化しすぎたモデル・要因が定義不能なものに
なって崩壊するかのどちらかにしかならない。

1. 歴史学の基本視角と対象[1]

1.1. 近代歴史学の成立

> **課題 1-1**
> 世界の諸地域ではどこも同じような歴史についての関心をもっていただろうか。

> **課題 1-2**
> 中学・高校の歴史教科書はなぜ政治的事件や支配者の叙述に偏っているのだろうか。

　世界の諸文明はそれぞれの**時間観念**と**歴史意識**、出来事の記録や歴史の**考証・叙述**の伝統を有する［→第3章も見よ］。古代ではギリシア（ヘロドトスやトゥキュディデス）と中国（司馬遷など）が特に有名である。中世のイスラーム世界やキリスト教世界では、その宗教の世界の全体を描く「**普遍史**」が成立する。近世東アジアで発達した**考証学**など、非ヨーロッパ世界における近代歴史学受容の直接の基盤になるような学問伝統も見られた。

　啓蒙主義以降のヨーロッパ知識人の世界には、デカルト的な近代知とヨーロッパ中心の文明観を前提にしつつ、歴史を研究・叙述・議論する多様な試みが出

---

(1) 大づかみな変遷と主要な潮流について理解するには、世界各地域における歴史観念のあり方も扱った［秋田・永原ほか（編著）2016］、古代メソポタミアの歴史記述から現代の諸理論までの展開をコンパクトにまとめた［小川幸司 2021］のほか、近現代日本の史学史を体系的に論評した［永原慶二 2003］が便利である。そのほか『歴史学事典』［尾形ほか（編）1994-2009］や、［歴史学研究会（編）2017］［歴史科学協議会（編）2017］など歴史の節目ごとに出される総括にも有用なものが多い。また年々の学界の動きについては『史学雑誌』の「回顧と展望」（毎年5号）、『歴史評論』（月刊）で毎号組まれる特集などが便利で、卒論執筆でも自分のテーマに関わる部分を参照することは必須であるし、博士後期課程の院生ともなれば他の領域を扱う部分にも目を通すのが望ましい。

現し、神や王者の栄光、理性の勝利などを語るための歴史叙述から自由な、純学術的な考証も普及してゆく。この時期に成立したスタイルの「世界」や「文明」の歴史は、専門研究というより歴史を題材に自己の思想や世界観を語る「**史論**」とともに、アカデミズム外の世界で現在まで根強い人気をもつ。

資料1-1　文明と文化

　「文明」（英仏などで好んで使用）には、啓蒙主義に代表される、「文明開化」「文明化の使命」など近代ヨーロッパの状況を唯一の普遍文明として他を野蛮や未開を位置づけるような用法と、「四大文明」のように歴史的かつ複数的な用法があることに注意が必要である。前者はもちろん後者も、特定の地理・社会などの条件を超えて広範囲に移転可能な普遍性をもった技術や思想、表現、社会組織などの体系を指す。これはしばしば、「文化」と対比される。その場合の文化（ドイツで好んで使われたもので、文学・芸術などに限る用法ではない）、特定の地域に密着した個別性の強い技術や思想、表現、社会組織などを指す。文明は個別の文化を超えるという言い方がよく見られるが、日本の世界史教育（[上原専禄 1960]などが影響を与えた）ではしばしば、「文明（圏）」と「文化圏」が互換的に使用されてきた[第4章で見る「地域世界」は東南アジアや東欧など単一の文明を共有しない空間にも成立する点でこれらと違う]。諸文明（文化圏）の興亡の歴史は以下で述べる国家の興亡の歴史とならんで大衆的（男性的？）人気があり、20世紀後半にも英語圏のトインビー[1956 ほか]、日本の宮崎市定や梅棹忠夫などの壮大な比較文明史がよく読まれた（そのような流れは最近の日本でも東洋史学の岡田英弘や杉山正明、岡本隆司[2018 ほか]などに引き継がれている）。また冷戦終結後の世界でも、資本主義と共産主義のようなイデオロギー対立でなく西洋 vs イスラームまたは中国のような文明の興亡・衝突の議論が好まれた。

　国民国家（nation-state）の形成を目ざして進みつつあった19世紀ドイツで、ランケ（1795-1886）らが成立させた「近代歴史学」は、それまでの歴史が神や理性などの視点からの、超越的な善悪の基準や未来のゴールがある歴史であったのを批判して、あるがままの過去（**史実**）を客観的に（それが事実いかにあったか）、その時代の文脈に即して解明することを主張した。英仏が押しつけてく

る仕組みや理念から自分を切り離そうとしていたドイツでは、精神・理念の展開によって人類史を説明するヘーゲル哲学などの一方で、すべてを個別的・具体的な歴史の積み重ねの結果と見なす「**歴史主義**」も、哲学や経済学など多くの世界に広がっていた。それは、特定の価値観にもとづかない「**価値中立的**」方法を標榜する近代科学のモデルにも合致していた。ただし、自然科学や社会科学が**法則**の検出や**モデル**構築を目的とするのに対し（法則定立的科学）、実験で再現できない「史実」の不確実性や、史実をもとに歴史を論じる際の恣意性への社会科学的な批判（宗教や経済社会など広大な歴史的領域を研究し、「**理念型**」と実際を比較する方法論などを用いて発展段階論とは違った近代社会の説明を行った**マックス・ウェーバー**が有名）を受けながらも、歴史学は「歴史的**個性**」や「歴史の**一回性**」へのこだわりを持ち続け［個性記述的科学というカテゴリーの主張］、それと歴史全体への視野、法則性の追求や類型論などを両立させる努力を重ねてきた。そこでは、「芸術のための芸術か社会のための芸術か」という「永遠の論争」と似た性質の、歴史研究そのものに意義を見出すかそれとも現在や未来の社会のために歴史を研究するかという論争も続けられた。

　厳密な**史料批判**［→第2章］にもとづく史実の解明、**ゼミナール**で学生にも専門的研究方法を体験させるトレーニング方法などとともに、ランケ式の歴史学は大学を中心とするアカデミズムを支配するようになった。ただしその史料から史実を解明する方法の価値中立性は、テーマと資料の選択や解明された史実をもとに歴史を叙述（説明）する際の「無色透明」「完全中立」を意味したわけではない。ドイツをはじめ国民国家形成が進む時代に成立した近代歴史学は、基本的に国やネーション（漢字圏では通常「民族」と訳される）を単位として（国民国家かつ帝国にもなりうる近代国家の主人である「経済力と教養のある**成人男子**」の視点から）政治史・外交史や制度史を研究したり、思想・文化史などを**エリート**や**ハイカルチャー**中心に研究する学問であった。名もなき庶民に関心をよせつつ、ルネサンスという文化現象にも光を当てたフランスのミシュレの仕事も、「フランス史」を書く仕事と不可分だったとされる。大半の学者は、衣食住などの日常生活に代表される私的領域（「女子供の」テーマと軽蔑的に表現されることも多かった）や、理系的領域の歴史には関心が薄かった。

　ランケの時代にも、「**世界史**」や「**万国史**」はしばしば語られたが、それは
ヨーロッパ＝キリスト教世界やそこに生まれた近代文明、それらの拡大の歴史
などでなければ、国家・民族や地域の歴史の寄せ集めを超えないのが普通だっ
た。超国家的なネットワークへの関心や世界システムのような発想は生まれに
くかった[(2)]。また、近代ヨーロッパでは「古代文明のままで（東洋的専制のもと
で）**停滞したアジア**」や「文明＝歴史なき **（未開の）アフリカ**」などの偏見が
まかりとおっており、文明や国家の「発展」のあとを明らかにする「歴史学」
の対象も、基本的には西洋世界だけだった。アジアは言語・歴史や古典文化・
芸術をまとめて研究する「**東洋学**」、歴史学が通常扱うような「史料」が乏しい
アフリカやオセアニアは「歴史なき」未開社会を研究する**人類学（民族学）**な
どの対象とされた。また非西洋世界の近現代史は、各植民地帝国の成立や「ヨー
ロッパの拡大」の歴史として扱われるか、統治のための調査や政策立案を目的
とする「**植民地学**」の一部として行われるだけであるのが通例だった。第二次
世界大戦後に非西洋諸国の近代化の可能性が認められても、最近까지それは、
停滞していた諸国が、西洋モデルを取り入れれば近代化できるという説明だっ
た（日本はその優等生という理屈）。現在も欧米の大学では、歴史の学部ないし
専攻の教員は大半が西洋史の専門家で、非西洋世界の歴史の専門家は「東洋・
アフリカ学部」など特定地域を扱う学部・専攻に所属するケースが珍しくない。

> **課題** 1-3
> 史料が十分残されているテーマについて史実を明らかにすれば、ある事件の原
> 因や意味・影響は自動的に明らかになるだろうか。

　近代歴史学が柱とした史実の解明ないし**実証**（十分な史料をきちんとした手
続きで扱えば、ほぼ客観的考察が可能）は、現在でも歴史学の基礎中の基礎で

---

(2)［山下（編）2019：第1～3章］は、近代歴史学の三つの基本的な問題点として、
　「近代を究極のゴールとする歴史観」「国民国家中心主義」「ヨーロッパ中心主義」を
　あげている。

あるが、それが歴史学のすべてではないことに重々注意する必要がある。史実は無数にある。それを羅列しただけで「歴史」がわかるだろうか。複数の史実（事象）を「つなぐ」「くらべる」「列挙する」「グループ分けする」「優先順位を付ける」「名付ける」「たとえる」などの知的作業（考察）を経て、史実の間の因果関係や影響関係、事象の意義などを論じることによってはじめて、意味のある「**歴史叙述**」や「**歴史像の構築**」ができる。しかしその過程では、考察途上での「作業仮説」はもちろん結果として導き出される「歴史像」にも、研究者や叙述者の史観にもとづく主観的解釈が必ず入り込む。完全に客観的な考察や叙述が可能だなどというのは、実証できないことを語ってはいけないという考え——それは数学や物理にたとえれば公理なしで学問をしろというに等しい——と同様、初歩の科学哲学や認識論に合わない。だがそれは、どんな空想や好き勝手な解釈（トンデモ史学）も OK という意味ではない。研究者の論文は、他人が検証できるように、自分の解釈がどんな史料と論理にもとづいたものかを明示する義務がある。「**定説**」というのは、それが多くの研究者の検証をへて、研究者間のゆるやかな合意に達したものを言う。論理を軽視してはいけない。

　20世紀には、資本主義を乗り越えようとする「**マルクス主義**（唯物史観）」［→付録2］や、帝国主義からの解放をめざす第三世界の**ナショナリズム**史学など、経済と非西洋世界を含めた民衆を重んじる歴史学が広がった。マルクス主義の場合は自己を「社会科学」と規定し、近代資本主義社会を肯定するウェーバーの方法論（冷戦期アメリカの「近代化論」や地域研究にも影響した）と厳しい対抗関係に立つ場合もあった。ただしマルクスにせよウェーバーにせよ、従来の歴史学が主に「**できごと**」に関心を寄せたのとは違って、「**構造**」や「**類型**」に強い関心を抱いた点では共通していたとも言える。またマルクス主義やナショナリズムは、歴史を現代の視点や問題意識に従って見るのか[3]あくまで歴史そのものの理解を目的とする（現代的視点は間接的にしか働かない）のか

（3）たとえばマルクス主義は原始時代から近代までのすべての歴史を扱ったが［→付録2］、究極の目標は近代資本主義社会の解明と社会主義革命の必然性の証明にあり、その意味ですべての歴史を近代の問題意識で見ようとしたものと言える。

の問題を顕在化させた［公式 21］[4]。ただナショナリズム史学はもちろんマルクス主義の場合も最近までは——たとえばマルクス自身は資本主義による世界の一体化が不可避であることを強調していたのだが——、国・民族単位（かつ男性中心）の視点を疑わない方が普通だった。マルクス主義とナショナリズムは、非西洋世界も発展・自立が可能だという信念を広げたが［→第 4 章］、国民国家の主体でない人々（例：旧支配層や植民地協力者）への軽視はかえって固定化した［→第 7、10 章］。またナショナリズムだけでなくマルクス主義においても「アジア（・アフリカ・ラテンアメリカ）の連帯」などがよくうたわれたが、そもそもアジアや東洋（東方）とは単一の客観的実体ではなく、ヨーロッパが自分の対極に観念上で創り出した「自分たちとは違う／自分たちより劣った／自分たちが支配すべき」地域の謂いにすぎなかったという事実［サイード 1993］に注意が向けられることもなかった［→第 12 章］。

　なお、冷戦とヨーロッパの知への挑戦の二つの文脈において世界の知のヘゲモニーを握ろうとした第二次世界大戦後のアメリカでは、ロストウらの**「近代化論」**（計量経済学などを利用しながら、革命などによる質的・構造的な「発展」より市場経済などの量的な「成長」を追求、戦後日本をその成功例と見なす。後発諸国への開発援助などの政策とも結びつく）が登場し、異文化理解を重視した地域研究［→第 4 章］と並んで世界に影響を与えた。

1.2.　冷戦末期以来の歴史学の急変

　1970〜80 年代から世界が大きく変わり始め、冷戦終結後の 1990 年代以降も、その変化は加速している。学知の世界や市民社会については、学生運動が世界

---

(4) これを、「現在の基準や価値観で過去の出来事の是非を判断してよいのか」という問題と混同してはいけない。現在の問題意識（たとえば差別問題）から過去を研究するが、結果として対象の時代に固有の観念を見いだすことは普通におこる。それを含め、たとえばある時代の歴史を見る視点には、始まりの方から見る視点、「真上」から全体を均等に見る視点、未来（＝現在）の方から見る視点のどれもが可能だという点も心得ておくとよいだろう［→第 12、13 章と付録 3 も見よ］。

に広がった 1968 年を変化の始まりの年として強調する言説もよく見られる。

─**課題** 1-4 ─────────────
20 世紀末以降の技術と社会の変化は、歴史学の対象や方法にどんな変化をもたらしただろうか。代表的な変化について説明せよ。

　文化人類学や地域研究、「言語論的転回」と「ポストモダニズム」諸思想 [→付録3、第12章] の影響、さらにコンピューターとインターネットの発達（ICT化）やグローバル化（人・モノ・カネ・情報・技術などの移動の加速化）も背景として、この時期以降の歴史学は劇的に変化した。たとえば（1）「地域社会史」や「海域史」、さらに「**グローバルヒストリー**」など、国・民族単位でない歴史のとらえかたが主張され、マクロとミクロの両方から、絶対の規準だった国家・民族の座 [→第4章] や近代性 [→第3章] が相対化された。（2）「**社会史**」[→第10章]、「**ジェンダー史**」[→第11章] や「**メタヒストリー**」[→第12章]、**環境史** [→第5章] など、「男性が文系のテーマ・方法を通じて天下国家を論ずる」だけでない多様な研究視角や方法が出現し、90年代以降に定着した。

　結果として歴史学が扱うテーマや史資料・研究方法が一挙に多様化した。「言語論的転回」だけでなく人々の個性や社会の多様性が重視される時代相の影響も受けて、歴史学は必ずしも「客観的事実」だけを扱う学問ではなくなり、**アイデンティティ**と**他者認識**、**表現**と**イメージ**などが大きなテーマとなった。他方で、グローバルヒストリーと**計量経済史**や**歴史人口学** [→第4〜6章] など大量のデータを処理・解析する研究、文明誕生以前に遡るどころか宇宙・地球の環境と人類の全体をとらえようとする**ビッグヒストリー** [→第5章] など、巨視的な歴史をめざす動きも盛んである。どの動きにおいても、扱う資料 [→第2章] は文献だけとは限らなくなる [資料 1-1（歴史学事典）に見られる、高校歴史の領域区分とは全然違った巻の区分も参照せよ]。実証や解釈が他の研究者に承認されるための「正しさ」（多くの場合は「蓋然性」や「説得力」）の基準も変わった部分が少なくない [→第12章、付録3]。変わらないように見え

る中学・高校教科書や入試問題にも、系統的でない点が大問題だが、実は内容上の大きな変化がずいぶん前から起こっている[5]。人々にとっての歴史と「**歴史実践**」のあり方―― doing history という英語もよく見るようになってきた――、それに対する歴史学の意味などを問い直す「**パブリックヒストリー**」も勢いを増している［→第 12 章、13 章］。

そこには相変わらず右肩上がりの成長を賛美するような方向性も見られるが、全体としては、17 世紀から歴史認識の大枠を形作っていた「**進歩史観**」への根源的な疑いが顕在化したことを、基本の流れとしてあげるべきだろう。その多くは、国民国家を疑う、欧米中心主義と闘う、「反近代」「超近代」「ポスト近代」、「中心・強者の視点」を拒否する、「人間中心主義」を超えるなどのベクトルをもち、古くからある反近代主義・アンチ西洋中心主義などの蒸し返しという部分を含みつつ展開している［世界史叢書編集委員会 2016］［→付録 3］。

こうした現状の百花繚乱状態は魅力も大きいが、「**グランドセオリーの喪失**」により全体の方向性が見失われているとも言える。「何でも取り込む密教状態」は日本中世の「顕密仏教」［→第 9 章］のように長期間影響力を持ち続けるとは限らず、同様に何でも取り込みうるヒンドゥー教に取り込まれて消えていったインド仏教のような運命に陥る危険もなしとはしない［→第 13 章］。他方で歴史学はそもそも、理系の基礎的な部分のように、枠組みが変わると（例：天動説から地動説への変化）それまでの研究成果を学ぶ意味はなくなるというものではない。仮に研究の背後にある現代人の観念や問題意識が根本的かつ不可逆的に変化したとしても（例：男性視点での学問が正しかった時代からそうでない時代への変化）、特に史料にもとづく史実の考証・実証の部分は累積していくから、より新しい視点や方法だけを見て古い歴史学を省みないというわけにはいかない点も、意識しておく必要がある。

---

(5)たとえば［北村 2018、2021］は、高校教科書の記載事項をグローバルヒストリーの観点に従って組み立て直した書物と言える。

2．日本の歴史学の位置と課題(6)

2.1．近現代日本における歴史学の成り立ち

課題 1-5 ────
日本の歴史学は日本史・東洋史（アジア史）・西洋史の三領域に分かれるのが普通である。それぞれの対象や方法、役割にはどんな違いがあるのだろうか。またアフリカ史やラテンアメリカ史を研究したい学生はどの専修に進めばいいのだろうか。

課題 1-6 ────
日本の歴史学界は世界でどう見られているだろうか。

　次に、日本の歴史学はどんな特徴をもち、世界でどんな位置を占めているだろうか。

　江戸期の**漢学**や大義名分論的歴史編纂（例：水戸藩の大日本史）などの遺産を受け継ぎながらも、明治以降の日本は、「**脱亜入欧**」や「**富国強兵**」、そのための国民統合、要するに近代西洋の成人男性知識人の観点への自己同化の手段として、近代的な歴史学と歴史教育を発展させた。ただそこでは、**西洋史**（人類史の普遍モデルを示す）だけが歴史学の対象とされたわけではなく、自国の歴史つまり「**国史**」はもちろん、漢学の伝統をもとにした**東洋史**も中等学校の科目、および大学の専攻として歴史の一部に含められた点が、西洋諸国とは違う日本の歴史学・歴史教育の特徴となった。人文系学部以外に、医学部の医学史、理学部の科学史や経済学部の経済史など、各学問分野で歴史が講じられる仕組みが広く成立した点も、日本における歴史の裾野の広がりを示す。しかし

──────────

(6)もっとも総合的に述べたのは［永原慶二 2003］であろう。［成田 2012］［桃木 2016］なども要参照。その他、地域・分野ごとの史学史は枚挙にいとまがない。

その一方で、大学に歴史学部が成立せず、人文系学部の中に日本史・東洋史・西洋史の三専攻が並び立つ形式（歴史学部があればそこに必須となる**歴史理論・史学史**などの専攻は作られない）も、近代日本の歴史学の歩みに強く影響した。この三区分は、ヨーロッパ以外にも歴史があることを主張した積極面と、「当然歴史の中心である国史（歴史学の一部というより、他との比較を許さない国学の一環という部分が小さくない［小澤・佐藤（編）2022］）」「日本のお手本としての進んだ西洋の歴史」「かつて日本がそこに属し今後は指導・支配すべき後進地域である東洋の歴史」という不均等な三者関係に代表される消極面を持っていたとされる。第二次世界大戦後の学制改革で、高校の歴史は国史（日本史）と世界史の二本立てとなったが、戦前も戦後もほぼ一貫して、国史（日本史）と西洋史の人気に対して、東洋史は「変わり者だけが進学するマイナー分野」という状況が存在する［桃木 2016 も見よ］。この歴史学の発展のプロセスは、帝国大学へのランケ史学の直輸入（ゼミナールという訓練形式も）を発端とするアカデミズム史学の発達と、在野の史学（郷土史[7]を含む）や史論の諸潮流のからみあいの中で進んだ。

　第二次世界大戦後の日本では、戦時中の「皇国史観」への反動やアメリカの支配力への反発も手伝って、マルクス主義を中心とする平和主義・進歩主義的な「**戦後歴史学**」が（ウェーバーの影響下の近代主義[8]ともしばしば手を結びながら）絶大な力をもったことが、どの史学史でも語られる。本書の問題意識から付言すれば、それはアジアの民族運動や植民地解放運動に同情的だった。

---

(7)近代日本では国家の正史編纂は実現しなかったが（水戸藩の大日本史編纂を受け継いだ帝国大学の部署は今日、東京大学史料編纂所として史料学の中心となっている）、「自治体史」や会社の「社史」などの編纂は盛んで、日本史分野を中心に、これらに関与する大学教員など専門研究者は現在でもきわめて多い。

(8)西洋経済史の大塚久雄［2000（1955）、2001（1956）］が代表格で、ウェーバーの類型論とマルクスの発展段階論［→付録2］を組み合わせてイギリスをモデルとする近代資本主義の成立過程を論じ、それとは違った奇形的な近代化のために戦争の惨禍に陥った日本の「正常な」近代化を主張して、政治学の丸山真男などと並んで、戦後歴史学と言論界に大きな影響を与えたが、のちに世界のつながりを重んじる角山榮、川北稔らによって、その純粋な一国史同士の先進・後進の比較という方法がきびしく批判された。

戦前に国民的な蔑視の対象となり左翼学者ですら「停滞論」で理解しがちだった中国に対する、償いの意識や革命（躍進を約束するものに見えた）への賛嘆の念も広く共有されていた。だが日本の復興の道筋としては、資本主義であれ社会主義であれ、**「戦前と違った正しい脱亜入欧」**をめざすものだった。天皇制など戦争の惨禍を招いた体制はしばしば、「アジア的後進性」のあらわれと決めつけられた。「毛沢東思想」などの観念的影響はあっても、「現実のアジア」は視野から消えた。冷戦と脱植民地化による政治的分断、日本の経済力などが、現地渡航を許さなかったことも響いた。その点はしかし、1960年代以降の経済成長（アメリカ式「近代化論」が受容される土壌を作った）や90年代の冷戦終結とグローバル化で大きく状況が変わる。アジア・世界との接触が容易になった現在では、前節で見た多様な方法論が受容され、若手の海外留学や海外での調査、研究上の国際交流は常識になったが［→第4章］、他方でかつて日本の知

資料I-2　日本の歴史系学会組織と学術雑誌

　東京帝大（戦後は東大）の「史学会」やマルクス主義史学を中心とする「歴史学研究会」など歴史学全体をカバーしようとするものの他に、戦後の「日本史研究会」「日本西洋史学会」など分野（地域別）の学会、それに史学会にならった主要大学ごとの学会などが分立し、理系に見られるような全体を統合する学会は成立しなかった。またヨーロッパ式の「東洋学」モデルに近い「東方学会」など、地域単位で諸学問を包含する学会も多い（歴史学の学会連合である「日本歴史学協会」は、多くの歴史学者が主要な活動の場としている「南アジア学会」「中東学会」など地域ごとの学会の加盟が少ない点で代表性に欠ける）。そしてどちらのタイプも最近まで、東南アジアやアフリカの研究はごく一部しか含まれなかった。学術雑誌は出版社でなく学会が（会員の会費によって）発行するものが多いので、学会の分立は読むべき学術雑誌が国内だけでも多数にのぼることを意味した（理系における『サイエンス』『ネイチャー』のように、そこに掲載された論文と他の媒体に掲載された論文に圧倒的な格付けの差が付く事態は生じない）。なお歴史学の対象は西洋だけで非西洋世界は地域ごとにくくられるという慣習は、西洋の書店においても同様で、日本の「洋書」（輸入図書）も長年その分類に従ってきた。

識人が（西洋研究の専門家も含めて）ひとしく有していた漢字・漢文や儒学など、**漢字文化圏共通の素養**は急速に消失に向かっている。

　なお、歴史学専攻の新入生などの読者の中には、「本能寺の変の黒幕は○○だった」などの推理小説風の謎解きや、戦国大名や幕末の志士など歴史上の人物の人間ドラマが好きで入学したが、実際の歴史学はそういう研究をしていないので当てがはずれる、というケースが少なくないだろう。しかし歴史学は推理小説ではない。次章とも関連するが、史料に書いてないことは言えない（作家などが史料をもとに立論していても、専門的に見ればそれは史料に書いてないことを勝手に言っているだけであるケースが多い）点もさることながら、基本的個人が唯一の動機で罪を犯す推理小説は、実社会の複雑な動きに合わないのである。人物論のほうはもう少し複雑だ。日本の歴史学は、アジア・アフリカの独立指導者たちの研究などの例外はあるものの、政治学・経営学などが行う人物論（リーダー論）、文学研究の中の英雄の描写の研究などと比べると、人物そのものの研究はあまり好まない。**人物研究**の主眼は、その政策や行動の社会的・政治的背景や、逆にそれが国家・社会に与えた影響など、国家・社会の側にあることが多く、新入生が期待する人物そのもののキャラクターと決断、魅力や欠点などの議論にはないのである。人物論（英雄論）は大衆的な歴史で好まれるだけでなく、中韓越など儒教圏では人物や政権の政治＝道徳的評価は歴史の研究・叙述の基本的目的のひとつなので（後醍醐に反抗した足利義満を「逆臣」とするなど戦前日本も同じ）、この点は、戦後日本の歴史学の独自性の一つと言えるかもしれない。

　もう一点、この章の冒頭で紹介した公式21のように、環境・地理的要因や生産力と階級関係、家族構造など単一の要因によって、国家や社会のすべてを説明しようとする傾向がしばしば見られる。初歩の学生や史論好きの社会人に限らず、マルクス主義に多数の専門研究者が引きつけられた例を見ても、これは大変魅力的なのだが、特定の地域だけを見てある時代の世界史がわかるように思い込む例と同様、中長期的に見るとあまり好ましいやり方ではない。

2.2. 日本歴史学の現在位置と刷新に必要な姿勢

　本筋に戻って、現在の日本の歴史学は、世界の歴史学界でどんな位置を占めているだろうか。私見ではそれは、本書のあちこちで述べる弱点や不十分さの一方で、（イ）史料読解や実証の緻密さ、（ロ）自国史に限らず世界のあらゆる地域・時代・分野を研究する幅広さの二点において、一国単位の学界としてはまちがいなく世界トップレベルの力量をもつ。欧米の学界は全体として高度な発展を遂げており、今や西洋の歴史だけを研究しているわけではないが、一国でこれだけの深さと広さをもつ国があるとは思われない。急速に発展している中国・韓国などの学界も同様である。自国史や漢文圏の研究だけでなく、「日本人に本格的な研究が出来るか」と露骨に疑われていた西洋史(9)やイスラーム世界の歴史などの分野でさえ、現地の研究者や欧米研究者に伍して世界の学界で活躍する研究者が珍しくなくなっている。日本の高校世界史も、全世界を満遍なく教える点で世界随一と言えるのかもしれない。下表は、現代日本と世界の歴史学がどんなテーマに取り組んでいるかの例示である。

資料I-3　『歴史学事典』（弘文堂、1994-2008 年）の巻別構成

第 I 巻　交換と消費　　第 2 巻　からだとくらし　　第 3 巻　かたちとしるし
第 4 巻　民衆と変革　　第 5 巻　歴史家とその作品　　第 6 巻　歴史学の方法
第 7 巻　戦争と外交　　第 8 巻　人と仕事　　第 9 巻　法と秩序
第 10 巻　身分と共同体　　第 11 巻　宗教と学問　　第 12 巻　王と国家

---

(9)日本の西洋史学は長い間、一次史料にもとづいたオリジナルな研究成果を出すというよりも、西洋人の理論や研究成果を翻訳・紹介することを重要な仕事にしてきた。そのことはしばしば日本史・東洋史などの学界からの揶揄の対象になってきたが、一面でそれは、歴史学や歴史教育のあり方を世界の中で考えるのは自分たちの仕事だという使命感のあらわれでもあったろう。そして西洋の重要な著作は何でもすぐ翻訳が出るという状況は、本書の著者のような立場からするときわめて有り難い（日本語の読める東アジア諸国の学者にとっても有り難いと聞いたことがある）。

第 13 巻　所有と生産　　第 14 巻　ものとわざ
第 15 巻　コミュニケーション

　ただしこの日本の学界の実力は、人文・社会系の多くの学問分野と同様、全体像が世界で十分認識されているとは言えない。この問題は、英語で論文を書くことを義務づけるといった単純な発想では解決できない。日本の学界や日本人研究者の著作を（英語どころか日本語で）理解していても、その方向性や文脈が違いすぎて、自分たちの学問との接点が見いだせないという海外の研究者も少なくないからである。「日本の古文書を十分読みこなして、しかし成果はもっぱら英語で発表する」英語圏の日本史研究などが、その代表例であろう。また国内の他分野の研究者や国民の間でも、ノーベル賞や特定学術雑誌での論文の被引用件数、高校生オリンピックなどのわかりやすい指標が存在しないこともあって、日本の歴史学・歴史教育の国際的位置はほとんど理解されていない。

資料1-4　歴史学者と語学

　かなりの脱線になるが、日本史や東洋史を専攻する学生には伝統的に「英語が苦手だからこの専修を選んだ」者が少なくない。その裏返しで「アメリカ人並みに英語が話せなければ英語での発信は出来ない」などという古すぎる思い込みも残っている。しかし「移民国家アメリカ」「世界の覇権を握ったイギリス」などはもともと、「ひどい英語でも中身が使える」人間を受け入れて何とかしてきた。しかも日本の伝統的「受験英語」は、日常会話には使えなくても、専門用語などを覚えれば学術英語としてかなり使える。下で述べるような、日本の学者の業績の翻訳・紹介が盛んな分野なら、こちらが苦労して英語で書かずとも、優れた業績は向こうが翻訳してくれる。国際シンポジウムなどでは「必要なところは通訳が付く」タイプもよくある。他方、海外の大学の日本語・日本学専攻、あるいはアジア史専攻（日本と違い日本史はアジア史の一部）などでは、いちおう日本の歴史も習うがその中身はひどく古いということが珍しくない（留学生を多数受け入れている日本国内の国際系・グローバル系の大学・学部も同じケースが見られる）。それらは、こち

らからレベルアップや修正を働きかける必要がある。日本史研究者が海外ないし外国人に向けてなすべきことはたくさんある。

　ちなみに欧米の日本史学界にはかつて、日本の西洋史学と同様、対象国（ここでは日本）の学者の著作の翻訳・紹介やアレンジを主な仕事にする段階があったと思われるが、現在はマンガ・アニメブームなどで日本語力が大幅に向上した（それは資料読解能力の向上にもつながっている）一方で、日本国内の「細かいことだけやっている」研究を無視し自分たちの成果を英語だけで発表する風潮が強まっているとされる。他方、中国史など漢字圏を扱う東洋史の場合は、冷戦中に、台湾・香港は別として現地渡航や調査ができない欧米の研究者の多くが日本に留学し、資料収集を行うだけでなく簡単な日本語を身につけて日本人の研究も利用するのが普通だったことがある。この状況も中国の改革開放後は消失した。ただし中国史や朝鮮史の場合、中韓の学界が日本の学界への関心（西洋の学界とは違う細部の精密さも含めて）をそれなりに維持しており、また冷戦時代に「漢文だけで現地の現代語はできない」のが普通だった日本の研究者の間で、1980年代以降には英語での発信よりも先に**現地留学**や**現地語での発信**が当たり前になったという事情もあり、英語（ないしヨーロッパ諸言語）で書かなくてもその分野で世界に知られることが可能だという面もある。

　こうした状況を改善するには、終章でも述べるが歴史学や歴史教育の側で、いくつかの反省が必要だろう。1980年代にマルクス主義がすたれた後のめいめいがバラバラな研究をする状況に対しては、「**専門の細分化の克服**」「**全体を見る視野の回復**」はよく言われるが、「富国強兵」「戦後民主化と平和主義」などわかりやすい全体目標があった時代に世界の最新動向をよくつかんだ日本の歴史学界は、20世紀末以降の世界と世界の歴史学の複雑な動きを全体としてとらえ、その中で自分を発展させる——序章の表現を繰りかえせば「巨人の肩に乗って遠くを見る」——能力や意欲を失ってはいないだろうか。

　その点で、20世紀初頭に成立した国史（日本史）・東洋史（アジア史）・西洋史という日本独特の三区分は、第二次大戦後の高校に導入された国史（日本史）・世界史の区分と同様に、明らかに制度疲労をおこしている。たとえば大学でイスラーム圏以外のアフリカ史（植民地化以前の）を研究したい学生は、外

国語学部で学ぶことはできても文学部では行き場がない。東南アジアなど他の
「マイナー地域」もたいていは同じである。文学部にも、アフリカや東南アジア
などどうでも良いと言う教員はいないが、それは既存の「メジャー地域」の教
員を揃えたあとに余裕があればそういう地域「も」教えるとよい、というだけ
のことで、人文系学部のシステムの中に、アフリカや東南アジアは入っていな
いのが普通である。歴史認識をめぐる紛争を含めて、今こそ人文学・歴史学の
出番だと力んでみても、たとえば東南アジア史やアフリカ史の専門家は数が少
なすぎて、必要な課題をカバーしきれない（逆に言えばすぐ「権威」になれる）。
マスコミも同じで、最初の一年間の COVID-19 の封じ込めで世界一とも評価さ
れたベトナムをはじめとする 2021 年初頭までの東南アジア諸国の対処ぶり[10]
は部分的にしか報道されなかったのに、新型株の出現による同年半ば以降の封
じ込め破綻と苦境は比較的詳しく伝えられた点（発展途上国は危機や困難しか
報道されない？）に、著者は強い違和感を抱いている。

　「メジャー領域」が不要だなどと言うのではないが、「それしか考えない」態
度には釘を刺しておきたい。膨大な史料が残っている日本・ヨーロッパや中国
などの地域（ヨーロッパは国の数も多い）で、社会史などの流行に乗ってユニー
クな研究テーマを見つけることはいくらでも可能であり、それが研究水準の「絶

----

(10)以下のあちこちで紹介するが、私見ではベトナムは、村社会や政治の構造が一般
　　に思われるよりずっと日本に似ているので、ベトナムの成功や失敗には日本が学ぶ
　　ところが少なくない。そして現在のベトナムは、日本よりやや狭い国土に 9700 万人
　　が住み、中国と陸上国境を接し（そこは密輸の抜け穴だらけなので有名だったこと
　　もある）、アジア有数の過密都市を二つかかえる国で、市場経済化政策により飲食業
　　などの中小業者が多数存在する、2020 年の一人当たり名目 GDP は日本の 9%足らず
　　（購買力では 4 分の 1 強）にすぎず、補償や医療にさける国家予算は先進国よりずっ
　　と少ない（だからワクチン接種率は低く、デルタ株登場などで感染者が急増した）。
　　こうした経済水準の国で COVID-19 の被害が小さかったのは人口の少ない国ばかり
　　ではないか。こうした点に興味をもてば、国民統制が容易な一党支配のしくみや過
　　去の感染症対策失敗の教訓だけでなく、同じく COVID-19 封じ込めで初期に成果を
　　挙げた台湾と共通する、歴史を背負った「対中警戒心」「戦時体制の経験」、さらに
　　医療の普及度と人々の衛生思想、都市で食べて行けなくなった人々を吸収する農村
　　のあり方など研究すべきテーマがつぎつぎ見つかるだろう。

対値」を上げることは否定できないが、そこでは研究発展の「加速度」ないし「費用対効果」はマイナスになっていないか、批判的検討が必要に思える。日本国民の歴史認識が長い間「日本はなぜ、どのようにしてアジアで唯一の西欧型近代化に成功したのか」という問いから出発するものだったとすれば、今後それは「なぜ日本を含む東アジア諸国では経済や生活の高度な近代化が進んだのに政治やジェンダーはそうならないのか」「なぜ現代東アジア諸国では経済と大衆文化の交流がこれだけ進んだのに政治と歴史をめぐっては対立するのか」などアジアとつながった問いに置き換えられねばならないはずである。それに対応できる歴史学・歴史教育が必要である。

　同様に、これは歴史学に限らない日本社会一般の欠点としてしばしば指摘されるところだが、(1)「外来の理論を万能の特効薬として振り回す少数派」とこれを無視して「素朴実証主義」に徹し「一生ひとつの小さな領域を守りつづけ」「作品（製品）でしか自分を語らない」多数派の職人気質との不毛な対立、(2)他人と違ったことはできない横並びの発想と異質な考え方への嫌悪感など「日本的」発想や生き方の墨守、それに(3)他組織との「横並び」はできても「本格的な分業と協業」ができない小さな組織の林立という組織原理などが組み合わさると、よく理解できない改革への「面従腹背」が結局最後は「ガダルカナルの戦い」や「沖縄戦」に向かってしまう危険が大きい。

資料I-5　「日本型」組織の弱点に関する危機感

　序章でも述べた通り、日本の歴史学の専門教育においては、具体的な資料読解、研究発表や論文執筆のノウハウがすべてゼミでの徒弟制的な訓練に委ねられ、学習者のメタ認知を議論する機会も多くない。研究の結果は学会発表や論文としてしか提示・評価されないのが普通である。外部の人間から見れば、「どこでどういう力がついているのか」はほとんどブラックボックス状態になっている。この点も、自然科学・技術系や社会科学系からの不信の念を強めている。これに対しては、可能な部分では歴史学の方法・考え方をパターン（公式）化・一覧化して、段階や授業ごとの目標に反映させることなどが有益であろう。

　序章で述べた学問の基礎教養の問題でもあるが、一般に「理論」や「枠組み」はどこか自分たちの外側（はるか上空？）で作られ与えられる万能の仕組みだという意識が共有されていないだろうか。その中で多数派は、決まった枠内での小さな仕事の「部分最適化」に全精力を傾け、そうした小さな実践と「意識高い系」が語る大きな理論・枠組みの間に巨大な空白ができる。また理論や枠組みは万能・完璧であるはずだから（またあらゆる仕事はきわめて高い精度をもたねばならず、そうでないものは無秩序に他ならないという感覚がしみついているので）、古い枠組みを変えるべく提起された場合には100％有効な特効薬でなければならず、少しでも現実に合わない懸念があれば、それを拒否する立派な理由になる。そうした危険を冒して失敗するぐらいなら、枠組みは維持したままでマイナーチェンジを工夫する方が賢明であるという考え方が出て来やすい。全体として歴史学者はたくさんいる。しかし理工系と違い、個々の大学の史学系などの組織は規模が小さく、しかも「標準」「メジャー」とされる領域の専門家や授業をまず揃えねばいけないという「金太郎飴」的性格を、極度に強く共有している。だから右肩上がりの組織拡大の時代と違って、「珍しい」「新しい」領域の専門家を雇う余裕はない。しかも小さな範囲の部分最適解をひたすら追求すれば、全く同じ組織というものは存在しないから、他組織との間でも違いに目が行って、「お付き合い」程度でない本格的な共同・相互乗り入れ（本文でいう分業と協業）は難しくなる。結果として、多くの地域や時代・テーマの専門家を集めた「学際的」研究や「オムニバス講義」でも専門外の領域に本格的に踏み出す「他流試合」や「無差別格闘技」はあまり行われず、成果出版物も「各自の持ちネタ」の寄せ集めに過ぎない「論文集」（テレビ番組にたとえればバラエティショー）だけに終わるという例が、あまりにも多すぎると感じるのは著者だけだろうか。専門論文や専門書について、訳注などの史料研究や翻訳を除けば言葉の真の意味での「共著論文」を書く習慣が根付かない点［→次章注9］とあわせて、このままでよいか学界として検討を要すると思われる。

　本書の終章では、歴史学を学び研究し教える人々、その組織などのあり方をあらためて論じる予定だが、そこまでの各章もこうした問題を考えながら読んでいただきたい。

第2章

史料（資料・史資料）とはなにか

　自分で原史料（史料の原文）を読んで史実を発見／確認／考証する仕事は、「歴史学の専門研究」の第一の前提をなすものである、それは「プロの歴史学者」の仕事をアマチュア歴史家や作家、推理ゲームやトンデモ史学、さらに「歴史修正主義」などのそれと区別する際にも基本となるもので、「史料の利用・引用のやり方」などを通じて、「論文の書き方」とも密接な関連をもつ。日本の大学の歴史系専修では特に「史料読み」が重視され、ゼミなどで厳しいトレーニングが行われる。この章では、史料とは何か、どんな種類があるか、それはどこにどう存在していて、どのように使うものかを概観する。

公式3　歴史像を描いたり批評・評価する部分も含めて、研究者は他人が検証できるように史料的根拠と自分の論理展開を明示する義務がある。そのような検証を受けて多くの研究者に妥当性を承認された事実や像が「定説」となる。

公式4　史料（記録・資料）に書いてあることはすべて事実とは限らないので、使える情報と使えない情報を見分けるためには、資料の性質や由来、オリジナルな情報を含むか単なる伝聞や引き写しか、書かれた目的や想定する読み手などを吟味する（史料批判）必要がある。

公式5　史料や記録は、「事実」だけを書いてもその配列や表現、強調のしかたなどによって、読者を誤った理解に導くことがありうる。

公式7　文学・芸術など事実の記録ではない創作物も、そこから作者の意図や思想、その社会の通念などを読み取る歴史史料として使える場合がある。

1．史料（資料・史資料）とその種類

1.1. 史料と資料

　過去に関する記録やデータなどを、歴史の研究・解明や叙述のために利用するとき、それを**史料**と呼ぶ。もっとも「**資料**」という表記も使われ、両方合わせて「史資料」という言い方もある。「史料」と「資料」は同じ意味で混用されることもあるが、意味・用法のズレ・違いも含む。たとえば昔の人が書いた日記や文書を「史料」と呼んでも文句は出ないが、統計や考古遺物を「資料」でなく「史料」と呼んだら疑義が出るかもしれない。「資料」の方がカバーする範囲が広そうである。なお、人文学の術語（専門用語）や概念には、このような重なり合いとズレがつきものである点も、早いうちに理解しておく方がよいだろう。語学の文法概念や図書の分類をいくらかかじれば気づくはずだが、それは数学や物理学のようにすべての要素が明確で排他的な定義と境界をもつ世界ではないはずである。

　歴史学以外の人文諸学も、原典資料を大事にする点は似た状況にあることが多い。古代ギリシアやローマの研究、中国の古典籍の研究など古典文化の研究を筆頭に、歴史・文学・思想など各学問分野の共通の土台となる**資料学（文献学・書誌学、古文書学、金石学…）**の発達が見られるケースも多い。そこでは、個々の資料を公刊・翻訳する際に付せられる「解題」や、分野ごとの「研究入門」のほかに、それぞれ多くの辞書・事典や「**工具書**」が編まれることになる[1]。

---

(1) たとえば東京大学教養学部歴史研究部会編（2006）のように資料に焦点を当てた出版物も少なくないし、日本史では入門書もあれば（例：[佐藤進一 2003][鬼頭清明 1990]）、講座物などでも史料論が一般的に取り上げられている（例：岩波講座日本歴史第 25 巻 [石井進ほか 1976]、新シリーズの第 21 巻 [大津ほか 2015]）。画像史料に関する論集 [吉田・八尾師・千葉（編）2014] などカテゴリーごとの出版物も数多い。[小嶋・田中・荒木（編）、国立歴史民俗博物館（監修）2020] など国際比較の試みも始まっている。

前章で述べた 20 世紀末からの歴史学の激変は、史資料の世界にも及んでいる
[福井謙一 2019；第 2 章]。単純化していえば、（1）グローバル化と ICT 化に
よる収集・利用される史資料の量的増加、（2）社会史や言語論的転回とカル
チュラルスタディーズ（→巻末付録 3、4）、あるいは理系的方法の導入などに
よる史資料と見なされる物やデータの幅の広がり、の二つの理由で、20 世紀末
以降、史資料の意味や使われ方が大きく変化しているのである。

1.2. 文献史料ないし文字史料

では、具体的な史資料の種類を概観したい。まずは 19 世紀以来の歴史学の主
要な材料となってきたところの、文字で書かれた記録で、主にこれを扱う歴史
学を「**文献史学**」と呼び習わしている。「文献史学」の対象は、さらにいくつか
のグループに分かれる。

> **課題** 2-1
> 邪馬台国の記事を正確に調べるために『魏志倭人伝』の原本を見ることは可能
> だろうか。

> **課題** 2-2
> 日明貿易で知られる「勘合」とはどんな物体か調べてみよう。それは「割り
> 符」だろうか？

> **資料2-1　文字史料の種類分け**
>
> （イ）**編纂史料**：目的は歴史の記録・叙述そのものとは限らないが、過去の誰
> かが、もとになる情報（記録、データ）群をまとめたり引用・加筆・編集し
> て作った書物などを指す。代表例としてヘロドトスや司馬遷以来の史書[2]、

---

(2)狭義の「史」「歴史」を名乗らなくても、儒教の『春秋』や『旧約聖書』など宗教

「類書」と呼ばれる漢字圏の百科事典、偉人や父祖の伝記、宗教の経典、近現代の新聞・雑誌や国家などの手でまとめた統計などもここに含められる。宗教・思想や文学・芸術の書物、趣味や実用書なども、研究に利用する場合はこちらのカテゴリーに入る。ある書物の下書きや原稿が残っている場合もある。

（ロ）**文書**（中国の「檔［档］案」）：編纂の手が加えられていない、したがって作成者たちは歴史の記録を目的としていないような、仕事や生活の生の記録。立法・行政・司法や軍事・外交、徴税や労役などに関する公文書と、契約書や会社の業務記録などの私文書に分かれる。統計の元になるような各種台帳、証明書・証券（クーポン）や各種のカード、あるいは日記・日誌、書簡などもこちらの性質を持つ場合が多い。

（ハ）それ以外の形態：金石文（青銅器、梵鐘や石碑などの「碑刻文」）やそれ以外の鏡・刀剣・彫像などの銘文、印章（銅製・木製などがある）なども文献史学の対象となる。金石文は編纂された情報（例：偉大な王者の事蹟の記録や父祖の伝記、寺院の由来など。ただそれも、正史などの材料とされる場合は「生のオリジナルな情報」の役割を果たす）と、生の情報（例；土地に関する権利の記録）の両方の性質をもつものがある。

　以上については、獣骨、粘土板、紙（パピルスや羊皮紙も）／布や貝葉、竹簡・木簡［「簡牘学」の対象］や木板、金属や石その他、史料の材質と形状に着目した区別（紙の場合、一枚の紙か巻物かそれとも綴じられた冊子か）も重要である。また紙では写本か版本（木版印刷、近代の活字印刷等）かの区別、写本なら使われている筆記具やインクの種類などもそれぞれ意味をもつ。また、編纂史料では『春秋』に対する「左氏伝」など「伝」「注」「疏」と呼ばれる注釈を伴うかたちで伝来していることがあるし、文書では受け取った人間が後から書き込んだ内容[3]、反故とされた紙が再利用され裏面に書き込まれた別の情報などが史料として意味を持つ場合もある（後者の元の面は「紙背文書」と呼ば

───────────────

の経典、マラッカ王国の『スジャラ・ムラユ』のような「史伝」のように、宗教や神話伝説と未分化なかたちで歴史的内容を多く含む書物はいろいろある。

(3)編纂史料でも読者がコメント、落丁・乱丁の訂正などを手で（筆やペンで）書き込んだものが残っていて、研究に役立つ例がある。

れる）。碑文でも余白に後世の人間が別の内容を追刻しているケースがある。

なお現代においては、コンピューターとインターネットの時代に登場した電磁記録の特別な位置づけにも注意が必要であることは言うまでもない。それは政府の公文書保管と破棄・改竄などの問題にもかかわる。

史料とそれが書かれた**言語・文字**の関係も、研究のありかたに強く影響する。（1）それぞれの文明・宗教や地域世界が共有した古典語やリンガフランカ（植民地における宗主国の言語も）によるもの、地方語・国語によるもの、クレオールやピジンによるものなどの差異と、（2）文字統一や学校教育を通じた「規範化」[4]の程度の差によって、それを読もうとする研究者が学ぶべき言語・文字や書体（例：くずし字）が決まってくる。それは、印刷物か手書き文書かの違いとも連動するだろう。

1.3. その他の史資料

こちらのグループの史資料の多様化には目を見張るものがあり、文献（文字）史料だけを使う歴史学者はしだいに減少している。

> **資料2-2　文字史料以外の資料の種類**
>
> （二）遺跡やそこから発見される人骨・動植物の遺骸、さまざまな遺物や保存されている道具（生活・生産用具、武器、貨幣…）・機械、さらに記念物を含む建築物や美術・工芸・装飾品などの有形文化財（文化遺産）：主に**考古学**、

---

(4)国家などの手による規範化が進んでいない（＝権威ある辞書や教科書がない）と、大航海時代のラテン語以外のヨーロッパ諸語で書かれた史料のように文法や語形が不統一であったり、中国の俗字や周辺で作られた疑似漢字（中世から近現代まで利用が続いた文字としてはベトナムのチューノム［当初は万葉仮名的な音写用の使い方が多かったが、後に偏と旁などの原理を用いて独自に造字することが一般化した］が最も重要）のように字体と読み方が統一されていないため、「読める人にしか読めない」状態に陥ることが多い。

　一部は技術史・美術史などの対象だが歴史学の研究にも使われるし、遺跡や最近では水中の沈船から新たに文字資料が発見されることも少なくない（例：都市や宮殿・寺院の遺跡から見つかる粘土板や石碑、木簡・竹簡や印章、銘のある陶磁器や瓦・レンガ・タイル、墓から見つかる墓誌や文字入りの副葬品、新安沈船から引き揚げられた銅銭や荷札、将棋の駒…）。かつて先史時代の研究に集中していた考古学だが、現在は古代に限らない「歴史時代考古学」（「水中考古学」も含む）が当たり前になり、近代の工場や機械、「産業遺産（近代化遺産）」を研究する「産業考古学」も盛んになっている。

（ホ）神話・伝説や宗教の経典、文学・美術作品、風俗・祭り、芸能や音楽・演劇とそのパフォーマンス（無形文化遺産）：主には**民族学・民俗学**や芸術学などの対象であり、それらを史実や過去の人々の意識の反映として無批判に利用することは危険だが（文化人類学から厳しく批判されたことがある）、それを伝えている人々の社会・政治状況や意識・心性のあり方を研究するためには使える［→第3、12章、巻末付録3、4］。

（ヘ）絵画・写真などの図像・画像や音楽の録音：現代史では映画・ビデオなどの動画も活用されることは言わずもがなである。

（ト）談話・証言：戦争や植民地支配とその被害・加害、移民・難民などの経験を調べるのに多用されるインタビューと**オーラルヒストリー**という方法が、現在も広がりつつある。政治家や官僚、経営者などの証言・回顧もよく使われる［→第13章］。日本学、政治学や経営史などでもポピュラーな方法である。

（チ）統計と「計量史学」の役割：映像の利用と並んでICT化で急速に発達した領域で、狭義の経済史［→第4章、6章］で所得・生活水準やGDPの推計など最初からよく使われグローバルヒストリーの興隆にも大きく貢献したほか、人の生死や結婚・居住等に関連する歴史人口学や家族・ジェンダー史［→第5章、11章］にも使われる。ただしきちんとした統計のない前近代の数値の推計などは仮定の立て方に注意が必要だし[5]、現代の統計でも「数字のマ

---

(5)平均的な家族の年間収支、農業産出高、賃金や租税負担などを史料から推定し、それに推計総人口を掛けてある時期の国全体の数値を推計する、信頼できる記録のある二つ以上の年（ベンチマーク年）の間では同じ率で変化が続いたと仮定して平均成長率を割り出すなどの手続きがよく取られるが、山本千映［2020］がわかりやすく解説するように、これらには変動要因が多く、大まかな傾向は知ることができたとしても、細かい数値を信用するのは危険である。ただし、現代先進国の国勢調査やGDP計算でも産業の区分や組み合わせなど一定の約束事のもとで行われており（しばしばそれが国ごとに違う）、100％の信頼性をもつわけではない。

ジック」にひっかからないようにするためには[6]、数学（特に統計と確率）の一定の素養が必要になる。

（リ）地図（古地図、絵図なども含む）と地形・景観（例：古代日本の条理地割りや中世日本の荘園景観）や海洋・河川などの状況（人間の手が加わらないものも参考になる場合が多い）、都市の建設プラン（例：前近代の都城や近代国家の首都）：**地理学**との連携で、農村史や農業開発と環境の歴史、都市史や交通史、社会・国家と権力の歴史などさまざまな分野に利用できる。最近では GIS（地理情報システム）に歴史情報を落とし込む研究も盛んになっている。

2．史料（資料・史資料）の捜し方・使い方

2.1．どこにあって、どうやって検索・収集（および公刊や保存・修復）するものか？

　歴史学者の仕事は史料（以下では煩雑を避けて、問題ない場合は「史料」と書く）を読むことから始まると言ったが、それには史料を探したり見つけることが前提になる。現在の学生なら、史料を探すといえばまずインターネット検索を考えるだろう。国内の論文・図書や史料なら、国立情報学研究所の Cinii、国立国会図書館や国立公文書館などのウェブサイト（後者に附属する「アジア歴史資料センター」もある）は、最初に覚えるものだろう。中国や周辺諸国の漢籍を扱おうとする学生なら、市販されているデータベース以外に、台湾の中央研究院などいろいろなウェブサイトにお世話になる。その他、文書館などの所蔵資料や学術誌などをインターネット上でアクセス可能にするサービスが、有料のものを含めて世界中で広がっている。

---

(6)「相関関係を因果関係と誤認する」（A と B の事象は関係があるが、「A のために B が起こった」とは言えないものを、安易にそう考えてしまうこと）なども、よく挙げられる注意事項である。

　しかし史料は、図書館やインターネットで普通に見る／読むことができるものばかりではない。歴史や文学好きの読者は、マスコミやインターネットで、戦国大名の書状とか作家の手書き原稿など、「新史料の発見・発掘」の報道を見たこともあるだろう。史料は探すものである。図書館で見られる書籍・雑誌などの刊行物以外にも、文書館（そこで未整理の文書をかき分けて貴重な記録を見つけた学者の話もよく聞く）、蔵書家や古書店、地方の旧家・有力者／有力家系などを訪ねて史料の発見・購入や閲覧・複写をする、未公開の貴重な史料を解説付きで紹介・公刊するなどは、日本史に限らず普通の仕事である。「敦煌文書」「雲夢睡虎地秦簡」や平城宮跡の木簡など、遺跡からの大発見もいまだに続いている。しかも史料は、原文が難解であったり汚損・摩滅していることもあるので、見つけても読めるとは限らない。「辞書・事典」や歴史地図・年表、その他の「工具書」（資料目録・解説や研究入門、ある分野の代表的著作を解説付きで集めたリーディングス）の利用が不可欠なゆえんである。印刷・製本や写真、コンピューターとインターネットなど技術の発達と資料論の関係も押さえておく必要があるだろう。

　関連して紹介しておきたいのは、大地震／津波などで注目された「史料レスキュー」と修復技術である。もともと古美術などの文化財や古文書の修復技術は各国に存在したが、日本では阪神大震災後に成立した史料ネット（歴史資料ネットワーク）とその各地への展開、東日本大震災後の応用などの活動が、地域の歴史や文化を後世に残す取り組みの一環として注目されている。

　なお、史料探しにはいくつかの注意事項がある。まず、あらゆる史料が公開されたり文書館・博物館に収集・所蔵されているわけではないし、無料で見られるわけでもない（例：地方の旧家や寺社の史料、美術作品などの文化財、外国の史料などは有料の場合がある）。資料の収集・閲覧・複写や公表が思い通りできるかどうかには、所蔵者や記録された人との信頼関係を含むいろいろな要素がからんでくる。個人情報を含む社会学・文化人類学などの調査結果が何でも使って（公開して）よいとは言えないのと同様に、真理の追求という美名で他人の「知られたくないこと」に土足で踏み込む権利はない点は、ことさらに植民地での史料・文化財の略奪を含む歴史学の過去を見ずとも理解できるだろう。

もう一点はゼミなどでよく聞かされる、インターネット検索の問題である。もちろん現在の史料探しの方法の主流は電子検索である。史資料のありかだけでなく、原文や現物の画像を見ることができるものも多い。だがインターネットとデータベースは万能ではない。検索や出てきた情報を整理する技術の巧拙はもちろん、「画面に映っている文章は最良のテキストか」「画面に表示されていない必要情報はないか」「検索で出てきた文章やページ以外に、全体の文脈や前後のページに大事な情報が含まれていないか」などに気を配る訓練が、絶対に必要である。それなしに出てきた文章をコピペして失敗するのは、初歩の学部生だけとは限らない。「現物を手に取ること」「その資料全体を見ること」「現場を歩くこと」の大事さは、電子検索の時代だからこそ強調されねばならない。

　たとえば遺跡やある事件の現場などに実際に行って見ること（巡検）は、新しい史実の解明に必ず役に立つというわけではない。しかし少なくとも、文字史料から可能な複数の解釈のうち実際にはあり得ないものを排除することには、しばしば役に立つ。かつての「安楽椅子探偵」的な東西交渉史・シルクロード史（特に地名比定など）が衰退したのは、権力の歴史や社会経済史などの理論的な側面に無関心すぎたことだけでなく、現地語を使い現地を歩く地域研究の進展によって、従来の研究者たちが競った非現実的解釈が厳しく批判されたことにもよる。多言語史料を用いた研究は、それ自体が万能ではない。「現地とそこで生きている言語を知らない」研究者が「辞書に出ている訳語を恣意的に組み合わせて」史料を訳す場合は、やはり十分な実態の理解にはたどり着きにくい。最近の広域交流史ブームの中で、インターネット検索の容易さがそれらの欠陥を増幅している例がないではない。その他、一見関係なさそうな別種の史料から使える情報を取り出した研究成果[7]などを見ても、史料探しに幅広い見

---

(7)たとえば古代〜近世の日本の人口史を書き換えたことで知られるアメリカのファリスは、奈良時代の正税帳に記録された出挙（国家から農民への稲の貸し付け。本人が死亡すると返済が免除された）の返済免除比率の統計から、天平9年（737）の有名な天然痘流行による死亡率の、信頼度の高い推計値を導き出した［本庄2020］。戸籍など人口そのものの記録でない租税の資料に着目したことが、この成果をもたらしたのである。

識と着想力が必要なことがわかるだろう。

2.2.　どのように鑑定し使うものか？

> **課題** 2-3
> 外国史研究者にとって、対象地域の言語を習得することは史料解読以外にどん
> な意味をもつだろうか。複数の答えを述べよ。

> **課題** 2-4
> 自国史についての外国人の記録は信用できないという考えはどこまで正しいだ
> ろうか。またそれを利用する場合にはどんな注意が必要だろうか。

> **課題** 2-5
> 近代以前の記録・史料を「辞典に書かれた意味だけ見て」読解することにはど
> んな限界があるだろうか。それを乗り越えるにはどんな史料の読み方と辞典の
> 使い方が必要になるだろうか。

　歴史学や史料学は**史料批判**（テキスト・クリティーク）を行う。それは①外
的批判（編纂や伝来の経過から史料の性格・価値を検討する、形態や使われた
表現の面から捏造・改竄の証拠は残っていないか調べるなどの作業を言う）と
②内的批判（作者の人物像や立場・時代背景を調べて、意識的ないし無意識に
事実を歪めた可能性がないかを検討するような方法）などの方法を組み合わせ
て、ある史料の全体または一部の信用性・価値を突き止めることで、それこそ
が歴史学の「**ディシプリン（専門的方法）**」の根幹をなすと言われることも多
い。それは考古学や美術史で、出土品・骨董品などの真贋や時代の鑑定が基本
になるのと似ているだろう。

　そのように取り扱われる文献史料には、大きく**一次史料**（できごとの発生直
後に、しかも現場で記録したものが理想。「**同時代史料**」という概念とも密接に
関連）と**二次史料**（他人の情報の伝聞や引き写しないし加工などを経た史料。
研究者の論文・著書や校訂・翻訳等を経た一次史料も含む）の区別があること、

一次史料にも作者の勘違いや意図的な事実のねじ曲げはあり、二次史料がそれに気づいて正しく訂正している場合もあるが、基本的には一次史料が二次史料より大事であることなどは、専門の史料講読の授業などを受けると厳しく仕込まれる。ただこれはあくまで一般論で、以下のように一次史料とそれ以外の区分・価値付けは相対的なものであることも多い。そもそも古代の史料などは、原本が残っていないのが普通で、われわれが見る後世の写本または版本、同じ書物の複数のテキスト（写本や版本）を比較・校訂したテキストなどは、後世の手が加わっている点で、完全な意味での一次史料とは言えない。逆にある事件が後世のある時期にどう記憶・想起されたかの研究なら、事件そのものから見れば二次史料に過ぎない後世に書かれた史料こそが「一次史料」になりうる。

　それらを踏まえたうえでなお、オリジナルな専門研究の根幹には一次史料の収集・利用があることが期待される（新しい視角や理論によって既存の史料の読み直しをするという方法を取る場合も、自分で史料の原文を確認することが必須である）。近年の例をあげれば、近世日本には不在だったと思い込まれてきた朱子学式の冠婚葬祭儀礼について、吾妻重二による「家礼書」の浩瀚な集成［吾妻（編）2010-19］が刊行され、日本儒教に関する研究［→第12章］を変えたことが、史料の大事さを物語る。だから、ある歴史事象を解明・叙述した「論文」や「歴史書」の執筆以外に、複数の「異本」がある書物についてその系統を解明し字句の異同を校訂（校勘）して信頼できるテキストを作成する作業、原本が散逸して伝わらない書物を他書への引用など残された断片から復元する作業なども、西洋の聖書学やイスラーム世界の文献学、中国近世の考証学に限らず、近代以前からしばしば学者・知識人の個人ないし集団によって行われてきた（付録3のポストモダニズムの発想では、それら自体が学者のバイアスによる新たな史料の「創作」になりうる点が批判的に論じられるが）。史料の復元には、日本の令を参考にした唐令の復元のような外国に残る史料が活用されることもある。また復元の成果には、宋代の制度・法制や対外関係の公的記録を集成した『会要』を清代中期の徐松が復元した『宋会要輯稿』などの巨大なものもある。また外国語文献の自国語への翻訳、自国史料でも現代語への翻訳などの作業とその際の考証結果を記した訳注、さらにある領域の史料の集成・刊

行なども、重要な研究成果として扱われるケースが少なくない。

　このような史料を求めて、研究者が上記のように古老の家などを訪問するほか、外国史や近現代史の場合であれば、「文書館通い」が博士論文の定番になる。もちろん史料を見つけて（手に入れて）安心とはいかず、史料批判や校訂の仕事がその先に待っているケースも多い。そのような史料捜しがかつては困難だった西洋史や漢文圏以外の東洋史では、外国人の著作の翻訳やそこから日本社会に有益と思われる史実や理論を抜き出して組み立てる「論文」がまま見られたが、日本の経済力が増し、格安航空券とインターネットが普及した20世紀末以降は、それらの地域の研究でも現地での長期留学や資料調査が当たり前になった。

　ただ、時代・地域やテーマによる史料状況の差異がある。史料を探す、読む、保存するなどの仕事をしていると気づくことだが、それぞれの国や社会・時代で史料の「作られ方」「保存のされ方」「残り具合」が違うのだ。その特徴をつかむことが史料収集のためには必須であるし[8]、逆にそこから当該社会や時代の記録や歴史に関する観念などの特徴を突き止めることが可能になる場合もある。無文字社会では一般に過去の記憶や認識は「歴史」より神話のかたちを取ることが多く、かつては歴史学の対象にならないと決めつけられたが、文字文化が早期に発達した南アジアでも古代には、年代の記録は特定の王者個人を記念し

---

(8)たとえば近世以降の東アジアでは、中国の「宗族」などの父系親族集団が「族譜」「家譜」などとよばれる一族の歴史を編纂・保持する伝統が広がった。村請制を敷いた近世ベトナムの場合、父系親族集団「ゾンホ」の記録以外に、王朝が作らせた土地台帳（地簿）のコピー［朝廷や地方の役所にもそれぞれ保管されることになっていた］、タインホアン（城隍）と呼ばれる村落守護神の由来書（神蹟・神譜）や郷約（ムラの掟）など村落共同体に関する様々な史資料が村落内に保持されている。それら以外にも、地域的な祭祀や宗教活動・占いに関する資料、裁判関係資料や契約文書など様々な未公刊史料が、東アジアでは村落レベルで残存している。ただし中国では、村落共同体が一般的には存在せず徴税や労役の賦課は行政的な編成を通じて行われたため［→第10章］、村ごとの土地台帳や人口台帳のようなものは在地社会には残らなかったとされる。これらの村落史料・地方史料を収集・利用するには、日本の地域社会史などと同様に、場合によっては古老への聞き取りを含むフィールドワークが主要な手段となるケースが少なくない。

た碑文などに限られるケースが多く、王の在位年や王朝の成立・滅亡年の復元にすら困難が小さくない。

　これに限らず一般に、古代史は史資料が足りない中で理論や推論に頼ることも多くなるのに対し、近現代史は「史料の海に溺れる」ことが珍しくない。またたとえば、湿潤熱帯の東南アジアでは乾燥地帯と違い古代の紙や布などは残らないので、建築遺跡や陶磁器・貨幣など文献以外の出土品が重視される。文献史料でも、複数の言語で書かれた史料を利用しなければならないような場合がある。中央ユーラシア史など一人で多言語を読みこなすのが当たり前の世界もあるが、グローバルヒストリーでそれは難しいだろう。グローバルヒストリーは最初から複数の専門家の協力を前提にしているところがあるが⁽⁹⁾、テーマによってはそれでも「メンバーのだれも読めない史料」を使う必要が出てくる。また各言語の史料が同じ密度で残っている保証はない。そこで、史料の少ない国・地域が実態以上に軽んじられるグローバルヒストリーになっては困るだろう。厳密な意味で一次史料の原文だけによってすべての歴史を再構成することは、そもそも無理なのである。それぞれのクセや限界を押さえたうえで、翻訳や二次史料の適切な使い方を開発することも必須になる。翻訳でもわかること（意味が変わらないことがら）と原文でなければ伝わらないこと（その社会独特のニュアンスなど）の区別には、自分で翻訳をしてみる経験が有効だろう。なお国際条約や外交文書では、最初から複数の言語が用いられることも多い。アヘン戦争後の南京条約の英文と漢文の内容がずれていることはよく知られているが、外交文書には「同じことを関係国それぞれの言語で書いただけ」のはずが、実際には食い違い（しばしば意図的な）を含むケースが少なくない。首脳会談などの通訳も同じである。翻訳・通訳という営みやその専門家そのものが、

(9)日本では人文学の論文そのものは、理系の論文と違い個人名義で書くのが普通だが、それでも考古学の発掘報告、文献学の史料研究・訳注など、多数の専門家や大学院生の連名で成果が公表されることは珍しくない。余談だが、欧米では人文系でも連名の論文や理論を発表することが珍しくないが、そこでは別の分野の専門家が助け合うだけでなく、一方が材料（データ）を集めて他方が立論する、一方が立論して他方がチェックをするなど、理系的な分業のスタイルもいろいろあるように思われる。

歴史学の対象になるゆえんであるが、その場合も当該言語の特徴を踏まえた研究が必要になる。

　中国史料による古代日本史の復元など外国の（外国語の）史料に依存する場合の、自国史料と違ったクセや傾向をつかむ必要も同じことである。たとえば次節で述べるように、古代日本史で中国正史の外国伝を使うなら、「東夷伝」「倭国伝／日本伝」だけでなくすべての外国伝に目を通して外国伝の記述パターンをつかむ必要があるし、中国史における正史の位置（皇帝の行動の記録「起居注」、末端の行政文書［檔案］や官僚の生涯を記した「行状」などから、「実録」「会典」等を経て正史に至る記録のヒエラルキーの頂点に来る、言い換えればそれは、本来の意味の一次史料から極めて遠いところにある。ただし時代によっては正史しか史料が残っていない領域が多数ある）も心得ておくべきだろう［→第12章］。同じことは、日本史で欧文史料を使うような場合にも言える。安土桃山期の宣教師の記録、鎖国後のオランダ東インド会社の記録などが興味深い情報を多く含むことは周知の事実である。ただ、翻訳で使っていいかという問題とは別に、「外国人に日本のことがどこまでわかったか」という問題がつきまとい、日本側に対応する記録がない場合などは、否定的に扱われがちである。ただ日本側でも、あらゆることが記録されしかも現在まで残っているわけではないから、やはり欧文史料の特性や限界を踏まえずに使用の可否を決めることは、本来は不適切であろう。それとは性質は違うが、同じく史料の性質に注意を要するものに、統計史料がある。数字は文章のようにウソをつかないなどと思ってはいけない。前近代の史料（たとえば人口や土地の統計）の正確度・把握度が問題なだけでなく、近現代でも国や官庁によって統計の作成基準が違うのことがよくあり（たとえばCOVID-19に対する日本の「中等症」「重症」などの分類）、単純に数字だけを比べることができない。計量経済史などの専門家は、その補正の腕前を要求される。

　関連して、外国語史料などの読解に辞書を使う際には、掲載された意味（訳語）だけでなく可能な限り用例を見て帰納的に考える姿勢が必要である。繰り返すが、その言語の体系的理解抜きで行ったことのない土地の情報を辞書の訳語だけを頼りに正確に理解するのは難しい。次に文書の鑑定と含まれる情報の

利用には、書かれている内容や使われている文字・用語[10]だけでなく、書かれた物体［紙、木簡等々］の材質・形状、文章の書式、ハンコやサインの形式と位置、記載内容の各部分やハンコ・サインがそれぞれどの段階で加えられたものかなど、形式面への着目が必要である。それらは真偽鑑定だけでなく、見る人が見たらある書類のハンコの位置で会社内の仕組みがわかるように、発信者と受信者の関係や文書とそれを担当する役職に関するシステムなど、いろいろな情報を読み取るのに使える。また偽文書等（内容の捏造や改竄、年代を偽って古く見せかけるなどのパターンがある）も、偽だから研究に使えないとは限らない。偽造の背景としての作者の利害や時代状況の検出など、文学作品や神話伝説の利用法と似た面で使えることがある。こうした点を含めて、敦煌文書・トゥルファン文書など中央アジア出土文書を使った山田信夫、森安孝夫［山田・森安（編）1993］、荒川正晴［2010］、松井太らの多言語による研究、飛鳥〜平城京の木簡を用いた市大樹［2011、2012 ほか］の研究など、文献研究・史料学は阪大でもきわめて大きな成果を挙げているのである[11]。

---

(10)一般に後代の偽造史料（あるいは本来の原典を後世の人間が大幅に加工・改竄した史料）は、その史料が主張する時代にはありえない「未来」の情報がまぎれ混んでいることからたとえ偽造・改竄が判明するケースがよくある。たとえば朝鮮やベトナムを含む中華世界諸国で漢文で書かれた年代不明の書物や文書の作成年代を判定するためには、どの王朝の避諱（自己の王朝の君主の諱［いみな＝本名］を書くことを禁止して別の字に変えさせること。次の王朝では自王朝の避諱を強制する一方、前王朝のそれは解除する）に従っているか、官職名や地名などにどの時代のものが用いられているかに着目する方法がよく使われる。

(11)現在では多くの古文書が活字版・写真版やインターネットで公開されているが、しかし前項でも述べたとおり、文書館などで現物を見て材質や保存状況などを見ることで初めてわかった事柄も少なくない。

3．中華世界における外国情報とその記録[(12)]

正史の記載は民間の記録などより信頼性が高いという意見はどこに問題があるだろうか、説明せよ。

　ここで史料論の重要性の一例として、海域アジア史に関する中国史料（**漢籍**）についていくつかの問題を紹介しておこう。英雄豪傑や国家の興亡の歴史ほどではないにせよ、古代史料に現れる地名の比定などは、邪馬台国論争に見るとおり、ロマンの対象として一定の人気をもつ。そうした初心者がよく集まる日本古代史、漢籍を使った東西交渉史（シルクロード史）研究などで、特に注意すべき点である。パソコンでの検索など出来ない時代に大量の情報をどう整理・統合するか、行ったことのない外国に関する情報はどう記録されたかを考察することが、その基礎になる。すると中国のような巨大国家の中央で編纂される正史などの書物は、政権の正当化のための史実の歪曲などという以前に、情報の統合性・一貫性という面で大きな技術的限界をもつことがわかるだろう。

資料2-3　情報源と典籍

　歴代正史の外国伝などに記録された林邑・環王と占城は、すべて現在のベトナム中南部に後漢末に建国されたチャンパーという国家 [→第 13 章] と見なされているが、実際は、ことはそれほど単純ではない。北宋代の史料を見ると、『五代会要』（巻 30）、『冊府元亀』（外臣部 2）などが、占城はベトナムの南にあって「衣服・制度が大食（アラブ諸国）に似ている」と記し、『続資治通鑑長編』（咸平 6〈1003〉年 9 月壬辰条）に「大食は海上にあり、占城と接している」と記す。これは当時の中国の「南海貿易」を牛耳っていた南海土着のムスリム集団が情報源であろうが、この占城が、唐代までの正史に

---

(12)以下は［桃木 1999、2009 第二部］などで述べたことがらの要約である。

伝のある林邑・環王の後身であるという理解は、実は南宋の『嶺外代答』（1178年成立）が最初と思われる。

　次に、宋代には三仏斉（マラッカ海峡域の港市群。最近まで唐代のシュリーヴィジャヤと同じ国家と見なされてきた→資料2-5も見よ）が盛んに朝貢しているが、元代にはその記録はなく、代わりに没刺由（ムラユ）などが登場する。「シュリーヴィジャヤの栄光の記憶」は15世紀マラッカ王国（シュリーヴィジャヤ王家の末裔が建国したと主張する）まで引き継がれているにせよ、実態として海峡域での三仏斉の支配力は失われているように見える。ところが、元代広東の地方誌『大徳南海志』には「三仏斉国管小西洋」という見出しで三仏斉が管轄する（？）国を並べ、そこにはシンガポール、スマトラ諸国などが含まれる。これはおそらく、実態と言うより『嶺外代答』『諸蕃志』など南宋時代の史料からの解釈だと思われる。中国の「士大夫」にとって、典籍に載せられた事象は、「変化した」「なくなった」などの届け出や訂正がない限り、永遠に存在するのであろう[13]。

　おそらくこの観念を前提として、明が成立すると三仏斉を含む諸国を「詔諭」して朝貢を促すと、洪武3〈1370〉年8月、翌年9月、同6年12月、7年9月、8年9月、10年8月と三仏斉を名乗る勢力が立て続けに朝貢する。実名で朝貢して正体についてあれこれ詮索される（第7章で見るように、以前に認められていた朝貢国やその政権を勝手に簒奪したのではないかと疑われる危険がある）より、「登録商標三仏斉」を使った方が話が早いということだったと理解される［岩本1988］［Reid 2010］。

（13）南宋時代には1129年に朝貢して冊封を受けたジャワの王に、その後朝貢使節が来ない（代替わりなどの情報も入らない）なかで40年にわたって宋の朝廷の祝い事のたびに加封を続けた例がある。

資料2-4　宮廷・編纂史料と現場の距離

『新唐書』地理志には、現存しない賈耽の『皇華四達記』を典拠にして、中国からインドへ行く複数のルートとルート上の地理に関する情報が記載されている。そのうち 2 箇所に「環王国の都」が見える。第一の交州（ハノイ）からの陸路では、漢の日南郡の故地にあり驩州（北部ベトナムのゲアン一帯）から 10 日で至るという。これは現在のクアンチあたり（チャンパーを構成する Ulik などの地方王権が存在）に比定される。ところが広州からの海路では、占不労山（クーラオ・チャム）が「環王国（の都）の東 200 里」にある。この環王の都は、クアンナムのチャーキュウ（林邑時代からの大中心）と考えるのが自然である。つまり交州ルートと広州ルートは情報源が異なり、お互いに矛盾している（地方政権の連合体だった環王の別の部分を見ている）のだが、賈耽や新唐書の編者はそれに気づかず、別々の情報を並列してしまっている。同じことは、南宋時代の南海諸国に関するハンドブックとして有名な『諸蕃志』の三仏斉条に 15 の「属国」の名前を列挙した部分と「属州が15 ある」と書いた部分（固有名詞はなし）とが併存しているケースや、明史の日本伝で織田信長の部下として「明智」と「阿吉支（あけちの音写）」が別々に出てくる例などからも言える。正史など上のレベルに行くほど、「同じことを述べた別々の報告書」が無批判に並列されるような事態が増加する。

別のタイプの問題として、天竺迦毘黎国（428 年）と中天竺国（503 年）、師子国（スリランカ）の 428 年と 527 年、呵羅単国（433 年）と干陀利国（518 年）、呵羅単国（436 年）と狼牙脩国（515 年）、扶南国（484 年）と丹丹国（530 年）（呵羅単以下はすべて東南アジアの国家）など、東南アジア・インド諸国から南朝への朝貢の際の上表文（漢訳されて正史に載せられたもの）の多くにおいて、固有名詞や年号を除くとかなりの表現が一致する［河上 2011 ほか］。各国の国名や位置の説明はここでは省くが、どこかに上表文のフォーマットが存在したとしか思えない。ではそれは東南アジア側（たとえば使者になった扶南などの僧侶のところ）か、それとも中国側（たとえば外交の窓口になる役所）かどちらにあったのだろう。清代では、シャム国王が対等の立場で書いた清朝皇帝への手紙が、北京では立派な朝貢の上表文に変わっているという事態［増田 1995］が知られているが、その「加工」はだれがどのように行ったかはまだ判明していない。いずれにしても、実録や正史と現場の文書の間には、大きな距離がある点を理解しておく必要がある。

　史料論から脱線するが、最後に中国や漢字文化圏の知識人が何をどう書く
か、書かないかについて付言しておきたい。たとえば高校教科書に東南アジ
ア最初の国家であるかのように書かれている「扶南」という国名は、おそら
く最初は三国の呉が派遣した使者がメコンデルタあたりで出会った王の、漢
字で「扶南大王」と書かれる称号によるものなのだが、六朝から唐までの中
国史料が「扶南国の朝貢」を記録し続ける。中国人は国家のない社会は想像
できても中国的家族・親族概念のない社会は想像できないし、国家がある場
合に、「封建制」「郡県制」以外の国家形態（主権、領域支配などのありかた）
や、父系世襲王朝以外の王権の形態を想像・記録することもできないのだが、
日本古代のオオキミと同じで、扶南大王を名乗る権力が代々世襲される一つ
の王朝ないし国家であった証拠は、現地側には存在しない。

　中国の「国（王朝）」は、都を意味する場合と領域を意味する場合があり、
国名の由来も両方ある。マラッカ海峡域の港市群を読んだ唐代のシュリーヴィ
ジャヤ（「室利仏逝」以外にも「尸利仏誓」などいろいろな漢字表記がある）
と宋代の三仏斉（シュリーヴィジャヤのアラビア語訛りのセルボザ、スリブ
ザなどが語源という通説は根拠薄弱で、ジャワ島＝大ジャワと対比して使わ
れるインドの表現「ジャーヴァカ（小ジャワ）」もしくは、そのアラビア語訛
り「ザーバジュ」が語源と考えられる［深見 1987］）は、前者が中心による
命名、後者が地域全体への命名と考えられる。

　地名・人名についてさらに蛇足を加えれば、ブルース・リーという芸名を
含む香港住民のイギリス風名前、旧金山（桑港とも書く。サンフランシスコ
のこと）と剣橋 Cambridge 大学、牛津 Oxford 大学などの意訳や当て字など
を知っているわれわれは、朝貢国の王名その他の人名・地名についても、音
写か意訳か、そもそも本名か中国向けの「芸名」かなど、いろいろな可能性
を考えねばならないだろう。

第3章

時間の認識と時代の区分

　歴史というと教科書などのイメージから、年代・人名や事件名を羅列するものと思い込んでいる人によく出くわす。入試やレポートで歴史の論述を課されるとそれらをひたすら書き並べる受験生・学生も多い。そうした歴史のとらえ方は一面的であるのだが、しかし「いつ、どこで、だれが、なにをしたか、それはなぜ、どのように行われたか」のいわゆる5W1Hもしくは「それでどうなったか（結果）」を加えた5W1H1Rを明らかにすることが、マスコミの事件報道だけでなく歴史学のもっとも基本的な関心事である点に異論はないだろう。だがそうして確定されうる事件（史実）は無数に存在するから、それらを並べただけでは歴史は書けない［→序章「資料序6」の解説例および巻末の付録1の公式10ほか］。確定された事実に基づいて「時間軸に沿った理解・思考」を行い、「時の流れ」や「時代」を論じてはじめて歴史が学問になるというのも、広く認められているところである。ところが、そうした大づかみな議論を始めると歴史学は、「悠久の変わらぬ伝統」などの変化を認めない議論とも対峙しなければならないことになる。最近の歴史学の新しさは、それを含めて、いろいろな時代・地域や集団・階層ごとに違った「できごと」と「時間」の感覚のような、主観的な側面にかなり関心をもつ点にもある。

公式24　　時の流れがもつ意味や人々の時間感覚は、それぞれの社会・文化のあり方や権力の構造を反映している。

公式83　　「近世」は「世界の一体化が本格化する時代」「各地域の“伝統”が結晶・成熟する時代」「欧米モデルに限らないさまざまな近代世界のあり方が準備された時代（初期近代）」「ポスト近代世界の予兆が示された時代」などの特

徴がからまり合った時代として、きわめてユニークな意味をもつ。

1．時間と時代⁽¹⁾

1.1.　時間観念の諸形態

　アナール派の社会史［→第 10 章］などが、**時間観念**の多様さに注意を向け
た。現代のわれわれは、「均質で空虚かつ直線的に流れ、無限の長さをもつ時
間」を当然のものと思っている。しかしそんなわれわれでも、つまらない講義
などは長く感じ楽しい時間はあっという間にすぎる。子供のころと大人になっ
てから、老後など一生のそれぞれの時期にも、時間の流れる早さは違って感じ
られる。そうした感覚の世界では、**時間の流れ**は均質ではない。楽しい、つま
らないなど個人的な感覚から、近代世界が共有した「右肩上がりの発展」、その
逆に仏教や儒教が考えた「衰退」「末法」などの感覚まで、時間の流れにはしば
しば評価や価値付けがともなうので、その場合の時間は空虚に流れているので
はない。また、人がもし直線的に流れる時間だけを意識して、夜の次に朝が来
る、冬の次には春が来るなど循環する時間の流れを一切考えなかったら、家庭
生活も学校も農業も成り立たないだろう。7 日から成る一週間とか「大安」「友
引」などの 6 曜、世界に点在する 5 曜日などの短いサイクル、それに 12 年で循
環する十二支や 60 日・60 年で一周する中国の干支（十干十二支）なども、そ
うした循環のサイクルやリズムに着目した時間の区切り方である。ではその循
環のなかでもっとも単純な「一日」はいつからいつまでだろうか。「日の出か
ら」が普通だが、イスラーム世界のように日没から一日が始まる文明もある。
そして（ビッグバンからわれわれの宇宙の終わりまで、人類の誕生から終わり
まで、などの話は別として）時間は無限だろうか。キリスト教世界やイスラー
ム世界では、それは元来は天地創造から最後の審判までの、神によって始めと
終わりが決められた時間だったはずである。

（1）佐藤正幸の一連の著作［佐藤 2004、2009 ほか］や［真木 1997］が興味深い。

1.2.　時間観念、暦法・紀年法と社会・権力

　人間はそのような時の流れをとらえるために、時間を区切ったり計ったりする単位を作り、またそのための道具を発明してきた。それらはその時代や地域の社会と技術の状況を反映し、逆にそれらがまた社会のあり方を規定するだろう。たとえば現代のわれわれは、時・分・秒を表示する時計なしの生活を考えられないが、そういう道具が古代から存在したわけではない。一部に水時計などがあるにせよ、どこでも正確に時間が測定でき時刻がわかる時計のない社会と、「ゼンマイ仕掛け」など機械で動く時計が普遍的に存在する社会では、人の行動が大きく変わる。農民は一日を大まかに 12 等分する、日の出から日の入りまで働くなどという大ざっぱな働き方でやっていけるが、近代的な工場での生産はそれではまずい。機械を動かす時間や労働者の労働時間が正確に計れなければ、生産コストは計算できず経営にならない。伝統的な職人の報酬は作った品物一個いくらで支払われるのが普通だが、近代労働者の賃金は、時間給そのものではない場合でも、9 時から 5 時までなど勤務時間を決めたうえで賃金を支払うのが普通になる（情報化時代の変化などは次の段階の話）。そうした前近代の大ざっぱな時間のとらえ方から近代の正確なとらえ方への変化（農民の時間から工場の時間へ、という言い方もある）を象徴するできごととして、中世ヨーロッパで人々に時刻を告げるのは教会の鐘だったが、近世以降の都市ではそれが市役所（都市の政治・行政を動かすのはやがて近代資本主義の担い手となる商工業者だった）の機械時計に変わったという逸話がよく引かれる。

　月の満ち欠けや季節の循環と太陽の位置などから、人は時の流れとしての「月」や「年」という感覚をもつようになった。そこに暦（**暦法**）と年代表記法（**紀年法**）が生まれるが、これまた時代や地域によって多様な形態が見られる［小島・大岩川（編）1987］。それは農耕など実社会の生活だけでなく、宗教や政治権力に影響される面をもつ。

　世界史で「メソポタミアの太陰暦とエジプトの太陽暦」と暗記した読者は多いだろう。ヒジュラ暦（イスラーム暦）が純粋な太陰暦を用いていることも広く知られている。月の満ち欠けを基準にした暦法は、太陽がどの星座の位置にあるかを見ないと作れない太陽暦よりわかりやすいだろう[(2)]。ただし単純に 12 か月を 1 年とすると、ヒジュラ暦に見られるように 1 年が 354〜355 日で終わってしまう。それでは、毎年同じ気象条件や水の条件のもとで同じ作業をすべき農業には不便ではないか。だから西アジア（中東）を中心とするイスラーム世界では、宗教生活をヒジュラ暦に従って営む一方で、農業はその地域に存在する他宗教の太陽暦を利用するといったケースが少なくない。もう一つの解決方法は、太陰暦そのものの中に太陽暦を組み込んでしまう「**太陰太陽暦**」という暦法で、古代インド・中国やギリシア（メトン暦）などで発達した。そこでは 1 月、2 月などの月は太陰暦で定める（29 日の月と 30 日の月がほぼ交互に来る）が、それと太陽暦とのズレが大きくなった時点で「うるう月」を挿入して 1 年を 13 か月にする。複雑な計算によって、最初は 5 年に 2 回、後には 19 年間に 7 回うるう月を置くような方法が一般化した。また、たとえば中国暦では農業に関係の深い夏至と冬至、春分と秋分、立春や立秋などの区切りの日（「24

---

(2)そこでも、それぞれの月にどういう名前を付けるか（数字で番号として呼ぶとは限らない）、またどの月を 1 年の始まりとするかにはいろいろある（「1 月」や冬至の直後の月が新年に当たるとは限らない）。この点は太陽暦の世界も同じである。それらの例をたくさん挙げてみよう。

節気・72候」などと総称した）が太陽暦に従って——だから月日としては毎年
違う時期に——配置される。日本で旧暦・陰暦などと呼ばれ、明治5〜6年に
新暦（太陽暦）に変更されたと習うのも、この中国暦（の当時の日本で使われ
ていたバージョン）である。この旧暦がどんな暦か、昔の日本では誰でも知っ
ていたから教科書で中身を説明することはなかったが、今はほぼ誰も知らない
状況なので、歴史や古文の授業では内容を教える必要があるだろう。

　なお西暦（キリスト教暦）の導入は近現代の非西洋世界のどこでも起こった
が、日本のその独自性はどこまで意識されているだろうか。最近まで農村部で
「旧正月」を祝う習慣が残っていたような、「旧暦」と「新暦」の併存はどこで
も見られる。年中行事や冠婚葬祭などの場では前者が重視される点も同じであ
ろう。だが日本の場合、旧暦の年中行事について、端午節を新暦の5月5日に
祝うように単純に新暦の同じ月日に持ってきたり（七夕祭りも学校では新暦7
月7日にするだろう）、お盆の行事を「月遅れ」で行う（旧暦7月15日を中心
とするものを新暦の1か月後に移す。仙台の七夕もこのパターン）などの点は
全くユニークなものだろう。現在でも旧正月を大規模に祝う（＝大学も企業も
ふだんは西暦で動いているので、毎年の大規模な休みが入る時期が最大で1か
月ほどズレる。日本なら大騒ぎしそうだが、みんなそういうものだと思ってい
る）中韓越などの諸国とは対照的である。日本人もあくまで旧暦で行うことか
ら離れられないのは、名月をめでる中秋節（旧暦8月15日）だけだろうか。

　年の表示には、干支のようなそれ自体は無限に、言い換えれば価値中立的に
循環するものがある一方で、始まりを示す紀元、特定の政体や君主に結びつく
年号など宗教ないし政治的な正当性原理の作用を受けるものが発達する。キリ
スト紀元やヒジュラ暦など、西方で宗教の権威が大きいのに対し、東アジアで
は暦法も含めて、政治権力と強く結びついている。別の言い方をすると、東ア
ジアの君主や国家は人や土地だけでなく時間を支配しなければならない。中で
も現代日本を含む**年号**（元号）の政治性はよく知られている。中国では明代か
ら、日本は明治から一世一元制が敷かれる前は、国運の上昇下降や吉凶の兆し
に合わせて年号を変えることが、国家の隆盛を導き君主・政権の正当性を保証
するために必要な行為だったことは、あまり説明の要がないだろう。国家分裂

時の年号使用をめぐる対立、新王朝を認めない人々による旧王朝年号の使用や年号不使用[(3)]。周辺諸国の独自年号［ベトナム[(4)]、日本[(5)]など］や国内の私年号などのどれもが、政治的な意味をもっていた。暦法も同様である。太陰太陽暦でも実際の季節とのずれがしだいに拡大することは避けられない。また日食や月食の計算・予測は、国家の吉凶に関わる大事な仕事だった。だから新王朝の正当性を高める目的などにより、季節のずれがなく日食・月食の正確な計算が行われるように、（太陰太陽暦の枠内で）改暦を行うことがよくあった。イスラームの暦法も応用した元代の授時暦は中国史上唯一の改暦ではなく、古代から何度となく改暦が行われており、また朝鮮王朝における中国からの自立意識の強まりは、ハングルの作成だけでなく「時憲暦」の作成にも現れている。元来は、中国国内だけでなくその冊封国にも「正朔を奉じる」つまり中国の年号や暦法を使用する義務があった。

　こうした政治的正当性と時間の支配の結びつきは、第二次世界大戦前の日本で使われた「皇紀」や中華民国・台湾で使わる民国紀元（辛亥革命を始まりとし、「民国前〇〇年」と遡る方法もある）など、紀元をめぐっても現れる。また「グリニッジ標準時」以前の近代ヨーロッパで国際標準時をめぐる争い[(6)]（それは子午線の引き方という空間の争いでもあった）があったように、時間をめぐる覇権争いは東アジアの専売特許ではない。最後に、近代世界を支配したキリスト紀元（中国・ベトナムなどではもともと「公元」として受容）について、ユダヤ教徒からの批判などに端を発して近年、英語圏の公教育や出版界でCE

(3)清代に明の最後の崇禎年号が朝鮮国内を含めて使われたり、華僑社会などで「竜飛」「天運」などの語と干支を組み合わせて年代が表記されたような例がよく知られている。

(4)ベトナム（大越・越南）は10世紀に中国から独立したのち一貫して、支配者が皇帝を自称し（中国にはこれを隠して朝貢し冊封を受ける）、独自年号を使い続けた。中国式の暦法も用いたが、中国とは月日がずれていた時期がある。

(5)中国では暦をたびたび改定して季節のずれを調整したが、日本では江戸時代に貞享暦を作成するまで唐代に輸入した宣明暦を使いつづけた。

(6)「時差」をめぐる争いもある。ベトナム戦争中の南北ベトナムの間には30分の時差があった（両政権が別々の旧暦を使用しており、旧正月［テト］の日付がずれていたという話もよく知られている）。

（Common Era）に言い換える傾向が一般化する（紀元前は BCE）という西洋世界自身の脱キリスト教化にも触れないわけにはいかない。キリスト教国でもない日本の歴史教科書が AD と BC の表現を使い続けるとすれば、それは「日本型西洋崇拝」の珍妙な側面を象徴するものになるかもしれない。

2．歴史観と時代区分[(7)]

2.1．時代と歴史観

> **課題** 3-3
>
> 世界中のどの国・地域の歴史もすべて「古代」「中世」などの時代に分けられるのだろうか。たとえば中国史でしばしば、秦漢からアヘン戦争まで一つの「古代」や「封建社会」で、王朝交代以外の時代区分ができないように言われるのはなぜだろうか。

　すべての過去を順序や位相を区別せずに「昔むかし、○○があった」と語る文化は存在する。近代世界でも、近代化以前の社会・文化を「動かない（悠久の）**伝統**」とする論法は、民族主義・保守主義の政治的立論から近代化を是とする社会科学理論まで、しばしば見られるところである。しかし過去を「歴史」（流れるもの、動くもの）ととらえるとき、「**時代**」を分けずにそれを語ることはほとんどできない。たとえばそれでは、教科書が書けないだろう。ルネサンス期以降のヨーロッパで出現した古代－中世－近代の三分法、原始共産制－古代奴隷制－中世封建制－近代資本制－社会主義・共産主義というマルクス主義の時代区分の図式［→付録 2］などは、読者も聞いたことがあるはずだ。
　つまり、「時間」と同じく「時代」のとらえかたも、歴史学の専門性（**ディシプリン**）の根幹的な部分をなす。だがそこでも、過去の人々にせよ現代の歴史学者にせよ、時代を区切る前提となる歴史観には、歴史を究極は偶然の連続と

（7）［秋田・永原ほか（編著）2016］に世界各地域や近代諸思想が持っていた時間と時代の観念が紹介されている。

みなすものから何らかの摂理・法則やパターンを想定するものまで複数の形態
があり、それに従っていろいろな時代区分が出現する。教会と封建制からの解
放を求め「暗黒の中世」の次に「近代」を見たヨーロッパ知識人、ある国の革
命戦略（打倒すべきは資本主義かそれとも封建制度か）を決めるためにもその
国がどういう道筋を経て現在はどの「発展段階」にあるのかを判定しなければ
ならなかったマルクス主義者たちのように、時代区分が思想・価値観と結びつ
くのも普通のことだった。

　近代以前の世界の各文明を見ても、王朝や政権の交替で時代を区切るような
素朴な歴史観以外に、仏教・儒教などに含まれる下降史観[8]、ヒンドゥー世界の
循環史観[9]、ユダヤ＝キリスト教世界で広がった発展史観[10]などそれぞれのパ
ターンがあることはよく語られる。細かく見ると、下降史観の仏教や儒教の中
でも、途中の一定の時代に「中興」が起こることがしばしば主張される。発展
にせよ下降にせよ直線的に特定の方向に向かうのでなく歴史は繰り返すという
史観にも、王朝の盛衰が繰り返されるというような狭義の循環史観以外に、二
つの極の間を振り子状に歴史が往復するという史観（例：遊牧民と農耕民の権
力の交替、二大政党史観など）がある。「発展段階論」を掲げる点で発展史観に
属するマルクス主義は、「階級闘争史観」という面から見ると実は振り子史観や
循環史観に近いところがあり、発展段階と両方合わせて「らせん状に発展する
歴史」が説かれるなど、複雑な言説も必要とした。また、時代や王朝ごとに研
究が細分化されているところでは、「中国史はどの王朝も初期の強固な支配－中
期以降の地主や貴族の成長による統治の弛緩と階層分化－農民反乱による王朝

---

(8)仏教の「末法思想」だけでなく、儒教も「上代」に堯・舜・禹などの「聖人」の
　　時代があり、周代をへてしだいに世の中が退廃するという史観をもつ。
(9)それぞれ数十億年の長さをもつ四つの世（ユガ）が交替してゆくというヒンドゥー
　　教の史観などもその一種である。
(10)ユダヤ・キリスト教的な「楽園追放」から「最後の審判（永遠の救済）」に向か
　　う歴史という特殊な史観→ルネサンス期ヨーロッパで成立した古代（ギリシア・ロー
　　マの「古典古代」）－中世－近代という三分法を経由して、マルクス主義を含む近代
　　的発展史観の前提となる。なお永遠の救済の思想は仏教的世界にもあり、新王朝の
　　樹立や転輪聖王の出現や弥勒仏の下生などのかたちでしばしば主張された。

滅亡のサイクルを繰りかえしている」「日本史では古代・中世・近世それぞれ
で、初期の自給的社会－中期以降の私的所有ないし商品経済の発展と階層分化
という説明を他の時代との絶対的な程度や深さの比較なしに行っている」など
と揶揄される事態に陥らないような、時代を超えた長期的視野も求められる。

2.2. 時代を区切る対象や基準の多様化

　第 2 章で見たように、歴史学の対象は政治・外交だけではなく、文明や民族、
経済や自然環境、社会やジェンダーなど多岐にわたる。特に 20 世紀末以降は、
その多様化がいちじるしい。それを反映して時代区分の対象領域も、古くから
ある「国制史(11)」を含む政権・政体の交代、文明の消長や思想・宗教の歴史、
文化史・芸術史の様式や流派の変化などから、20 世紀に活発化した社会経済構
造の変化（マルクス主義で特に膨大な論争［→付録 2］）、各民族の起源や形成
［→第 10 章］などの研究、20 世紀末に広がった女性史・ジェンダー史［→第 11
章］、自然環境のような超長期の歴史［→第 5 章］まで、広がりを見せている。

資料3-1　中国史の時代区分

　時代区分というと、戦後の日本で行われた中国史の時代区分をめぐる論争
が今でもよく引き合いに出される。マルクス主義（実際はスターリンの「世
界史の基本法則」→付録 2）にもとづく「歴研派」が、社会経済構造にもと
づき唐代まで奴隷制（＝古代。それ以前からある農民の土地保有は実質的な
ものとは言えないと見る）→宋代から封建制（＝中世。農民の土地保有権成
立の一方で封建地主制が発達）と考えたのに対し、非マルクス主義の「京都
学派」が政治・文化などの総合的な評価により、後漢末から中世→宋代から
近世（ルネサンスや絶対主義と同種の段階）と見なした。歴研派にはほかに
「明末清初にはじめて封建制」という論者もいた（日本史で「マルクスの定義

(11)帝政、王政（絶対王政と立憲王政）、共和政や民主政など国家の政体とそれを支
　える理念、しくみの研究を国制史と呼ぶ［→第 7 章］。

する封建制［奴隷より身分的に上昇した農民の、土地保有の権利の確立を成立の指標として重視するように読める］は、平安後期以降（もしくが南北朝以降）の武士の領主制［中世にはまだ名子・被官など主人への隷属度が高く土地保有権をもたない農民が普遍的に存在した］でなく、太閤検地ではじめて実現した」という説があったのと同種のマルクス解釈による）。ただし近代西洋でのアジア社会停滞論だけでなく、マルクス主義の発展段階論をとる現代中国でもアヘン戦争以前を「古代」と呼びならわしている。これは「前近代」「伝統中国」などとほぼ同じ語感でとらえるのがよいだろう。

時代区分の区切りの単位も大きく変化している。空間としては、国ごとの時代区分だけでなく世界全体を輪切りにした時代区分（世界システムやグローバルヒストリーなど）が大きく影響力を増している。時間軸も、古代・中世・近代とか日本史の古代・中世・近世・近代の四区分だけではなくなっている。たとえばブローデル［1999］は三層の時間（個別の事件、一定期間続く景況〈conjoncture〉、地理環境などの長期持続〈long durée〉）に分けて地中海世界の全体史を描いた。グローバルヒストリー［→第4章］やビッグヒストリー［→第5章］はしばしば、1千年・1万年単位の超長期変動を扱う［水島2010ほか］が、他方でグローバルヒストリーは、「長い16世紀」「長い18世紀」「短い20世紀」や「14世紀の危機」「17世紀の危機」［→付録4も見よ］など、ヨーロッパ史から世界に広まった世紀単位の表示も好んで用いる。

　他の歴史事象と同様、時代区分についても論争が起こる。身近な日本列島の歴史を例にとっても、弥生時代はいつごろ始まったか、国家の形成はいつか、中世はいつからかなど、日本史の時代区分をめぐるさまざまな論争史があり、国家形成や中世の開始など、阪大教員が重要な貢献をしたテーマも少なくない。そうした論争の背景には、事実認識の違い（例：「大化の改新」は本当に起こったか）だけでなく、どの領域に焦点を当てて（例：政治か経済か）どんな空間・時間軸で（例：日本列島中央部か列島全体か、日本史全体をいくつに分けようとするのか）、また何をもって時代が変わったと見なすのか（例：支配者や先進部分の変化かそれとも大多数の変化か）などの方法論や歴史観の違いがあるの

が普通である。近代市民革命や社会主義革命からイメージされるような、国家・社会のあらゆる側面の根本的な変化だけが時代の区切りになるとは限らず、後述するさまざまな連続性、政治・経済・文化など領域ごとの変化の速度や深さの違いが問題になることが少なくない。

資料3-2　日本史の新しい時代区分

　日本で高度に発達した土器の形式分類などにもとづき紀元前 5 〜 3 世紀に弥生時代が始まったという定説に対して、歴博（国立歴史民俗博物館）が化学的方法による年代測定にもとづき紀元前 10 世紀に遡るという新説を提出し、大きな論争を呼んだ。その後の国家形成については、戦後のマルクス主義史学がエンゲルス『家族・私有財産および国家の起源』の機械的適用にもとづき大化の改新〜律令国家建設によって初めて国家が完成したと唱えた（弥生〜古墳時代は国家以前の「首長制」）のに対し、都出比呂志［2011 ほか］が「初期国家論」などを利用して弥生〜古墳時代に国家形成過程が始まっていたことを主張した。次に中世だが、西欧の封建制に相当する武士の領主制が支配した時代を中世と見なす説が第二次大戦前から主流で戦後のマルクス主義主流派もそれを踏襲したが（→天皇・朝廷は古代の遺物ということになる）、1960 年代から黒田俊雄［1994 にまとめられている］が中世社会を荘園制（not 領主制）を基盤に朝廷・武家・寺社などの諸「権門」のゆるやかな連合が支配した時代で、それは院政期から始まると主張し（対応する宗教状況が「鎌倉新仏教ではない旧仏教中心の「顕密体制」）［→第 9 章］、現在では高校教科書もその節に従うようになっている。武士＝農民関係以外を軽視するマルクス主義主流派に対しては、網野善彦も天皇と商人・職能民・芸能人や賎民などの役割を重視する視角にもとづいて批判を行った。

課題 3-4

「日本の歴史」はいつ始まっただろうか。「日本」を地理的空間、政体／国家、民族／国民（英語でいえばそれぞれ country, state, nation）のどれと定義すると何が言えるかを基本に、日本という国名がいつから使われたか、日本国家は滅亡したことはないかなどにも注意しながら、複数の答えを述べよ。

3．新しい近代像とアジア・日本の位置⁽¹²⁾

3.1.　時代区分と非西洋世界

　第1章で述べた通り、近代歴史学成立当初には、非西洋世界は狭い意味での歴史学の対象とは見なされていなかった。非西洋世界については王朝や宗教の交替でなければ、停滞の時代と西洋主導の近代の二つに分ける以上の時代区分は考えられなかった。以下、このことに関連して時代区分論の新しい側面を紹介したい。

　日本や中国では近代歴史学のインパクトを受けながら自国や周辺地域の歴史研究を成立させたのだが、**マルクス主義**が20世紀、特に第二次大戦後の非西洋世界で大きな人気を博した一因は、レーニン、スターリンや毛沢東などがアジア・アフリカでもヨーロッパと同じ段階を踏んで発展がおこる、場合によっては封建社会から資本主義を経ずに社会主義への飛躍が可能だ、という理論を唱えたことによる。明治維新とその後の日本資本主義の性格をめぐる「講座派⁽¹³⁾」と「労農派」その他による論争なども、戦前から戦後にかけてはそのような土台の上で行われていた［→付録2］。

　ただそこでも、一国史の時代区分か「世界史」の時代区分か（またはそれ以外の区分か）の問題が生じる。マルクスがはっきりさせずに終わったその問題を、スターリンは各国が違った時期に同じコースを歩むという「**世界史の基本法則**」に作り替えることで、世界史は結局、発展段階の違う一国史の寄せ集め

---

(12)［秋田（編著）2013、2019a］［南塚・秋田・高澤（責任編集）2016］［山下（編）2019］などで大づかみな方向性が理解できるであろう。

(13)昭和初期に日本でいかに革命を目ざすかという路線論争と結びついておこなわれた「日本資本主義論争」において、前近代的な「絶対主義天皇制」のもとでの貧困を強調した「講座派」（明治維新を絶対主義天皇制の成立と見なす）と、資本主義的近代化の一定の進展を認める「労農派」（明治維新をブルジョワ革命と見なす）が対立した。戦後もしばらくは前者が優勢だったが、高度経済成長によってその説得力が失われたとされる。

もしくは「セパレートコースでの競走」になった（「文明の競争」でも同じだが）。ところがそうすると、第二次世界大戦後しばらくして顕在化した非欧米世界内部の発展の格差は、遅れた国の自己責任になってしまう（具体的には停滞論が蒸し返された）。そこで、「低開発」から抜け出せない理由を近代資本主義世界によって押しつけられ独立後も抜け出すのが困難な分業構造に求める、フランクらの「従属理論」やウォーラーステインの**「世界システム論」**への流れが登場する。その後も非マルクス主義系を含めたグローバル経済史が、世界各地域の連関・相互作用を比較とともに重視しながら発展しているが［→第4章、6章］、そこでは次項や第4章で述べるとおり、東アジアを中心とする経済の大発展も説明する必要があり、近世以前のアジアの発展を強調するフランクの『リオリエント』やポメランツの『大分岐』などの理論が登場していることは、マディソン［2015ほか］のGDP推計とともに、今や広く知られている。

資料3-3　「世界システム論」から「大分岐」へ

　従属理論と世界システム論（現代ラテンアメリカやアフリカなどの経済的・社会的低迷が関心の源）のどちらも、現代の「発展途上国」の困難を、植民地支配の後遺症（や指導者・国民の無能）で説明するだけでなく、独立後も変わらない先進国優位の**国際分業システム**を重視する。世界システム論は歴史上の「世界帝国」と16世紀に成立した多国間システムとしての「近代世界システム」を区別し、後者は（1）16世紀に西ヨーロッパを「中核」、ラテンアメリカや東欧を「周辺」とした国際分業システムとして成立し、18世紀以降にアジア・アフリカなどその他の地域を徐々に呑み込んで、20世紀には全地球をおおった。（2）工業（手工業）が発展した「中核」と農業などに依存する「周辺」の関係は、不平等だが互いに相手なしでは成り立たない（両者の中間的な「半周辺」の地域も存在する）。しかも資本主義経済は右肩上がりの膨張を要求するので、新たな「周辺」が無限に要求されることになる。（3）「中核」諸国では経済が発展し、近代的な賃労働やそれにあった自由主義の経済・社会システム（強力な近代国家と発達した近代市民社会）が成立するが、「周辺」地域では**「低開発」**状態が広がり、不自由労働（東欧の「再版農奴制」、アメリカの黒人奴隷制など）がむしろ発達し、強力な国家や近代的社会はできなくなる→その状態が現代まで継続。（4）「中核」側は一般には「世

界帝国」を作らず多国間の競争（→それによる技術革新などもおこる）に特徴があるが、ときには生産・流通・金融のすべてにおいて圧倒的な力をもつ「**覇権国家**」が出現する。17世紀のオランダ、19世紀のイギリス、20世紀なかばのアメリカがその例であるなどと論じた［I. ウォーラーステイン 2006（原著 1981）、1993a（同）、1997（原著 1989）、2013（原著 2011）］。なおアジアなど非ヨーロッパ世界は「世界帝国」を生み出しても「世界＝経済」は生み出せず、近代には一方的に世界システムに包摂されてゆく、ひとたび「周辺」として世界システムに組み込まれた地域は（永遠に？）そこから抜け出せないというウォーラーステインの理論は、「新しいヨーロッパ中心主義」として厳しく批判される。それに対置されたのが13世紀にユーラシア主要地域の経済がゆるやかに結びついたというアブー・ルゴド［2014（原著 1989）］であり、また下記のフランクやポメランツの議論などを含む「グローバルヒストリー」の潮流［→次章］だったとされる。フランク［2000（原著 1998）］は従属理論から踏み出して、18世紀までの世界経済の中心が中国などアジアにあり、「その後 200 年間だけ偶発的に」西洋が世界経済の中心になったが、現在また事態はもとに戻りつつある（西洋の発展を必然とするこれまでの社会科学は方向付けの根本的見直しが必要）と主張した。ポメランツ［K. ポメランツ 2015（原著 2000）］は（1）18世紀までのイングランドと中国江南などアジア主要地域の経済力・生活水準はほぼ同レベルにあり、両者とも18世紀には人口圧と資源の限界に直面していた、（2）イングランドなど西ヨーロッパ諸国は、石炭と鉄が手近にあったこと、新大陸の資源と富を自由に使えたことの二つの偶然にめぐまれ、工業化などアジアと大きく違った方向に踏み出すという事態（「大分岐」）がおこったと主張した。

　グローバルな時代区分について付言すると、日本史で確立している古代－中世－近世－近現代という時代区分（高校日本史 B 教科書でも各時代の基本構造や転換期の変化は述べるが、なぜその四つに区分するのかについては語らない）は、日本列島の歴史をアジア史や世界史と接続・統合する際の障害を作り出しがちである。マルクス主義の「世界史の基本法則」など同時期に違った歴史段階の国・地域が併存してかまわない図式ならよいが、「地域ごとのいろいろな偏差を含む世界全体の近代」といった世界を輪切りにするタイプの時代区分法とは相性が悪いからである。「封建社会」のような特色を表現するネーミングなら

「近代世界の中に残存した封建制」といった記述が可能だが、「モンゴル時代または明代に始まる東アジア近世の中の日本中世」という表現は混乱でしかないだろう。次項で述べる「東アジア近世化」をめぐる論争でも――もともと「近世」には「現代に近い過去、現代的状況の始まり」など「近代」と同じような意味があったのだが［岸本 2006］、現在の日本史では「近現代の前の、それとは根本的に別な時代」という観念がしみついている――、東洋史がアヘン戦争や幕末維新に代えて現在の起源としての近世化を唱えたのに対し、日本史研究者の多くは「中世から近世への移行」に最初から問題を局限してしまったという食い違いがあったように思われる。

3. 2.　近代（近代化、近代性 modernity）の問い直し[(14)]

> 【課題】3-5 ―――
> 「近代社会」はつまるところ、「前近代」と比べて何がどう変わったのだろう。その変化は西洋に特有のものだったのだろうか。絶対的で元に戻せない変化だったろうか。

　社会科学に一般的な、**近代**（ヨーロッパ内部で起こったもの）と近代以前の差異を絶対的とみなし［ほとんどの場合、近代的な社会とそこで実現する**近代性** modernity だけを価値あるものと考える］、それに比べれば前近代社会の意味とかその内部の変化などは本質的な問題ではないとする見方と、近代以前の各時代にもそれぞれの意味を見出す人文学の考え方の対立［→第 13 章］はあっても、後者の人文学ですら、工業化や市民革命などによる「**近代化**」を絶対的な変化と見なしてきたことは否めない。他方でその「近代」は、資本主義近代の後に社会主義・共産主義が来るという考えなどを別として、「近代」が永遠に続くものと考えていた。

　近代の負の側面は、19 世紀の「世紀末」など早くから批判されていた。人間

――――――――――――

(14)［山下（編）2019：1-3 章］に基本事項の明快なまとめがある。

社会の「アトム化」、植民地支配、戦争と核兵器、環境破壊の問題などは20世紀半ばまでに十分な危機感を呼び起こしていた[15]が、当時はまだ、それらを「近代化の遅れ・ゆがみ」ととらえる余地があった。第1章で紹介した「戦後歴史学」のように、戦後日本や新興独立諸国でも、また理想がイギリス型・アメリカ型であれソ連型であれ、欧米式の近代化を追求する基本姿勢は共有されていた。しかし20世紀末以降には（1）地球温暖化や環境破壊が一刻の猶予も許さない段階に達し［→第5章］、（2）ナショナリズムと「国民国家」［→第7章、9章、12章、付録3］や「近代家族」モデルを中心とするジェンダー構造［→第11章］など様々な領域での、少数派や権力を持たない人々への抑圧・排除の構図に注目が集まり、（3）政治史・文化史の世界では、西欧式の「近代（民主主義国家）国家」「自由と人権」などですら、無前提にプラスの価値ととらえることができなくなった［→第7、9、10章］。かつては民主主義など近代的な発想のもとでしか十全な発展はありえないとされた科学技術［→第5章］が、権威主義国家や政権のもとでどんどん発展し、COVID-19の封じ込めにも社会管理技術だけでない力を発揮する。

　これらの状況を反映して最近では、「近代」と「前近代」や「中世」「近世」との間に単純な断絶を見ずに、「近代化」をモンゴル時代、大航海時代などからの段階的な変化の結果ととらえ、より長いタイムスパン（長期変動）の中に位置づけようとする［→第4章］、空間的にもヨーロッパ内部だけでないグローバルな変動[16]に着目する、つまり近代を「ヨーロッパだけで成立した」「歴史のゴール」とは見ないし、ヨーロッパ型近代化を必ずしも「普遍」「善」とは考え

---

[15]アジア太平洋戦争期の日本の思想界で、近代西洋文明の侵略性などを非難する「近代の超克」論が唱えられていたこともよく知られている。戦後日本での「近代（化）」のとらえ方については［永原慶二 2003］［苅谷 2019］など参照。

[16]近世までのヨーロッパが先進地域ではなかったことの認識は広がりつつあるが、逆にアジアの特定地域（イスラーム世界、中央ユーラシア、中国など）がある時期まで先進性・中心性をもっていたことを過度に強調する傾向も見られる。これは「中心や強い者の視点でしか世界を見ない」点でヨーロッパ中心史観と同じ問題をはらんでいることは、［世界史叢書編集委員会（編）2016］［山下（編）2019］などが指摘している。本書では第4章、12章、13章などの内容にも注意せよ。

ない⁽¹⁷⁾という空間・時間両面での大きな変化が一般化している。「ルネサンス
と宗教改革から」「ウエストファリア体制から」「産業革命と市民革命から」だ
けでない、多地域の複線的な変動が注目されているのだ。これと関連して、ヨー
ロッパ以外を含む「**近世（初期近代）**」の歴史がグローバルヒストリーから各
国・地域の歴史まであらゆる地域で注目を集めている。そこで非ヨーロッパ世
界について重視されるのは、「多様な近現代史」（かつての「近代史」だけでな
くその後の「後期近代」ないし「**ポストモダン**」の時代としての「**現代史**」も
含めて）の前提になった側面である。

　その他、植民地支配や非欧米世界の近代一般への問い直しも進んでいる。従
属理論や近代世界システム論による構造化された低開発状態の解明で、「独立し
ても発展できないのはその国・民族が無能だからだ」という見方が覆った一方、
明らかに後発の利を活かした開発政治による経済発展も、東・東南アジアの「開
発独裁」政権に限らず、世界に広がっている。ポストコロニアル・スタディー
ズ［→第12章］は、植民地の被支配者やそこから独立した「第三世界」の人々
と社会・文化への、被支配側による協力や利用の側面を含む植民地支配の深い
刻印、西洋的近代性は植民地との非対称な相互作用抜きに成立しえなかった事
実などを、広く明らかにした［→第12章、付録3］。同様に先進国で近代化が
進まない部分（例：日本の高度な経済発展に比べた政治的な遅れないし、経済
と政治の不均等発展）について、かつては「封建遺制」など過去の残存で説明
されたが、現在ではやはり、それぞれの国家や地域の具体的な近代化のあり方
が、そうした「新しい遅れや不均等」をもたらすという理解の方が一般化して
いる。ところが社会史的な民衆運動の研究などでは逆に、1970年代初頭に「覚
醒した労働者階級が近代的な運動で社会を変革する」夢が覚めた結果、土俗的・
伝統的な運動のあり方がむしろ掘り起こされるようになった。近代史を学ぶに
は、このあたりの入り組んだ関係をよく理解することが肝腎だろう。

---

(17)「ポストモダニズム」に関する巻末付録3の解説も関連づけて理解することが必
　　須である。

3.3. 東アジアの「近世」と「近代化」

課題 3-6
「鎖国日本」をはじめ、大航海時代以後のアジア諸国は、「世界の動きをよそに」「眠り込んで」いたのだろうか（『市民のための世界史』p. 125）。

　近代や近世の問い直しは、日本を含む東アジア史[18]を劇的に変えた。次章以下でも触れる杉原薫［1996、2004、2020］らの**アジア間貿易**論や**勤勉革命**論、それに東アジアの「**小農社会論**」［宮嶋1994］と儒教を軸とした「**近世化**」論［歴史学研究会2006、趙・須田2011ほか］、中村哲［2000、2019a］の東アジア資本主義論などはその代表例である。それは近世東アジアで発展した域内交易、小農中心の経済と儒教的ないし朱子学的な政治・社会・家族などの仕組みを、そこに見られた日中の大きな差異（分岐）にも注意しながら、全体としては明治日本の近代化から20世紀末の「**東アジアの奇跡**」や21世紀の中国の膨張までの一連の変化を貫く土台ととらえようとする理論である［→付録4も見よ］。従来の「ウエスタンインパクトとアジアの反応」という理論枠組みの中で各国が西洋近代のモデルをいかに早く上手に受け入れ、「**キャッチアップ型近代化**」を進めるかを競うという図式は全否定はできず、東アジア諸国が西洋式大工業やその他の大企業のモデルの受容・活用に成功したのも事実である。だが、それと小農経済や都市の中小零細企業との「**二重構造**」は単なるゆがみや遅れではなかった。西北ヨーロッパで起こった**農民層分解**と**農業の大規模化**、移民や新大陸資源の自由な利用にもとづく資源多投・労働力節約型の「産業革命Industrial Revolution」やそれを支えたプロテスタント的倫理という図式は、もはや人類普遍のモデルとは見なされない。18世紀以降の東アジアで実現した労働力多投・資源節約型の生産性向上すなわち「勤勉革命Industrious Revolution」

---

(18)総合的な東アジア近世論としては［岸本1998a］［岸本・宮嶋2008（1998）］や［溝口ほか（編）1994］が今でも参考になるだろう。

［杉原 2004、2020］は資本主義に至る別のモデルと見なされ、「東アジアの奇跡」は二つのモデルをうまく組み合わせた結果として説明される。また、かつて近代化を阻んだ封建道徳として指弾された儒教や朱子学は、確かに政治的自由を認めるものではないが、神の教えや生得的身分に制約されずに万人が合理的行動にもとづく豊かで便利な暮らしを追求することを認めている点で、「ある種の近代化の優等生」を生み出しうる思想と見なされている。武力を卑しむ文明主義の発想も、そこでは肯定的に評価されうる。

資料3-4　東アジア小農社会と勤勉革命 ［→付録 2、4 も見よ］

　宮嶋博史［1994］の小農社会論の土台になった中村哲［1977］の「小経営生産様式論」によれば、前近代の農民は一貫して家族単位の小経営を行うのが一般的であった。ところが初期には技術が低いため小規模生産は不安定で、つぶれた農民を隷属民（狭義の奴隷には限らない）として大規模経営を行う地主や貴族だけが安定的な生産・経営を維持できた。まだ人口が少なく新規開発が容易だったこともあり、農民の移動性は高かった。ところがその後、人口が増えて農民の移動は容易でなくなるが、他方で技術が向上し経営マインドも普及するため、家族単位でかなり安定的な生産が可能になる。そうすると隷属農民による大規模生産は、実際に働く農民のインセンティブが低いため家族経営より生産性が低くなって衰退する。当初の中村の理論ではこの段階を農奴制（中世段階）と規定したが、宮嶋はマルクスの段階区分から踏み出し、近世の東アジアでこの段階が実現したと見なした（小農は純粋な自作農とは限らず、小作も兼ねる自小作、小作のみの経営などいろいろな形態をもっていた）。これを受け入れた中村［2000、2019a］などによれば、小農経営の自立まではヨーロッパも同じだったが、そこでは比較的寒冷な土地での畑作と牧畜の結合、急速な都市化や新大陸への移民など別のメカニズムが働き、東アジアに比べて小農経営は十分展開できなかった（農業近代化イコール大規模化という思い込みは、戦後日本の農政や教育だけでなく、ソ連のコルホーズや中国の人民公社など社会主義国をも縛った）。これに対して宮嶋・中村の理解では東アジアは特に小農経済の安定化傾向が強く［稲作に関する史料 5-3 と付録 4 の説明も見よ］、宋代の中国（最初は江南地域）に始まり、17〜18 世紀には朝鮮半島・日本でも（おそらく北部ベトナムでも）小農民を主役とする社会が成立した。世俗性の強い（近代化に適応しやすい面ももつ）

朱子学など東アジアの儒教思想はそういう状態に適合的と思われる。そこでは、近世以降も大地主はしばしば現れるが、それは大規模生産ではなく小規模な小作人の経営地の寄せ集めなのが普通であった。この小農層を中心とする社会構造が消費の洗練・大衆化も背景としつつ、多彩な副業や他所での奉公も含め家族総出で——もちろん近隣や親族の助け合いなども利用しながら——各世帯の所得水準を上げる「勤勉革命」、中小企業の根強さ、家族主義的かつ権威主義的な社会・政治秩序やジェンダー構造など、東アジア各国の近代以降のありかたを決めたとされる。

　歴史人口学の速水融が唱え経済史の杉原が体系化した勤勉革命論はヨーロッパ史にも影響を与え、現代の消費社会と同様に「長い18世紀」の西北ヨーロッパでも、女性・子供も働かせて世帯所得を増やし消費に充てる「勤勉革命」が起こっていた（その間の時期には女性・児童労働の「保護」もあって男性だけが稼ぐモデルが一般化した）というド・フリース［2021］の説などに結びついた。

　ただし21世紀の現実を見れば、東アジアの経済成長を手放しに賛美することはできないだろう。それが必ずしも政治的民主化に結びつかないことはもちろんだし、日本を含めて環境問題が深刻である[19]。「勤勉革命」がそもそも講座派が強調した貧困［→付録2］やギアーツの「貧困の共有」[20]と紙一重であった事実にも注意が必要である。加えて、21世紀型の格差社会の、貧困と過労死な

(19)たとえば杉原は、東アジア型経済発展経路の次に、生存基盤確保と人口扶養力の維持を土台に工業化も進めるバイオマス資源豊かな「熱帯生存圏」と「南アジア型発展経路」の可能性に着目し、そこに、東アジア近現代を含む温帯主導の「化石資源世界経済」からアフリカを含む人類全体の持続的発展へと転換する道を探ろうとしている［杉原・脇村・藤田・田辺（編）2012］［杉原2020：補論1、3］
(20)アメリカの人類学者 Clifford Geerts ［ギアーツ 2001］が日本の農村との比較で近代ジャワ農村（強制栽培制度を経験した）を分析、細部はどんどん洗練されるが様式全体は革新されない「インヴォリューション involution」という美術史の概念を借用して、農地面積あたりの投入労働量の際限ない増加（集約農耕化）が続くが資本蓄積や商工業化にはつながらない状態を描き出し、一定の資本主義化が進んだとする歴史学者たちと激しい論争がおこった。ギアーツ説は中国近世史におけるマーク・エルヴィン（オーストラリア）の「高位平衡のわな」理論などにも影響をあたえた。

ど「**人間の再生産**」が保証されない状態［中村 2019b］も、「勤勉革命」型経済成長のなれの果てとしてとらえられないだろうか。となると、格差社会とともに訪れた少子高齢化と人口減少社会の到来、その背後にあるジェンダー格差の大きさも、東アジアの場合には勤勉革命との関係を問わないわけにはいかない［→第 5 章、11 章、付録 4］。女性や社会的弱者にしわ寄せが集中した COVID-19 の例を見ても（東アジアだけでない世界共通の側面も含めて）これまでの仕組みを変えねば今後の持続的な発展など望めないことは明白だろう。レーニンが 19 世紀末からの帝国主義を「資本主義の全般的危機」の始まりととらえたのとは意味合いが違うにせよ、「近代資本主義社会」のいくつかの側面は「全面敗北が始まった昭和 19 年後半の日本」のごとき段階に立ち至ってはいないだろうかという疑問を抑え込むのは、簡単なことではない。そこで何をどう構想しうるかは、歴史学の未来に大きく影響するに違いない。

第4章

ローカルな歴史とグローバルな歴史

　歴史研究者の専門分野や研究テーマの紹介は、若いころの著者ならまず「ベトナム史」、より詳しくは「中世ベトナム史」ないし「中世ベトナムの政治史」という具合に、国ないし地域を筆頭に挙げ、そこに必要に応じて時代や問題領域を組み合わせて表現するのが通例である。下の公式13でも述べるとおり、この章で紹介するグローバルヒストリーのような方法はあるにしても、一人で全世界の歴史を研究することはとても困難である。なかんずく史料を重んじる歴史学の性質から言って、研究は史料が書かれる言語——それは一般に国・地域ごとに分かれる——ごとに別々に行われるようになるのは自然なことである。この点で歴史学は、文学がまずもって「英文学」「仏文学」「中国文学」など言語と地域によって分野が分かれる［坪井ほか（編）2020］のと似た性質をもつ。そうなると、「史資料」や「時間・時代」とならんで、世界をどういう空間や地域に分けるかも、歴史学の基本問題の一つとして説明を要することになるだろう。

公式 13　　全世界の歴史やあらゆる時代の歴史を同時に研究したり叙述することは個人ではもちろん集団でも容易でないので、通常の研究や叙述は、特定の時代や国・地域、自然や社会の領域に焦点を当てて行われる。

公式 27　　近代以前の人類はあまり移動しなかったというのは大きな間違いで、グローバルな人の移動や交流・対立は人類史の最初からしばしば起こっている。生産力や社会の不安定さ、大規模な災害や戦争は、人を動けなくするケースと一箇所にとどまれなくして移動を促すケースの両方がある。

公式 97　　資本主義社会では、大量生産など「均質化」のベクトルの一方で、賃

金や経済発展度の格差、文化の差など「差異」によって利潤を拡大するという
ベクトルも働くので、全世界が同じように発展することはありえない。

1.　一国史（国民国家の歴史）を越える／相対化する地域・空間設定

1.1.　一国史の強固な基盤とその動揺

> **課題** 4-1 ————————————————————
> 鎖国時代の長崎に来た「オランダ人」は全員オランダ語を母語とするオランダ
> 国民だったろうか。

　何度も述べたように、近代歴史学は**国民国家**の時代に成立した。郷土史・地
方史や国際関係の歴史、キリスト教世界の歴史などいろいろな空間設定はあり
うるにせよ、近代歴史学の主眼は国民国家の正当性ないし正統性の歴史的証明
にあったとよく言われる。20世紀に「民族自決権」概念やナショナリズムの広
がりとともに、共通の「国民性」をもつ均質な集団としての国民という思想も
非西洋世界に広まったが、それが日本を含む東アジアで特に強く発現したこと
は、現在の域内諸国間の歴史認識をめぐる対立のことを持ち出すまでもなく、
日本でアジアを中心とする歴史学を学ぶためには大事なポイントだろう。その
原因をもっとも単純に説明すれば、もともと多宗教が併存する東アジアでは、
近代的政教分離以前から、政治権力が神によって正当化される度合いが低く、
むしろ「国（や王朝）の歴史」によって強く正当化される伝統が存在したため
である［佐藤正幸 2004］。東アジアに古くから根付いた国単位でものを考える
発想はたとえば、江戸幕府が「鎖国」を行う際に、オランダ東インド会社とい
う多国籍企業（当時のヨーロッパにオランダ国民などという概念は存在しない
し、実際に社員はヨーロッパ各地から集まっている）を「通商の国」という国
家扱いにした点にも表れている。

　上記の通り、原史料を読むことから出発する歴史学の方法も、一国単位の研

究を有利にした。もちろんギリシア語・ラテン語やサンスクリット語・パーリ語、漢文やアラビア語など古典語だけで複数国の研究をできる分野は少なくない。ただそこでも、かつて前近代の朝鮮史やベトナム史は現地語を知らずに漢文史料だけで研究することができたが（先行研究は日本語、フランス語など）、現在は外国人でもハングルやベトナム語で書かれた現地の学界の成果を無視しては研究にならないように、「現地語を知らなくても出来る研究」の範囲は狭まっている（ただし対象によっては逆に、特定の国家と結びつかない地方語や少数民族言語などが必要になり、**一国史**の枠組みが揺らぐこともあるのは、琉球・沖縄史や北海道などの「北方史」の例からも明らかだろう）。

いずれにしても現在は、国民国家のたそがれの時代が到来しているとよく言われる［→第1章、11章、12章］。一方でグローバルな結びつきや対立、他方ではローカルなコミュニティどころか個人個人の生き方と個性が重視されねばならない状況が広がるとともに、国民国家の内外に対する抑圧性（見えなくなるものが少なくない）や、日本では日本史とアジア史の断絶の弊害も顕在化している。強固な一国史の伝統を持つ日本史や朝鮮・韓国史[1]などでも見られる大きな変化は、広く認識・共有されるべきである。

1.2. 歴史的空間の重層性[2]

では、国以外にどんな空間・地域に着目する研究が発展しているのだろうか。

---

(1)全体の動向は［李・宮嶋・糟谷（編）2018］など。たとえば植民地期に押しつけられた停滞史観を克服するために「内発的発展」が求められ日本以上に強い一国史的枠組みが支配してきた近代朝鮮についての新しい研究として、経済史の［石川 2016］、外交史の［酒井 2016］などがある。また高校歴史が韓国史と世界史に分かれ、大学は韓国史・東洋史・西洋史の3本立てという日本と同様の仕組みを持っていた韓国の高校で、現在は第三の科目として「東アジア史」（韓国・朝鮮のほか中国・日本・モンゴル・ベトナムなどを含む）が開設されていることも、注目すべき新しい動きである。

(2)さまざまな「地域」の実態と理念については、［濱下・辛島（編）1997］［羽田（編）2016b］などにまとまった解説がある。

第1章で述べたが、ひとつは国より小さな空間である。かつての農村・農民研究は、研究者も都市出身者が大半を占めるようになったためにかなり衰退したが、かわって「都市」史研究は世界中で活発化している。都市大阪の研究もその典型例である。また、単なる「国民国家の中の郷土史・地方史」ではない「**地域（地域社会）**」の視点が、日本史の各地域や琉球史・北方史、中国史の地域社会論ほかあちこちで、1980年代以降に意識的に追求されてきた。中には国家からはみ出す／国境を跨ぐ地域も含まれ、北海道などでは跨境史ないし**ボーダーヒストリー**の主張が勢いを増している［岩下（編）2006］［左近ほか2008］。地域の視点を可視化するために使われる、沖縄中心に同心円を描いた地図（那覇から上海は大阪より近く北京は東京より近い）とか、日本海を北を下に描いた地図などを見たことがある読者も少なくないだろう。

課題 4-2
文明発生から現在までの歴史をトータルに見て、都市で暮らすことのプラス面とマイナス面をまとめてみよう。

課題 4-3
国境があることによって引き裂かれる人々のことがよく話題になるが、国境があることによって利益を得るのはどんな人々だろうか、いくつか例を挙げよ。

二つ目の方向性はもちろん、一国を超える大きな空間に向かう。複数の国家を含む「**文明（文化圏）**」「**地域（世界世界、メガリージョン）**」への新たな視角や「グローバルな空間」への着目がそれである。いきなり全世界を見る方法は次項に譲り、近代歴史学の中で軽視されてきた東南アジア研究、イスラーム研究、中央ユーラシア研究など各地域世界の研究が、20世紀後半に大きく広がったことを先に述べておきたい。その中で人類史の普遍モデルの地位を失ったヨーロッパ史が、あらためて独自の地域世界史を組み立て直す必要も広く認識され

ている［南塚・秋田・高澤（編）2016］［金澤（監修）2020］[3]。

資料4-1　非西洋諸地域の地域世界研究

　冷戦やベトナム戦争、イスラーム主義の台頭など現代の諸問題への関心も背景としながら、非西洋諸地域の研究が発展した。たとえば歴史を含む「東南アジア地域研究」が 1970 年代から 80 年代にかけて英語圏や日本などで大発展して、東南アジア史をマイナー扱いしてきた歴史学においても 90 年代にかけて市民権が認められた［→終章第２節も見よ］。その成果は後述の海域・港市論や第５章で紹介する生態学・農学、第７章で紹介する国家論など多岐にわたる。成果の集成として『岩波講座東南アジア史』［山本達郎ほか（編）2001-3］や［リード 2021］などがある。また中東を中心とするイスラーム社会については、日本でも共同研究「イスラームの都市性」など 1980 年代から研究が大きく広がり［羽田・三浦（編）1991 ほか］、ヨーロッパ側の視点で描かれていたイスラーム史の世界史教科書における表記・呼称や説明の系統的な書き換えを含め、大きな成果をあげた。そこでは、他宗教を含み込んだ（前章で述べた暦の例に限らず、ムスリムだけで「イスラーム社会」は成り立たない）柔軟かつ多様な姿が強調された。現在では中東（西アジア・北アフリカ）や中央アジアに限らず南アジア・東南アジア（たとえば［菅原 2013］）を含めて、世界的なレベルのイスラーム史研究の若手・中堅が日本で輩出している。

---

(3)たとえば、地中海を中心とするギリシア・ローマの古代史と、アルプス以北のゲルマン社会を中心とする中世史、英独仏など西欧ないし西北欧中心の近代史などを「同じヨーロッパ史」として語ることを不自然と感じる読者はいないだろうか。「同じヨーロッパの中で中心が遷移した」というこの歴史像は、近代歴史学の成立期にヨーロッパと世界をリードした英独仏などの学界が、自分たちこそがギリシア・ローマの栄光の継承者だと主張するために創り出したものである。これに対し［南塚・秋田・高澤（編）2016］は、実態として「東のオリエント」と切り離せず「西のヨーロッパ」という独自のアイデンティティが固まっていたわけではないギリシア・ローマを含めない西洋史の入門書という思い切った形態をとった。なおこうした「ギリシア・ローマに始まるヨーロッパ史」の像も、ギリシア・ローマが無から生じたと主張するわけではなく、キリスト教も含めて自分を古代オリエントから完全に切り離しているわけではない。だから近代歴史学は考古学とともに、古代エジプトやメソポタミアには強い関心を持ち続けた。

　帝国主義時代からの「グレート・ゲーム」と「シルクロードのロマン」の両方を背景に日本でも人気を保持してきた中央アジア（内陸アジア、北アジア）史「東西交渉史」の研究は、第二次世界大戦後の農民やマルクス主義理論を重視する学界でいったん衰退したが、1970 ないし 80 年代以降には間野英二・小松久男らによってイスラーム化以後の近世〜近現代史が新たに発展させられる一方、多言語を駆使したモンゴル帝国までの「古代史」研究も本田實信・杉山正明［2010 ほか多数］や森安孝夫［2016、2020］らによって劇的に復興し、大阪大学もその中心となって遊牧国家やオアシス社会の研究を専攻する多くの若手研究者を生み出してきた。そこで注目されたユーラシアからアフリカまで広がる**「農牧境界地帯（農牧接壌地帯）」**のダイナミズム［妹尾 2018 ほか］——それはポスト・モンゴル帝国期に「海の時代」が来るまで、世界史を動かす主要なエンジンであり続けたとする——は次章のグローバルヒストリーにも影響を与えている。その他、南アジアやサハラ以南のアフリカ、ラテンアメリカやオセアニアなど非西洋諸地域の研究が今は普通に行われており、事典や研究入門、概説や講座のシリーズなどでその成果を学ぶことも容易になっている。

　こうしたさまざまな**空間**や地域への着目は、そもそも世界をどういう空間に区切るのかという理論的な問題にもつながった。陸ばかり見るのではない**海域**世界や港市という独特の空間（［家島 2006］［桃木・山内・藤田・蓮田（編）2008］［羽田（編）・小島（監修）2013］［鈴木英明（編著）2019]）(4)への着目や、地理的に区切れない（空間を特定しない「**脱領域化**」の視点を要求する）商業・宗教などの**ネットワーク**やディアスポラの歴史（例：「ユダヤ人」［ボヤーリン＆ボヤーリン 2008］、「華僑」［斯波 1995］など国家を失った（離れた）イ

---

(4)海域史の勃興にはブローデル『地中海世界』［和訳 1999］の各国語への翻訳が大きな影響を与えた。また港市と港市国家については［歴史学研究会（編）2005-6］など。なお海域と港市、海上交易などの歴史の研究で日本の学界でも注目されたアンソニー・リードの『交易の時代の東南アジア（1450-1680 年）』［Reid 1988; 1993］の日本語訳は残念ながら使い物にならないので、参考文献欄では良質な中国語訳を付記した。海域史の広がりは、陸の帝国としてとらえられがちな近代ロシアを海運を通じて考察した［左近 2020］などにも見られる。

メージが強い人々のほか、近代のインド人、アメリカ「日系人」や満洲の「朝鮮人」のように、むしろ帝国や植民地支配を背景に広がった面をもつ人々も対象にする）も求められるようになった。そこでは、ある「地域」を均質な空間と見るかそれとも均質ではない構成要素がある「構造」で結びついた空間と見るかという地理学の理論はもちろんだが、上原専禄［1960ほか］らの「課題としての地域認識」、それを踏まえローカルな研究からメガ・リージョンの研究まで見通した板垣雄三の「Ｎ地域論」、大文明の周辺でない独自の地域性を追求した「東南アジア地域研究」［→第13章］など、地域を見る／生きる人々の視点に応じた地域設定の可塑性・可変性をめぐる多種多様な方法論［古田1999］が提出されている。「生態環境を反映した、そこに生きる人々にとっての世界」についての高谷好一「世界単位(5)」［2010］もその一つであった。

　なおこうした地域に関する議論が、「大きいもの、強いもの」が好きな人々による、中心側の大文明や大帝国・世界宗教が他地域・周辺に向かって一方的に広がる（影響する、移植される）歴史という方向だけでなく、それらを受容・摂取（・利用・呼び込み）し地方化（**ローカライズ**）する周辺側の主体性にも光を当てようとしていることは、初学者がよく学ぶべき点である。それらの多方向的な相互作用の中で地域や文明が形成され、歴史が展開する。大きいもの、強いものの視点では米ソ中の代理戦争にしか見えないベトナム戦争は、実際にはベトナムのナショナリズムが米国はおろか中ソをも振り回し、世界の反戦運動［→第8章］というエネルギーを一点に集めてアメリカに集中照射するような戦争だった（そのとき「ベトナムを中心に世界が回っているように見えた［古田2015（1991）］）。しかもそういうベトナム民族とホー・チ・ミンやベトナム共産党の力は、単なるナショナリズムや社会主義の力ではなく、当時の世界と地域の複雑な力学の中で生まれたものだった。そして、アメリカを破った後のベトナムのナショナリズムと社会主義の高揚は、カンボジア・中国の暴走と衝

---

(5)生態を基礎にした文化的・意識的な一体性（生態環境を超える大文明の波及・浸透とは対極に位置するもの）に着目する概念で、国内の地域保全に貢献したが、その素朴実在論的なところに理論としては限界があったと思われる。

突して、インドシナに地獄を現出させた。

　ネーションと国民国家史観を批判的にとらえなおす歴史観の古典となった［→第10章］アメリカの東南アジア研究者ベネディクト・アンダーソンの『想像の共同体』［アンダーソン 2007（原著初版 1983）］は、このインドシナの悲劇にショックを受けて書かれたものであるが、ある枠組みや視点を絶対化する危険性は、国家やネーションという枠組み以外でも同じであろう。ローカルな話題でも、「県民性の比較」などの流行は、ある県内の多様性や階層構造、一部が隣の県との強いつながりをもつことなどの事実を見えなくする（旧藩や国についても同じことだろう）。国を超える大きな地域も同じことで、「ヨーロッパ」と「中東」の差異を絶対視すれば、オスマン帝国の歴史がわからなくなるだけではない。現在のEUがギリシアを当然のように抱え込んだ一方でトルコの加盟を拒否し続けたことが引き起こした多くの問題も、「キリスト教ヨーロッパ」を絶対視する考えが一つの背景になっているとは言えないだろうか[6]。

1.3.　グローバルヒストリーの視点[7]

課題 4-4
「世界経済」などが成立していない古代や中世には、どんな領域で単なる国家間の関係史でないグローバルヒストリーが可能だろうか。

　グローバルヒストリーという研究方法ないし考え方は、欧米やヨーロッパ・中国でしばらく前から活発化し、日本でも高校教育を含めて近年ずいぶん広がっ

(6)たとえば（ヨーロッパ中心史観への反発のあまり）イスラーム世界の一体性・先進性を過度に強調する研究潮流に対する羽田正［2005］の批判を見よ。
(7)グローバルヒストリーの概要の紹介・論点整理やグローバルヒストリーとしての世界史の叙述は、［水島 2010］［秋田・桃木（編）2008］［秋田（編著）2013、（責任編集）2019a］［大阪大学歴史教育研究会（編）2014］［南塚・秋田・高澤（責任編集）2016］［世界史叢書編集委員会 2016］［羽田（編）2016a、（編）2017、2018］［北村 2018、2021］［妹尾 2018］［坪井ほか（編）2020］［成田・長谷川（編）2020］［河﨑・村上・山本 2020］［マニング 2016］［杉原 2020］［コンラート 2021］など続々と出版されている。

てきた。大阪大学でもそれに関する講義・セミナーや出版物は数多いので、ここでは簡単な紹介にとどめたい。グローバルヒストリーの勃興の背景には、帝国主義的な「**世界の一体化**」と国民国家・国民経済の形成が同時進行した近代から、国民国家を相対化する地域統合やグローバル化が進む（反動としてのナショナリズムの強化を伴いつつ）ポスト近代への移行があると見るのが普通である。もともと国ごとの寄せ集めの世界史の教え方が行き詰まった教育面からの要請も大きかったとされる。グローバルヒストリーは「**関係性と比較**」に着目しながら、典型的には広域にわたる人・もの・カネ・情報や技術の動きと歴史の展開を研究する（例：［デニス・フリン 2010］［永原陽子（編）2019］）。そこでは、**超長期の歴史**（先史時代も重視）、第5章で扱うような**文理融合**的なテーマ（例：気候変動、感染症）なども重視される一方、第3章でも触れたようなヨーロッパを絶対化する近代史像への批判など、**ヨーロッパ中心史観の克服**が目指される。経済や国際政治が先行したイメージが強いグローバルヒストリーだが、最近は文化（文明）や思想・宗教・芸術などのグローバルヒストリーの必要性も意識されている［小林 2020］。たとえば歴史学以上に「国民精神」の形成と直接的な関係にあった文学における「世界文学」の試みと、それを研究する際に翻訳を利用してよいかどうかをめぐる論争［坪井ほか（編）2020］が注目に値する。

　グローバルヒストリーに対して日本の学界では特に、「一次史料による実証にもとづかない空疎な議論だけしている」「帝国や覇権の立場ばかりで地域・民族の主体性を無視する」などの批判が浴びせられてきた。たしかに「低レベルなグローバルヒストリー」はそうした欠点をもつ。しかしこの種の批判には、欧米の学問によく見られる「議論を巻き起こすためにわざと定説と反対の見方をする」側面への無理解があるように思われてならない。背景として、そもそも社会批判や変革運動と切り離せないはずのマルクス主義理論［→付録2］ですら訓詁学の対象となる日本の知的体質が影響しているだろう。グローバルヒストリー（全球史）に飛びつきしかもそれを中国中心に組み替えることに熱心な中国の学界とのコントラストは、世界の学界での立ち位置を考える上で押さえておくべきことがらである。さらに、前章で見たフランクとポメランツのごと

き、欧米人の自己批判として近世までと現代の東アジアの達成を高く評価する傾向（史論としての［アリギ 2011（原著 2009）などもある］）を、2020 年からの BLM（Black Lives Matter）運動などと同様に、西洋社会の内部で自分たちの「近代」を根本的に問い直す動きととらえたうえで（もちろん、それに対する激烈なバックラッシュにも注意しながら）、われわれ日本の「脱亜入欧（入米）型の学知のありかたをいかに見直すかも、必須の課題であると信じる。

　また日本的な文献実証至上主義は、統計の活用や共同研究、二次資料の意味のある使い方などの方法を磨き、グローバル・リージョナル・ナショナル・ローカルの四層の歴史を往還しながら脱領域の視点ももつ方向で方法・視点の改善も図ってきたトップレベルでのグローバルヒストリーの努力［秋田（責任編集）2019a ほか］を見逃す点でも問題が大きい。そうした新しい方法は、国家（主権国家・国民国家）や民族を否定ないし無視するのではなく、従来の歴史学がそれらを無前提に主体（主語）として扱っていたのに対し、むしろさまざまな層の歴史の相互作用の結果として成立するものと見なす点に特徴をもつ。またグローバルヒストリーの方法論においては、事実さえあれば否定できない関係性（その影響力や規定性の論証は、やはり理屈と史観に依存する点を深く考えていないために、一国単位の発展を理論化したマルクス主義や「大塚史学」流の批判の餌食になる研究も散見はする）に比べ、比較の方法論[8]がなお詰められていない点の問題も否定できないように思われる。しかしそこでも、グローバルな中世・近世の変動の中での結果としてできる、国民国家の原型になるような国家統合の進展に焦点を当てたリーバーマンの比較史［Lieberman 2003、2009］などが十分可能なのである。

---

(8)比較史は、別の地域や時代で完全に同じ現象というものがありえないため、懐疑的に扱われることも多い。グローバルヒストリーの中の比較史の方法については、比較史の古典であるブロック［2017（原著 1928）］のほか、齊藤修［2015］が参考になるだろう。

　東南アジア大陸部三か国（ビルマ、シャム、ベトナム）の 1350 年ごろ〜1830 年ごろ（近世史）の共時性への注目から西欧、日本列島など他のユーラシア周縁地域との共時性へと視野を広げ、時間を 800〜900 年ごろに始まる「憲章時代」までさかのぼらせつつ、空間として「縁辺部」でなく「遊牧民の直接の侵入をほとんど受けなかった protected zone」という設定を持ち込むことにより、古代文明の発達したユーラシア中心部＝遊牧民の影響を受け続けた exposed zone」との比較・関係を含む壮大な歴史を描いた。憲章（charter）とはイングランドの The Charter（マグナ・カルタ）にちなんだ命名で、それぞれの国家の政治・文化などの基本形を指す。protected zone（代表例として東南アジア大陸部 3 国、フランス、ロシア、日本を取り上げる）に共通の、中規模国家による「循環的かつ線的な」統合強化の流れ（第一千年紀後半に始まる、exposed zone の大文明の影響下での憲章国家の建設→ 14、16、18世紀前後の解体をはさみ以前より強くなる政治的・文化的・エスニックな統合）は、農業と交易、気候変動と伝染病の馴化、軍事技術と国家体制、宗教・社会階層・エスニック集団と文化統合など多くの要素の複合的・循環的な作用によって説明される。遊牧民の脅威を受ける地域と受けない地域の対比は梅棹忠夫［2002］（初出 1967）の「文明の生態史観」を思い出させるが、冷戦時代の価値観を反映した梅棹が遊牧民の脅威から中国・ロシアが専制国家（→共産主義）の道を歩む（脅威のなかった西欧・日本は封建制から正常な近代社会に進む）と主張したのに対し、リーバーマンは現在の米日などの遊牧国家理解を踏まえ、遊牧系支配者が exposed zone に多民族／多文化の広域帝国を効率的に支配するノウハウをもたらしたと中立的に理解している。

２．日本史とアジア史・世界史をつなぐ⁽⁹⁾

2.1.「自国史」と「外国史」「世界史」：日本列島の場合

　国民国家史観が抱える問題としばしば重なりあう問題に、「**自国史**」と「**外国史**」や「**世界史**」の対立がある［第12、13章などでも論じる］。中国やアメリカのような超大国だと「自国史イコール世界史」になることもあるが、多くの場合に自国史は、「外の広い世界とは区別される小さいが独自の歴史」という枠組みを与えられる。多くの国家が興亡し関連しあって動いたヨーロッパ史の場合、国民国家の自国史といえども周辺諸国との関係、言い換えれば外因が歴史に与えた影響を無視できない。これに対して多数の国家が分立・興亡した経験の少ない東アジアでは、1.1. でも述べた政治的正当性のありかたも相まって、「究極の一国史観」が成立しやすい。

資料4-3　東アジアにおける一国史観の強固な伝統

　東アジア諸国が共有した「**華夷意識**」も、軍事的には優勢な遊牧民に対して文明の優越を主張するものであるが、そこでの人間集団の区分は一般に政体と風俗によった。これが近代的な国・民族単位の区分に容易に接続することは、わかりやすい理屈だろう。第7・10章などで述べるネーションは近代社会の産物だという議論（氏族－部族－民族という発展段階モデルの中で）

---

(9)大きな流れは荒野・石井・村井（編）『アジアのなかの日本史』、同『日本の対外関係』をはじめとする日本史の講座・概説類（最近のものでは『岩波講座東アジア近現代通史』『岩波講座日本歴史』）、［桃木・山内・藤田・蓮田（編）2008］など海域アジア史の書物、それらが合流した［羽田（編）・小島（監修）2013］［小島（監修）2010-18］などに代表される科学研究費プロジェクト「にんプロ」の成果等々に示されている。また対外関係史に限らない問題群を論じた［荒武・太田・木下（編）2015］、西暦千年紀から現代までの日本史の流れを独特の語りで説いた［與那覇2014］も見逃せない。

を、最初に影響力のあるかたちで提起したのは「世界史の基本法則」時代の
スターリンだと思われるが（日本では［石母田 2003（1952）］などで有名）、
それに対して東アジア漢字圏諸国（中国・日本・ベトナム・北朝鮮）の共産
主義者がネーションを「民族」と理解した上で、「わが国の民族は古代におい
てすでに成立している」と一斉に反論した事実は記憶されるべきだろう。ま
た［佐藤正幸 2004］が紹介するように、「中国 4000 年の歴史」「韓国 5000 年
の歴史」「ベトナム民族 4000 年の歴史」はいずれも、それぞれの憲法の前文
に書き込まれていたことがある。これらの背景には、第 12 章で述べる、文化
（文明）と歴史によって民族集団や国家が区別され、君主や国家も正当化され
る儒教的世界の特徴が見て取れるだろう。

　自国や自民族に「変わらぬ本質」（**国民性**や**民族性**）があるという想定をしば
しば伴いながら、外因はあくまで付随的なものにすぎず、自国史の基本は内部
の力による発展（や衰退）だとする歴史観は、上のような伝統をもつ東アジア
諸国の近代歴史学や歴史教育に深く根を下ろした。学問的に東洋史・西洋史や
世界史とは別の分野として発展してきた日本の日本史においても、そうした色
彩が濃厚に見られる。日本列島における農耕社会や国家の形成が東アジア（東
部ユーラシア）の大きな動きの中で展開したこと、近現代日本はアジアと世界
の歴史の中を歩んだことは建前上では常識なのだが、そこでもいつの間にか「ア
ジアや世界の変動を受け止める主体としての日本（国？）や日本人」が「最初
から（縄文時代から？）」「現在まで一貫して変わらないものとして」存在した
ことになっていないかは要注意である。中世・近世史で対外交流自体は認めな
がら、「国家・社会の仕組みは完全に独自で対外関係が本質的影響を及ぼすこと
はありえない」とする通念なども同様である。ところが今、高校教育を含めて
それを変える必要［→終章］が強まっている。海域アジア史の研究成果などを
もとに、アジア史や世界史の中で日本史を捉え直すためのポイントを時代順に
押さえておくことは意味が大きい。最初に関連する「歴史の公式」と課題を掲
げておこう。

公式 57　大文明や超大国の周辺にある国家や民族は、中心へのコンプレックスが強く、事大主義と国粋主義の間で揺れ動くことが多い。また周辺国・民族同士では「中心に次ぐナンバーツー」の座をめぐって争うことになりやすい。

公式 59　伝統の浅い周辺部では、伝統に縛られる中心部に出来ない大胆な実験や改革が容易である。

公式 76　東アジアでは宗教は多元的だが国家・民族・文化面では一元性を重んじる社会が成立した。

課題 4-5

日本史と外国史の研究・叙述のスタイル、そこで使われる「語彙」や「文法」にはどんな違いがあるだろうか。高校教科書の記述や、論文・研究書のタイトルを含む書かれ方に注意しながら列挙してみよう。

　関連して、方法論や研究視角の問題を押さえておくべきだろう。その第一は、日本史がアジア史や世界史に与えうる研究方法や史料上のインパクトである。たとえば第 1 章で述べた日本の歴史学のレベルの高さの中心にはやはり日本史学があるが、それを支える膨大な資料群の中には、中国で散逸した典籍が日本で保存されているようなものもあれば、第 5 章で紹介する気候変動に関する屋久島などの古木の年輪や三方五湖の一つ水月湖の湖底に堆積した泥の「年縞」といった理化学的データもある（日本の気候変動の歴史は大規模な論集が刊行されている［中塚（監修）2020］）。これも、日本史の積極的な発信が待望されるゆえんである。ただそれには、これまた第 1 章でも批判したような、日本史と世界史（東洋史・西洋史）の間での「語彙」や「文法」の食い違いを何とかする必要がある［桃木 2021］。それには世界史・外国史側が日本史を学ぶ必要性も大きいのだが、しかし専門外の人間には理解できないような「お作法」で敷居を高くする「いけず」には是正の余地があるだろう[10]。後述するように関

_____

(10)前章でふれた固定的な時代区分や「遣唐使」など何でも「日本だけ」と思い込む発想法もそのひとつだが、そもそも書名や論文タイトルに問題がある。ベトナム史の論文で著者が専門の 10〜14 世紀の王権論について「中世の王権と国家」という論

係史・比較史のどちらにおいても中朝（韓）および西洋以外を視野に入れるのに及び腰な点とあわせて、そこから一歩踏み出すことの効果は非常に大きいと考えられる。

2.2. 新しい日本列島の歴史

> **課題** 4-6
> 日本列島から大量に輸出されたことがある天然資源を、時代順に列挙せよ。近代も含めること。

> **課題** 4-7
> 日本史の教科書には、朱印船貿易の時代、アジア太平洋戦争期、ベトナム戦争と東南アジアへの経済進出の時代の3つの時期について東南アジアとの関わりが叙述されている。ではこの3つの時期に日本が東南アジアと直接の関わりをもった背景にはどんな共通点があったかを説明せよ。

　新しい歴史学は、古代史・近代史だけでなく中世～近世の日本列島をアジアと世界の中でとらえ直すことを強く要求している。「大東亜共栄圏」を別とすると、前近代日本史をアジアの中に位置づけようとした研究視角としてまず思い出されるのは、中国史家の西嶋定生が古代を中心に提起した「冊封体制論」と「東アジア世界論」［西嶋 1983 ほか］であろう。韓国・中国などの学界では 20世紀後半にはナショナリズムの影響が特に強く、日本の学界の東アジア論を「大東亜共栄圏構想の再現を狙うもの」と誤解することも多かったと言われるが、21 世紀に入ると韓国の高校で韓国史・世界史とは別にモンゴルやベトナムを含めた「東アジア史」という新科目が開設されるなど、リージョナルな歴史への関心も強まっている。もっともその韓国やベトナムを筆頭に進む（日本もかな

文を書いたら、「どこの国か示せ」と言われるのは 100 パーセント確実なのだが、日本史の場合は、日本史専門の学術誌でなくとも「近世の都市社会」というようなタイトルが許される。これは「ここは日本だから歴史といったら日本史のことだ」と宣言しているにひとしいと見なすのは、不当な言いがかりだろうか。

り急速な）**漢字**と**漢字文化**に関する素養の衰退は、明らかにリージョナルな相互理解の障碍になっているのだが。

資料4-4　漢字とはどんな文字か

「漢字は表意文字」という理解が一面的であることも押さえておきたい。①学問的には漢字は**「表語文字」**と呼ばれる。つまり一文字で一つの音節＝単語を表せるが、その中には擬声語・擬態語に由来するものが少なくない。②漢語（中国語）は基本的に一音節が一単語（＝一文字）に対応し語形変化がない代わりに声調があり、現代の北京語は非常に単純化しているがもともとはきわめて多様な音韻を有した。それを利用して、詩はもちろん政策文などの散文でも「押韻」や「平仄」に工夫を凝らす習慣が発達し、科挙にも影響した（朝鮮半島・ベトナムも）、したがって立派な漢詩や韻文を作れない者はインテリとは見なされない。③周辺地域の漢字文化の受け入れ方は多様である。音韻を無視した「訓読み」、音だけ表音文字的に利用する万葉仮名的な用法、それに「会意」「形声」など漢字の造字法に従って自分で作った漢字（日本でいう国字）が日本以外でもそれぞれに見られた。このぐらい心得ておくと、中国史や漢字文化圏の研究が面白くなるだろう。

朝貢に対して周辺諸国の君主に中国の官爵などの称号を与え国内の臣下に準ずる扱いをする「冊封」が周辺諸国のあり方やその相互関係をも規定していたとするのが冊封体制論で、漢字、律令制、儒教、仏教（漢訳仏典による大乗仏教）などを共有する中日朝（越）などの諸国を一つの文化的世界と見なすのが東アジア世界論である。これらは日本古代史学界や高校教育界（しばしば拡大解釈して近世まですべてに当てはめようとする[11]）で今でもよく言及されるも

---

(11) 西嶋が想定した中国中心の「冊封体制」が周辺すべてを規制したのは明初の海禁＝朝貢体制（後述）だけだと考えるのが、現在の主流である。ただし宋元代について冊封体制が意味を持たず朝貢は貿易の手段にすぎなかったという理解は一面的である。また台湾鄭氏などを平定した後の清朝については、むしろ（もちろん近代的自由貿易ではないが）「互市体制」と呼ぶことが一般化しつつある。

のだ。その意味(12)がきちんと理解されているかどうかは疑問である［朝貢・冊封の意味は第7章も見よ］。私見によればそれは、皇国史観や侵略戦争・戦後の対米従属などへの反省を背景として、「遣唐使」が朝貢使節であり日明貿易が朝貢貿易であることを隠して教えないような日本史の一国史観への批判と、冷戦やベトナム戦争下での「アジア諸民族の連帯」の希求を表明した理論であった。それは、古墳時代～奈良時代のヤマト王権ないし日本国家が、現在の朝鮮半島や中国東北部の諸国家と争いつつ、互いに独自の「小帝国」を築こうとした動態などを解明するのに貢献した。「**日本**」という国号の採用と律令国家や都城の建設、そしておそらく中国のような易姓革命なき「**天皇制**」も、そのような国際関係の産物だった。ただし東アジア世界論は、厳しく言えば、「わかりにくい非漢字圏（ローマ字で書かれた現代ベトナム語の出版物を参照する必要があるベトナム史が、そちらに入れられてしまうケースも多かった）を避けて、日中朝（韓）だけ見ていれば日本史をアジアに位置づけた気になれる」という知的怠慢に結びついたマイナス面も否定できない。それが「中国中心の閉じた構造」の議論をしがちだった点、中華世界にとって無視できない西方・北方の遊牧民の世界や東方・南方の海の世界との関係を十分視野に入れない点とあわせて、さまざまな批判がなされた。地域世界としての東アジアにモンゴルやチベットを含めるべきだという意見は最初からあったのだが、最近では日本の学界で漢字圏以外の研究が発展したこともあり、東アジアに代えて、中央ユーラシアと日本を含む東アジアを合わせた**東部ユーラシア**［廣瀬 2018］［佐川・杉山 2020ほか］や海域アジア史などの枠組みがしばしば唱えられるが、それは閉じた構造でなく開いた可変的な関係が成立する**場**であり、中国など各国の政策も「体制」よりその場その場の対応・選択の集積としてとらえる傾向が強い。

　広域史の枠組みと視角の問題で論争が続くなかでも、個々の歴史事象の見直しは進んでいる。たとえば、昔「帰化人」、今は「渡来人」と呼ばれる朝鮮半

---

(12)［李 2018］など李成市（り・そんし）の一連の著作が、西嶋定生以来の東アジア論の理念と意味についてまとめている。また古代日本列島と東アジアの関わりについては［河上 2019］が新しい見取り図を示している。

島・中国大陸からの移民・難民と切り離して「弥生時代やそれ以前からの日本人」がいたかのように考えることに、どこまで意味があるだろうか。第 7・11 章などで見るように、古代日本や朝鮮半島・中国南部の家族・ジェンダー構造はむしろ東南アジアとの共通性が強かった（王権もそうであろう）というのが現在の通説である。また「白紙に戻す遣唐使」で孤立した日本などという誤解は学界ではとっくに打破されており、「唐宋変革期に周辺地域に成立した独自色の強い文化群のひとつ」としての、「和」だけでなく「唐（から）」の要素を欠かせない平安文化（国風文化）の理解も広がりつつある[13]。

　付言すれば中学校歴史や高校日本史で教えられる「旧石器時代から続いた日本という国の歴史（その中で「時代」だけが変わる）」は、一国史観を強化する側面に注意が必要である。日本語成立以前の住民は「日本人」だろうか。日本の国号使用以前の国家は「日本国」だろうか。そこを考えない人々が近隣諸国（日本史と同じ基準で行けばそれぞれ「5000 年の歴史」「4000 年の歴史」を持つと簡単に言える）については歴史とアイデンティティの可変性・構築性［→第 12 章、付録 3］に飛びついて「あれは 20 世紀に出来た国だ」などと言いつのるのは、無理筋というものである。

　中世・近世やその近現代への影響についての具体的なトピックは付録 4 に譲るが、そこでも「資源のない」「孤立した小国日本」という思い込みはとっくに否定されており（近代ですら、日本は石炭の輸出国だった）、日本列島は「アジア間貿易」の重要な構成要素でありつづけた。特に、硫黄や銀・銅の流れと倭寇の活動などの動きがアジアや世界に大きな影響を与えた面もよく知られている。江戸時代の鎖国も「17 世紀の危機」など世界の激変に対処する決断の結果

(13)9 世紀以降の日本とアジアの交流の拡大については山内晋次［2003、2013 ほか］の一連の研究・概説を見よ。「国風文化」が意識として「唐」に対する「和」を強調しながら、しかし漢詩文の素養や奢侈品としての「唐物」［川添・皆川（編）2011］は不可欠であったことは、今や常識であろう。漢字を改造して別の表現や文字の体系を作ったのが日本だけでないことも、言うまでもない。その中でも依然として独特な女流文学の広がり（仮名文字は易しいから女に使われたというジェンダーバイアスは論外だが）を含めた「国風文化」研究の現況のまとめは［吉村・吉川・川尻（編）2021］。

であって、「国を閉ざし」て「世界の動きに取り残された」という見方がひどく一面的であることは学界の常識になっている。鎖国下の日本社会は、「**アジア間貿易**」をある程度維持しつつ高級陶磁器の生産・輸出や生糸や砂糖の自給化などの「**輸入代替工業化**」を実現し、前章で紹介した東アジア「**勤勉革命**」の代表例とされるような経済発展の道をたどる。それは幕末以降の急速な近代化（資本主義化・工業化）——それもアジア間貿易と「**アジア間競争**」が重要な背景となった［杉原 1996］［秋田（編著）2013、2019a］——の基盤にもなる。

　こうした歴史像の転換の背後には、日本列島の多様な地域性と関西・関東の二つの中心をもつ楕円構造［村井 1997］、陸上の農地だけでない日本の中世領主権力［網野 2003（1992）］といった多様な社会空間への注目がある。日本列島の南北端でそれぞれ大陸などともつながる交易ネットワークを背景にしながら、独自国家を形成した**琉球史**としなかった蝦夷地の歴史ないし「**北方史**」（代わりに北東北〜道南は境界権力が成立する）の比較も、広く関心をもたれている。その先には、近代日本が台湾・朝鮮や樺太を領有する前に、近世日本が植民地支配を実践していたとする「**内国植民地**」論も見えてくる[14]。

　近代日本とアジアの関わりについて付け加えれば、政治・経済や軍事・外交などの領域以外に、大日本帝国時代の国民形成の一方で進んだ周辺諸国との文化的相互作用（西洋の概念の訳語を中心とした和製漢語の漢字文化圏諸国への普及など、日本化された近代文化の輸出がよく知られている）、「東洋学」や現代アジア研究の基盤形成［岸本（編）2006 ほか］等々の研究が進んでいる[15]。

――――――――――――――――――

(14)高良倉吉の一連の著作［高良 1998 ほか］以外に、最近では［中村翼 2020］が、琉球王国形成過程の研究動向をわかりやすく整理している。北方史の概要は［菊池（編）2011 など］。国家のある世界とない世界（両方の社会が相互の交易を不可欠とする）の境界に成立し、両者を媒介する境界権力については、スマトラ島のパレンバンなど東南アジア港市国家［弘末 2003］との比較が有効であろう。また近世についても、琉球のサトウキビ栽培の強制をジャワ島の「（政府）栽培制度」（強制栽培制度）と、蝦夷地の特産物採集の強制を東南アジア島嶼部の植民地時代に広く見られた林産物・海産物などの採集強制と比較するなど、東南アジアとの比較が意味を持つ［桃木 2008］。

(15)台北帝大、京城帝大など外地の大学、それに上海の東亜同文書院、満鉄（南満洲鉄道）調査部なども大きな役割を果たした。戦後の東洋学・アジア研究の再建には、

「イギリス史」「フランス史」等における世界政策や植民地・海外領土の研究（**帝国史**、さらには帝国間関係に着目するトランスインペリアルヒストリー）が活発化しているのと同様、「日本史」の中でも現在は台湾・朝鮮や満洲国、樺太や「南洋群島」などの研究、それに海外移民や観光の研究が、海外からの留学生や当該諸国の研究者もまじえて、盛んに展開されている。それらを含む近現代日本のアジアにおける位置については、たとえば「岩波講座東アジア近現代通史」［和田ほか（編）2010-11］に詳しい。

　大日本帝国期と対照的な冷戦期日本のアジア離れ（それは日本が戦った第二次世界大戦について、それが「アジア太平洋戦争」である事実に目をつぶり、戦争末期の島々での玉砕、空襲や原爆などの記憶を核とした「アメリカと戦争してその科学技術もしくは民主主義に惨敗した太平洋戦争」の部分だけ記憶しておこうとする心性とも地続きだった→第 12、13 章の「オリエンタリズム」と「西洋中心史観」の解説も見よ）[16]、そして冷戦終結前後のアジアブームと最近の「嫌韓・反中」のウルトラナショナリズム、その一方での韓流その他ポップカルチャーのブームや各国のポップカルチャーの相互作用など、文化面での研究テーマもどんどん広がっており、大阪大学では日本史以外に日本学など複数の専修で研究されている。

それらの機関から内地に引き揚げた研究者の役割が大きかった（たとえば阪大の東洋史学の初代教授桑田六郎は台北帝大の元教員だった）。

(16)大日本帝国が国内の排外的ナショナリズムの一方で、朝鮮についての「日鮮同祖論」や満洲での「五族協和」を含め、しばしば帝国の多民族性やそこでの諸民族の宥和に（表面だけでも）言及したのに対し、戦後の日本でかえって「単一民族」思想が強まったことを、小熊英二［1995］が指摘している。

第5章

環境と人類、技術と科学の歴史

　21世紀の人類社会が気候変動や自然災害・感染症なども含め、環境にかかわる問題を強く意識したことは、あらためて説明するまでもない。それはまた、「科学技術」や「人口問題」など以前からおなじみの問題にも、従来とは違ったアプローチを促すことになる。そこでは「人間が科学技術を使って自然を支配する（結果として右肩上がりの発展が起こる）」でも「環境決定論」でもない、環境と人類社会の相互作用を理解することが課題になっている。

🖊 **公式 25**　　人類社会の生産力は時代を追って増大してきたが、人口の問題などがからむので、環境負荷が比例して増大することが多かったし、「労働生産性」も常に上がっていたとは限らない（例：狩猟採集社会は農耕社会より、焼き畑農耕社会は定住農耕社会より、少ない労働量で必要食料を得ていたが、人口が増えてしまったので「仕方なく」後者に移行した）。

🖊 **公式 26**　　人類社会は環境・生態の影響を強く受けるが、それは一方的な作用ではなく環境の改変・破壊などを含む双方向的なものだし、同じ環境でも別の集団が別の行動を取るなど文化・社会による選択性も見られる。

1．歴史と環境

1.1. 環境と人間

　古くからある風土論や**環境決定論**（砂漠・乾燥地帯の一神教と湿潤地帯の多神教、温帯の勤勉さ・創造性と熱帯の怠惰さ等々の対比）や**地政学**（戦略的位

置関係や資源などを決定的と見なす）などの一般受けする議論は、専門的には単純すぎてあまり歓迎されない。ただし環境条件が大事なのは間違いない。たとえば「シルクロード」などを取り巻く中緯度乾燥地帯（遊牧地帯と農耕地帯［乾燥地帯なので灌漑が必須］の間は線ではっきり区切れず、華北のように両者が重なり合ったりモザイク状に入り組む地域が多い）の遊牧民・農耕民や商業民の接触・相互作用を、「大航海時代」以前の世界史の主要な動力と見なす歴史観は近代以前から存在した。そこで定住民側に見られた「遊牧民＝恐ろしい人々」という発想は、冷戦期に発表された梅棹忠夫［2002（初出 1967）］の「文明の生態史観」が、遊牧民の侵入を受け続けたロシアや中国ではそれを防ぐための専制国家（共産主義の基盤）が不可避になったのに対し、遊牧民の侵入を受けなかった西欧と日本では封建制から近代（資本主義）社会への発展が可能だったと論じたような、アメリカの「近代化論」型の論理構造にも反映していたとされる。岡田英弘・杉山正明・森安孝夫［2016、2020］や妹尾達彦らはこれを逆転させ（資料 4-2 で紹介したリーバーマンなど米豪でも同様の見方が受容されている）、遊牧民とその諸帝国が軍事力だけでなく実力本位の多文化主義をはじめ広域統治の効率的なシステムを創りだし農耕地帯にも大きな影響を与えたことを主張する（最近のまとめは［妹尾 2018］［岡本隆司 2018］など）。

　環境に着目する歴史学は、民族学（民俗学）・文化人類学や生態を重視した地域研究などの新しい刺激も受けながら、ユーラシアの中緯度帯に東西に伸びる「**農牧境界（接壌）地帯**」が動かす前近代の世界史や、東南アジアなどの**海域世界**と海民の歴史（［鶴見良行 1999］も見よ）など、新しい形での世界史像を提示している。また、医薬や商売などの実用的目的から「世界を知る（→しろしめす＝支配する）」ことまで、古来多くの人々が動植物や鉱物についての広い知識や経験を求めた。それは東アジアの「本草学」や近代ヨーロッパの「**博物学**」のような独自の学問を構成することもあり、後者は人種やジェンダーなど人間の分類を通じて社会に大きな影響を与えたとされる。

　当たり前だが、環境や感染症の問題は国境で自然に区切ることはできない。従ってそれらの研究は、歴史学における一国史モデルの批判、グローバルヒストリーの影響力拡大にも貢献している。以前は工業化以後に固有の問題と考え

られていた**資源・環境問題**や**気候変動**の問題は、地球温暖化などをめぐる世界的論争（例：温暖化防止をめぐる一連の国際会議と条約）などの現代の動きに刺激されながら、工業化以前への射程を急速に伸ばしている。コンピューターによる大量のデータ処理や理化学的な資料分析の方法など、科学技術の発展がそれを可能にした。現代のグローバルな気候変動やパンデミックへの危機感を背景にした「14世紀の危機」論［Campbell 2016］や「17世紀の危機」論［Parker 2013］のような、気候変動を背景に開発・環境と感染症、交通と戦争、国家と社会などの変動の総体をとらえようとする研究は、それらの成果の代表的なものであろう。

　宇宙や地球、生命や人類の起源に関する技術と研究の発達が、**ビッグヒストリー**［クリスチャンほか 2016］という歴史学の新領域を生み出したことも、近年の特筆すべき動きだろう。それは文明の成立以後に限らないどころか人類の出現で始まるのですらなく、「ビッグバン」に始まる「歴史」を描こうとする。そのプロセスが歴史として語られるということは、宇宙や地球、生命や人類の誕生（それらが現実にこのように誕生したこと）が単純な科学法則にもとづく必然の結果でないという「科学的な」理解を反映したものだろう。人類の出現と地球全体への拡散はどのような環境下でどのように進行したかがあらためて問い直され［ユヴァル・ノア・ハラリ 2016］［杉原ほか（編）2012］、また地質年代において人類の活動の影響を基準とする「**人新世**」という区分が認められつつあるように、人類と環境の関係についての新しいとらえ方も登場している。アナール学派のブローデル［→第3章、10章］は人間社会にとっての自然環境をほとんど変わらない「長期持続」と見なしたが、気候変動はもちろん地殻変動と地形や海流なども、ビッグヒストリーやグローバルヒストリーの中では変動した要素と考えねばならないことがよくある。

1. 2.　自然災害・気候変動・病気と人類社会⁽¹⁾

> **課題** 5-1 ──────
> 自然災害は社会や国家に対して、局地的で一過性のインパクトしか与えない
> か。浅間山の噴火や関東大震災、東日本大震災などの例から考えよ。

　人類の拡散や農耕・牧畜社会の起源と展開における気候変動（海面の上昇／
低下による海岸線の変化など地形変動にもつながる）のインパクトは、最近で
はよく言及される。最終氷期の終了前後の温暖化による人口増とその後の一時
的寒冷化（ヤンガードリアス・イベント）が農耕の開始につながったという説
の当否をめぐる論争をはじめ、中世温暖期とその後の小氷期が農耕社会に与え
た影響、19 世紀以降の化石燃料消費による全地球規模の温暖化などなどの長期
的な変化から、浅間山などの火山噴火による北半球の寒冷化が日本の天明の大
飢饉やフランス革命につながったという短期のショックまで、温暖化と寒冷化
の人類社会へのさまざまな影響が今日では注目されている。

資料5-I　気候変動の検出方法と社会変動への影響の解釈

　桜の開花、穀物やワイン用ぶどうの収穫などを記録した文字史料、ときに
は絵画（例：災害の様子を描いたもののほか、作成時期により違った高さに
氷河が描かれたアルプスの風景画）などの文系的な史資料研究と、古樹の年
輪、土中の花粉や植物・動物の遺骸や人骨（化石化したものも含む）とそれ
らに由来する物質、氷河の「氷床コア」や湖底堆積物の化学分析、近世ヨー

────────────
(1)地震について［寒川 2011］、気候変動について［田家 2010］［フェイガン 2008a、
　2008b］［安成・米本（編）1999］［中塚（監修）2020］、伝染病・感染症については
　［マクニール 2007］［ダイアモンド 2000］［石 2018］［飯島渉 2009］などがあるほ
　か、感染症については 2020 年の COVID-19 の流行後、多数の書物や論文が刊行さ
　れた。たとえば［秋田・脇村（編著）2020］［歴史学研究会（編）2020］。

ロッパでの太陽活動の観測記録（気候変動の長期データが集まる）の収集・分析が、国際的に推進されている。ある地域にどんな種類の動物や植物が生存していたかを通じて、温暖と寒冷、湿潤と乾燥などの気候の状況やその変化を知ることが出来る場合がある。地層や土中堆積物の分析では、イネの歴史の研究（穀物粒の痕跡は土器の胎土に混じっていることも多い）で、も使われたプラントオパールと呼ばれる植物細胞内の非結晶含水珪酸体（SiO_2.nH_2O）の分析がなされる。また泥や氷河に含まれる酸素の**同位体比分析**（^{18}Oを用いる）は有名で、福井・水月湖の湖底堆積物（1年ごとに識別できる「年縞」の存在で有名）などから5万年以上におよぶ気温変化が1年単位で復元され、世界の気候変動を知るための基本データ系列の一つとなっている。なお木の年輪（例：屋久島の縄文杉）は、以前は「寒冷だと幅が狭くなる、温暖だと広くなる」という相対的な変化だけを知るために用いられたが、現在はそこに含まれる同位体（^{13}Cや^{18}O）の含有率の経年変化から、絶対的な気温の上下の復元が可能になっている。気温・降水量の復元方法については［中塚（監修）2020：第1・2巻］が、樹木の年輪に含まれるセルロース中の酸素同位対比を用いた夏季降水量の復元のような「高時間分解能古気候復元」の方法を中心に、最新の解説を与える。ちなみに炭素の放射性同位体（^{14}C）がしだいに減少する性質を利用して遺物の年代測定に使われることはよく知られているが、^{18}O、^{13}Cなどの安定同位体は気温や土壌などある場所の環境を示す手がかりになる。現在では同様に、戦国時代の火縄銃の弾丸の鉛や現代の輸入農産物などがどこで産出されたものかを安定同位体の分析で知る方法が発達している。

　望遠鏡が発達し近代天文学や地理学が成立する過程で（地球や天体の運動法則の確認や緯度・経度の決定などの目的により）、ヨーロッパ各地で太陽観測が集中的に行われ、その中で太陽黒点の位置や大きさ（太陽活動が活発だと黒点が増える）を書き込んだ図が大量に残された。これをもとに17世紀後半の「マウンダー極小期」（「17世紀の全般的危機」の原因として注目される）などを含む気温変化データ系列が作成され、近世の小氷期と産業革命以後の温暖化という大きな見通しの根拠となってきた。原史料を精査する近年のプロジェクトで、大きな傾向は間違っていないが寒冷化の度合いは誇張されていたという指摘が行われた（早川尚志氏のご教示による）。

　20世紀末に始まる本格的な気候変動史研究の初期には、ヤンガードリアスイベントや近世の小氷期など危機の中でこそ「発展」がおこったという考え方がよく主張されたが、中塚武志［（監修）2020：第1巻ほか］はむしろ気候変動（たとえば農業社会に飢饉をもたらすような）の周期に注目し、大きな

社会変動につながるのは１～２年幅（備蓄食料などで対処できる）、数百年幅（長期的すぎて現場が認知できない）のどちらでもなく、数十年幅の変動であるというモデルを提案している。これを含め最近は、単純な気温の高低やそれと連動する降水量の多寡（農業にはこれが甚大な影響を与えることが多い）よりも、同じ傾向が安定的に続く時期と変動が激しい不安定な時期の対比の研究が進んでいる。

　そうした寒冷化と温暖化には太陽活動や海流の変化、火山噴火や人間の活動などさまざまな原因・影響と一様でない反応が見られるが、そこからは、農耕・牧畜の開始や工業化ははたして「必然の」「進歩」だったかという問いが導き出される。ヤンガードリアス・イベントによる農耕の発生や「小氷期」における工業化（産業革命）が事実であれば、むしろ人口圧（歴史人口学については第３節で述べる）と環境悪化の中での苦し紛れの対応が「成功」したものではないか。逆に言えば、農耕・牧畜をしないのは「遅れた（劣った）人びと」と決めつけてよいか［→第６章］という問いである。

　（１）旱魃や大雨・高潮と洪水などの水害、虫害や獣害、地震・津波、火山噴火（溶岩によるものと火山灰によるもの）などさまざまな**自然災害**と、（２）自然災害や対外交流、開発などから生じる大規模な伝染病・**感染症**（天然痘、ペスト、コレラ、梅毒などの性病、結核、インフルエンザ、エイズ・エボラ出血熱や SARS、2019 年末からの新型コロナウイルス［COVID-19］などの感染症。場合によっては家畜など動物の病気も）とともに、社会組織や集団心理を含めて人類社会に大きなに打撃を与えることも、今日の歴史学が重視するテーマである。そこでは COVID-19 でも見られたとおり、社会や国家の仕組み、文化などが被害を拡大したり防いだりする。

　感染症には免疫が関わることが経験的に古くから知られていたが、人体と免疫のメカニズムも、研究が急速に進んでいる分野である。人口が多く移動が盛んな社会では伝染病がよく起こる一方で住民の免疫獲得率も高まるのに対し、小さな隔絶された社会ではひとたび伝染病に曝されると免疫がないので壊滅的

打撃を受ける（ヨーロッパ人が天然痘を持ち込んだ際のアメリカ大陸先住民社会の例など）というコントラストが、文明や帝国の盛衰に影響するという考え方（マクニール・テーゼ）もよく知られている。こうした感染症、自然災害や気候変動の歴史などでは、文献や伝承と自然科学的証拠の両方に着目する、文理融合的な史料開拓と研究が要求されることが多い。

　災害復興や医療・被害者救済、広くは環境保全策（たとえば都市計画や水害を防ぐためにダムを造るかどうか）のあり方から社会や国家の特質を照射する研究も盛んである。パンデミックになるような病気以外（例：ハンセン病［廣川 2011］など）も含め、近代**医療**と**公衆衛生**の構築過程［例：飯島 2009］、そこで生じる被害者や患者、スラムに住む人々や「（疫病をもたらす？）よそ者、非定住民（ロマ［ジプシーと通称された人々］が代表例)」などへの差別、人種主義や「優生思想」との結びつき、伝統的な「医療」や「救済」の位置づけなどが代表的なテーマである。近代科学の政治性（→科学の政治性は第12章）の典型例として注目される、植民地支配や帝国形成に不可欠な「熱帯医学」と「帝国医療」の問題もそこに付け加えられる（［見市ほか（編）2001］［小川眞理子 2016］ほか）。

2．技術・科学と環境・人類[2]

2.1. 技術と科学の違いと結合

課題 5-2 ―――――
国立総合大学で工学部が最大の学部になったのはいつからか、調べてみよう。

「科学技術」という四字熟語が今日普通に使われるが、「**科学**」と「**技術**」は

――――――――――――――――――
(2)［小山 2019］など科学技術史の文献は枚挙にいとまがない。ただし理系の学生向けに社会的視点抜きで書かれたものも少なくない点が悩ましいが、その点をグローバル経済史の教科書である［河﨑・村上・山本 2020］などで補いながら読むことによって、文理融合型の研究の面白さも理解できるであろう。

元来別々のものだったことを、大学でどの学部に属しようとも学んでおくべきである。技術は石器の加工や火の使用と調理など人類社会に最初から、そしてどこにでも存在した。その教育・継承は学校でなく家族や村落、工房や職人集団、ギルドなどの現場で徒弟制的に行われるのが常識だった。他方 18 世紀までの世界では、宇宙や自然、人間などを理解する「科学」は、古代ギリシアに見るとおり哲学や宗教と分離していなかった。「科学革命[(3)]」の担い手の中に「プロの科学者」は存在しなかったのある。科学の研究と一般の農民や職人が担う技術（その中に建築・工芸や作物の品種改良などきわめて精緻・高度な技術が存在したが）とは別物だった。「錬金術」なども経て近世以降に科学と技術が爆発的に発展をとげた後のイギリス産業革命においてすら、紡績機や織機、蒸気機関など主要な発明をした人々は、高度な科学教育を受けてはいたわけではない。科学と技術がはっきり結合し、大学や研究所の教職員のような職業としての科学者が成立したのは、「科学技術」が軍事力など国家の力の基盤としてはっきり認識され、王立・国立のアカデミーや大学・職業学校などの研究・教育制度とも結合した 19〜20 世紀のことだった。

　農業・牧畜、漁労、手工業・工芸や建設、輸送と交通、軍事、医薬、天体観測と暦法などの技術は、第 6 章、時には政治史を扱う第 7 章の重要な題材となる。非西洋世界の科学技術もそれぞれの地域について研究があり（中国に関する［ニーダム 1991］が特に有名）、西洋式近代医学に対する東洋医学[(4)]の見直

(3)近代科学はもっぱらヨーロッパや北アメリカで生じたと考えられてきたが、科学や技術の発展に大きな貢献をした博物学が、世界諸地域との交流（動植物などの一方的な「収集」だけではない）のうえに成立したことはよく知られているし、植物学・地理学・言語学などの重要な学問がヨーロッパと南アジアの人々の相互作用――しだいにそれが不均等な関係になってゆくのだが――によって成立したことを主張する研究なども無視できない［カビル・ラジ 2016］。
(4)特に中国医学や漢方薬が見直され中国やベトナムでは西洋医学と並ぶ制度的な地位も承認されているが、体を傷つけるのは親不孝であるという孝の思想や刀剣・包丁を含めた鋭い刃物の未発達などのため、西洋や江戸期以降の日本（蘭学だけでなく漢方も独自に外科技術が展開した）と比べると外科の発達は遅れ、気の思想を応用した内科的診療と鍼灸や薬による治療・体質改善が突出して発展したと言える。『黄帝内経』に始まる医学書とその周辺諸国への影響の研究なども盛んである。

しなど現代社会の変化と結びつく場合もある。

　近現代史において、科学技術の圧倒的な力（工業、軍事その他）とその負の側面（環境汚染とかつてなく広がるアレルギー、ストレスによる心身の異常、核兵器・原子力や生物兵器、インターネットなどを通じた様々な脅威）が歴史の主役級の地位を得るのは当然である。ただしそこで各時代の「最先端」だけを見るのは危険である。初心者は近代的な発明や発見は登場の瞬間に定着し社会を変えたと考えがちだが、実際はそうではないことが多い。ではそれは「みんなが非合理的だった」からだろうか。また「型落ち」の機械に役割はないだろうか。地動説（ニュートンやケプラーの法則発見以前の）と天動説、アヘン戦争後のイギリス綿布と中国「土布」、蒸気船と帆船などの関係を詳しく調べてみよう。他方で、近代（西洋）社会だけが環境破壊や汚染をひきおこしたという思い込みの弊害も小さくない。古代メソポタミアの灌漑と塩害、レバノン杉の枯渇、江戸前期の里山の禿げ山化などを思い出せ。近代以前の、特に東洋の人々はすべて自然に適応して生きていたなどという近代西洋批判と東洋文明賛美の欺瞞に引っかかってはなるまい[5]。

2.2. 農業の不思議[6]

> **課題** 5-3
> 焼き畑農耕と定住農耕（特に灌漑農業）ではどちらが生産性が高いだろうか。

> **課題** 5-4
> 定住農耕社会では一般的に灌漑が生産力の高低を決めると言えるだろうか。

　脱線だがここで、農業生産がどういうものであるかについて、稲作を中心に

---

(5)近代ヨーロッパの自然保護運動がナチスなど全体主義の温床にもなった事実は、広く知られるべきであろう。

(6)第4章や以下の資料で紹介する通り、東南アジア地域研究の中の生態・農業研究が特に多くを教えた。

いくつかの解説をする。かつては常識だったが「農業をまったくわからない人間が大多数になった」現代日本では教える必要があることがらも含む。次節で紹介する歴史人口学との関係にも注意しながら、農業史の「面白さ」を見つけていただければ幸いである。

資料5-2　東南アジアで「二期作」はいつからあったか？

　「たいてい1年のうちに3、4回（米の）収穫ができる。一年中（南中国の）5、6月のような天候で、しかも霜や雪を見ないからであろう。その地は半年雨が降り、残りの半年はまったく降らない。4月から9月までは、毎日雨が降る。午後になると降るのである。淡水洋（国土の中央にあるトンレサープ湖）の水位は7〜8丈にのぼり、巨樹もことごとく水没してわずかにこずえが見えるだけになる。水に面して人家をいとなむ者はすべて山の後ろに移る。10月から3月までは、一滴の雨もない。淡水洋は小舟が通れるだけとなり、深いところでも3〜5尺になるので、人家はもとの場所に戻る。耕種する者は、（今から作付けをしたら）いつ実るか、そのとき水はどの高さに来ているかを見積もり、適当な場所に（イネの）種をまく。耕作に牛は用いない。スキ、カマ、クワなど道具は（中国のものと）やや似ているが、作り方が違う。また一種の「野田」があり、植えなくてもイネが生える。水位が一丈ほどになるが、イネもそれにつれて丈が高くなる。おもうに別の一種であろう。ただ水田や蔬菜作りに（人間や家畜の）糞を用いない。その不潔なのを嫌うためである……［13世紀末にカンボジアを訪れた中国人周達観の『真臘風土記』耕種の条］

　東南アジアを訪れた中国人は、古代以来この種の「年に複数回米が取れる」という記述をしばしば残してきた。それを「東南アジアでは古くから二期作や三期作が行われていた（アンコール帝国の繁栄などもそういう高い生産力のたまものだった）と理解した温帯出身の学者やジャーナリストは数多い。だが、東南アジア地域研究［→第4章］がその誤りを明らかにした［高谷1985］［渡部（編）1987］。二期作というのは同じ田んぼで年に二回イネを栽培することをいう。しかしそれは乾季の灌漑が困難なサバンナ気候の東南アジア主要稲作地帯では技術的に容易でなく、ほとんどの土地で二期作の普及は近代以降のことである。では上の史料で言われているのは何か。焼畑農耕でもよく見られるが、技術が未熟な社会では農民は危険分散のために時期をずらしていろいろな作物や品種を栽培する。イネもそうで、全滅を避けるた

めに意図的に時期をずらし品種を変えて栽培されたイネは、ひとつの村の中でもいろいろな時期に刈り取られる。より広い範囲では、上記のトンレサーブ湖周辺の農民は、場所ごとに違う湖畔の水深に合わせて稲作の時期を決める。「野田」は近世アユタヤ王朝に関するヨーロッパ人の記述でむしろ知られた、「浮き稲」のことであろう。こうした状況全体を見た中国人が、「年に3、4回も米が取れる」と表現したのであるが、一枚一枚の田んぼから見れば、行われているのはあくまで一期作であり、したがって土地面積あたりの生産性が特別に高いというわけではない。

資料5-3　東アジアの集約稲作？

　高校教科書でも知られた「蘇湖熟すれば天下足る」は、長江デルタ低湿地での大規模な開拓と集約的稲作を表現したものと誤認されてきたが、東南アジアデルタの開拓史や稲の品種研究の知見から高谷好一・渡部忠世らが「江南デルタ稲作シンポ」[渡部・桜井（編）1984] でこれを批判、宋代のデルタはなお部分的開発と粗放な生産の段階（毎年確実に米が収穫できるとは限らない）にあり、大量の米を外部に移出できたのはデルタの周辺の扇状地や河谷平野だったことを明らかにした。東南アジアから伝わった「占城稲」は高収量品種でなく高地や低湿地など周辺部の条件の悪い土地でも育つ点に価値を見出されたものであることも、あわせて論じられた（占城稲は鎌倉時代に「大唐米」として日本列島にも伝わり、やはり近世にかけて悪条件の土地で栽培される）。江南デルタそのものが全面的に水田化されるのは元代〜明代前期のことで、明代後期になると開発の完了（＝農家にとっては土地規模の零細化）と市場経済の拡大の中でデルタ農村は付加価値の高い絹や綿などの商品生産に向い、付加価値の低い米の生産は長江中流域に中心を移す。森正夫・濱島敦俊や片山剛 [2018] など明清時代史を中心として1980年代に現れ、土地制度偏重のマルクス主義社会経済史を刷新した中国「地域社会史」の研究潮流 [森正夫（編）1997など参照] も、この江南デルタ稲作史の変化から大きな刺激を受けたものだった。なおこの見直しと同時期に中村哲、宮嶋博史、渡辺信一郎や足立啓二らのグループも農業技術史の知見を取り入れ、第3章でもふれた中村哲 [1977] の小経営生産様式から宮嶋 [1994] の小農社会論に至る、所有より生産と経営を重視する研究に踏み出していった。

　上の例を含め、(a) 近世以前には毎年耕作・収穫はできない田畑がたくさんあったこと、(b)「高い生産量」は「高い生産性」とも「多くの余剰生産物」ともイコールではないこと、(c)「**生産性**」には「土地生産性」「労働生産性」など複数の種類があること[7]、(d) 余剰生産物は生産者が生きていくために消費する量（それは生産者の労働量と相関）が多ければ相対的に減少することなど、今日の農業史はいろいろな点に注意を払っている。その結果は (1) 20 世紀前半の東南アジアの主要デルタでは、面積あたりの生産性は近世日本と大差ない水準だったが、それでも広い耕地面積と粗放な農法（農民も労働量は少ないからその手元に多くの米を残す必然性がない）のおかげで大量の余剰米が安定的に輸出できたこと、(2) 近世東アジアの「勤勉革命」は土地生産性を向上させたが、日本を除けば人口増を前に労働生産性は停滞した可能性もぬぐえず、それは「貧困の共有」（→第 4 章）と紙一重の差であることなどの新しい歴史像に結びついている。そこでの面積あたりの土地生産性と投入労働量にもとづく労働生産性の関係は複雑であることがわかるだろう。

　そして最後に、日本文化論で村社会の伝統がしばしば稲作から説明されるように、稲作は村や家のありかたにしばしば影響するが、四大文明とか古代帝国の形成について想定されてきたような国家レベルの大規模治水灌漑は必須でない。言い換えれば「水力社会論」は万能ではない[8]。東南アジア研究者は地形や降雨など自然条件に農法や品種選択を合わせる「農学的適応」と、堤防や水利施設の建設などで自然環境を改変する「工学的適応」を区別したが、乾季の乾燥がきつい東南アジア大陸部の内陸平原や盆地で南インド式・中国式などの灌

---

(7)灌漑稲作はしばしば田の耕起と灌漑、苗代作りと田植え、除草や刈り取りなどの重労働をともなう。これに対し焼き畑農耕は、森林を焼いた後に穴を掘って種をまき、そのまま刈り取りまで放置するやり方が一般的なので投入労働量はきわめて少なく、無事収穫できれば単位面積当たりの生産性が低くても、労働採算性は高いことになる。そうした社会の維持を困難にするのは、人口の増加と森林の枯渇である。
(8)畑作地帯でも、農耕地帯の中に乾燥した遊牧地帯が点在する南アジア、遊牧と農業が「互換性」ともつ東アジアの「農牧境界地域」[→前章] などそれぞれの個別的な動きや選択の研究が進んでおり、水の支配ですべてを説明するような見方が通用する範囲は大幅に狭まっている。

漑施設が建設されたり、洪水被害の大きい北部ベトナムデルタで堤防網の建設
が進むなど、西暦第二千年紀には一定の国家レベルでの工学的適応が見られた
ものの、それが社会や国家の全体を規定したとも言いにくい。

3．歴史人口学の世界[9]

3.1．歴史人口学の成立

　生物の一種としての具体的な人間に着目する研究分野の一つとして、以下で
は「**歴史人口学**」について紹介したい。それが 20 世紀後半に英仏で始まり、日
本や中国を含む世界各地でも急速に発展したことは、先進国の**少子高齢化**と発
展途上国の「**人口爆発**」、大量のデータを処理できるコンピューターの発達（初
期の手書きのカードがデータベースに変わっていった）などの時代背景をもっ
ていた。人口増加に食料生産が追いつかないという「マルサスの罠」のような
18〜19 世紀の素朴な人口論は、一方で農業生産技術の発展と食糧供給のグロー
バル化、他方で家族計画の普及や先進国の少産少死社会への移行などでしばら
く忘れ去られていたが、20 世紀後半の歴史人口学の発展によって、人口の増減
は社会変動を引き起こしうる「独立変数」の地位を回復した。
　ただしそこでの人口の地位は、唯一の独立変数ではなく、気候や自然災害と
感染症、また資源などを含む環境の要素、開発・技術と農業・工業などの生産
力といった経済の要素、家族や財産所有などの社会制度と国家の政策・法制の
ような社会・文化・政治の要素等々、他の要素と相互に作用しあう「多くの変
数のひとつ」である。14 世紀ヨーロッパのペストによる人口減少[10]が農奴の

---

(9)以下の記述は［速水 2012（1997）］［鬼頭宏 2000］［落合（編）2006、2015］［秋
　田・脇村（編著）2020］［エマニュエル・トッド 2008］などによる。日本について
　は［深尾・中村・中林（編）2017a、2017b］、中国については［小浜 2020］［上田
　2020］も見よ。
(10)モンゴル時代のユーラシア全域の大規模な交流と人の動きの研究、14 世紀の寒冷
　化の研究などが進んだ結果、今日では 14 世紀のユーラシアを襲った事態を、「中世
　温暖期」の終わりと小氷期の到来による農業社会の危機と感染症や政治不安の発生

地位向上につながったこと、現代中国の増えすぎた人口による「人口圧」が一人っ子政策のような極端な政策につながったことなど、明らかに人口の増減が独立変数として他の変数を規定した例があるが、生産力の発展や医学の進歩が人口を増加させるという逆方向の動きの例も、見つけるのは簡単なことだろう。唯一の独立変数でなく多変数間の相互作用が歴史を動かすという考え方、文理融合的な研究方法など、歴史人口学は新しい歴史学の代表的な性質の多くを備え、社会史やグローバルヒストリー（特に経済史）とも密接な関係をもっている。

　たとえば前近代に遡る世界主要国・地域の GDP 推計として有名になったアンガス・マディソンの推計［マディソン・A 2015］は、基本的には各国・地域の人口推計に一人当たり生産高の推計を乗じたものである。もちろん前近代の統計が一国レベルで近代的な正確さをもつことは期待できないし、人口も一人当たり生産高も毎年の数字が残っていることはありえないなど制約は多いが、詳しく記録されている特定地域や特定時点の数値をもとに大まかな傾向をつかもうとする試みが全世界で行われているのである。一人当たり生産力に近代以降のような国・地域間の極端な格差は生じにくいとすれば、結局 GDP は主に人口規模で決まることになる。また正確な生産高を計るより人間の数を数える方がずっと容易である（だから政権や支配者は年貢だけでなく人頭税や労役などを賦課する）。そのため、前近代のグローバル経済史においても人口規模の復元が重視されることになる。古代以来のグローバル経済史を概説した［河﨑・村上・山本 2020］でも、各時代・地域の推計人口への言及が多い。

　現在では人骨や集落址の分布・規模から先史時代の人口・家族、死亡率と平均寿命などを復元するような研究も行われているが［斎藤 2012 ほか］、歴史人口学の主な対象は中世以降の文字資料である。そこでは、戸籍・住民台帳が十分利用できない時代・社会について、使える資料を発見する努力［→第 2 章］が必要だった。ヨーロッパの「教区簿冊」と日本近世の宗門人別改帳（宗門改帳、人別改帳などいくつかの類型の総称）、中国の族譜（宗族と呼ばれる父系

が、交通や情報網の発達ゆえに加速され世界に混乱を広げた「14 世紀の危機」と見なすのが普通である。

血縁集団の歴史と構成員の記録を集めたもの）など長期間にわたる人々の生死の年月日や年齢、家族構成などの網羅的な記録が、そこで活用された。たとえば日本について、下表のような奈良時代に遡る人口推計が、大づかみには承認されている。

表 5-1　日本列島における人口推移、730-2000 年

年	総人口（100 万人）	人口密度（人 /ha）
730	5.8- 6.4	0.20-0.22
950	4.4- 5.6	0.15-0.20
1150	5.5- 6.3	0.19-0.22
1280	5.7- 6.2	0.20-0.22
1450	9.6-10.5	0.34-0.37
1600	17.0	0.60
1721	31.3	1.10
1804	30.7	1.07
1846	32.2	1.13
1874	34.5	1.21
1920	55.96	1.47
2000	126.93	3.40

出所：日本の推計人口［深尾・中村・中林（編）2017a、p. 61］

3.2. 歴史の変数としての人口と家族

課題 5-5 ───

明治 30 年代の日本の「「平均寿命」は 40 歳足らずだったとされている。それではある夫婦が 10 人の子供を産み、その 10 人の平均寿命が 40 歳になるような死亡年齢のモデルを作れ。

近世の特に 17 世紀の危機以降において世界の主要農耕社会の多くが「マルサスの罠」状態（人口増による資源の限界）に陥りかかったことが、今日広く認められている。日本でも平和が回復し農地開発が奨励された（次三男の分家も容易だった）17 世紀に急増した人口は、18 世紀に停滞する。近代ヨーロッパの

大規模な新大陸移民や植民地獲得だけでなく、ポメランツの大分岐論や杉原らの「勤勉革命」[→第3章、付録4]）も現在では、それに対する対応の一環という側面が明らかにされている。

　歴史人口学がそれまでの「世間の思い込み」を統計データで覆した例に、前近代の家族形態がある。近代化や都市化にともなって核家族が一般化する以前は、「早婚と子だくさん」「大家族」が普通だったという言説は現在でもよく見られるが、大家族をよしとするイデオロギーは広く存在するものの、前近代の家族は現代のわれわれが想像するよりはるかに不安定で、農業社会で一般的なのは第11章でも述べる通り、**単婚小家族**（1組の夫婦と未婚の子供たちからなる家族）を基本形としながら、奴隷や召使いを家内に抱え込む形態を含め、多種多様な家族形態が併存する状況だった。近世にはイングランドや中央・西日本で見られるように青年期に奉公に出るため結婚年齢が高くなるパターンも見られ、経済・身分格差や長男だけの相続制度などで誰もが結婚できたわけではないこととあわせて、出生率の地域差や相対的な停滞性が大きかった（近世日本の歴史人口学研究は、中世史の佐藤進一や網野善彦［1989（1982）ほか］が提起した東国と西国の大きな差異を、新たに見いだされた東シナ海沿岸地域の特異性とあわせ、人口と家族・婚姻形態などの面から定量的に裏付けた［落合（編）2015］）。農業が女性に過重労働を強いた結果、もともと出産時の死亡が多かった女性の平均寿命がさらに短くなったり有病率が高まる、それが出生率を引き下げるというパターンも、農耕が開始された「新石器革命」［斎藤2012］から体を冷やす上に寄生虫も多い湿田での女性の重労働が一般的だった近世日本の小農社会［友部2020］まで、多くの例が指摘されている。

　これらに対し近代世界では、多産多死→多産少死→少産少死への移行（**人口転換**)[11]がおこり、少産少子段階で人口構造は安定するものと一般に理解され

(11)一人の女性が一生に生む子供の数のある時点での平均値をTFR（合計特殊出生率）と呼ぶ。乳幼児死亡率を考えるとTFRが2.07程度ないと（外部からの移民などがない場合に）人口を維持できないとされる。近代には医学の進歩、食糧供給の安定化などを背景に、新生児の半分近くが乳幼児の間に死亡するのが当たり前というそれまでの状況が激変するので、出生率がそれほど上がらなくても人口が急速に増加しえた。

てきた。東アジアでは近世の人口増と並行して「小農社会」が成立し[12]、「勤勉革命」が起こった［→第3章、付録4］。近代東アジアではそれを土台として、急速な近代化・工業化とともに多産少死への人口転換や近代家族モデルの普及も急速に進む。ところが20世紀後半には、従来の人口転換モデルの想定を越えた出生率の低下、結果としての少子高齢化と人口減少が、結婚や家族など「親密圏」に関する観念・実態の変化をともないつつ、先行するヨーロッパより急速に、東アジア全域から東南アジアへと広がる事態を迎えた。

　資源・環境問題を考えると、長期的には人口減少は良いことであろう。だが少子高齢化は、労働力不足や経済活動の減退、医療・介護などの社会的費用の増大といった問題につながるおそれがあり、あまりに急速なその進展（いわばハードランディング）は好ましくない。東アジア諸国はすでに経済成長を遂げ、出産・育児や高齢者介護などのケア労働を社会的に手厚く支援する原資がないわけではない。だが日本よりはるかに実質所得が高いシンガポールは別としても、東南アジアの諸国はどうだろうか［→資料5-6］。歴史人口学は以下の解説にも見られるとおり、そうした現代的課題の洞察や対策の立案にもつながる研究分野である。読者には、近代化のありかた［→第3章］、賃金や税制［→第6章］、家族とジェンダー［→第11章］などの関連記述を総合して、問題の全体像をつかんでほしい。また、化学物質の性ホルモンへの影響、若者や貧困層の食生活の劣化と体力の低下、「飽食の時代」の反動としての行きすぎたダイエットブームと摂食障害の増加など、生物学的に出産能力を低下させている要因にも、あわせて注目したい。

---

(12)ただし日本経済史の最近の研究［深尾・中村・中林（編）2017a、2017b］では、太閤検地以後の日本や明末清初以降の中国に小農自立＝封建化の段階を見出したマルクス主義史学以来の、近世に家族規模が縮小したという説（歴史人口学を発展させた速水融・斉藤修らもこれを支持してきた）が否定され、幕藩制下で武士以外の身分でも、中世までの核家族に代わって三世代同居の直系家族という形態が一般化したことが指摘されている［→第9、11章］。

資料5-4　現代東アジアの少子高齢化［落合（編）2013 ほか］

　日本の TFR が 1970 年代から 2 人以下になり 2009 年からは総人口も減少しはじめたこと、韓国・台湾・香港・シンガポールなどもそれを上回るスピードで出生率低下が続いていることなどはよく知られている。先行して出生率が低下したヨーロッパ諸国のうちフランス（結婚や家族について保守的なはずのカトリックが多数派なのに）や英・スウェーデンなどでは婚姻外の男女の結びつきと出産への既婚者と同等の保護を含む、出生率回復政策が一定の成果を収めている。これに付し東アジア諸国は第 11 章・12 章で見るように、(1) もともと人口圧が高く近世から土地が不足していたうえに第二次大戦前後などの**食糧難**（朝鮮戦争・国共内戦やベトナム戦争、大躍進の失敗なども含む）の記憶もあって、もっとも極端な中国の一人っ子政策以外の諸国でも家族計画政策が強く要求され、なかなかやめられなかった、(2) 男性中心の**儒教的家族**モデルや日本の家（そこでは男性主導で家族員を補助労働力や副業に駆り立て女性を家事・育児に専念させない「勤勉革命」が進行した）と**近代家族**モデル（こちらは妻を「専業主婦」に押し込める男性中心の核家族の絶対視につながった）の強固な結合、それがもたらした高度経済成長などの成功体験に縛られて、現代欧米のような家族・婚姻形態の変化を受け入れない人々が多く、家事や、育児と高齢者・障碍者へのケア労働などを全面的に社会で担うこと、そのために多額の税金を投入することへの拒否感も根強い、(3) 都市化と教育水準の向上や女性の社会進出による晩婚化、離婚の増加の一方で、親戚や隣近所の助け合いなどケア労働を分担する仕組みが消失し（しかも前章で見た一国主義の強固さに比例して外国人労働者の受け入れには抵抗が強い）、すべてが核家族や一人親などの個人に背負わされる傾向が強まっている、(4) **勤勉革命モデル**と**新自由主義経済**が結合して格差社会や過労死するほどの労働が当然視される現状では、非正規労働者の収入ではなかなか結婚できないし、正社員は収入は十分でも職場での仕事とケア労働の板挟みに悩む以前に（たとえば「草食系」ではない男性でも）セックスをする余裕すら乏しくなるのではないか、など不利な条件が幾重にも重なって有効な対策が取れずにいる。これだけ悪条件が揃えば、カップルや個人に性と生殖についての自己決定権を認める**リプロダクティブ・ライツ**（リプロダクティブ・ヘルス・ライツ）のような国際的に広がってきた考え方も、「産まない選択」ばかり後押しすることになるだろう。

　「**高齢化**」はどうか。医療水準の向上などで人の寿命は延びている。ところが核家族が当然視される一方で相変わらず老人介護も女の仕事とされる、税

金による公的な介護システムは不十分なまま（介護労働者は低賃金で食えないので、外国人労働力に頼ろうなどということになるが、それも上のようにスムースには進まない）となれば、孤独死までが行かずとも、先細りする年金制度のもとで十分な世話を受けられない老人だけの世帯などが激増するのは当たり前である。子供世代は既婚であれ未婚であれ仕事が忙しく（学齢期の孫などの「ヤングケアラー」も増えている）、かといって無職で収入は老親の年金だけという状況で長期に介護を続けるのも難しい。親の側も「子供の世話になるのは心苦しい」と必要以上に思い詰めることになりやすい。

　若い単身者世帯と老人世帯の両方が激増し、1世帯当たりの人口が2人そこそこという日本の現状にはこのように「勤勉革命の成れの果て」という側面が多々あるので、[日本・東アジアにおける「第二の近代」のありかたについては付録4. 4. で補足する]、自由な選択が広がった結果と肯定的にとらえることには強いためらいがあるが、だから「伝統的家族に戻せ」というのは「無理ゲー」としか思えない。

資料5-5　世界の人口史における東南アジアの特異な位置

　もともと資源の宝庫である一方で「病気の巣」になりやすく洪水などの自然災害も厳しいため、北部ベトナム（温帯気候）など一部を除けば近世までの東南アジアは小人口地帯だった［リード 2021 など］。そこで 19 世紀ジャワに典型的に見られるように開発が進み人口が急増するのは、植民地期のことだった。プランテーション経済のイメージとは逆にむしろ小農主体で進んだこと、中国人・インド人などの待遇劣悪な移民や「クーリー」労働力、それに賦役労働を利用した「強制栽培制度」など純粋な「自由な賃労働」によらない形態が多く見られ点などから考えると、植民地時代東南アジアで起こったこと（植民地近代化の議論ももちろん行われている）は、むしろ「圧縮された近世化」だったようにも思われる。なおインドネシア経済史の専門家であるエルソンは、19 世紀初頭から 20 世紀前半までの東南アジアを、勤勉革命のように積極的な意味ではなくむしろ自律性を欠いた小農経済の時代と見なしている。そこで語られているのは、東アジア的な大部分が小農世帯であるような村落でなく、むしろ多種多様な職業・生業をもつ人々が（都市でなく）農村に居住している南アジアに似た形態と思われる［桃木 2020］。多数の土地なし農民（都市に出たり遠方に移民する者もあるが本格的な農民層分

解には向かわず、多くが農業の日雇い労働など多様な形態により村内で生計
を立てる）を抱えた 20 世紀前半期のジャワや北部ベトナムの農村の状況にも
とづき、加納啓良 [（編）2001：総説] が、近世初頭の北部ベトナムに勤勉革
命と「貧困の共有」の両方に向かいうる小農社会 [→第 3 章] が成立しつつ
あったとする著者や八尾隆生の説を批判したこともある（加納は多数の土地
なし農民を抱え込める理由の一つに冬でも死なない熱帯の生態条件を挙げて
いる）。ただし北部ベトナムの自然条件や歴史への理解が不十分であり、ベト
ナム史側からの大きな像の再構築が期待される。

　いずれにしても 6 億を超える人口を抱え「手つかずの自然」がほとんど無
くなった現代東南アジアは、経済発展が進んだといってもその多くがなお「中
進国」の段階にとどまっている。そこに東アジアを追いかけて、少子高齢化
が近づいている [大泉 2007、2020][13]。国内市場が少子高齢化で縮小するの
で「若い市場である東南アジアに進出しよう」といった日本の言説は、いさ
さかおめでたく響く。また急速に拡大した（しかし低賃金が放置されている）
介護の現場を含め、東南アジア・南アジア出身の労働者に支えられている労
働の現場が日本国内でどんどん増えているが、2020 年の COVID-19 で海外渡
航が全面的に規制されるような事態がなくとも、一方で日本の圧倒的な経済
力が失われ、他方で自国の少子高齢化が進めば、日本に低賃金でも東南アジ
アの労働者がどんどん来てくれる状況がいつまでも続くものでないことは明
らかだろう。

---

(13) 共通して人口転換が進んだヨーロッパ諸国や日本で、出生率は低下するが労働人
　口はまだ増加し、高齢化はそれほど進んでいない、つまり扶養を要する人口が少な
　く経済拡大に多くを投資できる条件がある段階（この状態を「人口ボーナス」と呼
　ぶ）を経験できた、したがってその時期の蓄積をうまく活かせば少子高齢化に対応
　する費用（例：出産と育児・教育の支援、老人医療と介護などなど）も捻出できる
　という有利な立場にあるのに対し、東南アジアなどの後発諸国ではそこまでの蓄積
　ができない経済力や所得水準のままで現在の先進国なみの少子高齢化が進むと予測
　されている（たとえば 1999 年から TFR が 2 以下になったタイ、2009 年からのベト
　ナム）。

第6章

暮らしと経済の歴史

　「社会史」や「グローバルヒストリー」は、「一国単位の経済史」（cf. アダム・スミス『諸国民の富』から「所有と生産様式」のマルクス主義史学までの抽象度の高い議論）や「人類進歩のあかしとしての科学技術史」などの古典的な領域を、「世界経済」［河﨑・村上・山本 2020］［→第4章］、「技術と文化」、「開発と環境」や「人口」［→第5章］、「暮らしと生産・流通・消費」（本章）など多様で複雑系的な問題群へと組み替えた。もともと「ミクロ経済学」が関心をもっていたような個々人の暮らしへの注目の深まりの一方で、マディソンのGDP推計［マディソン 2015］や生活水準論争［山本千映 2020］に見られるような、「マクロ経済学」的な議論もきわめて盛んであるが、後者の背景にコンピューターの発達と計量経済学の勢力拡大（歴史人口学とも連動）があることは繰り返すまでもない。それは、天下国家に直結しない庶民ひとりひとりの暮らしや好みが社会的だけでなく経済的にも重視される時代をも反映している。ただ現在のGDPですら、一定の約束事のもとでの推計である。まして前近代の記録は生産力や人口の実態ではなく国家の把握力を示すにすぎない場合が多く、計量経済学や歴史人口学で使われる数値は推計に推計を重ねたものが多い。どこまでは大まかな傾向として承認でき、どこからは無理な砂上楼閣であるか、歴史学・史料学と統計学の双方の素養が必須である。

公式 61　「自由競争」を唱えるのは、覇権国家などそれが一番有利な国家や人々である場合が多い（例：イギリスの「自由貿易帝国主義」）。

公式 63　ある国や社会で経済成長や技術革新が起こったからといって、その国の全員が豊かになるとは限らない。むしろそれによって格差が拡大するケー

スも多い。

公式 96　近代資本主義社会では、品物やサービスなどすべてを商品化する傾向が強まり、消費の拡大と経済成長が当然視されるようになる。

1．暮らしと衣食住

　マルクスは『資本論』後半で行うつもりだった**世界経済**の研究を果たさずに死に、スターリンの「世界史の基本法則」、日本の「戦後歴史学」をリードした「歴研派」と「大塚史学」（経済史家の大塚久雄が主導した）などは、一国単位の経済史の研究に集中した。これに対し、1960年代から世界でも日本でも批判が強まり、第3章で見た**世界システム論**や**グローバルヒストリー**などの新しい動きにつながってゆく。アナール派のブローデルの地中海世界の研究や世界経済の研究（1940年代に始まったが、ウォーラーステインに影響を与えるなど世界に知られたのは70年代以降）も、この動きを後押しした。またマクロな経済への関心は、近代以前のGDP推計などと並んで、「**生活水準**」の研究を発展させた。それは産業革命期のイギリスで労働者の生活水準が上昇したか下降したかについての19世紀の論争に始まり、**計量経済史**やグローバルヒストリーの発展を背景に、現在まで研究が続いている。実質賃金や一人当たりGDPだけでなく、一定のカロリーを保証する食料など消費財の組み合わせ（生活水準バスケット。内容は地域ごとに違う）を購入するのに十分な所得があるかどうかで世界各地を比較する方法の洗練などにより、イングランドなど西北欧と他地域との「大分岐」はポメランツ［2015（原著2000）］が想定した18世紀より早くから始まっていたこと、江戸後期の日本は南欧に近い水準に伸びていたが中国・インドは停滞的だったと見られることなど、多くの推計が提出されている。しかし男性（夫）だけが賃金を稼ぐモデルから出発し、女性の稼ぎの組み込みがなお不十分であるというジェンダー問題など、さらに論争が続いている。

　「天下国家を論じる」ばかりの従来の歴史学に対する社会史の批判（経済学におけるマクロ経済学批判とパラレルだろう。背景には先に同じような発想を抱

いて学問を発展させた文化人類学や民俗学［→終章］の影響があった）と、日常の暮らしや名も無き個人のミクロヒストリーへの着目は、何度も触れたところである。結果、それまで「女子供のやること」と片付けられてきた諸領域が歴史学の正当な対象として認められた。社会史は他方で、世界システム論に影響を与えたとされるブローデルの著作［1985］などマクロな世界も扱ったが、その本領は国家中心の従来の歴史学が扱わなかったあらゆる領域に浸透したことと言えるだろう。社会史が先鞭を付けた衣食住や人・物・カネ・情報・技術の流れの歴史は、「生活水準」などを切り口とするグローバルヒストリーの潮流にも継承され、ますます発展した［→第4章］。

　なお衣食住などの領域は、郷土史と同様に「天下国家を論じる正統派の学問」からおとしめられてきたがゆえに、低レベルな俗説の巣にもなってきた。「伝統の創造」［→第12章、付録3］などの考えも踏まえた社会史的研究によって、安易な国民性論などとも結びつきやすいそうした俗説のベールがはがされた例も多い。たとえばナショナリズムともよく結びつく各国の「伝統的な（エスニック）料理」は、韓国のキムチからピザに欠かせないタバスコまで唐辛子を加えた料理の数々が、近世世界の交流やそこで生じた「コロンブスの交換」抜きでは成り立たないことに見られるとおり、「新しい」のである。もっともナショナリストは往々にして、古代も近世・近代もごっちゃにして「古くからの伝統」を論じるのだが。日本が鎖国していなかったら（と聞くと多くの読者は入ってくる外国人イコール西洋人と思うだろうが）、そこに成立した「日本料理」は、生ものもよく使い薄味で素材を活かすものよりも、大量の中国人が押し寄せた東南アジアのそれ（今の日本の若者は特に抵抗感なく食べる）のように、油っこく辛いものになっていた可能性がありえただろう。鎖国前の日本の港町には必ず「唐人町」「唐房」などと呼ばれる中国人街があったことは、海域アジア史の常識である。

　「**暮らし／生活**」とはもちろん、健康と病気、家族やコミュニティの生活とライフサイクルや冠婚葬祭、娯楽やスポーツなどいろいろな内容を含みうる概念だ。しかし、「暮らしが立たない」「ぜいたくな暮らし」などというように、生業と消費生活を含む経済的内容が中心になる場合が多い。社会史などによる暮

らしへの着目は、経済面では生産中心史観を批判して**流通**や**消費**にも光を当て、また「所有」「生産様式」などの抽象論より具体的な状況に歴史学の焦点を転換させる役割も担った。今や高校教育でもポピュラーになった、茶・コーヒーや砂糖について生産・流通・消費を軸にしながら生活や社会・政治・文化の広い範囲を視野に入れた歴史の研究（［角山 2017（1980）］［川北 1996］ほか）は、そうした経済史の刷新を代表するものとして注目を浴びた。そこでは茶・コーヒーと砂糖の消費が、貴族・有産市民のステイタス・シンボルになっただけでなく、長時間労働に耐える工場労働者階級の不可欠な「栄養ドリンク」に等しい意味をもっていた、ということは工業化が進んで労働者階級が増加すれば、熱帯の奴隷制などの生産も拡大を求められる、それはまた、安価な商品や人間の安定した輸送システムを要求する、という「商品が作り出す連鎖」の構図が出現する、という具合に興味深い話題がたっぷり詰まっていた。第3章その他で強調した近世東アジアの経済発展も、江戸時代の「和食」や「和菓子」の発展などで知られるとおり、高度な消費文化の展開と表裏一体の現象だった。

　また暮らしは社会の安定性や環境保全とも密接に関連している。そこではすべてを商品化せずに自給部分を残しうる農業の特性（環境面でも破壊と適応・保護の両面をもつ）にも関心が集まる［→第5章も思い出せ］。現代社会に出現した、家族やコミュニティの関心と結びつけた脱都会の動きなどを、そこで思い出すのもよいだろう。しかも第3章などで説明した小農社会が東アジアには最近まで存在し、その意味づけも「遅れた、古い社会」とは大きく違ったものに変化している。逆に言えば、北西ヨーロッパ型の農民層分解と農業大規模化を普遍モデルとしたり、地主制を経済社会の基本構造と見なすような考え方が古くなっている。特定の輸出農産物に集中し利潤だけを目的にした熱帯植民地のプランテーション（生産物が食糧作物でない場合は、労働者は外部からコメや小麦を購入しなければならない）が世界恐慌などの時期にはいっせい倒産したり撤退して、あとに失業者や地域の荒廃をもたらした——現代の日本の過疎地や発展途上国に誘致された工場なども同じことをするが——のに対し、小農が食糧生産と一定の輸出品生産を続けた事実なども、広く知られるべきだろう。なお東アジアでは、農地改革（土地改革）などの記憶もあって、小作農といえ

ば名作ドラマ「おしん」にも描かれたように地主に搾取されるみじめな存在というイメージが強いが、世界のどこでも近代的な排他的かつ無制限の所有権が認められているとは限らない。村落共同体の土地についての権利が残存したロシアでは、資本主義的農業を営む経営者は共同体から土地を借り入れる「借地農」だったし、東南アジアの植民地では外国人の土地所有権を認めないケースがあり、その場合の外国系プランテーションはやはり借地経営だった。

　国連が 2015 年度から「**家族農業の 10 年**」を始めるなど、開発の世界もようやく小農がもつ意味に気づいている。工業生産に比べて計算がしにくく生み出す付加価値も小さいと決めつけられてきた農業生産も、環境の保護・維持などを計算に入れれば（逆に工業生産のコストに環境汚染やその対策費用をすべて算入すれば）大きく話が変わってくるのは、家事・育児や介護などの不払い労働をすべて金銭に換算すれば経済のジェンダー構造がまったく変わるという話と同じことではないか。

2．経済史の刷新

2.1. 経済・経営と労働の歴史

　社会史やグローバルヒストリーの影響を受けて、生産・流通（交通・輸送や通信も）・消費の歴史、**市場**と**貨幣・金融**の歴史など狭義の経済史や、「生産関係と搾取」「労働人民の貧困」などの社会経済史、さらに経営史についても、研究の幅や焦点が大きく変化した。コロナ禍前の状況からは、観光史が文化史［→第 12 章］以外に経済史で無視できない点なども容易に理解できるだろう。

　たとえば人や組織の面では、農民、工場労働者や産業資本家以外に、異なる人々や地域を結びつける商人、その他さまざまな**仲介・媒介**をする人々（それは商人のような職業というよりユダヤ人・華人のような宗教・民族集団の役割だった場合もある）への注目が高まっている［→第 4 章］。また、環境やジェンダーなどの意識の高まりによって、今まで「コスト計算」に含められていなかった環境維持などのための経費、不払いだった**家事・ケア労働**（主に「主婦」な

どの女性が担ってきた）の価値などが「計算」され始めたことを典型として、「経済」に関する概念や約束事が大きく変化している。工場でも男性の「力」が役立つ分野と繊維・食品加工から半導体生産まで女性の「手」が重宝される分野があるように、「労働者」も地域・時代や業種によって異なるジェンダー構造をもつことを見ないのは、今や時代遅れである［浅田・榎・竹田（編著）2020］。**多国籍企業**の発達や、（社会主義・福祉国家などとは違った新しい意味で）従来型の市場原理だけによらないいろいろなモノやサービスの流れ（フェアトレードなども注目される）、それと逆方向の派遣労働や**ギグ・エコノミー**など従来型の雇用関係の枠から外れる賃労働形態（働く側が収入は低く不安定でも時間に縛られずに働ける便利さと、雇う側が正社員に対するような保証を必要としない都合の良さの両面をもつ）の爆発的拡大、さらには「実体経済」を超える国際的なマネーゲーム[(1)]や**バーチャルエコノミー**（仮想通貨も含む）の等比級数的拡大などなど、既存の「経済学」[(2)]が直面する難題も数多い。

　そのあたりの認識は、本書を読むような学生が将来「ブラック企業」で「**過労死**」しないためにも、労働者の権利に関する法律の知識と並んで必要なものだろう。そこには、現在の**派遣労働者**や**非正規労働者**と似た労働形態を探すなど、歴史に学ぶことが含まれるはずである。グローバル経済の時代の IT 化や交

---

(1) 20 世紀半ばの先進国の市民は、右肩上がりの経済成長（確実な平均利潤）を前提とした「銀行預金というのは利子がついて徐々に増えるものだ」という理解を共有できたが、その前の時代と同様にその後の時代にも、預金先や投資先が利益を上げれば利子が受け取れるがそうでなければ元金がマイナスになるという世界が広がっている。アメリカの自治体財政が破綻したり日本の年金財政に赤信号がともるのも、（投資など経済活動を自分でするか業者に委託するかは別として）確実な平均利潤というものが成り立たなくなった時代の反映であろう。

(2) 終章で述べるような社会科学と人文学の対比について、全体としてどちらが正しいということではないのだが、人間に関する特定の単純な仮定のもとでの汎用的モデルの精密さを競うがゆえに複雑な現実との乖離がおこる、しかも仮定やモデルの外側にある事象を説明に取り込もうとする場合の、人間や社会についてのプリミティブな理解との落差が目立ってしまうという社会科学の弱点をもっとも明瞭に示すのが、マルクス経済学に圧勝したはずの新古典派的な経済学（ミクロ経済学すら含む）であると見える事例は少なくない。

通・輸送の発展により、大規模生産やそのための大がかりな設備のメリットが薄れ、ある工業製品の生産が（近代的な分業と協業のシステムが予想した範囲を超えて）多数のモジュールに分割されて、世界各地に分散した多数の生産現場（それぞれにその作業に対する最低線の賃金で働く労働者が担う）を結ぶかたちで行われるという現在の構図は、明末清初以降の中国には、もちろん度合いが違うがしばしば現れたとされる。また現代世界の課題の一つである、低賃金労働を引き受ける発展途上国の労働者の先進国への大量流入（先進国の労働者の賃金を抑える道具になり、しかも本人たちが差別やヘイトクライムの犠牲になることも多い）も、帝国主義時代に普通に見られたことであるが、その時代の**国際労働力移動**にも、宗主国との所得格差や植民地の経済・失業状況などと並んで、通貨政策が影響しているケースは多かった。現地での貿易・徴税などの収入のロンドンへの送金の価値を大きくしたいイギリスがインドのルピーの高価格を維持したような例外はあるが、一般に植民地の通貨価値は現地産品の輸出と宗主国からの投資を推進すべく、先進国通貨に対して弱く設定された（19 世紀のヨーロッパが金本位制に向かったため銀に対する金の価値が上昇したことも、銀本位制を維持したアジア側の立場を弱くした）。

そうした新しい視野に立つ学びの前提として、以下では「**租税**」と「**賃金**」について基本的な考え方を整理してみよう。

課題 6-1
前近代の農民が国家や領主に対して負う負担にはどんな種類があったろうか。中でも負担が重く大変なのは何だったろうか。

課題 6-2
労働者の賃金は雇用者との力関係や労働市場での需要と供給だけで決まるか。またそれは単純に、労働ないし労働時間の対価と言えるか。考えてみよう。

資料6-1　租税と労役

　まず租税だが、何にかけられ何がどうやって納入されるかは、地域や時代によって異なる。奴隷主の集合体としてポリス（公職に給与はないし戦費は自弁。さもなければそれらの費用は有力者のポケットマネーで出す）などは別とすると、近代以前の国家や領主にとって、穀物や布などの手工業製品（天然資源や特産物の場合も）、それに貨幣のかたちで徴収する租税（生産物や収益の一部を徴収する形態のほか、成人男子から一律に取り立てる**人頭税**の形態もよくあり、それは労役と互換性をもつ場合もあった）とならんで、道路・城壁や堤防、宮殿などインフラの建設や補修を中心に住民を動員する**労役**も大きな意味をもったことに注意が必要である（だから中国で貴族や科挙合格者の家族などに与えられる免役特権にも大きな意味があった。現代日本でもムラや町内会などでは各世帯の代表が輪番で行う無償労働がよくある）。それらの賦課基準は保有地の面積単位、世帯単位や成人男子の個人単位などいろいろあった。関所や港で徴収する**関税**、専売品（塩、鉄、酒など）の売り上げ、商人・手工業者からの**上納金**などが主要な財政基盤になるケースもよく見られた。また宗教組織が住民に租税や労役を賦課する権利も珍しくなかったし、僧侶や教会・教団などが免税・免役であるのも普通のことだった（その恩恵にあずかるために自分の財産を寄進する俗人もよくいた）。

　なお現代の日本では、一つの勤務先だけから給与を得ているサラリーマンは、勤務先の会社や役所が所得税を天引きしての国家や地方自治体に納入するのが普通だが、そうした**直接税**は前近代にも、農民が国や地方政権に直接するのではないケースが多かった。たとえば朝廷や院・貴族・寺社などの荘園領主と実際に耕作する農民の間に荘官などの在地（経営者ないし請負人）が介在した中世日本、自作・小作両方を行う「自小作」が増加した（土地の権利そのものも「田面権」と「田底権」などに重層化した）明清中国、不在地主制（地主は都市などに住み地代を受け取るだけで直接農地の経営にタッチしない）や名目的な国家の土地所有権のもとで「借地農」が「農業労働者」を使って資本主義的な生産を行うパターンがあちこちに見られた近代の欧米やロシア、植民地東南アジアなど、農民が納めたものが全部国家や中央の領主に入らず、一部が中間の経営者や請負人の懐に入る例もしばしば見られる。地主制が発達した中世後期（室町〜戦国期）の日本では農民、地主、大名などの取り分がそれぞれ3分の1程度で、太閤検地後の近世権力は地主の取り分を否定して3分の2を国家側で取ろうとしたが、実際の農民の負担率はしだいに低下したとされる［深尾・中村・中林（編）2017a、2017b］。

資料6-2　賃金とは何か

　次に近世以降に一般化する賃金労働において、賃金は売り上げや生産量が影響する「歩合制」や「出来高払い」でない場合には、「**労働**」の対価もしくは雇用労働にあてる**時間**の対価と言えるだろうか。マルクス『資本論』の難しい理屈を持ち出すまでもなく、読者は、なぜ同一企業内でも同じ労働で違った固定給や時間給を得る社員がいるのか、言い換えればなぜ全部が「成果給」と「同一労働同一賃金」にならないのかは不思議に思うべきだろう。そうした状況は日本に限らないから、「賃金格差は年功序列による」とか自己主張が苦手で権力にも資本家にも強く要求をできない労働者の弱さのせいだなどという、日本専用の説明は通用しない。就職活動における需要と供給の関係、つまり売り手市場か買い手市場かの差はたしかに影響するが、賃金はそれだけで全く自由に決められるわけではない。現実の賃金は、もっと近代的なコスト計算——それは工場であれば、原料コストや機械に関するコストなどと合わせて製品価格を決める材料になる——を踏まえて、「合理的に」算定されていることをまず認識すべきである。

　工業製品の生産コストに工場・機械の維持管理費や減価償却費（次世代の機械を買うための準備金）が含まれることは、高校の政治経済でも習うだろう。では工場の管理職や労働者の賃金には「労働力の維持管理・再生産費用」（直接の衣食住・健康維持の費用から次世代の育成まで）は含まれないか。時間給のアルバイトなどは、それがいらない点で雇用者側に有利な仕組みだが、一定以上の長い期間勤務することを前提とした正社員の場合、それが含まれないのはおかしいだろう。その場合、「夫が外で働いて稼ぎ、妻は家で家事・育児に専念する」「労働者本人もそういう家庭で生まれ育っている」という近代家族モデル（家は農業や商業・手工業経営の場ではない）と、労働者が農家や商家の家族員の立場を失っていない家族経営型のパターンとでは、企業側が負担する費用が大きくなるのはどちらだろうか。本給に組み込むか別の手当を支給するかは別として、近代家族の場合は配偶者やそれ以外の扶養家族（特に子供＝次世代の労働力）のための支給が必須になるだろう。家族経営型であれば、子供が労働力になるまでの育成費用や老後のケアの費用はもちろん、労働者本人の衣食住の費用も一部は家族経営の収入でまかなえるから、労働者本人を雇用する資本家や企業が全部を負担する必要はない。もちろんそこには、家族経営が外部での稼ぎを必要とし、そのための労働力をもっているという条件がなければならないのだが、そういう「外部で働く家族員のいる多数の家族経営」と「近代的な賃金労働のシステム」が接合されると、

このように「**合理的な相対的低賃金**」が成立するのだ。第4章で紹介した東アジア「**小農社会**」と「**勤勉革命**」を基盤とした経済社会が近現代に急速な経済成長を実現できた一因は、この合理的低賃金（労働運動の弱さなどがそれを後押ししたのも事実だが）にあったのである。

　ただし現在の日本・韓国や台湾に、そうした「農家出身の豊富で安い労働力」はもはや存在しないし、その背後にあった「ローカルな経済力」もすっかり衰えている。その結果何がおこったかについては次節で述べるほか、第5・11章でも取り上げている。

2.2. 問い直される「市場経済」の「近代」

課題 6-3
アジアに近代資本主義社会が自生的に成立しなかったのは、「自由がなかった」ためだろうか。

　第3〜5章で述べた近代化の問い直しとアジア経済の発展や農業経済・農業社会の理解の変化は、経済史の分野にも多くの影響を与えている。近代化イコール**自給経済**（もしくは専制国家の指令経済）から**市場経済**（資本主義）への移行という単純すぎる理解は、すでに通用しなくなっている。共同体外との交換や財の移動はもともと存在し、それは「互酬」「再分配」「市場交換」の3つの形態をとる［ポランニー 1980、2009］）。前近代国家は租税の徴収や官僚・軍隊への支払いなど一定の財貨の流れを生み出すが（中国のような巨大専制帝国ではそれはきわめて大規模化する）、それがすべて国家自身によって行われるとは限らず、中国で一定の財貨の納入と引き換えに塩の専売権を商人に与えたように、納入・運搬を商人に請け負わせるケースは少なくない。また遊牧国家や港市国家で、朝廷や君主・王侯貴族が商人に資金を預けて貿易業務を委託するのも普通のことである。以前は、市場経済といえば農業社会の生産力が向上して

余剰生産物の交換が生まれる、という下からの市場経済の成立しか思い浮かべないのが常識だったが、国家や支配層が要求する市場経済や対外貿易というものがあるのだ。ところが従来は、そうしたものは「支配階級のための奢侈品目的にすぎない」ので「国家・社会にとって付随的なもの」だったと片付けることが多かった[3]。しかし多数派の民衆の実態を重視したマルクス主義やナショナリズムをへてふたたび国家や支配層の経済実態とは別の権威に注意が払われている現在では、たとえば**「威信財」**としての奢侈品の入手が権力の維持に不可欠な意味を持っていたことなどが、正当に評価されている。

　なお、「全く何も知らない」学生や若者が多いので付言しておくと、ソ連・中国など20世紀の社会主義国は、大規模な財の流れの大半を市場を通さずに組織しようとした。私有財産（正確には生産財の私有）を否定して農地や工場を国有ないし共同所有のもとに置き、そこで自由競争（過剰生産と恐慌などにつながる）でなく「計画経済」で立てられた目標に従って集団で生産を行う、生産物は完全に商品化するのでなく労働者が「労働点数」に従って現物ないしクーポンの支給を受けたり特別な安い値段で購入する、などのシステムの総体をソ連や毛沢東時代の中国で社会主義経済と称したのである。しかしこれらは国家資本主義や戦時総動員体制のもとでも成り立つ仕組みばかりであり、「資本主義を乗り越えた社会主義」の指標にはならない［付録2も参照せよ］。そのシステムがうまく行かなくなった時に中国で広範に採用された**請負制**は、資本主義国が「大きな政府」を否定して民間委託をすすめるケースと同様、巨大国家組織が赤字になった際の請負システムの有用性ないし不可避性を示す［中世以降の日本の例は第9、11章で見る］。

---

(3)この理論は、ヨーロッパの商工業都市を市場経済の萌芽として評価していたが、しかし分析の主眼は英仏独など農業国家の資本主義化（先導したのは産業資本）にあり、そのためイタリア都市国家などを含めた中世〜近世前期の都市と「商人資本」が軽視された（典型は戦後日本の「大塚史学」）。またそこでは、貿易が成り立たせるとしかいえない東南アジアの港市国家や琉球、そこでの中国のインパクト（中国経済の中での朝貢貿易の割合はたしかに低いが、巨大な中国への朝貢品の集荷や対中外交業務は、農業が発達していない小人口社会の側に全面的な変化を強いることがある）などは眼中になかった。

　また第 3 ～ 5 章では、近世史の大幅な見直しに多くの紙幅を割いた。商業・貿易に関して、ヨーロッパの活況はもちろんだが、大量の穀物や陶磁器、銀・銅やインド洋の子安貝などの貨幣素材——海上貿易の場合、船を安定させるために船底に積む「バラスト材」の役割ももつ——が運ばれたモンゴル帝国期以降（地域によってはそれ以前から）の貿易を「奢侈品ばかり」というのは事実に反する。近世世界には、工場制機械工業には至らないがある地域で手工業が主要産業になる「**プロト工業化**」［齊藤 2013］や、東アジア**小農社会**［宮嶋 1994］［中村哲 2019a ほか］に起こった「**勤勉革命**」［杉原 2004、2020］など、近代的な市場経済（資本主義経済）に至る多様な発展経路があったことが認められている。東アジアではその先の近代史についても、**権威主義的**な政権（大日本帝国や「訓政」の中国国民党から社会主義国までの一党制と軍事政権や開発独裁、さらに民主政体でも経済至上主義を取る政党が政権を取り続ける戦後日本のような形態）および**アジア間貿易**［→付録 4 も見よ］の役割と並んで、相対的な低賃金や大企業と中小零細企業の二重構造（＝商工業部門における家族経営の広範な存在）、さらに大企業も含めた「**家族主義**」経営（「開発独裁政権などと同じで、労働運動を敵視する一方で「家父長的温情主義」によって社員への一定の福祉には努める）など、女性の従属的立場での過重負担も含めて近世小農社会に由来する構造［→第 5、11 章］が注目されることになる。

資料6-3　近代アジア間貿易とアジア間競争

　近代のイギリス覇権下での再編は［杉原 1996］、20 世紀のアメリカが関わった「**アジア太平洋経済圏**」の形成・発展は［秋田 2019b］など参照。19 世紀末～ 20 世紀前半には東南アジア（特に島嶼部）でプランテーションなどの世界市場向け生産が拡大するほど、そこでの消費のために東南アジア大陸部の食糧生産、中国・英領インドや日本で勃興しつつあった軽工業生産（綿布やその他の日用品）が刺激されるという構造があり、そうした綿工業のためにインドの綿花が国内向けだけでなく中日への輸出にも回された（タタ商会などがそれを担う）。英領インドは対イギリスでは原料綿花を輸出し工場制綿布を輸入する関係にあったが、東南アジア・東アジア市場ではマンチェス

ター綿布はやがて脱落し、インド・日本と中国の綿糸・綿布が市場を争った
のである。そこで世界恐慌後に激化した日中戦争や東南アジアでの貿易摩擦
を一因とするアジア太平洋戦争期（民族資本をバックにもつインドの独立派
の日本との協力関係は、中国人ネットワークが利用できなくなった日本が代
わりに求めたものでもあった）には、日本が朝鮮半島北部・中国東北部（満
洲）などで植民地経済には異例な**重工業化**を推進し、それは建国初期の北朝
鮮・中国の重要な経済基盤となった。戦前の生糸以来の日本の**対米輸出**は、
戦後に各種繊維製品から自動車や家電製品へと急速に拡大して日本の高度経
済成長を牽引したが、ベトナム戦争期には冷戦で閉ざされた中国市場の代わ
りに、反共諸国へのてこ入れをはかるアメリカの戦略のもとで**東南アジアへ
の経済進出**が進められた。

　これとは逆の、近代世界システム論などが示した不均等な分業構造のもとで
の「**低開発**」を含めて、旧来の歴史観（セパレートコースで競争する諸国家や
民族が発展したり停滞・後退したりする）から脱却せねば、近世世界は理解で
きない。前近代のさまざまな共同出資（イスラーム世界で発達しモンゴル時代
に東西に広がった共同出資システムやワクフのような基金の仕組み、近世中国
の「公司」など）から近世日本の商家までの諸形態と企業経営など、経営史の
分野でも近代以前のさまざまなシステムに光が当たっている。それは、近代の
株式会社や銀行・証券のありかただけでなく、「イスラーム銀行」や銀行の融資
の対象になりにくい発展途上国の小経営に対するマイクロファイナンスなど、
現代の開発の現場とも結びついた研究であろう。

　第二次世界大戦後に、ヨーロッパ的な発展モデルを絶対視しつつ各国のマル
クス主義者やナショナリストが繰り広げた「資本主義萌芽論争」は、ヨーロッ
パに劣らぬ自国の生産力の高さや商業の発展（資本主義の「萌芽」）が実際の資
本主義化や工業化につながらなかったのは国家や地主の束縛を突破できなかっ
たせいだとして結局、社会構造の後進性を自分で証明する結果に終わった。し
かし現在は議論の土俵が違う。「身分制や宗教の制約を打破した自由なヨーロッ
パ（法と契約の精神も大事）が近代化に成功し、不自由なアジア（専制と恣意

の世界であることも問題）は、もともと豊かだったにもかかわらず近代化に失敗した」という伝統的な像（「自由のギリシア」が「専制のアジア」に勝つというストーリーに始まる？）の逆転も、そこでは起こっている。重商主義から「自由貿易」まで、ヨーロッパが**特定のルールの押しつけ**に徹した（＝産業革命がアジア物産に対する輸入代替工業化であったのに対応する、むしろキャッチアップ型の行動。すると所有権や経済活動の権利を絶対視する自由民主主義という政治形態もそのために生まれたということになるか？）ことによって資本蓄積や近代化を実現した欧米に対し、経済面ではもともと自由だったからそういう強引な仕組を必要としないアジア諸地域が、結果として遅れを取った（ただしもともとルールのない「**何でもありの自由**」だったことが、ルールのある近代ヨーロッパ式に敗れる原因になった？）という見方が、南アジア・西アジアでも東アジアでも一般化している［水島ほか編 2015］。そして、近代経済が想定した「完全競争と完全情報のもとで個々人が自己の利益を最大化するために行動する」市場経済は、実態としてはありえないことが経済学の中でも広く認められ、さまざまな制約の中で人々が決断・行動する「**ゲームの理論**」が経済学の主流になっていると聞く。前近代には当たり前だった国家が把握できない経済活動（闇経済）が現代でも重要な役割を果たすのは、発展途上国や「破綻国家」だけではない——たとえば多国籍企業 GAFA の経済活動の全容は把握できるか？——ことも、かつての素朴な新古典派経済学の限界を明示している。

　もう一点、20世紀末の日本や韓国・台湾では農村人口が完全な少数派になり、小農社会からの労働力供給がほぼ絶たれた。従来通りのやり方であれば都会のサラリーマン家庭出身の労働者（正社員）の賃金は上がるが（次章）、それでは経済グローバル化の中で東アジア経済の優位性が失われかねない。そこで強引な**非正規労働力**や**外国人労働者**[4]の導入などが進められた（中国では農村出身

（4）発展途上国の物価や労働者の賃金はなぜ安いのかという問題も考えてみたい。一国内など同一貨幣圏内であれば市場経済の発展度や労働者の存在形態などによって資料6-2で見た「合理的な低賃金」が成り立ちうるが、それでも工業と比べて農業生産が不安定であることの影響など「農工間では競争の土俵が平等でない」点を無視はできない。先進国と発展途上国の間ではそこに、輸出で稼がねばならない発展

の労働者が似た役割を果たす）。それはしかし、勤勉革命型の**長時間労働**形態と女性にケア労働の負担を負わせる構造⁽⁵⁾など近世以来の「悪しき伝統」と、近代化のシンボルとしての核家族化に価値を置きすぎたこと（税制などのほか、都市部の住宅の間取りのようにそれを後押しした要素は多数あった）による家族・親族の支えの喪失が結びついて、第5章・11章に見る急速な**少子高齢化**を招いた。女性の所得の低さは、もともと経済全体のパイの拡大を邪魔している。すなわちこの少子高齢化は、近代化にともなう核家族化や女性の教育水準の向上と社会進出、それによる「伝統的」家族制度の衰退など、何か経済とは別の要因によって起こったというものではない。新しい経済学や経済史は、「**人間の再生産**」［中村哲 2019b］を視野に入れたものでなければならない。

3．貨幣の不思議

　財政・税制など制度の問い直しが進んだのも［→第9章］、最近の特徴のひとつだろう。たとえば近代国家建設の原動力としての戦争と、イングランドを典型とする「**財政軍事国家**」の形成（ふくらむ一方の戦費を調達する努力が税制と国債など近代的財政制度の成立と議会政治の安定化にも波及）は、経済・生産と市民社会に焦点を当てた「近代化」の説明を大きく変えた。そうした関心は、20世紀末に顕在化した実体経済をはるかに上回るマネーの奔流の中で、貨幣や金融にあらためて関心が集まったこととも連動している。以下では、従来単なる市場や財政の道具として見られがちだった貨幣がもつ多様な形態・意味や機能、それが歴史を動かす独立変数になった事例などについて、新しい研究

途上国は前項で触れた植民地の場合と同様、自国通貨を切り下げざるをえない（輸入品を安く買いつつ海外投資で儲ける先進国側は自国通貨が高い方が都合が良い）というような、為替レートの操作によって物価や労働者の賃金が（先進国通貨に換算した場合に）人為的に低くされている点を見ないのは、不勉強のそしりを免れない。
(5)これと表裏一体の関係をなすものが、高度成長期の日本で作られた、アルバイト・パートタイマーを含む専業主婦に有利な税制（一定範囲内の収入は無税とされ、しかも夫の税額にも配偶者控除がある）などであった。

動向を紹介したい[6]。

課題 6-4

中世日本で独自の貨幣を作らなかったのはなぜか。戦国時代後期に知行などが「貫高制」から「石高制」に移行したのは、商品経済（市場経済）から自給経済への逆行だろうか。

課題 6-5

「円高ドル安」やその逆の動きが日本経済のどの部門にどういう影響を与えるか、基軸通貨という概念にも注意しながら中学生にわかるように説明せよ。

資料6-4　貨幣理論の基礎

　西アジア・南アジアやヨーロッパなどで金銀の貨幣（しばしば支配者の肖像を刻印し、支配者が交替すると改鋳された）が使われたのに対し、中国や中華世界の諸国では真ん中に穴があり周囲に年号などの入った銅銭（新しい支配者は新しい貨幣を発行するが、前の時代の貨幣も「非正統王朝」のものでない限りは禁止されない）が一般化した。一部では鉄銭や亜鉛銭も作られた。またインド洋世界では少額貨幣として子安貝などの貝貨が使われた。なお中国では、北宋時代に他のすべての時代を合わせたより多くの銅銭が鋳造され、近代まで使われ続けたが、貨幣経済の発達につれて重い銅銭を大量に使用する困難が大きくなったため、手形や紙幣の使用などのほかに、銅銭自体を「770枚（文）で1000枚（1貫）として扱う」などの「短陌」という慣行が出現した。中世～近世のベトナム王朝でも銅銭60枚を100文として扱うなど類似の習慣があった。

　そうした**貨幣の機能**には、（1）交換や納税・給与支給の媒体、（2）商品価

（6）下記の新しい理論を唱えた黒田明伸を先頭に、宮澤知之、大田由起夫、上田信ほか東アジアの銅銭の研究が、日本列島を含み考古学（埋蔵銭の発掘と化学分析など）も巻き込んだ新しい貨幣史をリードしている。「アヘン貿易による銀流出」とその世界的な背景・影響についての英中関係史を超えた論争［豊岡・大橋（編）2019］も含め、貨幣理論の刷新を伴う東アジア貨幣史はきわめて興味深い。

値や税額の尺度・基準、（3）価値保蔵（蓄蔵）手段などがある。ある社会において それらの機能をすべて同じ物体（たとえばコイン）が果たすとは限らない。近代以前の貨幣は、金属（貴金属が普通で打刻によるものも多かったが、中国では古代から青銅などの鋳造銭が発達した）だけだったのではなく、穀物や絹などが果たす場合もあった。また（2）の尺度・基準としての貨幣は計算の単位だから、物理的に実在し運ばれることのないヴァーチャルなものでもかまわなかった（清朝の「虚銀両」など）。中国では土地税を穀物で、人頭税を銭で納入するのがもともとの原則だったが、実際には地域や職業ごとにいろいろなものに換算して納入させる方法（折納）が発達した。明清時代の「銀経済」「租税の銀納化」も「取引や課税の基準」が銀になったのであって、すべての商取引や納税が実際に銀で行われたわけではない点は注意が必要である[7]。

　近代国家が国内の貨幣を統一する以前には、「私鋳銭」も含めていろいろな国・地域の、違った価値や品質の貨幣が混用されるのが一般だった。そのために「両替商」などが必要になり、特定の貨幣が受け取りを拒否される「撰銭」もおこる）。これに対し近代国家では、「本位貨幣」と「補助貨幣」の区分のみを残して一国内の貨幣は単一のグループ（例：米ドル、日本円）にまとめられる。中国でも1930年代に「幣制改革」を実施した。貨幣発行権も、国立銀行とは限らないが特定の銀行が保持することになる。金属貨幣には一つ一つが一定の価値（額面）をもつ「計数貨幣」と、いろいろな塊を品位と重さをはかって使用する「秤量貨幣」があった。計数貨幣は一般に、鋳造コストを含めた実際の価値以上の額面をもち、貨幣発行者（国家など）は額面と実際の価値との差益を得ていたが（そのため「私鋳」「盗鋳」もよく行われる）、その差があまりに大きくなると貨幣は信用を失いインフレが起こる。逆に額面より価値が高ければ、その貨幣は退蔵されたり溶かされて貴金属そのものとして売買されるようなことになる。

---

(7)そのため清朝は、18世紀になると、日本や雲南・ベトナムなどの銅を用いて大量の銅銭を鋳造した。秀吉の朝鮮侵攻後の対日国交回復を棚上げして、日本に中国商人が渡航し長崎で貿易することを認めたのも、銅の輸入が大きな理由だった。

資料6-5　新しい貨幣史の理論

　以上の内容はもともと経済史の常識だったのだが、そこで理解しにくいと見なされていた諸現象を説明する一連の新しい理論を、黒田明伸［1994、2020（初出2003）］らが提起している。まず貨幣を要求するのは市場と交換だけではなく、帝王の権威や国家による**徴税と再分配**などが貨幣を必要とする場合もあった。中世日本では絶対的権力も統一的税制もなかったから、自前の貨幣は必要なかったので、地方ごとに輸入銭や私鋳銭を使用すれば間に合った。なお古代の「皇朝十二銭」が忘れられたのちの中世前期に日本で普及した銭遣いは、遠隔地の荘園の年貢の銭による納入（代銭納）からはじまったとされる[8]。また宋代以降の中国では前述のように、軍事用の金銭や物資を納入した商人に塩（産地は国家管理。塩手形を渡して産地に行かせ受け取った塩を決まった地域で販売させた）の販売権を与える制度など行政のシステムと関連したところで、**手形**や**為替**（元代の紙幣もそれが原型）が発達した。これらも権力が貨幣経済や信用経済を生み出す例である[9]。

　ところで前近代の貨幣には一般的に、交換手段・価値尺度など上の3区分とは別に、（イ）**遠隔地取り引き**に使われる貨幣と、狭い地域内で使われる貨幣の区別、（ロ）価値の尺度としての貨幣と交換手段に特化した貨幣との区別、などの機能分化がおこっていた。どちらも貨幣には違いないので（イ）の二者同士、（ロ）の二者同士とも交換は可能なのだが、それらの交換レートは納税・給与や取引の品目ごとに異なるのが普通だった。遠隔地決済（信用できないよそ者から金銭を受け取るのだから貨幣自体が十分な価値をもつ必要がある）や価値尺度は、銀とか良質の銅銭などが必要であるのに対し、地域内貨幣や交換手段のみの貨幣の場合、一定範囲内での**「信用」**が成立して

---

(8) 一定の商業の発展があれば、権力によって労役として年貢を輸送させるより、銭で取り立ててその銭を商人に渡すほうが、遠隔地間の物資輸送が効率的におこなわれるであろう（そうした輸送の需要そのものが、商人を生み出すという回路も考えられる）。

(9) このため東アジア貨幣史では、近代的な中央銀行が信認を与える貨幣とは別の意味での、貨幣の形状・品位や額面に関する前近代国家の規定力を重視するが、近世ビルマ［齊藤照子2019］のように国家が造幣や貨幣の認定にタッチしないままで、異なる品位の銀貨が民間に流通する状況が一国の範囲に及ぶ（しかしそれは国内で鋳造されており「メキシコ銀」や現在の米ドルが国際貨幣として各国で受領されるような状況とは異なる）という例も見られる。

いれば、貨幣そのものは質の悪い銅銭とかインド洋世界に広がった貝貨、場合によっては木片など何でもかまわない（現在も地域通貨の試みがよくある）。銅銭（中国や周辺諸国で鉄銭や亜鉛銭を用いた例もある）の場合、重くて持ち運びに不便なので退蔵されやすく（しかし農民は租税の一部を銭で納めねばならない場合が多い）、常に追加供給がないと、キャッシュフローが不足して市場が混乱することになる。またいずれにしても、どの貨幣が選好されるかには地域差が出る。中世日本で地域によって宋銭や明銭など異なる中国銭が受容されたり、近代西アジア・アフリカのコーヒー産地での買い付けではそこに植民地を保有しないオーストリアのマリア・テレジア銀貨が求められるなど、合理的な価値や信用性そのものでは説明できない違いがあちこちに現れる。

　モンゴル時代や大航海時代に世界各地の貨幣単位の共通化や価値の連動がおこる、しかし大航海時代のそれは、結果として各地域の貨幣事情を不安定にした（銀の価格や金・銭・米などとの交換レートが揺れ動く）。黒田理論［黒田明伸 2020（初出 2003）］では、1560 年代に始まる日本の貫高制から石高制への価値基準の移行も、かつて言われた現物経済への退行などではなく、「銀の大行進」による世界の通貨変動の一コマと見なされる。すなわち 16 世紀なかばの西日本の貨幣の追加供給は、海禁がゆるんだ時期の中国の貿易中心だった漳州（福建省）からの私鋳銭の輸入に依存していたが、この地域が 1560 年代にはじまるメキシコ銀の大量流入で一時銭の鋳造をやめてしまったため、追加供給（銅銭には必須）を断たれた日本では、土地の評価など価値の基準を銭で行うことが困難視され、かわりに米を価値基準とする石高制が導入されたというのである[(10)]。第 4 章などで言及した「17 世紀の危機」も、そうした通貨変動によって増幅された。ところが環境危機に対するのと同様、貨幣危機に対しても国・地域ごとに異なった対応がとられた。ヨーロッパ諸国や鎖国後の日本では国家が

---

(10)黒田仮説も受け止めた上での日本貨幣史の全体像を知るには、［高木 2016］が便利であろう。

統一的貨幣管理を行い、貿易収支（近代には資本収支も）が一国単位の総貨幣量と直結するしくみをつくり出した（近代経済学が前提とする「**国民経済**」のそのまた前提）。これに対応して 19 世紀末にはロンドンで、世界各地の通貨の相互交換・換算の仕組みも整えられる。ところが中国では、20 世紀初頭に至るまで、複数の交換レートをあえて放置することにより、国際的な銀の動きが、国民経済をつくった国でおこりうるように国内経済・地域経済に直撃することを回避・緩和した。この対応の差（インド洋世界でも中央権力は貨幣や貿易の管理から離れたとされる）が近代の資本主義世界経済への向き合い方の大きな差に結びついたというのである。地域ごとの貨幣の選好、世界経済への対応の地域差などは、発展途上国で開発研究やビジネスを行う人々には周知の課題だったように思われるが、変動相場制が当たり前になって久しく、その間に各商品の国際価格の乱高下から「アジア通貨金融危機」「リーマンショック」など金融と外国為替そのものの危機まで、国境を超えた物価と貨幣をめぐるさまざまな大変動が起こっている。電子マネーの普及に地域差があることなども考えると、この近世貨幣の多重性の経験は、先進国も含めて踏まえるべき歴史なのではないだろうか。

第7章

政治と外交、権力と反抗の歴史

　この章で扱う「政治史」は、次章の「軍事史」や第9章「法と制度の歴史」などと密接に連関している。それらは19世紀以来の歴史学の主流であったし、子供時代に歴史好きになるきっかけとしても、国家や政権の興亡、戦争などの歴史は（「男の子」を創り出す装置として？）もっともポピュラーな入り口ではないか。国民教育・主権者教育の焦点としての政治史の重要性や、「天下国家を論じる」「革命を夢見る」などのインテリの役割も時代を問わないだろう。「国盗り物語」など英雄と政治・戦争は、大衆娯楽やポップカルチャーの不可欠な題材でもある。社会経済構造を土台としたマルクス主義はじめ、世の中の不自由や不平等を憤る歴史観は、そこに「権力に対する反抗・抵抗の闘い」という観念を持ち込み、政治史はさらに多様化した。この章では「入り口」としてわかりやすい政治や外交の歴史が実は奥が深く、しかも絶対の正解がない（ドラマや推理小説ばりの興味で安直に卒論を書こうとして失敗する学生も多い）領域だけに複雑な考え方を要する事情を紹介したい。

公式33　権力者が他人を服属させる方法には、制度や組織を通じるものと人間関係を通じるものがある。したがって権力者や政治リーダーの資質には両方を動かす力が求められるし、政権の安定には制度や組織に強い人材と人間関係づくりや人を動かす宣伝の得意な人材の両方が必要になる。

公式36　どんなに強力な政権でも、力や制度、利益分配だけで人を完全に支配できるわけではない。支配される側が支配の正当性を認めてはじめて、安定した支配が可能になる。それがないところでは、近代の植民地支配下ですら、人々は積極的抵抗はしないとしても、消極的抵抗をしたり逃げ出そうとする。

公式 38　国や政権の衰退・滅亡には周辺諸国との相対的力関係の変化、内部バランスの変動などいろいろな原因があり、衰退・滅亡が即、力や富の絶対値の減少を意味するわけではない。（例：唐やムガルの後半期）

公式 42　他国・異民族を支配するような帝国は、理念の普遍性の一方で、文化・宗教や特に法制度などの多元性なしには成り立たない。帝国は一般に、いろいろな民族や集団の「公共財」として機能した場合に発展する。

公式 44　植民地の征服や支配の維持にはコストがかかるので、近代以前の朝貢関係などはもちろん、近代でも「不平等条約で従属国にする」「直轄しないで保護国にしておく」などの戦略が選択されることが多かった（例：イギリスの「非公式帝国」）。

公式 45　近代国民国家を含む、住民の均質性や制度の一体性を強調するタイプの国家が成り立ちやすいのは、中規模国家である。都市国家などの小規模国家は、広域交流の拠点以外では安定的自立が難しい。

1．政治と権力の歴史

1.1. 政治学の諸分野と研究対象

課題 7-1
旧ソ連や現在の中国など社会主義国には「選挙はない」というのは本当だろうか。調べてみよう。それ以外にも選挙はあるが政権交替はおこらない国はたくさんある。どういう仕掛けでそれが可能になるか、いろいろなパターンを考えてみよう。

　政治史を含む政治学は、大きく政治機構論（メカニズム、仕組みの研究）と政治過程論（プロセス、政治的な動向の研究）に分かれると教養科目などで習ったことのある読者もいるだろう。前者は第 9 章の制度史とも密接する。
　もう少し細かく分けると、行政・立法などの機構の研究、リーダー（国王、

宰相や首相、大統領等々）の地位や権限、その選び方や人物像、政治的に動く
諸集団（貴族・資本家・労働者など身分や階級、政党その他の政治結社や運動
体、地域や派閥、人種や民族、性差などによる結びつき等々）の政治面での構
造と動態、政権争いのプロセスとパターン、政策の決め方や効果などの研究が
よく行われるだろう。第1章で述べたようにリーダーの性格、成功と失敗のエ
ピソードなどを物語として扱うことはあまり学問的と見なされないが、指導者
個人の役割そのものが無視されるわけではない[1]。また最近は、王朝の系譜観
念、女性の政治的役割などジェンダー関連の研究も盛んである［→第11章］。
他方、政治思想（王権神授説、社会契約説、自由主義、保守主義、社会主義、
全体主義とファシズム、ポピュリズム…）の内容・影響と役割の研究も古くか
ら一般的だった。近代政治の研究では、選挙制度（選挙区と議員定数の決め方、
投票権と被選挙権の規定、選挙運動のやり方等々）や、有権者の投票行動を含
めた選挙の実際に関する研究、選挙以外のチャンネルを含めた有権者の動向や
「世論」が政策に与える影響の分析なども見逃せないが、そこでも第3章で見た
ように、近代西洋（特に英米とフランス）のモデルを絶対視し、他を「遅れ」
や「特殊」と見なすような考え方は通用しなくなっている。それはたとえば、
自国の体制を西欧式とは違う「○○式民主主義」であると開き直る独裁政権・
権威主義政権[2]などとの間の水掛け論を解決できないからである。

---

(1) 列伝を含む正史や「国に殉じた忠臣」「建国の功臣」の国家による祭祀（cf. 日本
の靖国神社）のような伝統の影響が根強い中国やベトナムでは現在でも、儒教やナ
ショナリズムの価値基準に従って人物の功罪、国家への貢献の有無などを論評する
ことが歴史学の主要な仕事の一部であると思われるが、日本の歴史学は、君主や指
導者の政策、政治的な動きなどの研究はもちろんするし、「英雄・有名人に関する一
般書」は書いても、専門研究として「人物論」（たとえば偉さや愚かさの研究）を行
うことは少ない。その点、政治学や経営学では政治家・経営者などの「評伝」を書
く習慣がある。

(2) インドネシアのスカルノは1960年代に議会を停止し自分に権力を集中する体制を
「指導された民主主義」と名付けた。同様に韓国の朴正煕政権は「韓国式民主主義」
を唱えた。社会主義国の「プロレタリアート独裁」の下での民主主義ないし「人民
民主主義」、現在のハンガリー政権の「非自由民主主義」など、西欧式民主主義が庶
民の暮らしの安定を保証出来ないところでは、手続き面（言論・思想の自由や自由

資料7-1　二大政党制は万能の理想モデルか？

　日本の歴史学・歴史教育の「西洋中心史観」をさらに分析すると、至る所で「英米中心史観」にぶつかる。歴史と政治経済の両方で二大政党制が理想の政治形態であると教えられ続けてきたのも、その典型的な例である。もっと多数の政党が存在し、**連合政権**が常態である先進民主主義国は珍しくない。現在の米国では、二大政党が社会の亀裂を深めていないか。

　もう一点、政党政治というと政権交替が普通におこる多元民主主義と一党独裁の両極端しか取り上げない点にも不満がある。「**包括政党**」（特定の階級や理念に限定せず、多岐にわたる理念・政策を総花的に掲げ広い層への利益分配を行うことで国民多数の支持を得る政党。そのために多くの派閥を抱え込むことにもなる。日本の自民党がその典型）の長期政権など、制度的には政権交替が可能だが実際には特定の政党が長期政権を築く仕組みにもっと注目すべきだろう。それはワンイシューで大衆の支持を得る**ポピュリズム**とは違う点に注意せよ。蒋介石時代の中国国民党、第二次世界大戦後 40 年間政権を維持したイタリアのキリスト教民主党、メキシコで 1929 年から 70 年間政権を持ち続けた制度的革命党、独立以来政権を手放さないシンガポールの人民行動党や 2018 年に始めて政権を失ったマレーシアの UMNO（統一マレーシア国民組織）など、自民党との比較が可能な政党はあちこちに見られる。

　最近の古代・中世史などでは、王権論や歴史地理と結びついた「**政治空間**」の研究が目立つ。都の内部のどこに（どの宮殿に）だれがいてどのように動くかなどから権力構造や政治動向を明らかにするもので、たとえば中国なら朝廷には天子が通常執務する「内朝」、官僚が働く「外朝」の区別があり、さらに

選挙など）より民衆の暮らしなどの実態を重んじるというかたちで、いろいろな「民主主義」の主張が成り立つ。旧ソ連や中国での信任投票としての選挙（中国には共産党と「統一戦線」と組む別の政党も存在する）はじめ、与党ないし政権母体（軍など）への一定議席の割り当てを含む政権側に有利な選挙制度、政権側以外の立候補や選挙運動への妨害、有権者への締め付けの一方での利益誘導、投開票の操作など、政権側が必ず勝つ選挙を実施する方法はたくさんある。しかもそれらは、独裁政権に限った問題ではない。近代イギリスの「腐敗選挙区」は世界史で習うが、現代日本にその種の仕掛けが一切存在しないと安心してよいだろうか。

「後宮」が存在するが、実際のそれぞれの空間の大きさや位置関係は時代によって違う。では主要な決定やそのための議論はどこで行われているだろうか。詔勅はどこで書かれだれによってどう運ばれるのだろうか。天子はどんな機会に官僚たちの前に、また都市内に出てくるだろうか。宦官は何によって通常の官僚以上の力をもちうるのだろう。後宮の女性たちはだれがどこに住み、そこには天子以外にだれが出入りできたのだろう。皇太子や他の皇子はどこに住んでいたのだろう。もともと官僚などの制度史や高官・后妃・外戚の権勢の研究が行われていたところで、空間配置やそこでの人の動線に注目することにより、生きた政治が見えてくる場合がある。そうした研究はまた、都市計画や宮殿・官衙（かんが）の配置から政治思想を読み取る研究とも近い関係にある。読者の中には中国の都と言えば、平城京のモデルになったような、内部が直線街路で区切られた長方形の城壁都市で禁裏はその中央北端にあって南面しているという唐の長安のモデルだけをイメージする方もおられるだろうが、古代中国で理想的な都城や官僚制の姿を述べた『周礼（しゅらい）』（成立は漢代）によれば、正方形の城壁都市の中央部に宮殿が位置する（藤原京はこれをモデルにしたとされる）。漢の長安や洛陽はどちらとも違い都市全体が南面してはいないし、建康や臨安（杭州）など江南の都城の外城（都市を囲む城壁）は不整形である[3]。周辺諸国の「中国的な」都城もしたがって、いろいろなプランをもちえた。それらプランの違いによって、君主と官僚や貴族の関係など政治空間のかたちが変わりうることが言うまでもない。

1.2. 権力と権威、支配と服従・反抗

　そもそも人々を従わせる強制力を持った権力は、「国家権力」がそうであるように、社会の秩序や安寧を守るために必要なものだと主張するが、人々がその命令や法令に従うのはなぜだろうか。また反抗する者はなぜ反抗するのだろう。たとえば君主などの支配下で人々が服従する理由は、「力」に対する恐怖や、

（3）日本の都城も含めて［妹尾 2018］［応地 2011］などをまず参照するとよいだろう。

「富」「保護」だけだろうか。最初に支配者になるにはそれらが決定的かもしてないが、それだけでは支配「権力」は安定しない。では、人々はどんなときに進んで服従し（**服従／規律の「内面化」**）、どんなときに反抗（および逃亡）するかのだろうか。それは客観的な支配の強さや合理性だけによるのではなく、その支配者や支配体制の**正当性（正統性）**を人々が認めるかどうかという主観的な判断が決定的な意味をもつ。そのために支配側は、被支配側からの「**合意の調達**」を必要とする。そこでは、富のばらまきなどの実利だけでなく、宗教や文化を通じた「**権威**」「**威信**」、言い換えればそうした世界での「ヘゲモニー」も必須となる。政治史・経済史だけでなく「文化の政治性」［→第12章、付録3］の研究が進むゆえんである、そこでは支配される側の「自発的隷従」や下からの管理社会作りにも光が当てられる[4]。ひとことで言えば、権力や支配を理解するには、支配者側だけ見てもダメなのである。そのことは、近代民主主義下で人々がある国家体制や政権に全く不満がないわけではないのに、なぜそれを積極的または消極的に支持し続けるのかという問題にも当てはまる。

　なお「権力」と「権威」が常に同一の人や集団に握られるとは限らない。その分離の最大の例は、トップに実権はないが、しかしそのシステムと血統を否定することはだれにも出来ない平安期以降の天皇制（武家政権も天皇の委任というフィクション抜きでの「武威」による自己正当化は、完全には出来ない）であるが、その他にも中世ヨーロッパの皇帝・国王と教皇、イスラーム世界のカリフとスルタンなど、**権力と権威の分離**にはいろいろな形態が存在した。

　また、近代民主主義体制下で現政権を批判してもそれは「国家に対する反逆」や「売国」ではないように、国家と政権は同じものではない。前近代の君主制国家の場合にも、国家（特に国家機構）と区別される「王権」の源泉・基盤や

---

　(4)「近代」が自由を発展させるだけでなく支配や監視の力も強めたことは19世紀から論じられてきたが、20世紀後半にはとりわけ、「主体的な隷従」が近代に進んだことに注目が集まった［→付録3］。またもともと国家や君主への服従（法と強制でなく倫理と学習による）の教えとして理解されていた儒教の研究も、近代日本での儒教原理を利用した天皇中心秩序の形成に関する小倉紀蔵［2012］など、近世以降の民衆社会での儒教の役割にあらためて注目している。

役割、当時の人々の間での理解のされかたを究明しなければならない[5]。たとえばヨーロッパ中世・近世の国王は、本人が死ねば消滅する身体と、国家とともに永続する身体の「二つの身体」[カントーロヴィチ 2003]）を持っていたとされる。秦の始皇帝以後の中国の君主は「天子」と「皇帝」の二つの称号を有した［渡辺信一郎 1996］［金子 2006］。皇帝が現実の中国の官僚機構や国家体制の支配者であるのに対し、天子は全世界を支配する理念を体現した称号と説明されることが多い。東南アジアの前近代「国家」の支配者は、ウォルターズ［Wolters 1999］が古代インドの観念を引いて「マンダラ」の君主と呼んだように、明確な領土観念や国家機構のないところで、おのが実力と**カリスマ**を頼りに「宇宙原理の体現者」として多数の小君主の上に非永続的な影響力をおよぼす「王たちの王」だった。それらを整理すると、ウェーバーが『支配の社会学』で論じたように、人々を心服させる権威とカリスマには、個人の能力、宗教[6]・文化や血統など「伝統」の力、歴史の継承の力（中世ヨーロッパでの「ローマ帝国の継承者」、近代ヨーロッパで「ギリシア文明の継承者」であるという主張がもった意味…）などいろいろな類型があったということになる。

資料7-2　東南アジア国家論［桃木 2001］

　マンダラはもともと、古代インドのカウティリヤの『実理論』などで用いられた「王たちの輪」、すなわちマウリヤ朝以前の多数の小国の同盟関係を指す。ウオルターズはこれを通時代的な東南アジア王権の特徴として転用し、官僚制・法制など制度が未発達、家族・親族制度も「双系制」［→第11章］

---

(5)網野善彦『異形の王権』［網野 1993］など絵画・肖像を手がかりとした研究も、この文脈の中で浮上してきたものである。

(6)イスラーム圏やキリスト教の君主権を支えるイデオロギーと違って高校教科書などでほとんど紹介されないが、アジア仏教圏には、アショーカ王のような「仏法（ダルマ）の護持者」以外に、菩薩や転輪聖王（世の乱れを鎮める王者）などとして君主や王朝創設者を正当化するイデオロギーも広く見られる。梁の武帝、隋の煬帝や聖武天皇・光明皇后が受けた菩薩戒、モンゴル皇帝や中世日本の天皇が転輪聖王と見なされた史実などもこれに関係する。

なので血統も即位の決定的な条件にならないという状況下で、個人の**カリスマ**（武勇、経済的な富、宗教的な神聖性などとして表現される）にもとづく他の有力者との二者関係（**パトロン＝クライエント関係**）の連鎖を広げることを通じて、君主の支配が成り立つというモデルを提出した。宇宙原理の体現者としての神聖性の示し方については、後述するギアツ［1990］の「劇場国家論」［→第 12 章］とも通底する。マンダラ国家ではしたがって王位継承などの争いは日常茶飯事であるし、国家の領域ないし勢力範囲は君主のカリスマ性の大小に応じて伸縮する。「不安定」ではあるが「実力主義」とも言えるこうした「東南アジア国家」の仕組みはウォルターズ以前の論者によってもある程度論じられており、港市国家論を含む物理的な国家の基盤の議論とは別の経路で日本古代の「初期国家」の歴史［福永 2001 など］にも影響を与えたし、中央ユーラシアの遊牧権力の考察にも有益と思われる。

　では、人はこうした権力や権威に対して、なぜどのように**反抗**するのだろうか［この問題は次章の戦争や第 9 章の秩序の問題などとも関係する］。近代市民社会を作ろうとする人々、またマルクス主義や植民地独立を求めるナショナリズムがかつて、言論やデモ・ストライキなどの平和的手段だけでなく往々にして暴力的手段にも訴えつつ闘ったような、明々白々で不当な支配や差別・抑圧がもはや存在しないように見え、「反体制運動」「革命運動」などが流行らない先進国では、反抗のメカニズムと諸形態の研究は下火に見える。そこで高校世界史教科書に相変わらずフランス革命の長大な記述が掲載されるなどは、奇妙に映らないこともない（ただしアメリカで多数で若者が「社会主義」を支持し、2020 年には黒人差別反対の大規模な運動（BLM 運動）が起こった点で、著者の認識自体が古いようにも感じる）。しかし古い「人民闘争史」に代わって、日本史などではより多様な動機と形態を考える「民衆運動史」研究［安丸 1999 ほか］が展開したり、欧米でも「モラル・エコノミー」などスコットの議論が影響力を持ち続けている[7]。いずれも、近代的な理性に基づく人権や自由のための

（7）ジェームズ・スコット［1999（原著 1976）］の「モラル・エコノミー論」は、近代東南アジア農民の反抗や暴動を、経済的な不平等や搾取に対するものと見なす常

改革・革命を目ざす闘争だけでなく、それぞれの社会や集団・個人がもつ「伝統的な」価値規範や道徳観念、権力のイメージなどの「政治文化」と、それらにもとづく多様な闘争形態に着目したものと言える。また古い闘争史観が嫌っていた「生存戦略」としての「逃げる」行為や、「面従腹背」と「陰口」や「サボり」にも、あらためて光が当てられている。闘争史観以外に国家中心史観の立場からも嘆かれてきた、税役の負担に耐えかねた農民が逃亡して豪族・貴族や有力者の庇護下に入るような行動（中国史で特によく語られる）も、豪族が私腹を肥やす面だけでなく、国家そのものよりはましな生存保障を提供する面（国家の税役制度が常に民衆の再生産を保証する合理的なものであるとは限らない）が見直されている[8]。

2. 国家・政体と外交

2.1. 国家と政体

　従来の歴史学の大部分は国家のある社会を対象にしてきたが、人類社会は最初から国家を持っていたわけではないし、現在でもすべての人間がいずれかの国家に属しているとはいえない。それでは国家というものはどのように形成され、国家のない社会とはどう違ったのだろう。

識的なポリティカルエコノミー論（「人間は自己の利益の増大を目ざす」という近代的人間観が土台）に対して、利益増大のチャンスもあるが生存が脅かされる事態もありうる近代資本主義的なシステムが道徳的に正しくないとして反抗した（⇔前近代国家の支配者が、搾取はしても最低の生存は保証していた場合には、農民はそれに服従している）のだという見方を対置した。

(8)後漢〜六朝期は豪族・貴族の力が強く国家が農民や地方社会を強く統制できなかった時代として知られるが、戦後マルクス主義史学で階級支配と搾取の側面ばかり強調されてきたその時期の豪族・貴族について、地方社会での秩序維持や生活保障の役割を谷川道雄らが強調して、大きな論争になったことがある［谷川（編）1993 ほか］。

資料7-3　国家のない世界への新しい注目

　国家や「文明」をもたない焼畑農耕民、水上民や狩猟・採集民などの社会は、最近まで世界のあちこちに存在した。かつてはそれを単に「辺境の遅れた人々」と見なし、歴史学の対象からは除外してきたが、最近では考古学・文化人類学などでそれらの社会や人々の世界観がもつ独自の動きをさぐる傾向が強まっている。それらも踏まえたジェームズ・スコット［2013］のゾミア論は、西南中国〜インド東北部の焼畑民の社会を、「定住農耕−国家形成」という人々に不平等や従属をもたらす構造を意図的に回避した人々の社会と描いて、大きな話題になった。環境史・経済史［→第 5 章、6 章］の世界でも、農耕の開始や国家形成を単純に「進歩」と見るのでなく、人口増加や気候変動など不利な環境条件に対応する努力（実験、悪あがき、将来にツケを回す行動）の産物ととらえる見方が広がっている。

　また東南アジアの港市国家や琉球など、農業生産力ではなく交易とそれに伴う文化交流や武器・軍事力の流入が国家を形成させた事例は少なくない。特に大航海時代以降の西洋人は、東南アジア、アフリカやポリネシアなどで、「目の前で国家が成立する」様子を記録している。しかし貿易の富は必ず国家を形成させるわけではない。第 4 章で見たとおり、中世〜近世初期の蝦夷地では大規模な貿易が展開したが、アイヌ自身が国家を形成することはなく、代わりに「日本」との**境界権力**が成立した。また大航海時代のマルク（モルッカ）諸島では、クローブの産地テルナテ島にイスラームのスルタン国家が成立したのに対し、ナツメグの産地バンダ諸島では首長制が維持された。さらにフィリピン南部のミンダナオ島に成立したマギンダナオ王国は、スペインに攻められるといわば国家を「解散」してジャングルに潜り込んだとされる。先史時代のタイの集落調査、近代ビルマの山地民社会の人類学調査などでも、国家がある状態とない状態を行きつ戻りつしている例が見られる。

　「農業社会内部で富が蓄積し階級分化が生じて都市や国家が形成…」というボトムアップ型の説明は、「初めに個人があってそれが後から他者との関係を結ぶ結果として集団や社会ができる」という考え方と同じ意味で古い。現在ではむしろ、異なる社会や集団の交流・相互作用や対立を重視する、関係論的な見方が一般化している。農牧境界地帯における都市や国家の形成もその一例である。

ただし「大文明の影響による周辺地域への影響」などはもともと広く語られてきた。そこでは逆に、「高いほうから低い方への自然な影響」を考えるプリミティブな段階から、影響を受ける側の一定の主体的選択（いいとこどり、自分に合わせたローカライズのしかた）を重視する段階を経て、もう一度**中心ー周辺構造**の双方にとっての意味を考え直す段階に研究が進んでいる[(9)]。周辺側は無条件の「主体性」をもつわけではなく中心からの「作用」に束縛され依存する面がある（それがあってはじめて「個性」が形成され表現される）のだが、しかし中心の側も周辺からの「反作用」を受けずに発展することはありえない。

　都市国家と領域国家、帝国など、前近代国家の諸形態の関する研究はもちろん数多い。たとえば、農業国家・遊牧国家・港市国家など社会経済基盤や立地に焦点を当てた分類もあれば、人の支配か土地の支配（もしくはルートの支配）か、だれがどのように主権を有するかなどをめぐる偏差（主権の多元性や重層性は当たり前）に注目する議論もある。それぞれの言語で「くに」を意味する単語が都市（首都）を指すか領土を指すか、それとも人の集団を指すかという議論を聞いたことのある読者も多いだろう。

　家産国家（マックス・ウェーバー）、宗教国家、専制国家など国家の性格付けや正当性原理による分類ももちろん意味がある。また公共機能の執行［→第10章］や住民保護の主体、帰属意識の対象などいわば積極的な側面と、支配・搾取ための「暴力装置」という側面との複雑な関係についても、人権思想家やマルクス主義者ならずとも関心がわくであろう。ギアツの「劇場国家[(10)]」による問題提起［→第12章］は、いずれにしても実利的・現実的な機能の面から議論されてきた国家というものに、別の意味づけが可能だとするものだった。なお専制国家論について付言すると、古代ギリシアで主張された「専制のアジアと

　(9)東南アジアの「インド化」「中国化」について［桃木2001］でこうした視点の転
　　換を解説した。
　(10)ギアツは、国家をホッブズ的な「万人の万人に対する闘争」を抑える道具とか、
　　支配者が被支配者を暴力や経済力で支配するための道具としてとらえる伝統的な国
　　家観を批判し、支配者や被支配者を含んで成り立っている宇宙的な秩序原理（コス
　　モロジー）を、王を中心とする儀礼の形で演じて可視化することが国家の機能だと
　　論じた［ギアツ1990］。

自由のギリシア」のような観念を下敷きに、18〜19 世紀ヨーロッパの知識人た
ちが、アジアの停滞の背景としての「東洋的専制」（「一君万民」思想のもとで
自由がない＝支配者の恣意でものが決まる）を問題にした。第 10 章でも取り上
げるように、足立啓二［2018（初出 1998）ほか］らはこれを新しい文脈で蘇ら
せ、日本・ヨーロッパなどの「封建社会」において公共機能は、国家と末端の
民衆の間に立つ領主や村落共同体、ギルドなど様々な主体によって「私的に」
執行されることが制度化している（国王といえどもその内部には立ち入れない）
のに対し、第 10 章でも取り上げる中国のような「**専制国家**」では、（実態の問
題ではなく建前としては）いかなる「中間団体」も制度化された排他的な自律
性を許されず、君主は万能であり、すべては国家（官僚）によって「公的に」
執行されなければならないという理念上の差異を主張した（［與那覇潤 2014］
などの日中対比も参照せよ）。

課題 7-2
共和政（共和制）とは何だろうか。それは「民主政（民主制）」と同じだろう
か。古代ローマと近代フランスとアメリカ合衆国の共和制間にはどんな違いが
あるだろうか。

課題 7-3
中世・近世のヨーロッパの王政諸国に見られる身分制議会と、市民革命後の制
限選挙制の議会はどこまで異質なものだったろうか。むしろ連続している面は
ないか考えよ。

課題 7-4
モンゴル帝国と現代のアメリカ合衆国の共通点について、政治権力（リーダー
の選ばれ方や権力の構造）と社会・文化のしくみ、軍事と経済のありかたや両
者の関係などを中心に整理せよ（『市民のための世界史』p. 90）。

> **課題** 7-5
>
> 植民地インドは「イギリスの一部」になったのか？　台湾・朝鮮が日本の一部
> になったとすれば、それはいかなる意味でそう言えるか？

　近代史では当然、近代国家の国制すなわち基本原則や構造（**主権国家、国民
国家** nation-state、大日本帝国を含む近代の帝国などなど）、それぞれの憲法秩序
や政治体制の（革命も含めた）成立史と実際の動きなどが理解されねばならな
い。ところが、ウエストファリア条約で排他的・一元的な主権に属する「主権
国家」が一般化して、その相互関係のための近代国際法も出来上がってゆくと
いう政治学のこれまでの常識は崩れつつある。特に、主権国家の典型として一
元的な領域支配を行う「絶対主義」を想定する見方は、そのパッチワークとし
ての実態が明らかになったうえ、この段階のヨーロッパ史の主役としてのネー
デルラント（オランダ）を理解できなくすることもあって、もはや世界史の教
科書からも姿を消している。むしろ近世ヨーロッパは、さまざまな地域や都市
が、自己の保全と利益増大のために有力な君主のもとに commonwealth（共和政
を意味する単語のひとつ）を形成する、結果として「礫岩（れきがん）のような国家」が各
地に成立する、という状態にあったと見るのが、現在の研究動向の主流である
［古谷・近藤（編）2016 など］。そこにしばしば存在した身分制議会と、財産な
どによる制限選挙制で地域の有力者（利益代表）を選ぶ市民革命後の議会との
間には、かなりの連続性があると言えるだろう。一方国民と国家との関係につ
いての現在の理解は、**ネーション**（近代国家の主体になるような意志や客観的
条件を共有する「国民」）を実体でなく「想像された共同体（Imagined
Community）」ととらえ、ネーション意識の成立と世界への普及の歴史を描いた
［アンダーソン 2007］からとくに強い影響を受けている。ほかにゲルナー、ホ
ブズボウムらも、ネーションと国民国家が歴史的に「想像」「創造」されたもの
であることを説いている［→第 12 章］。また近代国家はしばしば植民地を領有
する**帝国**となった。とりわけ歴史教育の場で「帝国」のあり方と「植民地」「属
国」の多様な位置づけ、「不平等条約」の諸パターンなどを学んでおくことは、
第 3 章で触れた「植民地近代化」の議論ととともに、歴史認識をめぐる低レベ

ルな対立を避ける意味でも必要なことだろう。

　前近代と近現代を貫く問題もある。さまざまな政体と「**国制史**」［鈴木正幸ほか 1992 も見よ］すなわち王政、寡頭政治、民主政、共和政、帝政その他の研究がその例である。たとえば国民国家の限界や機能不全が目立つようになった 20世紀末以降にあらためて注目されたのが、前近代の諸帝国や近代の帝国主義（国民国家を作りつつ帝国化するので「国民帝国」とも呼ぶ）を含む帝国の問題である［山本有造（編）2003］。帝国形成を可能にする要因は、本当に軍事力や経済力、文明理念や巧妙な支配体制、征服欲など征服・支配側の力だけなのか、それとも自力で紛争を解決できずに外部の力に頼ったり大きな経済圏・文明圏に参入しようとする周辺側のベクトルは働いていないのか、突き詰めれば帝国は支配や搾取の主体か、それとも保護と「国際公共財(11)」の提供者かといった問題は、一筋縄ではいかない。また「**植民地支配**」といっても、（1）封建的な領地や会社による支配がありえた近世までの支配と近代国家による支配の違い、あるいは（2）アメリカ大陸などの入植型植民地と、アジアに広く展開した土着国家に上からかぶさったタイプの植民地の違いなど、支配の仕組みの区別を無視した一般論は学問的ではありえない。

　それらの問題は、帝国主義戦争や植民地支配、人種差別などの被害（に対する告発、補償要求）と今日どう向き合うかという現代の課題と切り離せないが、ポストコロニアル研究［→第3章、付録3］でも見るとおり、まったく同じ問題というわけではないはずである。この現代の課題と向き合うためにも、帝国主義や植民地支配を多面的にとらえる視角を身につけておく必要がある。たとえば大日本帝国は台湾や朝鮮に憲法を施行しただろうか。そんなことをしたら、台湾や朝鮮でも国会の選挙をしなければならなくなる。実際の制度上で現地民

---

(11)公共財は経済学の概念で、競争性と排他性をもつ私有の財やサービスに対立する概念である。そのうち便益が国境を越えるものが国際公共財と呼ばれるが、それは国連による安全保障体制など国際機関によるものだけではない。帝国や近代世界システム論でいう覇権国家はいろいろなルールを決めて他者に強制するが、たとえばモンゴル帝国の度量衡や交通システム、大英帝国の自由貿易とその決済システムなどは、帝国外の国家や人々も特別な出費や資格なしに利用できる国際公共財の側面を持っていたとも考えられるだろう。

衆を差別する方法はいくらでもあるにせよ、近代国家である宗主国の制度を全部押しつけたら、少なくともそこに住む宗主国国民の投票権を認めねばおかしい（さもなくば「代表なくして課税なし」という批判が起きる――近代国家で「植民地に行けば無税」などということはありえない）。また植民地財政が赤字だったことをもって「植民地支配が現地に貢献した」と言い張る旧宗主国側の言論はなくならないが、もし植民地財政が大黒字だったら、そこに納税する宗主国出身者は減税を要求する権利をもつだろう。文化や制度の押しつけより効率よい支配を重んじる英蘭などはもちろん、言語・文化・教育や個々の制度について本国式の押しつけが大好きなフランスや日本でも、そうした政治的権利や貨幣制度について、植民地を本国と同じにすることはありえない。このような具体的な問題のイメージなしに、また大航海時代と19世紀以降、アメリカ・オーストラリアとアジアなど時代と地域の区別なしに、植民地支配は良かったか悪かったかを議論しても、植民地支配免罪派は黙らない。

　また日本の歴史教育では十分な注意が払われていない「**民主政**」と「**共和政**」や「**人民**」「**国民**」「**公民**」などの概念間の違いも、重大な問題である[12]。

資料7-4　共和政はだれのものか？

　フランス革命以後の近代的「共和国」のイメージから、共和政と言えば「君主がいない」ものと考えられがちだが、ポーランドのように近世までは君主と貴族のいる「共和政」は可能だったし（「総督」が代表していたはずのネーデルラント連邦共和国には、ナポレオン戦争が終わるといつのまにかオラニエ＝ナッサウ家の「国王」が登場する）、古代ローマ共和政でも「独裁官」や「プリンケプス」が可能だった。また民会の多数決が暴走しないように貴族らの元老院が大きな力をもっていた。だから共和政を民主政と同一視するのもおかしいということになる。**二院制議会**における上院ないし参議院の語源が

(12)共和政の民主政とは違った側面の軽視は、20世紀アメリカ史における「民主党中心史観」など、日本の歴史教育における政党理解の偏りとも関連した問題かと思われる。

古代ローマ共和政における元老院であることに見られるとおり、近代議会政治には民会と貴族のバランスという考え方が残っている（純粋な民主政なら**一院制**でよいはずである）。王に近い強力な権限をもつ大統領と、地域代表を人口比例でない方法で選ぶ上院、そして厳密な人口比例で選ぶ下院というアメリカ合衆国の仕組みも、単純な多数決民主主義とは違った、むしろ近世やそれ以前の共和政の流れをくむ考え方が下敷きになっていると理解される。その点では、王政や貴族制を全否定し一元化された政治体制を志向したフランス革命の共和政はむしろ異質ではないか。

　またそのフランス共和政を含めて「近代議会政治」は、もともとは女性や黒人に選挙権を与えようなどとは考えていなかった。そこには「財産と教育があり自立した判断が出来る人間以外は選挙権を行使すべきでない」という考え方があっただろう。明治日本を含め、その段階ではそうした判断力をもつ**「公衆」**とそうでない**「大衆」**ははっきり区別されていた（儒教社会の士大夫の「與論」にもとづく政治という観念も、この公衆による政治の観念との類似が指摘される）。労働運動・社会主義運動や、階級差に邪魔されない国民統合を求めるナショナリズムなどによってその垣根が（男性だけにせよ）乗り越えられるのは、19世紀末以降の**「大衆化」**の時代のことだった。関連して**「人民」**という言葉の意味の幅と変化、**「国民」**との概念上の関係にも注意したい。「人民の人民による人民のための政府」という言葉のように、近代市民社会の理念では専制や封建制に代わる新しい社会・国家の主人公が人民であり（その中心と想定されたのは、ブルジョワジーなどの「公衆」だったろう）、それは形成されるべき国家の「国民」ともほぼ同一視できた。しかし社会主義思想が広がると、ブルジョワジーはそこから排除され、人民は工場労働者や小農を中心とするものになる（大衆のイメージに近い）。それは「万国の労働者、団結せよ」のような精神で国民より上位に置かれることもあったが、「一国社会主義」で国民と同一視されることもあった。逆に資本主義国家では、階級対立の一方というニュアンスをもつ「人民」はしばしば忌避され、「国民」ないし「民族」全体の統合・融和が強調されたのである［→第10章、付録2］。

2.2. 国家間の関係とさまざまな「外交」

> **課題** 7-6
> 本来は儒教思想にもとづいて成り立つはずの中国と周辺諸国との朝貢関係において、仏教理念と仏僧が用いられることがある。そこにはどんな意味があっただろうか。

　古代ギリシアのポリス間関係や始皇帝以前の中国の諸侯間の関係、「朝貢システム」や「イスラームの家」内外の諸国家の関係などから、政治学がしばしばこれだけが外交であるように扱う近代**国家同士の関係**と現代の**国際機構・超国家システム**（多国籍企業や非政府組織も主体の資格を持つ）まで、広い意味での**外交**に関する研究のテーマはこれまた数多い。そこで目立つ動きとして、アヘン戦争前後やその後の清の外交、幕末の外交、近代朝鮮外交やシャム（タイ）の外交などを「時代遅れな思想・態度で不平等条約や植民地化などにつながる失敗を繰り返しただけ」とは考えず、自ら国民国家化しようとした能動的側面や、外圧を利用した意外な成果に着目する新しい研究の続出が挙げられる（[岡本隆司 2004][後藤 2015][酒井 2016][トンチャイ 2003]ほか）。

　研究視角としては、実態としての力関係や利害（外交交渉や条約、それらの担い手や担当機関などを通じて研究される）以外に、外交文書の書式と言葉遣い[→第2章]や儀礼（プロトコル）の意味の研究が進む（たとえば日本史の[河上 2011、2019][廣瀬 2014][松方（編）2019]）。また「通訳」の独自の役割も注目される（[村井 1997]ほか）。交渉内容に公表する部分と秘密にされる部分があることはもちろんで、そのために機密文書の開示や関係者の暴露などで新事実が知られることがあるわけだが、**通訳・翻訳**のされ方によって国家間関係が大きく動くことも、二国間交渉でそれぞれの言語での条約文や国民向け発表が食い違うケースから類推できるだろう。前近代東アジア史でも、聖徳太子から隋の煬帝に送ったとされる「日出づるところの天子」うんぬんの書状から秀吉の対明講和交渉における国書の問題まで、とらえ直しがされているテー

マが少なくない。それらを含む外交活動には、外国語や異文化理解を含む高度な知性と交渉能力が求められ、かつ担い手の安全が保証されなければならない。職業政治家や外交官以外に、前近代や一部は近現代でも、僧侶・宣教師、商人などが外交を担うことが多かったのはそのためである(13)。

　国境を越える人の動きとしてはほかに、「**亡命者**」や「**難民**」と「**出稼ぎ労働者**」や留学生、王家同士の「**政略結婚**」を含む国際結婚も、前近代・近現代を通じて国家間関係に影響を与えてきた［永原陽子（責任編集）2019 ほか］。近代日本が中国の梁啓超や孫文、ベトナムのファン・ボイ・チャウやフィリピンのポンセらを受け入れた例、あるいは周恩来、ホー・チ・ミンらのヨーロッパでの苦学、難民の受け入れや通過をめぐる現代中東・ヨーロッパ諸国の混乱など、読者が思い出す例もいろいろあるだろう。清の乾隆帝が、タイソン反乱に追われて亡命してきた黎朝皇帝の送還・復位のために安南（ベトナム）出兵を行うなど、亡命者や難民が対外干渉や外交のカードに使われることも珍しくない。

　関連して以下では、中華世界での「**朝貢**」「**冊封**」の意味について、やや詳しく紹介したい［岡本隆司 2004、岡本隆司（編）2014 も見よ］。21 世紀中国の覇権追求を見れば、これらのトピックが単なる過去の問題でないことは明らかだろう。その全体としての「東アジア世界」（［西嶋 2002］［李成市 2018］）については第 4 章、中国側での記録のされ方については第 2 章で紹介したが、もう一つ、中国における「**天下**」という観念の多重性（［渡辺信一郎 1996］［山崎 2010］［檀上 2016］）も視野に入れる必要がある。

---

(13)戦国大名間の交渉など、国内でも仏僧の外交的役割はあった。国や政権を区別しない宗教者の態度（その点は商人も同じ）、それに宗教者に対しては武力による威圧・処罰を行えば仏罰・神罰が当たるという観念が共有されていたことも背景と考えられるであろう［→付録 4 も見よ］。

資料7-5 朝貢・冊封は単なる貿易の手段か？

　アヘン戦争後の東アジアにおける朝貢体制の崩壊などを研究する近代国際政治の研究（フェアバンクの Chinese World Order 論などを前提とする）では、中華帝国は**天下**＝全世界に対する支配権を主張するイデオロギーを持っていたと見なすのが、かつては普通だった。しかし渡辺信一郎［1996 ほか］は唐以前を中心に、「天下」の語は皇帝が群県制を通じて直接支配する領域を指して使われる方が一般的だったことを指摘し、五代史の山崎覚士［2010］、明代史の檀上寛［2016 ほか］などが、それぞれの時期の国際秩序と「天下」観念の関係について論じた。それにより、たとえば五代諸王朝はもちろん宋朝も、唐の継承者であることを主張する限り、唐の直接支配領域（≒節度使が置かれた範囲）を統一しなければ「天下」を統一したことにならず、つまり宋（燕雲十六州や安南、敦煌地方などを支配していない）は「統一王朝」とは言えないことなど、興味深い事実が明らかにされている。いずれにしてもこの天下のうち実効支配領域外にある封建諸侯や外国との、秦漢帝国以前の関係のありかたをモデルに構築されたのが、「朝貢」「冊封」などの国際関係の仕組みであった。

　近年の高校歴史教科書などでは、第 4 章でも述べたように、朝貢・冊封の仕組みに触れるものが多いが、その理解のされ方には問題が多い。漢代から明確化した朝貢／冊封などの仕組みが清代まで存続し、唐代には日本も「冊封体制」の影響下にあったと論じた西嶋定生らの考えにもとづく記述だが、これは遣唐使が朝貢使節であることすら認めないような閉鎖的な「日本史学」への批判のための議論であり、実態としての「冊封体制」（特に中国から周辺に一方的に影響が及ぶような仕組み）の存在を、明代初期を除けばあまり考える必要はないというのが最近の理解である（東アジア古代史の李成市、山内晋次、中国近世史の岩井茂樹らの議論）。また朝貢し冊封を受けることは周辺諸国側の貿易の手段（**朝貢貿易**）だったという説明が、日明貿易や琉球王国に限らずよく見られる。日本だけでなく東南アジアの学界も同じで、中国に政治的に従属していたとは認めたくないので、貿易の手段として朝貢形式を用いたという説明は受け入れやすいのであろう。実際に貿易の研究は琉球に関する［小葉田淳 1993］［岡本弘道 2010］はじめいくらでもあり、貿易量の多寡とは別に相互関係の基本としての朝貢貿易システムは清末まで機能していたという濱下武志［1997］の説も無視は出来ない。しかし朝貢やそれに対する冊封は、元来はあくまで支配関係を可視化・確認する**政治＝文化的**な儀礼であった。中華は徳・礼・法で、蛮夷は徳・礼で支配するという論理と、

　国内向けのアピールの手段としての「天子の徳を慕って朝貢した蛮夷の行列」
などは、中華帝国の支配を成り立たせる重要なツールだった。朝貢品より多
くの回賜品を与えることだけでなく、朝貢使節団に対しては中国側が滞在費・
旅行費用をすべて負担してでも沿道や首都の民衆に「見せる」ことにも大き
な意義があったのだ（だから財政難の陥った王朝衰退期などに、朝貢品に十
分な回賜をしない、朝貢そのものを断ったり朝貢品と手紙は受け取るが使者
は国境で帰らせるなどの措置を取ることもしばしばあった）。朝貢の貿易とし
ての側面は宋代以降に顕在化し、明の洪武帝が商業目的の偽使を警戒して勘
合の発給を行う前提にもなるが、そこでも利潤一般でなく、双方の支配者が
威信財を獲得ないし交換するという政治＝文化的目的を無視はできないはず
である。そこでは利潤追求に関する近代経済学より、政治＝文化の世界がさ
らに「経済」の世界にすらつながっていることを主張する理論として、市場
での交換以外に儀礼的な贈答「互酬」、政治的な「再分配」などにも意味を見
出すポランニーの経済人類学［ポランニー 1980、2009］が参考になる［→第
6章］。朝貢システムを貿易以外の政治・文化目的も含めて利用しようとして
参入をはかる周辺諸勢力との、双方向的関係にも注意が必要であることは言
うまでもない。

　なお、中華帝国の対外関係をすべて儒教的な華夷観念と朝貢・冊封関係など
によって理解することができないことは言うまでもない。たとえば北方・西方
民族の関係については、唐代の和蕃公主など、家族原理を応用した関係（公主
は一方的な政略結婚の犠牲者でなく、唐側の武則天がそうであったのと同じく
主体的に政治的・外交的役割を果たすことも多かった点は注意が必要である）
がしばしば利用された。五代以降の「中華の多極化」の中でも契丹＝遼と宋の
兄弟関係など、実際の婚姻ではなくとも家族原理の応用は続いた。ただし宋代
の場合、契丹＝遼や女真＝金は「中華王朝のひとつ」でもあった点、澶淵の盟
以後の宋遼間などでは近代以前には珍しくゾーンでなく明瞭な線としての国境
が維持された点などの新しさがあった。また逆に、遊牧民から「天可汗」と称
された唐皇帝、明朝の継承者以外にモンゴル帝国の継承者、チベット仏教世界
とイスラームの保護者など多くの顔を持った清朝皇帝［杉山清彦 2015］のよう
に、「大きい中国」の場合の支配関係にも、いろいろなパターンがあった。もう

一点、日本や東南アジア諸国などとの朝貢関係では、仏教理念（→第2章）や仏僧（→第4章）が媒介することもよくあった。背景には南朝〜隋唐の天子が菩薩戒を受けるなど仏教の権威を（道教とも並んで）利用していたこと、周辺諸国の側も（日本の遣隋使や対明交渉に見られるように）儒教理念にもとづく華夷の関係を相対化する志向があったことなどの事情が考えられる。

　朝貢・冊封などのやり方、天下の観念は、中華コンプレックスとそれに対する対抗意識の間を揺れ動きながら国家建設を進めた周辺諸国の君主たちをもとらえた。古代倭国／日本が作ろうとした「東夷の小帝国」[(14)]と朝鮮半島諸国の使者を「朝貢」と見なす慣習、大仏開眼法会における諸外国の人々の参列、秀吉の中華への挑戦、朝鮮・琉球使節やオランダ商館長の江戸参府と「日本型華夷秩序」［荒野1988、荒野（編）2003］など日本列島の事例も、朝鮮半島や中国東北部、雲南やベトナムなどの諸国家の動きと同じ流れの中にあった[(15)]。

　さらに蛇足だが、現代中国と周辺諸国の両方で、過去の朝貢国や特に冊封を受けた国を近代的ないし通俗的な意味での「属国」と思い込んでいる国民が多いのは大問題である。被冊封国の通常の義務は、代替わりごとに届け出て承認を受けること、定期的朝貢と「正朔を奉じる（中国の暦や年号を使用する）」ことだけである。「正朔を報じる」義務［→第3章］も日常的チェックがあるわけではなく、中国政府との交渉の際だけ使用していればよい。ただし時期によっては軍事協力も義務とされることがある（例：唐代・元代）。冊封国での勝手な王位簒奪や新王朝樹立が中国からの干渉の理由になる一方、冊封国が救援を求めても中国が十分な力をもたない時期や異なる判断をした場合には、保護（出兵）の義務が実行されるとは限らない。被冊封国の同士の通交は「私交」として禁止されるケースもある。実施される場合の上下関係などは、明代の日朝関係のように、冊封された地位を反映する（この場合は双方の君主が明から「国王」に封じられているため対等）ことが想定されている。

---

(14)河上麻由子［2019］が、石母田正、西嶋定生などによる古代日本国家と国際秩序の研究を批判的に総括している。

(15)たとえば日本・朝鮮半島・ベトナムを比較した［三谷・李・桃木2020］を見よ。

第8章

戦争・平和と軍事の歴史

　前章の政治・外交史と切っても切れない関係にあるのが、軍事と戦争や平和の歴史である。それは、兵器生産の技術や近代戦争の環境・健康への大規模な影響など理系的な側面ももつ。一方、軍事（軍や軍人）と戦争は、単に戦争の勝ち負けが国家や政権の興亡に直結するというだけでなく、社会のあり方に多面的な影響を与える。政治史と同様、子供時代の興味の入り口として大事なだけに、素朴すぎる理解は高校・大学などで是正しておく必要が大きい。「軍隊」「戦争」を実感する機会が少なくなった第二次世界大戦後の日本（特に今日の「本土」）で、素朴な理解がしばしば放置されてきたことは、「冷戦と日米安保を前提とした軽武装国家」が昔の話になりつつある21世紀の主権者教育を考える上でも、重い教訓であるように思われる。

公式48　戦争には敵を大勢殺す戦争とあまり殺さない戦争（例：遊牧民の戦争）がある。

公式49　戦争は軍人・兵士（正規軍）だけではできない。だから戦争参加によって、職業的・階級的・ジェンダー的などの要求が実現するケースがよくある（例：第一次大戦後の女性参政権）。

公式51　戦争は戦闘行為が終了した瞬間に終わるものではなく、和平交渉や敗者の措置など「戦後処理」が完了してはじめて終わったと言える（例：第二次世界大戦後の日本占領と主権回復）。

公式52　戦争は勝った方が一方的に得をする（勝った側の社会が全員得をする）とは限らない。分け前をめぐる仲間割れ、占領地を支配する負担の増大など、勝った側がかえって「損をする」ケースもある。

1．軍事・戦争の方法と意味[1]

1.1. 戦争のやり方と技術

> **課題** 8-1
> 戦争に勝ったことが衰退や滅亡につながった君主や国家の例を探せ。

「孫子の兵法」など古代に始まり、近現代でもクラウゼヴィッツの戦争論、マハンのシーパワー論、毛沢東の人民戦争論などさまざまな理論化が行われてきた[2]。軍隊に属する研究機関や出版物・学術雑誌が学術上で重要な地位を占める国も少なくない（例：中国の侵略の撃退を正当性の根幹に据えてきた歴代王朝の歴史も踏まえ、「抗仏戦争」「抗米戦争」を歴史の中心におく現代ベトナム。日本でも防衛大学校や防衛省戦史研究センターがある）。具体的には現代の研究機関であれば、戦争の形態（国際戦争と内戦、正規軍の戦争とゲリラ戦などの違いがある）とその法的・外交的手続きや位置づけ（宣戦布告の有無、国際法・国内法や条約上の手続きと位置づけなど）、戦略・戦術と戦闘方法（陸戦と水戦・海戦の違いも）、火砲や築城術から核兵器（＋生物・化学兵器、コンピューターやインターネット）までの軍事技術、諜報・スパイ活動や心理戦・宣伝戦、そして軍人・兵士などの研究が行われているはずである。

日本人の場合、文学・ドラマからゲームまで、戦国時代に特に人気がある。学界でも長篠合戦「三段撃ち」の技術面を含む見直し、鉄砲伝来年をめぐる村

---

(1)歴史趣味の文献も無数にある領域だが、『戦争の世界史』［マクニール 2014（原著 1982）］など一定の学術性をもつ総論も存在する。

(2)日本の場合、江戸時代の軍記物（戦国時代に関する小説やドラマはこれらに従ったものが多い）などの「研究成果」や「俗説」を明治時代に集大成した陸軍参謀本部の『日本戦史』が、戦後も無批判に踏襲され［←戦後平和主義が戦争被害や戦争犯罪以外の軍事・戦争の研究を忌避したため？］、さらに歴史小説などで一般に広められたとされる。

井章介・橋本雄・中島楽章らの新しい論争[3]など、軍事関係の新しい研究が活発である。

　宋代から始まる日本列島の硫黄や日本刀の中国への輸出、戦国日本の火縄銃の火薬用の硝石や弾丸用の鉛の東南アジアからの輸入［→第5章、付録4］など、武器や軍需品の貿易も今やポピュラーなテーマだが、関連して初心者は、戦争は軍人・兵士だけでできるものではないという「公式」をよく学ぶべきである。第二次世界大戦での日本の敗因に限らず、前線への「補給」や「後方（銃後）」の安定が戦争の勝敗を決めることが珍しくない。言い換えれば、兵士の強弱や指揮官の能力、武器の優劣などは戦闘の勝敗を決めても、戦争全体の勝敗を決めるとは限らない。

　「戦争は外交の延長」と言われるように、戦争の研究は外交や国際法の研究と切り離せない。20世紀初頭までの「交戦権をもつ主権国家」から第一次世界大戦後の「自衛戦争以外の交戦権の否定」（代わりに国際連盟・国際連合などを通じた集団的安全保障が構想される）への変化に関連して、「戦争の始め方・終わらせ方」「勝者の権利と敗者の処遇」が大きな問題になる（例：まだ完全に終わってはいないアジア太平洋戦争や朝鮮戦争[4]）。捕虜の扱いその他を決める「戦時国際法」も発達する。高校・大学などで初心者が抱きがちな「戦争は戦闘行為が終了した瞬間に終わる」「勝者は何でも許される、敗者は何をされても仕方がない（選挙や多数決でも同じ？）」という幼稚な見方は、主権者教育の問題として、早く卒業させねばならないだろう。たとえば漢の武帝は宿敵匈奴を撃破したがその戦役は国家財政を破綻させ、動員された農民たちは没落した。その人々を保護下に入れた豪族たちの力が強まり、営々と築いてきた中央集権体

（3）村井が、ポルトガル史料の再評価などにより種子島への鉄砲伝来を1543年でなく1542年のこととする新説を提出、大きな論争になった［村井（編集代表）2015；第一部］。

（4）2022年度から施行される高校の新学習指導要領が、たとえば「歴史総合」［→終章］において「大衆化と国際秩序の変化」の時代（その後が現在に至る「グローバル化」の時代）を1945年で終わらせずに冷戦期までを含めていることも興味深い。従来の歴史教育が1945年ですべてが変わった（＝世界大戦は終わった）かのように内容を区切ってきたことへの批判も、この新しい区切りの背景のひとつと推測される。

制は機能を弱める。15世紀ベトナム（大越）の黎朝は、1470年代に中国式の火砲などを利用して中部ベトナムにあった宿敵チャンパーに大打撃を与え、南方への大幅な領土拡大に成功したが、南北に細長く伸びた領土の管理の難しさと、政権内部の武人たちの勢力争い（北部に連行され重臣に分配されていたチャンパー系の捕虜の反乱までおこる）がからんで、1520年代にいったん瓦解する。チャンパーに対する勝利が「有毒な果実」だったと評されるゆえんである。戦争は勝てばいいというものではない。

1.2. 戦争の意味・目的・性質と影響

課題 8-2
敵をおおぜい殺したり土地を占領する以外に、戦争で敵に打撃を与える手段としてどんなものがあるか。

　戦争には、侵略戦争か自衛戦争か、領土や経済など実利が背景かそれとも国威発揚やナショナリズムが背景かといった区別がある。現場のレベルでも、相手に対する破壊・略奪、人や資源・拠点の獲得などさまざまな目的があり、それに従って人が大勢死ぬ戦争と死なない戦争が分かれてくる（もちろん死なない戦争は悪くないなどという話ではない）。

資料8-1　敵を殺す以外の戦争遂行方法

　必ずしも殺すことを目的としない戦争・戦闘方法の例としては、遊牧民の戦争、中世の戦争などが挙げられる。人が重要な財産である遊牧社会において「敵」は降伏させて働かせるべきものであり、殺してしまっては意味がない（集団を解体してその成員を有力者間で分配することもあるが、元の集団をそのままにして君主や他の有力者の指揮下に置くことも多い）ので、徹底破壊や虐殺は激しく抵抗したり一旦服属した後に裏切った敵に限られる。その他の世界でも、「奴隷狩り」目的の戦争や降伏した捕虜を殺さずに奴隷にすることは珍しくない。また兵器や戦術が高度でない一方で経済的には土地が

まだ余っており隷属労働力が必要だった中世社会でも、殺すより人を捕らえたり相手を服属させることが大事だった。たとえば鉄砲以前の中世日本の戦争では、敵方の田畑を荒らし収穫を邪魔するような手段がよくとられた（逆に、兵農分離以前の農民兵は農繁期になると勝手に戦線を離脱することも普通だった）とされる。もう一点、後述するように近現代の戦争における戦時性暴力が近年あらためて注目されているが、それは敵方の女性を犯したり捕らえて「奴隷妻」にする方法が、敵軍と戦って大勢殺したり降伏させるような手間をかけずに敵方に打撃を与える便利な方法として、冷戦終結後の民族・宗教紛争などにおいてしばしば採用されたことが一因であろう。

　「戦争による死傷者」の内実もまた多様である。第一次世界大戦で戦死者（大半は戦場で死んだ）の数倍の死者を出した「スペイン風邪」の例は、2020年の新型コロナウイルス禍のおかげで一挙に注目を浴びた。若い男性が密集する軍隊や戦場がなかなか清潔であり得ないのは、ナイチンゲールの時代から注目されたことだが、無人機やロボットで戦う現在の戦場は不健康な状況とは無縁と言い切っていいだろうか。第二次世界大戦での空爆などによる「後方」での市民の大量死、その一方で日本軍人の死者の過半が戦闘によらない戦病死や餓死である事実（「天皇陛下万歳」と叫んで敵に突っ込む、という事例は多くはない［藤原2001ほか］）なども、必ず思い出すべき事象だろう。加えて、戦争の被害や後遺症はその場ですぐに出るものだけではないことも、初心者が注意すべき点である。負傷による身体障害やその他の後遺症、原爆症やベトナム戦争の「枯れ葉剤」による被害、「PTSD」に苦しむ元兵士や、兵士による暴力の被害者を含めた肉体・精神の病気、性暴力被害、インフラや生産基盤破壊の被害、結果として起こる飢饉や感染症の流行[5]など、長期短期のさまざまな影響が残る。

　ところで、殺人を含む「暴力」は人類の最初からあるとしても、「戦争」はそ

────────────

(5)16世紀にアメリカ大陸から伝わった梅毒がイタリア戦争（軍隊の後から売春婦たちがついて行ったとされる）で広がった例など、軍隊・性病と買春（やがて「慰安婦」などの仕組みも出来る）の関係も無視できない。

うではなく、「文明」や国家の形成、共同体の発展と不可分と考えられ、考古学者は人骨の傷や指導者の墳墓の副葬品（武具を含むことがよくある）などから、単なる暴力でない「戦争」の発生の時期や背景を考えようとしている。そして、戦争の影響や戦争目的は、勝敗にかかわらず、社会編成のあり方を決めたり変化させたりする。第一次世界大戦がロシア革命を招いたように、敗北の結果以外のかたちでも戦争が一国や世界の体制を変えること珍しくなかった。また、『帝国主義論』で国家を「階級支配のための暴力装置」と定義したレーニンが、帝国主義戦争を資本主義の最高・最後の段階で起こるものと考えたことがよく知られているが、マルクス主義一般はギリシア・ローマ以降の国家を各社会内部の階級支配（生産財を私有する階級が生産労働を行う階級を働かせて搾取する体制）のために形成されたものと見なしてきたように見える［→付録2］。ただそこでも、マルクスの「アジア的生産様式論[6]」が治水灌漑と防衛を、アジアで私有財産制が発達しないうちに（「原始共同体」の延長上に成立する「アジア的共同体」が完全に解体しないうちに）国家が成立したことの二大要因としたように、戦争が国家を生み出すという考え方が存在した。

　このマルクス主義のおかげもあって、軍事・戦争と経済の結びつきは多面的に考察された。そこには、資本主義が市場や投資先を求めて植民地獲得の戦争を要求したといったレベルもあれば、「基地経済」（軍事拠点のある都市など）や「軍需景気」（日本の朝鮮特需以外にも多数の例があり、1930年代の各国の恐慌からの脱出にもそれぞれ貢献している）というトピックもある。貧困層の「軍隊に入れば食える」「戦争に勝てば豊かになれる」という上昇願望や、逆に「負けてすべてが崩壊すれば自分を苦しめている不平等や貧富の差も無くなる」という破滅願望が戦争支持につながることも、第二次世界大戦期の日本に限らずよくあることだろう。経済以外でも、「平和な時代」に不公平な仕組みを変えようとしないマジョリティにうんざりしている少数派の運動（例：日本の部落解放運動、女権運動）が危険と知りつつ「総力戦体制下での平等」に一縷の望

---

(6)なお冷戦期のアメリカで流行したウイットフォーゲル（元は共産主義者）の「水力社会論」はそのうちの大規模治水灌漑の部分をふくらませたものである。

みを託して軍国主義に協力した例は、同じベクトルをもつものだろう。

　宇宙ロケットやコンピューター、インターネットも元はすべて軍事技術として開発されたように、戦争が科学技術［→第 5 章］を発展させることはもともとよく知られているが、今やそれは単なる「近代の影の側面」ではない。「軍事革命（火薬革命）」［ジェフリ・パーカー 1995 ほか］[7]と戦費調達の工夫が成立させた「財政軍事国家」および近代金融システム［→第 6 章］など、今や戦争は近代国家・社会そのものの主要な形成要因と見なされている。

　もう一点、戦争と宗教の抜き差しならない関係も注意を要する［→第 13 章］。宗教は一方で、平和への祈りや、敗者・被害者への逃げ場と癒やしの提供という役割を持つ、他方では対照的に、「神（仏）の名による戦争」「神仏が戦う戦争」や「祀られる死者」の国家による選別など、戦争に加担する側面ももっていたことは言うまでもない。たとえば東アジア・東南アジアや南アジアの多神教世界では、一般にこの世とあの世はつながっており、神仏を喜ばせれば現世の御利益があるし、逆に粗末にすると罰が当たる。そこでは支配者（＝殺戮者）が神仏と同一視されたりその化身であるとされることがよくあるほか、人間が行う戦闘を（祈祷や儀式を通じて）神霊が助けるという思想もよく見られる。実際に戦場に神が現れて何かの奇跡を起こし自軍を勝利に導いたという伝説も珍しくない［太田 2019 など］。もう一つ、東アジア・東南アジアでは支配者や英雄、国のために死んだ「英霊」を含め、人間も死ねばカミになれる（それをきちんと祀らないと祟りがある）。だから国家は功臣や英霊を祀らなければならないのだが、そこでは祀られた者が将来の戦争においてあの世で戦い、この世の人々を加護することが期待されている。

---

　(7)火器の歴史については［宇田川 2013］［向 2020］なども参考になる。

2．軍事力の担い手と社会・国家体制

2.1. 軍事力の担い手と社会・国家

課題 8-3
> これだけ国家機能の民営化やアウトソーシングが進んでいるのだから、軍隊も民営化してはいけないのだろうか。その利点と危険な点について、世界史上のいろいろな例を考えながら討論せよ。

　前近代の世界には、専門の**戦士・軍事集団**が存在するところと、そうでないところがあった。前者には、中世ヨーロッパの騎士、日本の武士、インドの「クシャトリヤ」のように身分として理解されるものと、イスラーム世界のトルコ系軍人（奴隷身分とも結びついたが）、オスマン帝国のイエニチェリなど特定の民族・宗教的出自をもつ集団が担い手になる例があった。また元明時代の「軍戸」のように、民間の特定の世帯が通常の税役の代わりに一定割合の兵士を差し出す仕組みもあった。

　一方で、正規の国家構成員の成人男子が全員軍事義務を負う社会があった。遊牧社会がその典型で（複数の世帯を集めて 100 人隊、1000 人隊などの単位を作り、戦時にはそこから一定数——100 人・1000 人より少ないのが普通だったが——の兵士を出す形態が多かった。それらの単位は国家の基本単位にもなる）、その仕組みが第 4 章で取り上げた新しい中央ユーラシア研究などに詳しい。なおそうした遊牧的な軍団の集合としての国家について、各軍団の自立性と寄り合い所帯としての国家の性格を重視する方向と、可汗などの強力なリーダーシップを強調する見方の対立が見られる（典型的には清朝初期「八旗制」の連合政権的性格を重視する杉山清彦［2015］と集権的性格を強調する谷井陽子［2015］の論争など）。また古代地中海のポリスでは、経済的に自立しており武器を自弁できる市民すべてが戦うのが本来の姿とされた。ペルシア戦争の結果確立したとされるアテナイなどの民主政は、**戦う男性市民**の民主政だった。この性格は近代のアメリカ合衆国——「インディアン」と戦う開拓者やハリウッド映画で

強大な敵に一人で立ち向かう主人公が象徴する、自立し武装した市民の共和国であるから、そこでは銃の所持権が否定できない——などにも濃厚に投影されている。民主主義がもともと持っていたこの性質は、総力戦での前線以外の仕事を含め「女も戦う[8]」ことを通じてしか男女平等が実現されなかった、20世紀半ばまでの近代国家のあり方にも見いだされるだろう。そうした新しい軍事史の中で、日本の武士の起源なども見直しが進んでいる。

資料8-2　武士の起源

　律令制の行き詰まりに対応して、万事が職能（「芸能」）ごとの「請負制」「民間委託」に向かう平安中期以降［→第 9 ～ 11 章］に、**軍事・警察機能**を担当した高級貴族（源氏・平氏など「武家の棟梁」）と、荘園制を通じてそれと結びつきながら（「武士団」の形成）貴族のボディガード（「さぶらい」）や在地の治安・警察業務を担った「開発領主」などの有力者（地方に土着した下級貴族も多い）、その下で働いたごろつきたちなどが、やがて集合的に武士階級を構成した［高橋 2010、2018 ほか］。有力者が抱える私兵や無頼集団が軍事や警察機能の担い手になることは、近現代世界のフロンティア社会や発展途上国にもよく見られる。時代劇でおなじみの日本近世の「二足のわらじをはく岡っ引きの親分」なども似たイメージで理解できるだろう。

　初期の武士は、「家」や氏など血縁・婚姻関係の結びつきも多元的だったし複数の主人に仕える（業務を請け負う）ことも普通だったが、鎌倉後期から江戸時代にかけて、次第に「家」ごとの世襲制を強めると同時に主従原理も貫徹したとされる。唐の衰退後（唐宋変革期）、日本と同様に武人がしばしば権力を握った朝鮮半島や中国、大越（ベトナム）などが、やがて文官優位の集権国家モデルに回帰したのに対し、日本で「武家政権」が成立したことは、東アジアの大きな分岐点のひとつになる［高橋 2010］。

---

(8)古墳時代までの日本列島では女性首長なども軍事行動をしていたと、考古学者たちは考えている［→第 11 章］。また中国やビザンツ帝国など宦官制度が発達したところでは、後宮やそこに天子がいる際の警護などを中心に宦官が軍事機能を担うことがよくあったが、宦官制度を受け入れなかった東南アジア（ベトナム以外）や日本（中国の令で宦官の職掌とされる仕事が日本律令制では女官の仕事に置き換えられている）では、警備・護衛を含めて後宮や君主の周りを女性が固める例が見られる。

日本の武士に限らず、文官中心の集権的国家体制が維持できなくなると、軍管区の司令官ないし地方軍団の長に民政まで任せたり（唐の節度使＝藩鎮やイスラーム帝国のアミール）、軍人に国家への奉仕と引き替えに土地ないし村落やそこでの徴税権を与える（西ヨーロッパの騎士、日本の武士以外にイスラームのイクターや近世インドのジャーギールも）ような便法が一般化する。しかし、もっと直接に金や利権で雇う**傭兵**の形態をとることも多かった。騎士階級が衰退した近世ヨーロッパだけでなく、イギリス東インド会社や大英帝国のインド・グルカ兵、フランス帝国の西アフリカ兵や「外人部隊」など、その後も傭兵が活躍したことは周知の通りである。

　前近代には国王直属の近衛兵を除けば**常備軍**や**職業軍人**が存在しないような国家も珍しくなかったが、中華帝国のように大規模な農民兵を抱える国家もあった。近代になると**国民兵**（志願兵制もあるが多くは**徴兵制**）を中核とする常備軍が常識になる。それを含め、軍人・兵士の徴募・動員・訓練と組織編成（近衛兵・中央軍と地方軍など）や補給・生活保障のありかたの共通点と差異が、重要な研究対象になる。保元平治の乱と治承寿永の内乱（源平合戦）の間で動員規模に大きな差があるように、戦争や動員の規模の差（大きい方の極限は20世紀の総力戦と国家総動員体制か）も問題になる。

資料8-3　中国王朝の軍事力

　近年の歴史学では、「中国王朝」に支配領域から見て「大きい中国」と「小さい中国」の2類型があったことが注目されている。前者は漢族の農民兵だけでは実現できず、遊牧軍団を抱き込んだり、遊牧民が中華帝国に主体的に参加した場合にのみ可能になる。元・清などいわゆる「征服王朝」はもちろんだが、拓跋系の天子を戴き支配層に多くの非漢族が加わっていた隋唐帝国なども、その栄光を支えたのは府兵制で徴募された均田農民の軍団ではなく、チュルク＝突厥系（「ソグド系突厥」「沙陀突厥」などを含む）その他の遊牧系軍団こそが五代にかけての軍事面の主役で、リーダーたちは長安・洛陽と北辺の「羈縻州」の両方に基盤を有したことが、長安などで大量に発掘された非漢族系貴族の墓誌を活用した研究から明らかにされている［森部2010ほ

か]。また中央集権制のイメージが強い中国で、中央権力の解体後に、中華民国期を含めて、前王朝の地方軍が民政まで支配する軍閥として割拠する状況が一般的にあらわれる点なども、注意が必要だろう。

　また関連して、政権内の軍事指揮者の地位と養成・登用方法[9]、前近代官僚制における文官と武官、近現代の文民統制と帝国や**軍事政権**の論理なども問題になる。たとえば第二次世界大戦後の新興独立国やラテンアメリカ諸国などに頻出する軍事政権を、先進国の「ファシズム」と同一視できるだろうか。その問題は、中央権力が弱く軍事組織を一元化できない場合（投降した敵軍を含め、政府軍以外の武力を解体・接収しきれない場合、政府軍そのものが複数の派閥に分かれる場合ほか）に国家の側がどうするべきかの問題と関わる。それは、地方豪族や「海賊」「山賊」などの集団が割拠するような前近代から、近現代の発展途上国での軍閥割拠（例：辛亥革命後の中国、現代のソマリアや2021年のターリバーンによる再征服までのアフガニスタン…）まで通底する課題であり、それらの指導者に地位や利権を与えて軍団ごと抱き込む、指揮官や目付役だけ中央から送り込む、末端の兵士に土地や別の職を保証する、既存の軍隊組織と別に王や指導者に直属する特別精鋭部隊もしくは秘密警察などを創設して信用できない他の部隊を監視・牽制するなど、いろいろな対策を伴うものだろう。軍と連続性の強い警察機能まで話を広げれば、有力者が私的に「ボディガード」や「警備員」を雇う社会、ヤクザ的な集団が地域ににらみをきかせる社会などが、中央集権化が進んだ先進国にも見られるというのは、ドラマの世界だ

---

(9)有力部族や家系の子弟を子供の頃から近習として皇子や若殿の側に置いて育てる、その皇子や若殿が君主になったら禽獣出身者が近衛軍団や政権の中枢を担うという、遊牧国家の「ケシク」のようなシステムも、世界に広く見られる。他方、安史の乱後の唐のように、宦官が近衛軍の指揮権を握る（あるいは指揮官として地方に派遣される）ケースもある。これも君主の直属の部下が軍事権を握る方法のひとつと思われる。

けの話とは言えないだろう。政権側から見て便利な面もあるそれらが一定の枠からはみ出さないようにコントロールするのも、簡単なことではないのであろう。現代ではしかも、多国籍軍事企業や各地域の軍事集団など、国家以外の力がからんだ紛争・戦争（単なる「内戦」ではないものも多い）も無視できなくなっている。つまり<u>軍事能力をもつが近代的な国家の軍事・警察組織には属さない人々の活躍の余地が広がっている</u>。それはしかし、近世までの世界では当たり前のものだったことも歴史学では思い出されねばならない。企業が戦争をした顕著な例は、蘭英などの「東インド会社」に見られる。

 8-4

戦国〜江戸時代の「牢人」「浪人」はどうやって生き延びただろうか。剣術の隆盛や兵法書・軍記物の出版ブームも含めて考えよ。

2.2. 軍人と文化、軍人の形象

　前章でも触れたとおり、いかなる支配者や支配権力も、力と金だけでその支配を安定させることはできない。宗教や文化などによる**威信**を身につけてはじめて、被支配者が支配を当然のものとして受け入れる状況が実現する。そのために、ヨーロッパの騎士道や日本の武士道など、軍人集団も独自の文化や物語［→第12、13章］をもとうとする。朝廷の文化・芸能に対抗する武士の文化的ヘゲモニーの具としての禅、能楽や茶の湯などが、その明らかな例である。自分たちの活動や権力を正当化する歴史や軍記（例：鎌倉幕府を正当化する『吾妻鏡』や室町以降の各大名の実録型軍記物、さらに『平家物語』『太平記』など中世の作品と『甲陽軍鑑』など江戸時代の作品の両方）にも大きな意味があった。それは武勇だけでない、多くは「文武両道」のかたちでの精神性の形象化の役割も担っていた。

　建前上では儒教的な文官優位（文治主義）の中華帝国でも、『三国志演義』などを通じて武人精神はポピュラーであり続けた。その象徴がチャイナタウンに

行けばどこでも見られる「関帝廟」、そこに祀られている文武両道の神としての関羽であろう。「ラーマーヤナ」「マハーバーラタ」などのヒンドゥー教世界や、アレクサンドロス大王伝説が広がるイスラーム世界でも、歴史や文学の中で、（しばしば男性的なジェンダー表象の根幹として）武勇を美化するベクトルは働き続ける。それらは、ヤクザなどの体制外での生き方を賛美する場合もあれば、大日本帝国での「草深い東国に生まれた清新な」**武士道**の称揚（文弱な上方との対比）と、その具現化として「国技」に位置づけられた武道[10]の奨励・教育など、近現代のナショナリズムや帝国主義によって再利用されることもあった。軍国主義や「忠君愛国」を否定したはずの第二次世界大戦後の日本でも、武士道賛美や「お家に忠誠を尽くす／桜のごとく潔く散る武士（もののふ、サムライ）」の像は、文学・ドラマやマンガ・アニメの世界（特に戦国時代と幕末維新が好まれる）、それにナショナルチームに「サムライ・ジャパン」などと名付けるスポーツ界だけでなく、「企業に尽くすモーレツ社員」などのバリエーションを含めて、継承・再生産されつづけた[11]。現代日本の学校現場で深刻な問題になっている「組体操」や体罰・パワハラが当り前の部活指導まで続く、近代日本の**「軍隊式教育」**も同様ではないか（「体育」科目や「運動会」のそもそもの目的、さらには「義務教育」全体が、近代国家の「国民軍」形成と関わっていたとされる）。

---

(10)馬術・弓術や相撲がもともと神事に必要なものであったように、武道は戦闘技術と宗教・文化芸能の両面をもち、多くが江戸～明治期に「伝統」としての姿が確定された。

(11)その反対側で「（やまと）なでしこ」などの女性の形象が再生産されたこととセットで問題にすべきであろう。

3．反戦平和と学問

課題 8-5

第二次世界大戦に関連して現在も謝罪や補償が求められている事案にはどんなものがあるか、日本関係に限らず調べてみよう。

3.1. 反戦と鎮魂の思想

　人類は古くから戦いを起こし人を殺す一方で、前節でも見たとおり、平和の祈りや死者への鎮魂・追悼、殺した側の贖罪などの思想を形成してきた。近代国民国家も、軍隊をもち戦争（「自衛」であれ何であれ）をする、言い換えれば神や帝王の名でなく国家の名で住民に死ぬことを要求する限り、戦没者遺族（や退役軍人・傷病兵などの本人）への経済的補償措置だけでなく、国立の戦没者慰霊施設をもたねば国民は納得しない[12]。公式には宗教に冷たい社会主義政権下のベトナムで、どの行政単位にも救国の戦い（抗仏・抗米およびカンボジアのポル・ポト政権や中国との戦争）に身を捧げた「烈士」の記念碑があり、村々には実名を個々人の実名を刻んだ墓石が並ぶ「烈士の墓地」がある。烈士家族の顕彰と恩給などの補償［京楽2014ほか］を含めて、忠臣・祖先を祀る儒教的な風習の名残りと言えばそれまでだが、国民動員における「精神面での死後の保証」の普遍的必要性もやはり無視はできない。そうした補償と慰霊においては、戦争中に抑圧された「敵国系住民」への謝罪・補償が論争の的になるのと並行して、慰霊施設に誰をどう祀るか（例：敵兵や「賊軍」、「植民地の兵士」

---

(12)旧日本軍人および戦死者への軍人恩給・遺族年金と戦死者の靖国神社への合祀など、退役軍人や戦死者・遺族への補償（戦死者は一家の主要な働き手である場合が多い）と国家による記念も、前近代（例：中国的国家では国に殉じたり手柄を立てた臣下に対して国家が祭祀を行ったり遺族に祭祀を許すことは政権の重要な義務である）から引き続く課題である。

をどうするか）もしばしば政治課題になる。論争・対立を呼んだのは日本の靖国神社（と千鳥ヶ淵霊園）や第二次世界大戦中の米国での日系人問題だけではない。国家間の**謝罪**と**和解**の例にしても、ドイツとポーランドの間だけではなく世界中にある［→第 13 章も見よ］。

　交戦権が近代国家の正当な権利だった 20 世紀初頭においても、戦争に反対する論者が少なくなかったことは、与謝野晶子や内村鑑三の例とともに日本でもおなじみである。そうした言論を背景に、第一次世界大戦後には軍縮や戦時国際法の整備（捕虜の虐待の禁止など）にとどまらず、国家の権利としての戦争という思想自体を乗り越えるための国際機関の設立や「不戦条約」締結などが行われたというストーリーも、中学・高校の歴史で必ず習う。それでも起こってしまった第二次世界大戦の反省からさらに強化された平和主義と平和維持の仕組み、またはせいぜいその後の冷戦下で増大した核戦争を防ぐ努力（核兵器禁止運動）というところで従来の歴史の授業は終わってしまいがちだったが、あとは政治経済や現代社会、今後は新科目「公共」にお任せというのでは、「現代の課題を考える」新しい歴史教育はおぼつかない。たとえば 2021 年の米軍撤退にともなうターリバーンの権力掌握というアフガニスタンでのアメリカの失態は、ベトナム戦争にたとえられることが多いが、後者（小国のゲリラ戦が巨大な意義をもつ）は現代の戦争のあり方や冷戦の状況を変えただけではない。「ベトナム反戦運動」が世界の社会・文化に与えた影響もまた大きかった。

資料8-4　ベトナム反戦運動

　アメリカ国内や戦争に利用された米軍基地をもつ日本、タイ・フィリピンなども含めた西側陣営諸国で起こった「ベトナム反戦運動」は、本書のあちこちで触れている 1960 年代末の世界の変化全体に——マルクスやゲバラ、毛沢東にあこがれた学生・活動家をはるかに越える広がりをもって——影響した［油井大三郎 2019 ほか］。戦争初期に「共産ゲリラのテロ」として報道されたものが、末期には「民族解放・祖国統一のための正義のゲリラ活動」に変わり、外交面でもアメリカは孤立した。ベトナム反戦運動は西欧や日本では冷戦期の左派政党や労組・学生組織などの「最後の花」である側面も無視

できなかったし、世界的な冷戦のずっと前から存在する宗教組織の動きも被災者救援などを含めて大きかったが、同時に、「新左翼」に限らない新しい**市民運動**のかたちを生み出した（日本では「ベ平連」が有名）。アメリカの帰還兵の反戦活動やそれにも関連した徴兵拒否運動などは日本でもよく知られたが、アジア太平洋戦争終結後にベトナムに残留してベトミンの抗仏戦争に加わり、ジュネーヴ協定後に帰国した元日本兵の一部が革新政党・労組などに働きかけて組織した「ベトナム人民支援運動」と彼らの越日双方の家族のこと［小松 2020］など、「関係者しか知らない」ことがらも数多い。

そうしたベトナム戦争と反戦運動は、アジア太平洋戦争の敗戦後に中国・朝鮮半島以外のアジアへの関心がきわめて低調だった日本に限らず、報道界や学界の東南アジアへの幅広い関心を世界中で呼び覚ました点も、大きな意味をもった［→第4章の東南アジア地域研究など］。上のような報道姿勢の転換の背景には、「自由のための戦い」に絶対の自信をもっていた米軍が自由に報道させた結果、米軍の失敗や残虐行為がどんどん報道され、ベトナム反戦の世論や知識人の批判が燃え上がったことがあった。この経験に懲りたアメリカ政府・軍が、イラクやアフガニスタンなどで報道統制に力を入れたこと（そもそもそれらの場所での戦争は、ベトナムで傷ついた威信の回復も目的の一つだった）なども広く知られている。またベトナム反戦といえば、フォークソングなどの**「カウンターカルチャー」**や映画など文化面への影響も常に語られる。歌手ジョーン・バエズは年配の読者しか思い出せないだろうが、『プラトーン』などベトナム戦争映画なら若者もそれなりに知っているだろう。

3.2. 平和学と和解学

上で述べた通り、近代戦争には（本当は前近代でも）終わらせ方のルールがあり、戦闘行為の終了即終戦ではない。冷戦終結後の世界では、**地域・民族・宗教紛争**や**内戦**、**難民問題**などの拡大（例：旧ユーゴスラヴィア、ルワンダ、ソマリア、東チモール、シリア…）の一方で、過去の植民地支配や戦争の責任追及や補償要求があらためて突きつけられるような例も増えている。ナチス・ドイツの戦犯追及のように時効停止してまで追及が続けられている例もあるが、ある時点の法理や条約によって一旦解決済みとされた問題が再び取り上げられ

るのは、なにも日韓関係（「強制連行」や「慰安婦問題」）だけではない。アメリカ議会は 1988 年になって、第二次世界大戦中の日系人強制収容について謝罪した、2020 年に米国から世界に広がった黒人差別反対運動（BLM）の背景にも、国連総会決議が「現代奴隷制」に反対する動きと並行して 2007 年 3 月 25 日を「大西洋奴隷貿易廃止 200 周年を記念する国際デー」と定めたことなど、現代と過去を結びつける国際社会の新しい動きがある。旧日本軍の「慰安婦」問題を含む、何十年も前の**戦時性暴力**があらためて問題にされているのも同じ理由である（冷戦終結後の民族紛争・宗教紛争などで大規模な性暴力や性奴隷制が出現したことと、世界のジェンダー意識の高まりが結びついた[13]）。

　ただ、そこでしばしば国家でなく個人による賠償請求や名誉回復の訴えがなされているのは、国際社会における国家の位置の変化や「**人間の安全保障**」のような観念の広がりと関係がある。これは 1990 年代から国連などで議論されるようになった考え方で、従来の国家を主体とする安全保障（国民の安全の保証も国家を通じて実現されるものと見なす）がすべてをカバーできない状況が顕在化する中で一般化した。暴力に対する安寧だけでなく、生活や人間の尊厳を守ることも含む概念とされる（SDGs にも通底する考え方だろうし、先住民運動、フェミニズムや市民運動・開発援助などで使われる「エンパワーメント」、つまり社会的抑圧や貧困から解放され自分自身が主人公として能力を発揮できるようにすることともつながる）。地域・民族紛争や天災を含む大きな社会不安に乗じておこるマイノリティへの虐殺などを見てもわかるように、集団的な暴力や「暴動」と「戦争」の区別はそれほど簡単ではないという点でも、国家単位だけの対処には限界がある。また 20 世紀末以降の世界では、新自由主義的な発想も含めて、一人一人の多様な個性・価値観や選択を公的な場で認める考え方が広がっており［→第 11 章、13 章］、その意味でもすべてを国家に委ねるわけにはいかない。

---

(13)戦時性暴力の被害者がしばしば家族や近隣の人々（特に家父長的男性）によって「恥」と見なされ存在が隠されてきたことも、ジェンダー視点の必要性を強く意識させた。この恥の意識が強ければ強いほど、戦争で女性に（殺さずとも）性暴力を振るうことが敵側の社会に与える心理的打撃は大きくなるだろう。

こうした現代の紛争への対処や過去の問題の問い直しの中で、責任者を追及・処罰しつつ被害者側との報復の応酬を防ぐような「**移行期正義**(14)」のあり方をめぐる模索が行われている。また平和構築や被害者救済・和解のための対話や研究の試みも活発化しており（［内海・山脇 2004］や早稲田大学国際和解学研究所の活動も見よ）、たとえば虐殺や戦時性暴力をめぐる和解や癒やし、さらには加害者の社会復帰のための取組は、ナチスや大日本帝国などの過去の行動にも及ぶ［→第13章］。その内容は当然国家単位の経済的補償などにとどまるものではなく、個々人の心身と記憶や名誉までカバーしようとしている。

　平和論と平和教育も変わってきた。平和の反対は戦争でなく暴力だというガルトゥングの議論（物理的暴力以外の「文化的暴力」「構造的暴力」などの概念を用いて、民族・人種やジェンダーなどの差別の根源としての文化や制度などを問題にする）もその例である。「戦争がない状態」という「消極的平和」だけでなく、それら諸種の「暴力」が存在しない状態］＝「積極的平和」を目ざす動きも強まっている［ガルトゥング・藤田 2019］［木戸（編著）2014］。ただそこでは、制度上は平等になったはずなのに「無意識の偏見」によって実体面の差別がなくならないような事態に対して、教育や言論を通じて改善を迫るだけで足りるかそれとも罰則付きの差別禁止規定などが必要かといった論争もおこる。また米国などから広がった、差別や偏見を含むあらゆる言葉に反対するポリティカル・コレクトネスの思想が、一方で無意味な言葉狩り、他方で差別への開き直りを生んできたように、これは一筋縄ではいかない複雑な問題である。次章とも関わりの深いロールズ［2010］の正義論なども、変化しつつ議論が続けられている。それらを考えながら戦争や虐殺の場を訪れる「ダークツーリズム」も盛んである。

---

(14)戦争・紛争中やその後（内戦・独立なども含む）に、大規模な人権侵害の結果を裁いたり折り合いを付ける取り組みや仕組みを指す。責任者の審理・処罰や被害者への補償、再発防止のための制度構築などのほかに、公的謝罪、記念物や記念集会など記憶を維持する場の設定といった問題もしばしば議論されている。

第9章

法と秩序・制度の歴史

　これも高校の歴史教科書などで、伝統的に多くのページが割かれている分野である。以前は法や制度が存在すれば人々は（階級や民族などの反抗がおこらない限り）それに従い、何らかの秩序が成り立っていたと素朴に考え、ある時代・社会の実態を法や制度の総体として理解することが普通に行われたが、現在ではむしろその場その場での選択や戦略に関心が向い、法や制度をそれらの背景になるセッティングとして理解する傾向が強い。個々の法はともかく社会全体にかかわる制度などは、しばしば過去をふりかえって「これこれの制度があった」と理念化されたものにすぎない。それが現実を縛れば「伝統の創造」[→第12章、付録3]になる。中国中心の「冊封体制」や「朝貢システム」「華夷秩序」などの理解の変化がその典型である。スルタン＝カリフ制も後から創られた伝統だし、「日本の伝統的な家制度」[→第11章]も、現在主張されているのは、明治期に大きく改変された結果出来上がった仕組みである。ただそれは、実態がすべてで建前論は無意味という素朴な議論が正しいという意味ではない。法・秩序や制度と実態との関係・バランスを理解する視野を持ちたい。

公式53　建前と実態は食い違うのが普通なので、法律や制度、宗教の教義が存在することと、人々がそれをすべて守っていることとは別問題である。ただそれは、建前は無意味だという意味ではない。

公式54　制度や法律を作る専門家は、系統性・統一性が高い制度や法律、もしくはきめ細かくあらゆる要素や事態に対応できるような制度や法律を作ろうという欲求が強いが、それが良いとは限らない。統一性が高ければ社会の多様化に対応できないし、きめ細かいものを正確に運用し続けることは難しいから

である（例：律令制の機能不全と解体）。

公式 55 特定の身分や集団などが独占している権利をみんなのものにする方法には、身分制を解体するような方法のほかに、みんながその身分を獲得する方法もある（例：ローマ市民権、朝鮮王朝の両班）。

1. 「法」の諸類型と系譜⁽¹⁾

1.1. さまざまな法

慣習法と成文法、神が与えた法や自然法と人間が定めた法律（人定法）、中国の律のような君主ないし国家が臣民を縛る法と、社会契約説にもとづく近代憲法のような民衆が権力を縛るための法⁽²⁾、国家などの公的な場に関する「公法」と私人の関係を規定する「私法」など、**法に関する概念的区分**を聞いたことのある読者も少なくないだろう。中世ヨーロッパのキリスト教社会が一般に「教会法」を除く世俗社会の法は世俗に委ねたのに対し、イスラーム社会では法の全体が——各地の慣習法との併存は許されているが——イスラームの教えに由来するというコントラストもよく語られる（ただしシャリーアつまり「イスラーム法」も宗派や法学の「学派」によって具体的な法の解釈・適用は分かれる）。また、国家全体の法（例：律令、憲法）と、特定の地域や集団のみに適用される法（例：公家法と武家法、戦国期の分国法、アメリカ合衆国やドイツなど連邦国家の州ごとの法規、現代日本の地方自治体の条例）、逆に国家を越える万民法（ローマ法やゲルマン法、ナポレオン法典…）や近代国際法、国連の諸規約

---

(1)日本の法制史については近年も［出口・神野・十川・山本（編著）2018］［高谷・小石川（編）2019］などの入門書が出版されている。

(2)近代的な社会契約の前提として、中世〜近世ヨーロッパに限らず世界のあちこちで、国家や政権が「君臣契約」つまり君主と有力者集団（ヨーロッパでは、それが作る身分制議会が近代的議会制につながる）の保護・奉仕関係の契約で成り立つという観念が見られる。

など、適用範囲に関する区分も行われる。法の上位に来る（法を超越する）君主の勅令や宗教的決定、法の下位規定（律令に対する格式、現代日本の法律に対する政令・省令や施行規則）などの上下関係もある。近代以前の命令・決定は口頭で発布されることもよくあった。君主の命令や裁判の判決など一回限りの決定とそれが前例（近代の裁判の判例など）としてもつ意味、その成文化した「法」との関係なども、それぞれの社会で問題になる。たとえば中国やその周辺では、律などの条文以外に法律に準じる地位を得た決定や判決などを集成した「条例」などの書物もよく編まれた（典故調べなどのために各役所の機構に関する記録などを合わせた「会要」「会典」などは特に大規模なものになった）。公私の諸組織（例：個々の役所の規則や学校の校則、村やギルドの内部ルール）と国家の法律の関係も一様ではない。その背景にはまた、校則問題に典型的に示されるように、何を規則で決めるべきか、何は成員の自主的決定に任せるべきか、さらにいえばすべての問題行動を予測・分類して規則を決めることなど可能なのかなどの大きな問題が横たわっている。

　それら様々な法は、だれによってどう決定（制定・改廃）および執行され、法を犯した者の逮捕、違法行為や法的な紛争の審判・裁定、そして判決の執行などはどこでどうなされるだろうか。たとえば政権や有力者による不法行為が摘発も起訴もされないとか、有罪判決が出ても従わない（そこで判決を強制執行する力がだれにもない）という例が現代にも見られるのは、発展途上国だけだろうか。また近代法治国家では通常、一事不再理の原則すなわち一度判決が下された事案を再度告訴・告発することは特別な事情がない限りできないという原則が成立するが、中世の日本や近世の中国など、何度でも（しかも訴え出る先を変えて）裁判が起こせる社会も普通に存在した。そのような場合も含め、法は全体としてどんな秩序を作り出すかについて、近代国家なら「三権分立のもとにある法治国家」の建前が一般的だが、歴史上も現在も、それに当てはまらないあれこれの類型・パターンがある。たとえば君主や政権の主要な権能が、一般の行政や軍事よりも、臣民や国内集団が自力で解決できない紛争に裁定を下すこと（神判とは別の方法で）である例は、読者もそれぞれ思い出せるだろう。また中国では帝国時代も一党支配体制の現在も行政権力が優越し、司法の

独立は保証されない代わりに、官僚の不法を摘発・弾劾する「監察」の機能は非常に発達する。孫文の「五権憲法」（官吏登用のための考試と、監察を加えた）もその延長上にあるだろう。歴史上ではまた、「警察」と「軍隊」の区別もしばしばあいまいだった。そしてそもそも、古い時代では法の条文や適用の実態について十分な史料が残っていないことがよくあるから、法律の条文そのものやその施行・裁判などの状況の復元が、法制史学者の大事な仕事になる[(3)]。

1.2. 法と社会

> **課題** 9-1
> 法治国家では明らかな悪法でも国民はこれに従う義務があるという考え方は、どこまで正当化されるだろうか。それは公務員と民間人など立場によっても違わないだろうか。

近代的政教分離がなされていない社会での法と呪術や宗教との関係は上でも述べたが、ほかにも道徳・慣習や「**正義**」「**社会規範**」などの観念と「法」との関係（たとえば儒家と法家の対立や道家による批判を思い出せ）、あるいは私人の間であれ臣民や国民と政府の間であれ「契約」というものと「法」との関係、さらに法律の正当性の基礎となる「法源」と「法思想」（例：王権神授説とこれに対抗する自然法思想・天賦人権論・社会契約説）や「法文化」（法に従順かそれとも法を自己利益のために利用するか、自力救済と私的制裁をどこまで認めるかなどは、しばしば文化の問題である）等々は、いつの時代でも問題になる。

---

(3)中国史で言えば、「敦煌・トゥルファン文書」「雲夢睡虎地秦簡」「居延漢簡」などの出土文物に含まれる法律関係の史料がよく知られている。また唐の令は全文が残ってはおらず、従来は日本の令をもとにした復元が行われていたが、最近北宋の「天聖令」が中国で発見され唐令の復元にも利用されている。さらに、裁判記録の残り方や内容（権力側や勝訴した個人・団体が記録をよく残す社会がある）を通じてその社会や権力の特質、紛争解決や権利についての通念などを探る研究がよく行われる。中国史では宋代以降の研究が盛んであるし［滋賀 1984 が有名］、古代ギリシア社会の互酬性やジェンダー構造を探った［栗原 2020］もそうした研究の一例である。

「法社会学」［ルーマン1977］もここに関わることがあるだろう。

　これも上で述べた、法が縛るのは臣民か君主や政権かという問題とも関連するが、「**犯罪**」や「**違法行為**」とは何かも常に自明とは限らない。たとえば信仰や思想・言論、家族や結婚のあり方などは、どこまで国家が法として定めるべきだろうか。政権批判を「国家への反逆」という罪と見なしたり、官庁・企業の内部告発を「名誉を傷つけた」として罰するのは当たり前のことだろうか。逆に、民間のヘイトスピーチや差別発言・名誉毀損を「言論の自由だ」と言い張る論理は、どういう場合にどこまで成り立つだろうか。

　第7章でもふれたように、国家・帝国と諸分野の法律同士の関係、それに「法域」「法圏」などとの関係も、大きなテーマである。地域・集団によって異なるモンゴル帝国など遊牧国家の支配体制・法制に限らず、イスラーム国家における他宗教集団の扱いなども含め、前近代の国家が国土ないし住民の大半に対して一律の法体系を施行しない例は普通に見られる。近現代国家でも「国民」と「外国人」の法的な扱いの違いは当然と見なされるし、人種によって法的地位が違うケースも20世紀半ばまではよく見られた。大日本帝国憲法が適用されない台湾や朝鮮（個別法は多く内地の法が適用されたが、立法権そのものは天皇が任命した総督が握っている）など近代植民地と本国の間では法体系が違う[(4)]のが普通だし、さらに新興独立国が旧宗主国の法体系から離れた際、旧社会主義国が資本主義化した際などに一元的で矛盾のない法体系を制定する難しさ（→先進国からの「法整備支援」も行われるが）も、一国を一つの法体系でまとめることの困難さを表している部分がある。現代では、国際人権規約や多くの国の憲法が認める信仰の自由が、フランスの政教分離原則に基づくヴェール禁止

────────

(4)近代植民地が宗主国から来た支配者と現地の被支配者（先住民）だけで成り立つ例はあまりないだろう。被支配者でもアメリカ大陸なら先住民とアフリカ系黒人、東南アジアなら「原住民」と中国系・インド系やアラブ人などの「外来東洋人」の扱いを区別する必要があった。たとえば東南アジアの「外来東洋人」は、原住民の首長や貴族が支配の手先としていくらかの政治的権利ないし権威を与えられたのと違い、自分たちの集団の自治を除いて政治的権利はほとんど与えられなかったが、経済面では支配者と「原住民社会」の仲介役として、「原住民」より自由な活動のチャンスが多かったとされる（それがナショナリズムに排撃される理由にもなる）。

法や中国の過激化除去条例と衝突するような問題も起こっている。女性にヴェールを強いることも信仰の自由に反するが、ムスリム女性自身にとってヴェールがその立場の表明という積極的な側面も指摘されるなど、法と社会との関係は単純に切ることができない面をもつことに注意が必要である[5]。

　もうひとつ、法律や**裁判**に関する実務を行う人の問題もある。大前提として、多くの古代帝国や近代国家のように、政策・命令や法律・制度の執行を担う大規模な官僚制が成立する社会と、貴族制・封建制など私人による執行が広く認められている社会がある。その下で、近代なら法務官僚以外に検事・弁護士・裁判官や司法書士など法実務の専門職が成立するし、前近代にも科挙の「明法科」で法実務の専門家を選んだり、平安・鎌倉期の日本のように法律を専門とする家柄が成立することもあった。他方で古代ギリシアの民会で選ばれる官吏や中世〜近代イギリスの治安判事、現在の裁判員など、良識と教養あるアマチュアが司法の場で重要な役割を期待されることもあった。近代不平等条約下での「領事裁判権」なども、そこに法律専門家がいるとは限らず、別の役職を持つ者が便宜的に裁判を行うことがありえた。**警察**機能も同様で、公的な機構がそれを担当する場合と、村や地域のコミュニティやそこにいる有力者が作る自警組織、時にはヤクザや暴力団が前面に出る場合がある。前章で見た武士階級も、警察・治安維持機能の執行が基本的な役割だった。

2．社会と「制度」「体制」「秩序」

2.1. さまざまな制度・体制

　一般の歴史好きには意外かもしれないが、専門の歴史学では、「法律」以外のさまざまな決まりや仕組みも含めた「**制度**」の復元を目ざす研究が、人物論や権力の興亡以上に重視されてきた。その場合の「制度」は法律の規定とほぼ一致する場合もあるが、それを超えたりはみ出る要素をもつのが普通である。君

（5）この部分は向正樹氏のご教示による。

主制や共和制など各種の政体［→第 7 章］、それに「封建制」のような社会のし
くみは、「制度」の代表的な例と言えるだろう。なお、ある社会や国家を支配し
ている仕組み（レジーム）の意味合いでは、資本主義体制とか独裁体制、ある
いは日本政治の 1955 年体制、独立を失った場合の「植民地体制」というように
「体制」の語もよく用いる。大きなものでは東アジアの「冊封体制」［→第 4 章］、
ヨーロッパのウエストファリア体制、ウィーン体制、ヴェルサイユ体制、第二
次世界大戦後のブレトン・ウッズ体制等々、国際的な秩序やルールの総体を指
すこともよくある。そうした大きな「制度」や「体制」は、第 3 章で述べた時
代区分の指標になることがよくあるし、時には同じ制度を共有することが第 4
章の「地域」の形成要因とされるケースもある。

　その他、身分制や貴族制、家族・婚姻制度、財産に関する制度などが、共同
体や国家のありかたを規定ないし包括する制度［→第 9 〜 11 章］として扱われ
ることが多い。「天皇制」[6]ももちろんである。ジェンダー史における「家父長
制」［→第 11 章］なども、その社会のジェンダー構造を代表する概念である。
他方で、行政制度と官僚制、議会制度、司法と裁判制度、地方統治ないし地方
自治の制度[7]、警察制度や軍隊制度、国籍や出入国管理の制度、税制・通貨制
度、教育制度や入試制度、医療制度や社会保険・社会保障・福祉制度、権力そ
の他による叙勲・表彰や処分の制度などは、国家・社会の下位の特定領域の重
要制度という角度から研究されることが多いであろうが、死刑制度の存否、国
籍や出入国管理など、国際的なホットイシューに直結するものもある。国籍を
出生地主義で決めるか血統主義に立つか（後者の場合は父系・母系のどちらを
優先するか平等に扱うか）、出生地や両親の国籍によって生じうる二重国籍を認
めるか否かなどの問題がある。また出入国管理は外国籍（あるいは無国籍）の

---

(6)［網野 2008（1984）など網野善彦の研究が特に有名か。その他、［網野ほか（編）
　　2002］に収められたような多くの研究がある。
(7)歴史上の帝国や王朝が各地方やそこにいる豪族などを支配する制度をどう築いた
　　かという研究と、近代だけでなく前近代でも各地方・地域（ヨーロッパの自治都市
　　などに限らない）がどのような自律性を有したかという研究のどちらも、歴史学の
　　重要な一部をなしている。幕藩制解体後の明治期に地方制度と地方社会がどう再編
　　されたかを問う飯塚一幸［2017］などは後者の例である。

人々に、自国の内部でどんな在留資格と権利・義務（職業と納税、国際結婚・離婚と子供の養育・教育等々）を与えるかと連動しており、移民・難民をどの程度受け入れるか入れないかという問題とも密接な関連をもつことは、基礎的な社会人の素養として思い出すべきであろう。

　国家以外の、宗教教団や政治結社、村落共同体やギルド、企業や各種法人といった団体・組織［→第10章］に関する制度も、国家がそれらについて定めた仕組み、団体・組織の機構や内部ルールの両方の面で見逃せない。「被差別民」と同様に、「秩序の外で生きるアウトロー集団」も制度・体制の面からとらえられる部分がある。そうした各種の制度の中でも、選挙制度（制限選挙か普通選挙か、議会は一院制か二院制か、議員の選出は小選挙区・中選挙区・大選挙区のどれで行われるか、大統領や知事・市長などの地方首長は直接選挙か間接選挙ないし任命制か、直接選挙の場合、第一回投票で過半数を取った候補者がいない場合にどうするか…）をはじめ、歴史上および現代世界の実態が多様であり、しかも**社会科教育・主権者教育**の一環として重視されるべき領域は少なくない。裁判制度（何回裁判を受けられるか、容疑者・被告の防御権はどのように保証されているか）はもちろんだし、税制（前近代では収穫への課税、人頭税、労役、資産税、関所や港の関税、近代なら所得税などの直接税か消費税などの間接税かといった比重の違い、それに徴税・納税はだれがどこでするのか、直接税の場合一括納入か費目や納入先ごとの納入か…）から家族・ジェンダーをめぐる仕組みまで、そうした例は容易にみつかるだろう。現代日本でも、世界唯一の部分が多い戸籍制度[(8)]や婚姻と姓に関する法律・制度（現在、法律で

---

(8)戸籍制度はもともと、徴税など住民管理の仕組みとして中国で発達した。それは「原則として人民は戸籍のある土地に居住するべきである」という理念をもち、戦乱や生活困難などで移住した人々を原籍地に戻す政策がしばしばとられたがその完全な実現は困難で、実際の居住地での登録や納税を認める政策も広がった。現代中国やベトナムでは都市戸籍と農村戸籍が区別され、後者に属する人々が生活のために都会に出ても都市戸籍保持者と平等な扱いを受けられないことが問題にされている。現代日本では明治民法下の家制度は廃止されており移動・居住も自由であるから、「住民登録」とは別の「本籍地」の必要はないはずだが（出身地や家族関係などをたどるには別の方法もあるだろう）、なぜか戸籍制度が維持され、かえって部落差別な

夫婦同姓を強制している国は日本だけである。他方、同性婚を法律で認める国が増加している）に関心が高まっていることも、ここで書くまでもない。こうした諸制度の代表格として、国民主権や三権分立がうまく機能するかどうかに影響しがちな官僚制の問題を整理しておこう。

資料9-1　官僚制の機能と統制方法

　ウェーバーが前近代の君主の道具であるような「家産官僚」と、明確な機能分化・指揮命令系統をもつ近代国家の官僚を区別したことがよく知られている。**官僚のリクルート**の仕組みが、前近代（門閥貴族などから選ぶか科挙のように試験で選ぶか、有力者の推薦や親の地位による子供の任官［恩蔭制度］などをどの程度認めるか。また地域ごとのバランスをどうするか）も含めて国家・政府にとって重要な意味をもつことも、広く認められている。ところで近代国家においては、私人の自由を広く認める一方で、公的な法や制度の執行権限については官僚制がこれを独占するのが正しいと考えてきたが（たとえば私的な軍事・警察行動や徴税を認めない）、いくら官僚と政治家は利潤追求ではなく公共の福祉のために働くのだと言ってみても、大きな権力や権限の独占は汚職や政権との癒着などの腐敗につながりやすい。それは前近代の官僚組織と変わらない。それを防止するために、近代民主主義における言論や政権交代、三権分立などの仕組み以外にも、現代を含む中国で発達してきたような監察・汚職取り締まりの特別権限をもつ役職・官庁を作る方法その他いろいろなやり方が考案・導入されてきたが、どれも万能ではない。**官僚制の肥大**の場合で言えば、20世紀末以降の日本を含む西側諸国のように公務員へのバッシングを繰りかえしてその数をとにかく減らし、「民間の活力」や営利企業式の働き方を導入すればよいかと言うと、それがかえって「モリカケ」のような官僚の不正の温床となったり、保健所を減らしたために新型コロナウイルスに対応できないなど、より悲惨な事態を招くケースも少なくない。同様に、官僚が政治家を動かすのでなく政治家が官僚を動かして政策を実現するのだと言っても、大きなビジョンや専門家の意見を踏まえた判断能力がない政治家が官僚を支配すれば、忖度や保身がはびこるだけである。

どに利用されているのは不可解な状況である。

2.2. 制度と社会

課題 9-2
平安時代以降に律令官制が崩れて貴族などによる地位と職務の世襲が広がるのは、単に律令以前の氏族制が復活したと考えていいだろうか。

課題 9-3
国家・社会に必要な公共機能を、個人や団体が私的に担当することが制度として認められている社会が歴史上には（現代資本主義社会を含めて）存在している。どんな社会でだれがどんな機能を担うか、いくつか例をあげよ。

　章の最初にも述べた通り、法や制度があれば全員が従っていると速断するのは軽率だろう。第7・8章で見たような積極的な反抗・転覆の動きや、また野党などによる改革の動きを別としても、個々の法律や制度が有名無実化する例はどこにでもあるし、法・制度の悪用や「法の網目をかいくぐる」行為、果たすべき義務を果たさずに権利だけ行使する「ただ乗り」なども、権力者やその取り巻きにかぎらずよく見られる。交通法規や政治家の摘発に見られるとおり、強制力をもつ側が取り締まりコストや政治的影響力を考えて一部しか取り締まらないのも、普通のことだろう。それにしても、たとえば日本の律令制が形式上では明治維新まで存続したことは、何の意味ももたなっただろうか。近代社会では、建前や名目は意味がなく、実態とそこでの利害の方が大事だと考える発想がよく見られるが、それは人が建前に動かされる面、建前を利用する面などを軽視することにならないだろうか。

　そもそも人（の意志や行動）と制度や形式の関係は、単純に前者が本質で後者は道具と割り切れるのだろうか。おそらく現代哲学はそうは考えない。社会史やポストモダンの歴史学［→第10章、12章、付録3］では、人間の行動をプラティーク（慣習的・無意識的な行動）とプラクシス（意識的な行為）の両面からとらえようとする。また個々人の意思や選択以前に存在する、ある社会

の「構造」（文法と言ってもよいか）を重視する「構造主義」、これに対して個人や集団の認識や行動が積み重なって人々を拘束する「制度」として立ち現れるという「構築主義」の両方が現れた。

　ある制度が国家のどの部分をカバーし、だれによってどのように担われているかも注意すべき問題である。近代国家・社会にも特定の個人や集団だけをカバーする制度は至る所にあるが、それは国全体としての統一性や「**法の下の平等**」と両立しなければならない。換言すれば建前上は、特定の人々に制度的「特権」を与えることは許されない。しかし前近代には、第7章や第10章の内容とも関連して、より複雑な状況が見られる。これについてすぐに思い出される例は、中世ヨーロッパや日本の「封建制」、遊牧国家や東南アジアの「マンダラ権力」［→第7章］などの、地域や身分・集団ごとに違った支配体制や法制が敷かれる仕組みだろう。それは通常、統治理念や国家構造、諸勢力の力関係から説明されるが、すべてが不平等で下層の人々には一切救いがなかったというわけでもなく、社会の変化によって、前近代でも奴隷身分が層として上昇し自由民の（場合によっては特権身分の）権利を獲得するようなことがおこりえた。

　それ以外に制度の適用範囲や担い手の変化が、いわば「小さな政府」のもとでの「委託」「**請負**」、それによる担い手の多元化などの理由でおこることも、「大きな政府」が財政難で維持できなくなった現代新自由主義社会における「業務委託」「アウトソーシング」の一般化を踏まえれば、大事な視点だろう。たとえば律令財政が破綻した平安中期[(9)]以降の日本では、氏（氏族）がそれぞれの職掌をもって天皇に奉仕する大化前代からの仕組みには戻れず、一定の利権（得分権）と引き換えに特定の職能や国家業務を世襲的に請け負わせる「官司請負制（家職請負制）」が成立し、そこに第11章で見る**日本型の「家」**が成立してゆく（法律の家、和歌の家、陰陽道の家等々が成立する。第8章で見た警察・軍事機能を担う家すなわち「武家」もそうである。農耕とそれによる年貢納入を請け負う「名主」職も世襲化してゆく）。君臣契約で説明される欧日などの封

---

(9)最近では9世紀後半の気候変動による農地の大量放棄、感染症の影響なども明らかにされている。

建領主制も、別の角度から見れば、地域の治安維持・裁判・軍事動員などの公共機能を領主に委託する仕組みが完全に固定化したもの、つまりすべてを公権力が行う体制とは対極の仕組みと言える。近世社会や近代植民地の徴税・専売などの請負、日本近世の村請制・寺檀制など、国家が全部自分でやったら大変な（費用対効果が低すぎる）仕事を永続的に、もしくは一定期間ごとの入札制で請け負わせる方法があちこちに見られることも、請負という制度の幅広い効用を表していると理解される。そうした視点は、国家構造の理解を変えることにもつながる。荘園制（荘園公領制）と各種の請負制を基盤とする中世日本は、単純な武家政権の時代ではなく、朝廷・貴族（政治機能）、武士（軍事警察機能→第8章）、寺社勢力（宗教機能）などがゆるやかに国家機能を分掌する「権門体制」のもとにあったとする理論も、その点に関連するものである。

資料9-2　新しい中世日本の国家体制像

　戦後マルクス史学主義が中世を封建領主制にもとづく**武家政権**の時代と同一視した（院政を含めて朝廷は古代権力の残滓と決めつけられた）のを批判して、1970年代から黒田俊雄［1994、2020］が唱えたのが「**権門体制論**」で、中世社会の経済基盤を武士＝農民関係に一元化せず、荘園とそこに見られる重層的な権利関係こそが基本であったとした。また諸権門（幕府だけでなく院や寺社もそれぞれ武士を抱えている点も注意せよ）を統べる「治天」としての院政を、古代の天皇とは違う中世権力のトップと見なした点も、黒田説の特徴だった（→現在では足利義満は「天皇になろうとした」は間違いで、「治天に等しい地位」を得ようとしたという理解が一般的）。20世紀末以降の中世日本国家の研究は、この権門体制論と、佐藤進一・網野善彦など東国を西国とは別の国家と見なす理論［網野1989（1982）ほか］を中心に展開し、最近はそこに摂関制からすでに中世だとする理論、権門体制とは違う室町期の国家体制を解明しようとする研究などが加わっている。また中世国家の一部としての寺社勢力を重視した黒田俊雄が唱え、平雅行［1992ほか］が発展させたのが「**顕密体制論**」である。鎮護国家の旧仏教を古代的な朝廷権力と結びつけ、「武士（と農民）が開いた中世」を宗教面で体現するのが「鎌倉新仏教」だという従来の説明は、これによって崩された。すなわち親鸞・日蓮らの思想は当時は「異端派」に過ぎず、中世社会（律令体制解体で国家による

宗教護持が困難になった時代）を支配したのは、旧仏教（そこでの「宗派」は近世のような独立した教団組織ではない）が神祇や新来の禅宗・律宗をも取り込みつつ変身した「顕密仏教」であり、それは高度な教学と呪術的な側面（収穫の豊凶などにも影響すると考えられていた）、それに各種の芸術・文化や技術・軍事力などを組み合わせて、上は院・朝廷や幕府から下は荘園・村落社会までを支配下に置くことに成功したと考えられる。「新仏教」が組織化された「宗派」として意味をもったのは戦国時代（さすがに既成の宗教は権威を失った）と考えられる。

2.3.　日本の身分制度

　以上の他にも高校までの理解が単純すぎることがらは少なくない。ここで日本史を中心に身分制［第11章で取り上げる家制度とも深く関係している］についていくつか付言しておきたい。身分には社会の中の力関係によって形成される部分と、国家権力による支配のための住民編成という行政的な動機によって成立する部分があり、下に置かれた身分は法律的・政治的・経済的な権利・地位の差別以外に、社会的・文化的な蔑視（宗教的救済についての差別もよくある）も受けることが多い。東アジアの身分制は、貴族－平民－奴婢のような権利・地位の差別と「良民」「賤民」のような人間の質をめぐる差別の二つの軸を持っていたが、ケガレを忌避する意識が強まった平安以降の日本では、家畜の屠殺を業とする人びとを典型として、賤視される身分が長期に存続した点（インドに類似か）にひとつの特徴がある[10]。

---

(10)日本史では被差別身分の研究も多くの蓄積がある。中世については、もっとも聖なる存在であらゆるケガレからも隔離されているはずの天皇が賤民（そこには「河原者」などとされる芸能民も含まれる。世襲身分制がほぼ消滅した近世中国でも俳優が科挙受験を禁止されていたことなど、芸能民への差別も興味深いテーマである）を統括するしくみが天皇権威の存続につながったとする網野善彦［2008（1984）］の説がある。近世については塚田孝［2019］が都市社会史研究と結びつけた「身分的周縁」の研究で多方面に影響を与えた。

資料9-3　中近世日本の身分と職業

　唐から学んだ律令の身分制（官人、良民と賤民を区別する）や、仏教に含まれたヴァルナ的な種姓観念などを知っていた中世の日本では、身分観念が徐々に、上記のような国家業務の請負制（**職の体系**と呼ばれる－その中世における展開と近世への連続性については［西谷 2006］を見よ。）に結びついていった。ただし職の体系は律令国家のヒエラルキーが変質したものだから、荘園の支配権を見ればわかるように重層性をもち（それをもつ色々な人びとが年貢などの一定割合を受け取る「得分権」をもつ）、しかも権門体制のようなゆるやかなシステム下での請負制だから、複数の上級支配者から別々の仕事や地域を請け負う人間がいくらでも出てくる（たとえば寺院には「武士と無関係な僧兵」がいたというより、寺社の警護なども請け負う侍がいたととらえる方がよい）。すると身分や権利関係自体も多元化し、「一揆」のような理念があっても**内部制裁権**は一元化しにくい（中世はさまざまな層が自己の権利のために、少しでも有利な裁決を下してくれそうな上級権力を選んで訴訟を繰りかえした時代だった）。やがては「下剋上」も可能な社会が出来るのは自然なことだっただろう。

　こうした社会や国家・経済の多元性・流動性を「家」を単位とする一元的な仕組み［→資料11-4］に整理したのが、近世日本であった。幕府の下の藩－村という政治単位、武士・農民・職人・商人などの身分は、すべてそれぞれの地域や職域での排他的な権利と引き換えに、幕府や藩への税役の納入、地域の公共業務への参与その他を永続的に請け負う主体であったが、請負業務はそれぞれの身分集団を構成するイエが「家役（かやく）」として実施するものと想定されていた。それぞれの内部での親族や姻族の作用、「家格の上下」などの影響はあるものの、中世よりはずっとわかりやすい仕組みだった（たとえば「中間搾取」は理念上ほとんどありえない）。もともと中国で「いろいろな民」を意味した「百姓（ひゃくせい）」が、日本で農民身分の意味（ひゃくしょう）に確定したのは江戸時代だろう。ただし江戸時代の「百姓」が実態として多くの兼業を持っていたことは第11章で後述する通りである。

3．制度と人を結ぶ

3.1. 権力の継承

　経済史が「数字ばかりで人が見えない」と批判されるのと同じ理屈で、制度史も批判されることがある。前者に答えるのが暮らしやライフサイクルの研究だとすれば、後者の批判を乗り越えるいとぐちの例は、制度とその運用という古典的なテーマにもある。そこから、政治権力や名誉を争う人々の息づかいが聞こえてくることがあるのだ。以下、市民に必要な政治的素養にもかかわる二つの切り口を紹介する。

　第一は、権力の座の継承と後継者の育成や選定に関する仕組みである［これは第 11 章で扱う家族やジェンダーとも深くかかわる］。前近代の「世襲王朝」の盛衰が後継者の選定や継承争いに影響されるのはもちろん、近現代でも「独立の父」や独裁者など有力な指導者の後継が問題になることは少なくない。

> **課題** 9-4
> トップの座を世襲する仕組みと選挙や合議で選ぶ仕組みには、それぞれどんなメリットとデメリットがあるか説明せよ。

> **課題** 9-5
> 世襲制でない権力者が自分の力を保てるような後継者を選ぶ際には、どんな条件が求められるだろうか。

　王位・帝位などの**世襲**というと長男による継承と考えるのは単純すぎる。それで能力が劣ったり病弱な人間が王位についたら困るであろう。ただし純粋に「実力」で人を選ぶことは可能だろうか。また**合議制**や**選挙制**というのは、現在でも発展途上国でおこるように、負けた側が結果を認めない、武力での争いがおこるなどの結果を招きがちである。そうしたところでは、英雄が後継者の選

定をめぐって政権や国家を混乱に陥れる例も珍しくない（自分のライバルになりそうな有力なナンバーツーを危険視して次々排除し、気がついたらまともな後継者がいない状態になった例、晩年に判断力が低下して悪人や無能な子供を起用してしまう例などなど）。世襲制に立ち戻れば、それが良い意味での英才教育を可能にすることも否定できない（シンガポールのリー・クアンユーからリー・シェンロンへの世襲は「うまく行った」例だろう）。

　そこでいろいろな中間的仕組みが案出・試行される。たとえば王政の場合、仮に王を男性に限って考えても、近代以前は血統を絶やさないためにも一夫多妻で複数の王子をもつのが当然だった。そうすると兄弟間の継承もよく起こるし、他方で年長であっても母親の地位が低ければ（嫡子でなく庶子であれば）後継者になれないという考えも出てくる。母親やその一族（外戚）の力で後継ぎが決まらない場合には、現王（父）の生前の意向や遺言、本人たちの実力（＝実績や人望）、貴族や大臣など有力者の支持といった要素がものを言うが、そうなると前王の死や退位の土壇場での駆け引き、クーデタなども排除できなくなる。王が死んだ際のクーデタなどは政権そのものを危うくしかねないので、あらかじめ「皇太子」を決めておく方法がよくとられるが、それも長子限定の場合と有能な王子が選ばれる場合がある。また、成人の後継者がいない（期待できない）場合には、未成年の新王の母（生母かそれとは別の前王の正妻かで争われる場合もある）や外戚の男性大臣が後見役をつとめる方法、さらに前の王が生前に譲位して「院政」を敷く方法などで、権力の安定化がはかられる。奈良時代の日本の律令のように、国家の最高主権を天皇夫妻、太上天皇夫妻、皇太子夫妻などのだれもが行使できる仕組みが制度化される場合がある。皇帝の「官朝宮」と上皇の「聖慈宮」が同等の権限を有した大越の陳朝（1226-1400）[11]、それぞれ別の王族が管理する「東王宮」と「西王宮」がこれも同等の権力を持った13〜15世紀ジャワのマジャパヒト王国、「王」と「副王（二王）」がいた近世

---

(11)陳朝は父系族内婚制で外戚を締め出し、中央の重職や地方の主要拠点をことごとく王族で独占するなど、父系の一族による徹底した権力集中政策を敷いた。ただ末期には、それが王族内の激しい争いを招いたことが衰退の一因となった。

シャムやカンボジアなど東南アジアの例も、第 7 章で述べた通り双系制親族構造のため血統の力が弱く実力での王位簒奪が珍しくない（＝いくら血筋が良く前王の寵愛を受けても、年少で経験・実績の無い王は弱い）東南アジアで、二重王権による内部抗争の危険と引き換えに、主権の複数化による国家の安定化を選んだものだろう［桃木 2011］。

「万世一系の**天皇制**」が世界的に見ても極めてユニークな継承制度だということが間違いない。ただ「弥生時代から天皇制があった」ような理解が歴史学失格であることは言うまでもない。一族内部での大王位の世襲が強く意識されたのは、継体朝以降のことである。また、女帝＝中継ぎ論はジェンダーバイアスの産物で、当初は家族原理も双系制的だし、性差より一族の年長のリーダーとしての経験と能力、有力者の推戴などが即位のカギだった［義江明子 2011］[(12)]。男子の直系継承が確立するのは外戚（藤原氏）の支え——王家と外戚の二つの集団が世代を超えて維持する権力というモデルも安定化には有効であり、そこで藤原氏の権力私物化を悪く言うのは必ずしも正しくない——が制度的に固まった平安中期のことであり、その決定権を父方に一元化しようとするのが院政であった。しかしそれは天皇自身の決定権の弱まりとセットであった［第 7 章で見た権力と権威の分離］。こうした変化の背景にはおそらく中国から諸制度・思想を輸入しながら易姓革命の思想を拒否した日本の選択（中国のように専制権力を持てば失敗した皇帝は倒される）があったと見られる。

3.2.　肩書きとその意味

第二は「肩書き」の分析である。近現代でも君主だけでなく政治家・経済人などについて該当する場合があるが、前近代では特に「偉い人」は長々しい称号や多数の肩書きをもつ。そこで名刺をもらったり訃報・墓碑などを読む際に、

---

(12)河内祥輔［2014］によれば、両親とも大王家に属する者があるべき大王（天皇）とされ、子孫への直系継承も期待された。そうでない者が即位した場合は、男女を問わず中継ぎと見なされた。

その称号の種別や部分部分の意味、どの部分がその人の本当の仕事や地位を表し、どの部分は名誉称号にすぎないかなどを分析することが必要になる場合がしばしば見られる。たとえば人間を功績や血筋で区別する「爵位」としては、「公侯伯子男」の五等級が知られているが、秦漢代の中国にはそうした貴族だけでなく自由民以上の男性すべてを格付けした「二十等爵」があり、中華帝国の「個別人身支配」の根拠とされている（功績や刑罰に従って昇降し、持っている爵位により労役免除や罪の減免などの権利を得た）。似た仕組みは陳朝・黎朝などのベトナムでも採用されていたらしい。近世のシャムには水田面積の大小で奴隷から貴族までの格付け（実際に支給ないし保有される土地面積ではない）を表示する「サクディナー」という仕組みがあり、やはり刑罰の重さなどと連動していたとされる。一方、官僚制[13]が整うと、そこではランク（地位を表し基本給にも連動する）とポスト（職務を表しそれによる手当がつくこともある）のシステムができる。問題は官僚のランクも「正一位」とか「秩六百石」など数字で表せばわかりやすいものを、唐代中国ではランク（散官）も文官の正三品なら金紫光禄大夫、武官の正五品上は定遠将軍などと、実際にポスト（職事官）名として存在しそうな（前代に存在したこともある）肩書きで表す。そこにいろいろな恩典を表す称号が加わったり、令外官が出来るとそのポストも追加表記されたりする。朝廷と幕府のような二重政権が制度として固まっている国家では、両者が同一人に対して別のポストを与えるような例もある。

　こうした仕組みは日本を含む周辺諸国にも影響した。たとえば11世紀後半の大越（ベトナム）でも、肩書きからわかることがある。

---

(13)前近代中国史を習うと「官」（原則として、魏に始まる九品に分ける方式などによる品級を持つ者）と「吏」（それを持たない者）の区別が絶対で、両者を一緒にして「官吏」と呼ぶのは間違いだと教えられるなど、世界各地で「役人の世界」には独特のややこしさがつきまとう。

資料9-4　大越の官制と権力構造

　10世紀に中国から自立した大越で最初の「長期王朝」となった李朝（1009-1226）で、宋の王安石の出兵を撃退したことで知られる軍人李常傑（1019?-1105）の引退時の肩書きは、「推誠協謀保節守正佐理翊戴功臣・守中書令・開府［儀］同三司・入内内侍省都都知・検校太尉・兼御史大夫・遙授諸鎮節度使・同中書門下平章事・上柱国・天子義弟・開国上将軍・越国公・食邑一萬戸・食実封四千戸」であった（1100年の「安獲山報恩寺碑記」）。唐の後半から宋の初期にかけて（神宗の「元豊改革」以前）の制度に従っていると思われるので、最初が功臣称号、次の中書令は元来中書省の長官を表すがここでは名目化している。検校太尉の検校は実際のランクより上の地位につけるための肩書きか（太尉はもとは軍事の長官だがこれも職事官ではない）。開府儀同三司は従一品の文散官。入内内侍省都都知は内官（君主の身の回りの世話をする役人）のトップの職である。御史大夫は「兼官」の最高のもの、「遙授節度使」はおそらく引退者に与える名誉職だが次の「同中書門下平章事」は唐の後半以降の宰相の職を表す。上柱国は「勲級」と呼ばれる格付けのトップ、上将軍は唐代なら中央軍の「衛」の司令官で従二品、国公が郡王の下で公爵の最上級、食邑も地位を表すだけ（一万戸は親王レベル）なのに対し、食実封は給与の一種であったが唐末以後は支給されず、やはり地位の表示に転化している。要するに李常傑は宰相の職にあり文武の最高レベルの散官も持っていたのだが、その権力は内官のトップの職と近衛軍のいくつかある軍団（衛）のトップの職の二つに由来したと考えられるのである。彼自身は宦官だったらしく、幼帝の生母として宮中の実権を握った皇太后と組み、内廷と近衛軍を握っていたことは間違いない。中国でも、唐の後半に内廷を押さえた宦官が近衛軍の指揮権も握り、朝廷全体の実権を掌握したことは有名な事実である。

　なおこうした官制や爵制について、必ず肩書きやポストが先にあってそこに人が任命されるとは限らない点にも注意が必要である。現在でも企業・団体などで特定の功労者や有力者の処遇のために特別なポストを新設する場合がある。前近代でも、ある地域の支配者にそこの長官の称号を与える際に、その人物の朝廷での格付けや功績によって、前任者は「知州」だったが後任者は「知府」

にされるといった例がある。またある役所のポストへの任命は、必ずすでにそ
の役所があるとは限らず、元朝の「行省」（行中書省）などは元来、任命された
長官・副官等とそれが率いる軍団・ブレーン集団など人の集団を意味するもの
だった。近年の大学で増加している「特任教員」（令外官にたとえられる）と既
存の学部や研究室の組織との関係を考えても、こうしたテーマの現代性が想像
できるだろう。

第10章

社会と共同体・公共性の歴史

　人類は最初から「社会」を持っていた。また「国家」を有したのちも、一方で東アジアに典型的に見られる国家がすべてを支配する思想、他方で今日の新自由主義のごときすべてを個人とその道具としての企業・団体に還元する思想にもかかわらず、個人と国家の間に、しかも国家に先行して、ある全体性や公共性をもつ「社会」が存在し、そこでの闘争なり約束事（社会契約）なりによって結果として国家が成り立つという思想も、一貫して存在する。資本主義の非人間性に対して個人の意識でなく社会を変えようとした「社会主義」もこの土台を共有していた。学術上でもそのような「社会」に着目する思想は、「社会学」はもちろん、国家単位の歴史にうんざりした歴史学者がより広く自由にものを見ようとして「社会史」や「地域社会論」を掲げる前提ともなった。そうした「社会」、そこに存在する「共同体性」や「公共性」についての研究から、どんな歴史が見えるのだろうか。

公式 29　どの社会にも仲間同士の「共同体」と、強い者・力のある者が他者を支配する場の両側面があり、どちらが強まるかは状況による。

公式 30　ある「民族（ネーション、エスニシティ）」の客観的定義は不可能で、突き詰めると「われわれは同じ○○人だ」「あいつらは××人だ」などの「共同幻想」や「レッテル貼り」にしかならない。「人種」や「語族」もやはり「どれとどれを分けるか」を完全に客観的に決めることは不可能である。

公式 97　社会主義思想には、資本主義より進んだ豊かな社会を作ろうという発想（例：ソ連）と、資本主義で破壊された人間の社会的な結びつきを回復することを重視する発想の二種類がある。

1. 社会とはなにか

1.1.「国家」と「社会」

　前章ですでに法律・制度と**社会**のかかわりについていろいろ紹介したが、あらためて社会とは何かを考えてみよう。「人類社会」は初期には**国家**を持っていなかった。またフランス革命（環大西洋革命）以来の近代国家は、「国家とは別に自律的に存在し、国家形成の前提となる」社会の存在を想定してきた。それは近代市民社会の観点では公共善のための社会契約の主体となるものだったが、マルクス主義［→付録2］においては社会を分裂させ社会性を失わせる階級構造が成り立つ場でもあった（＝国家の役割はそこで階級支配の装置として機能すること）。個人や企業だけが国家・世界を成り立たせるかのような新自由主義を含む資本主義を批判する「社会主義」思想は、公共善としての社会を回復しようするものと理解できるだろう。学問としても、このような国家と別の社会という観念抜きに「**社会学**」という学問は成り立たないはずである。国家と別に社会が存在することを前提としつつ、日本ではあまりなじみがないが、ヨーロッパ史などでは「**国制史**」の研究が古くから行われてきた［→第7章］。また、歴史学が国民国家の歴史を乗り越えようとした際にマルクスらの「原始共同体」や「共産主義社会」を含む「社会経済史」、それに日常生活のあらゆる領域をとらえようとしたアナール派の「**社会史**」などがその旗頭たりえたのは、国家より広い（国家に先行する）存在、国家以外のあらゆる人間生活のあり方を包含するものとしての「社会」という共通概念にもとづく現象だったろう。

　国家の側からする社会とのかかわりの議論をもう少し続けると、現代歴史学においてはさまざまな社会集団・利益集団の寄り集まりとしての社団国家（やコーポラティズム）、国家を社会と等置し独自の「社会」の存在を認めない専制国家（7章で見たように自由なのは君主だけだという古典的な「東洋的専制」論とは別）など、国家概念の多様化が進んでいる。「社団国家論」はもともとは、「絶対王政」を国家による臣民の直接支配を行う体制でなく、地域や身分や

職業・社会階層ごとに組織され制度的な自律性（紛争の主体となり成員に対する制裁権などを含む一定の「特権」）をもつ社会組織（**中間団体**、社団）の集合体と見なす考えを指す。似た権力構造の概念として、国家と社会組織の有機的な結びつきを強調するコーポラティズムがある（イタリアのファシズムもその理念を使用）。日本の大政翼賛会→伝統的な自民党政権、それをモデルにしたインドネシア・スハルト独裁政権の「ゴルカル」、ソ連型社会主義（共産党が全てを動かすのではなく、共産党の指導下で各社会組織が実際の経済・社会を動かす）なども、同様の捉え方ができるかもしれない。それらにおいては、福祉や国家の資源分配は各自が所属する社団などの組織を通じてしか受けられないのが原則である。他方、**専制国家**の「本場」とも言うべき東アジアでは、国家と社会の対比・対立の代わりに、しばしば「官」と「民」の対立が意識され（国家＝官の下ないし外にある「民間社会」という感覚はあるだろう）、前者を「公」であり善なるもの、後者は「私利私欲を追求する愚かな存在」と見なす独特の「官尊民卑」の思想が発達している。

1.2. さまざまな集団・団体と社会構成

> **課題** 10-1
> 日本社会ではなぜ本人の能力・実績よりも会社・学校などの所属がよく問題になるのだろう。それは日本社会のどういう特徴を反映しているのだろう。

> **課題** 10-2
> 歴史上で社会的弱者を助けてきたのは、国家以外ではどんな人や集団・組織だったか、代表的なものをあげよ。

　では「社会の歴史」の対象になるのは何だろうか。そこでは村落と都市、家族・親族、職業団体や宗教組織、身分集団（日本の「えた・非人」その他さまざまな「賤民」も）やカースト・年齢集団（例：若者組）、少数民族や移民・難民、企業や労組、学校・官庁など、マジョリティ・マイノリティを問わないさ

まざまな集団の形態と、そこでの国家との関係や個人のありかた、集団同士の関係などが取り上げられる。それらの集団を社会学的に類型分けしようとすると、古典的にはゲマインシャフト（イエやムラなど、個人にとっては「最初から存在し」帰属を選べない組織）とゲゼルシャフト（会社や政党などある目的に従って意識的に形成される組織）の区分が出てくる。また国家の基盤になるような大きな社会を分けるには、団体型社会（社団国家が成り立つ）と非団体型社会（それを許さない専制国家や新自由主義の社会）などの区分も意味があるだろう。この両者の典型としての日中社会の比較［與那覇2014］が話題を呼んだこともある。また非団体的・非制度的な人々のまとまり方、つながり方というものは、全体としてタイトな団体的あるいは制度的構造をもつ社会にも必ず現れる。それを分析するには、パトロン・クライエント関係（有力者と被保護者との非対称な関係。ヤクザ社会もその一例）や、多数の人間関係のネットワークに着目する場合が多い。

　社会の研究としては、「社会問題」「社会思想(1)」「社会運動」「社会事業・社会政策」などの領域もよく取り上げられる。たとえば貧者・失業者、孤児・寡婦・老人や病人・障碍者、被災者・難民等の社会的弱者とその救済は、古代から一貫して重要な問題であり続けた。他方には、近現代社会で浮上する貧困・格差や差別、劣悪な居住・生活・労働環境（「スラム」「インフォーマルセクター」「ブラック企業」などの問題群）等の「社会問題」と、それを改善しようとする「社会思想」や「社会運動」（労働運動、市民運動から社会全体を変えようとする「革命運動」まで多様な形態をもつ）、民間の「社会事業」（チャリティ、ボランティア活動その他）や政府の「社会政策」（社会福祉・社会保障や公共事業、失業者対策や職業訓練、居住環境の改善などなど対象は広い）などの問題群がある。近現代では貧困や弱者の問題を検討する材料としてのさまざまな「社会調査」が行われ、それにもとづく処方箋作りや社会の「設計」「管理」に、「社

---

(1)現実の社会への保守・改良・革命などの思想を中心に、広義には人間社会に関する世界観・哲学、社会状況の分析・解剖、あるべき社会秩序の実現方法などを論じるものを「社会思想」と呼ぶ（河合栄治郎の分類）。

会工学」（「工学の時代」20 世紀を先導したアメリカやドイツだけでなく、北欧
福祉国家などでも大きな力をもった）や開発学（植民地学から多くを引きつぎ
つつ、第二次世界大戦後の南北問題や先進国を含む弱者・マイノリティの「エ
ンパワーメント」のような概念とともに広がりを見せた）なども含む多くの学
問領域がかかわってきた。

2．社会史という方法

　第 1 章で見たように、20 世紀後半の歴史学には、ヨーロッパ諸国などで発展
した「社会史」の方法論や視角が大きな影響を与えた。1970〜80 年代に日本で
ブームを起こしたフランスの「**アナール学派**」(2)以外にも、英独伊などそれぞれ
の展開があった。たとえば代表的な名著から歴史学の動向を紹介する［樺山
（編）2010］には、イギリスのブリッグズの『イングランド社会史』（1983 年）
が紹介されている。同じく取り上げられているイタリアのギンズブルグの『チー
ズとうじ虫』（1976 年）などの「ミクロストリア（ミクロヒストリー）」も社会
史の中で発展した心性史などと関係が深いとされる。

　社会史の研究は共通して、経済学、言語学、**文化人類学**や**構造主義**理論など
他分野の方法を取り込みながら、（1）成人男性エリートの視点により「天下国
家の議論」ばかりする、国家（国民国家）と政治が中心で文献史料を偏重する
（口頭での証言は価値がないなどの偏見）、そして近代をゴールとする発展の歴
史しか見ない 19 世紀以来の主流派歴史学や、（2）それを批判しつつやはり国
民国家や近代主義、理性の絶対視などから自由でなかったマルクス主義などの
狭さを批判し乗り越えようとした。そのために下からの無名の民衆の日常性を

(2)「アナール派」の名のもとになった雑誌『経済・社会史年報』は、リュシアン・
フェーブル、マルク・ブロックらによって 1929 年に創刊された。第二次大戦後、『地
中海世界』の「全体史」を描いたフェルナン・ブローデルらが活躍し、その次の「第
三世代」に属するジャック・ル・ゴフやロワ・ラデュリらの著作を含めて、1970
〜80 年代に英語圏や日本など世界に広く知られた。［竹岡 1990］［ピーター・バー
ク 2005］［福井 2019（1997）］ほか、日本語で読める紹介も多数ある。

重んじて衣食住（の流通・消費）や家族・個人の生活と習俗、遊びや娯楽、女性・子供や老人など成人男子以外の存在、支配階級と農民以外を含むさまざまな階層、さらには人間の身体・身振りや感覚がもつ意味、性と出産などなど、それまで「取るに足らない私事」もしくは「女子供の」「趣味」と軽視されていた問題群に、しばしば**ミクロな視座**から光を当てる一方で、国家中心の歴史学の狭さを克服して「**全体史**」を志し、人々の集合的な「心性 mentalité」の歴史、計量史学や歴史人口学、世界システム論やグローバルヒストリーにつながるようなマクロな問題等々も活発に論じた。

　国民国家の建設・再建と「近代化」「経済成長」を全世界が共通に渇望した第二次世界大戦後の時期——日本で言う「戦後」、世界では冷戦と脱植民地化の時代——が過ぎ去り、それらの「大きな物語」への疑いと、従来型の社会主義・共産主義とは違ったかたちの社会変革を希求する動き[3]（「1968年」に世界で噴出した異議申し立てを思い出せ）が広がった時代を背景に、しかし食うに困らずだれもが趣味を楽しむ余裕が出て来た先進国住民の豊かさを基盤として、社会史は大流行したものと考えられる。この社会史の試みは、歴史学の幅を大きく広げ多数の新しい研究領域を開拓した一方で、「問題意識」「グランドセオリー」などを欠いた趣味的な研究を増やした、取り上げる事例がヨーロッパに偏っているためヨーロッパ中心主義を再生産した（いずれも日本で最初の世代より後に深刻化したように見える）などの批判もある。

　また、主観的な意識や心性（思想の発信者だけでなく受け手にも注目する点が、生産ばかりだった経済史で消費に着目したのと同様の効果をもたらした）への注目は文化史研究においてより先鋭化して、事実としての歴史の解明を断念・放棄し、言説・表象の分析やそれが作りだす社会的言説の研究に集中する

---

(3)『歴史のための弁明』［ブロック2004］の原著者マルク・ブロックが対独レジスタンスに加わって銃殺されたこと、ブローデルがドイツ軍の捕虜収容所のなかで『地中海世界』の原型を書き上げたことなどは、アナール派が各国のマルクス主義者に親近感を持たれる理由にもなったと思われる。ブローデルの資本主義論に影響を受けたと自認するウォーラーステインの世界システム論がマルクス主義の一派と見なされることなど、実は社会史とマルクス主義の接点は少なくない。

（＝苦労して原史料を読まなくてよい楽な世界に閉じこもるという側面をもつ）
「歴史＝物語り論」その他ポストモダニズムの諸傾向［→付録 3］を産み出す方
向に進んだとも言える。

資料10-1　日本における社会史の影響

　ヨーロッパ社会史の刺激を受けて日本でも、二宮宏之（フランス革命の研
究など）、阿部謹也（ドイツなどの中世史）、またグローバルな生活社会史を
追究した角山榮［2017（1980）『茶の世界史』］・川北稔［1996『砂糖の世界
史』ほか］ら、日本の西洋史学でも独特の研究が生み出された。文化人類学
などと共通点の多い日本「**民俗学**」の視点も取り入れ、農業中心史観への批
判や天皇制の新しい理解など多くの問題提起を行った日本史の網野善彦も、
社会史ブームの中で活躍した（日本に存在した「アジール」と原初の自由な
世界を描いた『無縁・公界・楽』［網野 1996（1978）］がよく読まれた）、そ
こでは、戦後歴史学の洗礼を受けた世代の、それが持っていた抽象的な社会
経済構造や人民の理性的な闘争、生産と農村・農民や工場労働者などに偏っ
た姿勢を相対化し、乗り越えようとする意志があったとされる。

3．共同体と公共性

3.1. 共同体と共同性

　単なるロビンソン・クルーソー的な個人の寄り集まりでない「社会」という
発想は、そこに助け合い・支え合いなどの「**公共性**」ないし「共同性」を想定
し、現実の社会をそれらを実現する場としての「**共同体**」と見なしたり、存在
するはずの共同体を探し求めたりしてきた。個人を自立の一方でばらばらな存
在とする（「アトム化」する）傾向をはっきりもつ近代社会においては、伝統的
な共同体が個人の自由を束縛してきた面が認識されるかたわらで、新しい公共
性・共同性の希求も繰り返されてきた（共産主義も含む階級構造や階級闘争の

研究の一方で、共同体・共同性とそれを担う主体の研究——古典としては［大塚2000（1955）］の共同体論や［ハーバーマス1994（原著1961）］の公共圏論[4]など——が続けられた）。

　そのような背景のもと、社会学や人類学だけでなく歴史学でも、団体・集団ごとの共同体的性格の研究とくに**村落共同体**研究が盛んに行われた。近代日本でも、「伝統的な」村や家について（それは多くの場合、個人を縛り近代化を阻む、克服すべき対象として）膨大な研究が行われた［家については第11章を見よ］。ところが最近は都市化の進展にともなって村落研究の切実感や人気が薄れ、むしろ**都市社会**の歴史の研究が活発化している（例：ロンドン、江戸や大坂の町の歴史の研究）。いずれにしても共同体ないし共同性の研究では、その担い手、成員の資格と権利義務や「よそもの」の扱い、結びつきの核——思想や原理、イスラーム社会のワクフなどの共有財産や、仲間意識を形成・確認する場になる宗教施設・儀礼・宴会や歴史の記憶などいろいろな要素が分析の対象となる。また、「領主」「国家権力」などとの関係（村なら「自然集落」と「行政村」の差異も）、階級・階層支配の論理と共同体性、行政の論理と自治の論理との相克、その他共同体の下・上・外の諸集団やネットワークとの関係にも注意が払われる。

　なお余談めくが、19世紀の人類学・民族学[5]が生み出しエンゲルスなどが定

（4）啓蒙主義的なハーバーマス理論に対して言語論的転回やポストモダニズムを踏まえたさまざまな論争が提起されたという。たとえば法社会学のルーマンとの論争［ハーバーマス、J；N・ルーマン1984など］が有名である。

（5）聖書が描くのとは違った人類の歴史があることは、まずイエズス会の宣教師によって「天地創造」より前の中国史が紹介されたことから認識され、人類学・民族学による「未開人種」が続いて「原始社会」の様子を紹介したことで決定的になった。そこにダーウィンの進化論が加わって、神の計画によらない人類進化の歴史が（劣等人種の存在などの偏見とセットで）語れるようになった。エンゲルス『家族・私有財産・国家の起源』はこれとマルクスの発展段階論を結びつけて、階級や搾取のない原始社会（それは母権制の社会と目された）→階級支配（や男性による女性の支配）の装置である国家が存在する階級社会→ふたたび階級や性差による支配がなくなり人類の共同性が回復される共産主義の社会という図式を提出して、「資本主義社会は歴史のひとつの段階に過ぎない」というマルクスの見方を強化した［→付録2］。

式化してしまった「原始共同体」論や、19世紀のロマン主義・近代批判思想や
ナショナリズムなどが創り出した**「伝統社会」**論の功罪（例：ベトナム村落共
同体論争）にも、いまだに注意が必要である。それらは資本主義近代社会や植
民地主義・帝国主義に対する現実批判（原始共同体論は女性解放にも影響する）
として意味をもったとしても、かつて現実に存在したものと理解するのはいか
にもまずい。

資料10-2　ベトナム村落共同体論争

　ベトナム北部・中部のサー xã（社）と呼ばれる「伝統村落」は、反植民地
運動や抗米戦争、社会主義化（とくに農業集団化）の基盤となった強固な共
同体的結合をもっていた（cf. 団体性の弱い南部ベトナム、中国、タイなどの
村落）。それは公田ないし官田と呼ばれる村落共有田（「私田」より少ないの
が普通だが）、村の守護神を祀り集会所・村祭りの場とされたディン（亭）な
どを核とする結合で、明瞭な境界をもつ集村という集落形態、公田受給や村
祭りの参加権などと結びついた成員資格といった可視的な特徴をもっていた。
その起源や性格をめぐって仏領時代からベトナム内外で膨大な論争が展開さ
れたが、（1）近代化を阻む旧時代の遺制（村人の平等性自体は認める意見と
封建的搾取の隠れ蓑という意見に分かれる）かそれとも近代が失った古き良
き平等性・共同体性を保存する理想の村落か、（2）植民地支配を招いた元凶
か、植民地支配への抵抗の原動力か（「資本主義より進んだ社会主義経済」の
建設基盤になるという意見と、抵抗には有利だが経済的には遅れを温存した
という意見に分かれる）などの点で評価が分かれた。これらの意見はどれも、
こうした村落の構造が古くからずっと続いていたと無前提に信じており、マ
ルクス主義歴史理論を受け入れた社会主義ベトナムの研究者も、アジア的共
同体［→付録2］が、国家の介入や封建地主勢力の発展にもかかわらず近代
まで残存したものととらえていた。
　しかし桜井由躬雄［1987］が明らかにしたように、近世以降の公田の起源
は、15世紀王朝（黎朝）が成立前の大戦乱の結果生じた大量の無主地や敵か
らの没収地を国有地としたうえで、経済の安定や戦乱終了で失業した兵士の
生活保障のためにそれを村ごとに割り当て、村民に支給させたものである。
16〜17世紀には王朝の弱体化や再度の内乱の結果、公田の多くは地域ボスな
どに私物化されていったが、18世紀以降の中央権力はこの傾向をストップさ

せるため一定の税・役の供出とひきかえに公田の村による自主管理を承認した。すなわち、18世紀以降の村落共有田と共同体的結合は近世ベトナムの政治・経済状況の変化にともなって生み出されたものであり、「ずっと昔から存在した伝統」ではない。なお「伝統論」がよって立つ「稲作は必ず共同体の相互扶助を必要とする」という古い理解も、とっくに崩れている。14世紀以前のベトナムで言えば、有力者が自分の隷属民やその他の村人を使役して堤防造成など大規模な作業を行う、実際の稲作は隷属民やその他の農民が家族単位で行う、という形態が一般的だったと思われる。また、1994年に始まる「バッコック村総合調査」などにより、近世以降の北部ベトナム村落では、「ソム xóm」「ザップ（giáp 甲）」などの地縁ないし祭祀集団のような社より下位の地縁集団だけでなく、ゾンホ dòng họ と呼ばれる父系血縁集団も村落の構成要素として重視されていることが明らかになった。他方、社の上には官僚機構の末端にあたる県との間に数村〜十数村を集めた「総」という単位があるのだが（出現は16世紀か）、その機能は明らかにされていない。

　社会が持つ共同性や共同体的性格への注目は、それらの対極にある排除と**差別**（階級・身分や家系、人種や民族、職業、宗教、ジェンダー…）にも目を向けさせ、第8章の暴力論などとの関係も成立する。現代が、意図的・制度的な差別だけでなく、多数派による無意識の偏見・差別が問題にされる時代であることは言うまでもない。それはまた、「公」と「私」を二項対立的に峻別する意識や、個人と国家や世界の間に「社会」を置く思想が後退した時代、個性や個人の選択の良い意味での承認と悪い意味での強制の両面で「個人化」が進んだ時代、いろいろな弱者へのケアが巨大な課題となった時代でもあるから、近代市民社会的発想の「公共圏」の下にあるものと見られてきた家族や友達同士などの「**親密圏**[(6)]」も、重要な探究の対象になる［→第5章、9章、11章、13章など］。

---

(6)［落合（編）2013］など参照。

3. 2. 「想像の共同体」としてのネーションと「民族」

> **課題** 10-3
> 近代以前に身分・階級などの差があってもそれを超えて「民族」意識が成立することがありうるとすると、それはどんな条件下だろうか。東アジアの例をもとに考えよ。

> **課題** 10-4
> 均質なネーションないし民族という観念は、近代国家の形成にどんなプラスとマイナスをもたらしただろうか。

　「共同体」のような結びつきは、制度的な部分をもつ一方で、身分・階級などで区切られない成員の主観的な仲間意識や他の人々との対抗関係に依存することが多い。ここではその代表例として 1980 年代から盛んに議論されてきた「**ネーション**」と「**民族**」の問題［→第 7 章、12 章］を取り上げよう（［アンダーソン 2007］［ホブズボーム 2001］ほか）。

　ネーションはもともとアメリカ先住民の部族などを指して用いられることもあったが、そうした言語や文化を共有するまとまりは今日ではエスニック・グループ（それぞれのグループの特徴は「エスニシティ」）と呼ぶのが普通である。それに対しネーションは、近世ヨーロッパ（代表的にはフランス）やスペイン帝国支配かのラテンアメリカなどで「絶対王政」（王家の財産であるあちこちの領地にちがった方式の支配を行うのが普通で、ある地域が住民と言葉の通じないよそ者の王に支配される事態も日常的に起こった）の打倒を唱えたり帝国からの自立を要求する人々によって、他国とは明瞭な国境で区切られた特定の領土に住み、階級や身分を問わずに全体でそこの運命を決める権利（主権）をもった人民＝国民の意味で使われるようになった。この権利の思想や、それを行使して国家を形成する動きが「**ナショナリズム**」である。この近代的なネーション意識とナショナリズムの生成・普及には、宗教改革と印刷術の発達によ

り、ヨーロッパ共通のラテン語でなく各地域の俗語（自分たちの言葉）による出版が普及したこと、国内各地を転任して回る官僚や各地方から集まる学生などの間でその転任や集合の範囲を「われわれの国土」と考える意識が高まったことなどが契機としてあげられる。宗教改革後に現れ世界帝国も否定して誕生したその**「われわれ」意識**は、神の権威や世界帝国などの普遍性の主張をなしえず、あくまで「沢山の他者（明示的または潜在的な敵＝やつら）」に囲まれた「世界の一部」である点に特徴があった（普遍性を主張するよりどころは「ヨーロッパ」「近代文明」など、神や帝国とは違ったものになる）。

　このナショナリズムの概念は、一定領域に住む人々の意思に従って形成される「国民」の**「領域型ナショナリズム」**と、エスニシティに重なる先天的に決まったものとしての「民族」を主体と見なす**「エスニック・ナショナリズム」**の両方を含みえた。後者に重点をおく**「民族自決」**「民族の自由」の主張は、ウィーン体制解体期のハプスブルク家支配下のスラブ諸民族などに始まり、20世紀にアジア・アフリカに広まる。米仏の革命などの個人の自由（帝国や専制君主、身分制に対抗する意味でその人々の集合を「人民」と呼ぶことも問題ない）がそこで、民族や民族国家の自由（個人の自由はむしろそれを乱すものととらえられがちになり、社会主義者がよりはっきり示したように身分・階級差を強調する意味を持つ「人民」の語は、「民族／国民」や国家のまとまりを分裂させかねないとして、忌避されることも多くなる）に転換する［→資料7-4］。もともと宗教以外に言語・文化や風俗──より広く言えば「華夷の別」など文明による区分と序列付け──で人を分類する発想も強かった東アジア漢字圏でも、「民族」という漢語を通じてストレートにこの理念を受容するが、エスニック・グループとネーションの両方の意味をもつ「民族」の語は、国土（country）・国民・国家機構（state）など区別しない「国」という単語とともに、現在まで続く意味の混乱の原因にもなっている。それを含め、ネーションを近代の産物とする見解には、根強い反対があることを押さえておく必要がある。

資料10-3　ネーションをめぐる論争と東アジア

　アンダーソン（『想像の共同体』の初版は 1983 年）らがネーションとナショ
ナリズムを近代の構築物と考えたのに対し、アンソニー・スミス［スミス
1999］はその母体になる民族的結合（ethnie）が前近代世界で広く成立して
いたことを論じた。なおアンダーソンらの世代より客観主義的とらえ方をし
ているが、ネーションを近代資本主義段階で成立するものと論じた点では、
第 4 章で触れたとおり、スターリンが『マルクス主義と民族問題』（1913 年）
で論じた「民族（ナーツィヤ）とは、言語、地域、経済生活、および文化の
共通性のうちにあらわれる心理状態の共通性を基礎として生じたところの、
歴史的に構成された、人々の堅固な共同体である」という有名な定義の例が
ある。このことは、スターリンがのちに原始・古代の氏族・部族とナーツィ
ヤの間に位置づけたナロードニキについて、日中朝越などの共産主義者がネー
ションと両方とも漢語の「民族」の概念で理解し、「古代からの民族の歴史」
を論じた事実とともに記憶されてよいであろう。

　このエスニック・ナショナリズムは、18〜19 世紀のネーション意識が多民族
帝国からの離脱を促したのと同様に、20 世紀の民族自決と脱植民地化の原動力
ともなったが、冷戦終結後には際限ない民族紛争の根源ともなる。普遍性を主
張する宗教や世界帝国の中で生きてきた人々とはちがって「世界の一部でしか
ない」ネーションの「われわれ意識（アイデンティティ）」はもともと、必然的
に「自分たちと相違・対立する他のネーション＝やつら」を要求しそれとの対
立・競争が促されるという傾向をもつ。またそこでは、神をよりどころにでき
ない近代社会ゆえに、「歴史」や「文化伝統」がしばしばアイデンティティの核
となり、したがって「やつら」との争いの材料になる。これは、もともと宗教
より歴史が政権を正当化する東アジア［第 13 章も見よ］に限らない一般的傾向
である。「インターナショナル」を作っていた社会主義者ですら第一次世界大戦
ではナショナリズムに巻き込まれたこと、第二次世界大戦後の社会主義陣営も
脱植民地化を進めるナショナリズムと結びつきながら勢力を拡大したことなど
は、言うまでもない。

脱植民地化がほぼ終了した20世紀末には、各ネーションの内部でも領域型ナショナリズムの場合を含めて、国民の均質性・一体性の追求（そこではジェンダーはともかく身分や宗教による差別は建前上存在しない）が結果として、現に存在する多様性やもともとの住み分けを押しつぶして少数派の言語・文化等々の個性を抑圧するような側面が露呈した（例：近代日本や現代中国の少数民族に対する強制同化政策）。またナショナリズムと愛国主義が安易に同一視され、少数派の異議申し立てや野党の政権批判が「売国」などの理由で排除されることがしばしばおこる。そこへの反省と、現実の移民の増加などによる多民族社会化のために、「多文化主義」や異質な人々の個性を認めたままでの「包摂」が多くの国・地域で主張され、あまりに激しいグローバル化やインターネットでの言論の暴力性などの前で、十分成果を挙げているとはいいがたい。

3. 3. 「公」と「私」、共同体とその外部

　上記のように、「社会」においては一般に「**公**的」なことがらと「**私**的」なことがらが区別されるが、公共性と私権や私益、公共性とプライバシーなどの区別と相互関係[7]、それぞれの実現のされ方や価値付けは、それぞれの社会や時代によって異なっている。公共性・共同（体）性について、それを素朴に宗教や国家、村社会などと等置することをやめた近代市民社会の思想においては、人と人を結びつける「ソシアビリテ sociabilité」、それが成り立つ公共空間・公共圏などのあり方が問われてきた［例：前述のハーバーマスの理論］。
　共同体や公共空間同士の横の関係、国家や「世界」との関係などが、そのうえで考察される。たとえば、各時代や地域において、だれが村やギルド・身分集団などを超える広い範囲での公共性を担ってきただろうか。一方には私的な

---

(7)たとえば戦後日本では家族（サラリーマンのそれ）を外部から介入されないプライベートなものとする意識が一般化したが、前近代の「家族」はプライベートな存在ではなく、租税・労役負担の単位になったりムラの構成員として存在する公的存在だったこと［→第9章、11章］の認識は、歴史学習で身につけるべき基礎事項の一つである。

活動はすべて私利私欲のためにしか動かないという思想をもとに国家がすべて
を担い指導する、専制国家やソ連型社会主義国家、「国家（国民）共同体論」な
どの思想がある。反対の極には封建制のように、私的な制度や組織が公共機能
（たとえば生産と成員の福祉、治安維持や裁判）を十分担いうるとする思想があ
る。すべてを国家に帰さない社会では、教会など宗教・信徒組織の役割も、し
ばしば経済面を含めて大きなものがあるだろう。また公共機能の私的執行とい
う点では資本主義社会の営利企業の役割も無視できない。「個人があるだけで社
会など存在しない」という新自由主義の極論はおくとして、資本主義経済思想
はアダム・スミス以降も、単純にカネや便利さ・快適さがすべてという議論を
してきたわけではなく、「道徳面を含めて良き社会は、資本主義でこそ実現す
る」と論じてきたことを──しばしばそれが絵空事に終わったにせよ──軽視
すべきではないだろう。それは日本型「会社主義」のような社員の福利厚生を
担うだけでなく、前章でも論じた業務請負や、多国籍企業による外交・軍事機
能の執行など多くのパターンをもつ。請負制や国際的な傭兵活動［→第 6 章、
第 8 章］はなにも新自由主義下で初めて登場したわけではなく、実は人口比で
「小さな官僚制」しかもたない近世中国や近代東南アジア植民地での多様な業務
の有力者による請負制、それに「東インド会社」などのかたちでの軍事活動が
示すように、近世世界では普通のことがらだった。

　「我思う、ゆえに我あり」式の絶対的な**「個」**ないし**「主体」**を先験的に措定
し、それが二次的に相互の関係を取り結ぶという近代思想（だから歴史学の主
対象も一国史になる）を批判して、**「関係性」**を最初から考えようとするポスト
モダンの諸思想［→付録 3］と符節を合わせるように、社会や国家の境界を超
える人、人と人や共同体と共同体をつなぐ者への関心もアナール派やグローバ
ルヒストリーに限らず高まっている［永原陽子（編）2019 に多くの例が紹介さ
れる］。商人と宗教者、留学生を含む知識人、芸能者、そして仲介業者（例：中
国の牙人（がじん）・牙行（がこう））と通訳（通事）などが思い浮かぶだろうが、より集合的に移
民・難民や出稼ぎ労働者などの動きが前面に出ることもある［→第 7 章］。関連
して、イスラーム社会の「啓典の民」、キリスト教社会のユダヤ人などマジョリ
ティにできないことをして社会を補完するマイノリティの役割も大事である。

4．中国「社会」とはどんなものだったか

4.1. 専制国家と社会

課題 10-5
近代国家の政治家・官僚の汚職やそれとのコネで利益をはかる企業・民間人の行動に、以下の中国社会と似た面はないか、考えてみよう。

　現代世界におけるプレゼンスの増大とともに、中国の国家・社会がもつ、従来の近代社会科学理論や「日本の常識」に合わない側面が注目されていることは言うまでもない。そこで、「**専制国家**」のもとで成立した中国社会の諸特徴を整理してみたい。第7章でふれた通り、中華帝国は秦漢時代から、住民一人一人を直接支配し（実際には徴税など「戸」単位での実施が多いが）、公共機能をすべて国家が執行・監督するタテマエをもつ。その結果、公共機能を果たす一方で制度化された排他的な権利（たとえば内部での紛争についての制裁権）をもつ中間団体や、制度的地方自治など、国家の立ち入りを許さない領域は公式には存在を許されない［足立 2012、2018（1998）］[8]。末端の住民を完全に把握し法で取り締まるには十分な権限をもつ大きな官僚制が必要になり、それはインターネット以前の情報・通信システムでは国家（朝廷）がコントロールでき

---

(8)第3章以下で述べた小経営の綿密な研究にもとづくこの理論（直接には［足立2012]）はしかし、地域や時代による偏差以上の問題点が田口宏二朗［2013］によって指摘されていることも押さえておきたい。それによれば足立説は、日中の一国史だけを比較し日本国民専用の中国史像を描こうとする戦後歴史学の視点を引きずっており、日本社会から抽出された団体モデルが中国に不在であることを、基本的に統治エリートの視点で書かれた漢籍史料を使って証明するという方法は根本的な問題をはらんでいる。なおこうした専制国家の基本となった「古典国制」については足立の盟友である渡辺信一郎が、専制国家の「国づくりの論理」に対する「人つなぎの論理」については丸橋充拓が、岩波新書の『中国史』［渡辺・丸橋・古松・檀上・岡本 2020-2021］の中でそれぞれわかりやすくまとめている。国家体制の歴史的変遷については、［渡辺・西村（編）2017］も参考になる。

ない空間（官僚たちが私腹を肥やしたり派閥を作る空間）を生み出すことに必然的につながるので、官僚機構は中規模なものにとどめ、出身地への赴任も癒着の温床として禁止するような仕組みを作る。結果としてその下の地域社会は儒教的なモラルなどによる非制度的・実体的な自治に委ねることになる（支配の裏側にあった弱者や災害の被災者などへの国家による救済もそれほど大規模にはならない）。官僚にも地域社会にも家族・親族にも制度的に排他的な力を与えまいとすると、民事紛争について完全な内部解決を許すことはできずお上による民事裁判が必要になるが、そこでも「一事不再理」の原則は貫徹できない。また唐代までは一般の「良民」の上に貴族、下に賤民が制度として存在したが、それは身分的に国家の介入できない空間が存在することを意味した。宋代以降に身分制は基本的に解体され、試験などの結果として選ばれる「**官**」（科挙の中間段階にある者を含め、労役の免除などの特権を得る）を別とすれば、**民**は法律上では平等になる。政治的発言権などはなくとも、職業や経済活動は自由である。

　こうした国家のあり方に対応して、孫文を嘆かせたバラバラな民衆の「散砂の自由」、言い換えれば近代国家形成の主体になるような「社会」の不在［陳其南 1992］がもたらされる。そこでは人々は地縁・血縁その他に支配されているように見えるが、固定的な団体型社会は作れない（それは国家が立ち入れない空間を許すから）。実際にあるのは可塑性に富んだネットワークと、それをつなぐ仲介者・ブローカー（胥吏と呼ばれる下級役人と牙人と呼ばれる仲介業者）などの広範な存在である。上記のように政治的な権威主義の一方で経済活動の「自由」が認められるが、それは国家やギルドなどが特定のルールを強制することのない「何でもあり」の世界でもある。官僚・胥吏や地主・郷紳と比べると不利でも、ネットワークとコネクションがあればだれでも国家の権力や資源を利用するチャンスがあり、実際に利用できれば徹底的に利用する。しかしなければ、ほかのあらゆる関係や資源を利用して人は「したたかに」生き抜く。そこにあるのは第6章でも述べたとおり、「発達した市場経済」が、特定の「自由経済」のあり方を強制する「近代市民革命」を必要としない、最初からの新自由主義社会［與那覇 2014］だったのかもしれない。なお西欧近代国家と近代市

民社会を、「アンシャンレジーム」に邪魔されて自力で作り出せない「自由競争」を強制する装置と見なす考え［鈴木正幸ほか1992］は、それほど突飛なものではないだろう。その限界の先に来た現代の「権威主義政権＋新自由主義」という「伝統中国、特にその近世によく似た政治・社会形態」も、與那覇潤［2014］の議論やその背景にある東アジアの「近世化」論［→第3〜5章参照］の説得性を増している。

資料10-4　中華帝国の官僚支配の規模と密度

　中華帝国（特に宋代以降の「後期帝政」）においては、独自の経済力や武力をもって地域に根を下ろす貴族・豪族は徹底的に抑圧され、「地方自治」という観念は成立の余地がなくなる。中央から派遣される官僚も「本籍地への赴任の禁止」など、任地を「自分の城」にできないような仕組みが作られる。しかも中央・地方の各官庁は、それ自体の力が強くなりすぎないように、正規の定員は人口の割に少ない。それらの仕組みによって皇帝の専制は強化されたが、国家は貴族制・官僚制など自分の機構によって**在地社会**を強くコントロールするすべを失っていく。代わって、本籍地でない（＝土地勘のない）地方の官庁に赴任した少数の官僚を助ける「幕僚」「胥吏」など定員外の非正規職員が増加し（正規の給与はなく前者は官僚のポケットマネー、後者は行政手続きの手数料収入が主な収入となる）、かれらが実際に地方支配の担い手として私腹を肥やすことも多くなる。もちろん中央から来た官僚にも一定の見返りが入り、それはまた官僚が中央や他地方にもつ派閥のネットワークに流れ込む。こうした構造は、強い中央集権を要求される社会主義政権下で市場経済化が進むことにより、拡大再生産されたように見える。「封建制度」下で支配者にもっと強く支配された農民より年貢などの負担率は低いはずなのに、現実の搾取率は中国型専制国家の方が高いとしか思われないという皮肉な事態（民衆がそれを防ごうと思えば自ら有力者にコネを作ったり賄賂を贈るしかない）が、人口増加に比例した正規の官僚組織の増員が行われなかった近世、特に18世紀以降の中国で一般化したように見える。

資料10-5　中国「社会」における公共性の担い手

　ではその中国で、国家と民衆の間をつなぎ、公共的な言論空間や必要な場合の「共助」を先導してきたのはだれだろうか。日本や北部ベトナムのようなはっきりした**村落共同体**は、中国にはほとんど存在しない。日本人が常識だと思い込んでいる、一定のムラの領域、耕地や屋敷地、入会地ないしコモンズ（ムラの成員がその資源を自由に利用できる「山林藪沢」などの共有地）、それにはっきりしたムラの成員権をもつ「伝統」農村の姿（全国レベルでの成立は近世以降だが）は、中国では一部地域を除いて見出されない（朝鮮でもそれらは固定的でないが、資料 10-2 で見た北部ベトナムは多くの要素が固定的だった）。それでも地方社会では、地縁・血縁・業界や宗教その他あらゆるコネクションとネットワークを利用した助け合い、保護や救恤が行われてきた。有力者（貴族、地主、官僚、「郷紳」…）が先導役となる場合が多かったが、そこにある上下関係には、支配・搾取と保護・生活保障の両側面があったのである。漢代などは、中央の各機関（官府）が経済単位としても意味をもっていたとされる。これは「社会主義」中国で国営企業だけでなく軍や党・大学などそれぞれが成員の生活・経済・福祉の単位となっている事態を思わせる。またそうした上下構造のかたわらでは、しばしばもっと水平的な結びつきと相互扶助の模索も見られた。

　人口増のもとで官僚機構の役割が相対的に縮小した近世中国においては、東アジア共通の**儒教倫理の大衆化**（村落や都市社会の儒教化）を背景に、官僚機構に代わって発達・拡大した**宗族**（父系血縁集団）と各種の**慈善組織**、儒教がカバーできない部分を担う道教・仏教（合わせて「**三教**」）および「**民間信仰**」、そして**秘密結社**（天地会・三合会などの「反清復明」を掲げた「会党」が清末の革命運動への協力を含めて有名）などが、それぞれに公共機能を保持・分担していた——状況によって逆に反乱の紐帯にもなった——と考えられる。白蓮教などの「**邪教**」（中国では唐以前から国家が仏教などの宗教教団を管理する仕組みがあり、宋代以降には民間信仰の廟などにも国家が神の位と祭祀の許可証を発給する一方で、それをもたない宗教施設や組織を「邪教」として弾圧する仕組みが整ってゆく）やキリスト教徒の位置も、それを前提に理解すべきだろう。キリスト教伝来以後の東アジア諸国で改宗したのは、日本の大名や中国の官僚知識人、それに商人など貿易や技術を欲した人々だけではなく、（近世後期以降には特に）既存のムラ社会から排除されていた貧民——たとえば土地を持てないため儒教的祖先祭祀がやりにくい漁民・水上民——の改宗が無視できない。同様に、近世から拡大した華僑社会では、

有力な一族の「宗親会」と出身地域ごとの「幇」、それに「廟（関羽——近世中国とその周辺での関羽の役割を研究した［太田 2019］も興味深い——や観音菩薩、それに航海の女神媽祖などを祀る）」などを結節点とした相互扶助が一般化する。

　これに対し、中国とは 180 度反対を向いた団体型社会を作ったのが日本近世の藩と村・家だが［→付録 4 も見よ］、そこが「破産の自由」「隷属民になる自由」が一般的だった中世社会を否定し、家や村の永続（領主・国家から見れば年貢のために）を共同で保証する仕組みを作った点に注目するか[9]、それとも結局はすべてが家に押しつけられ公助・共助を利用するとひどいバッシングを受けるような現代日本に似た酷薄な社会だったかという点では見解が分かれる。後者を主張する木下光生［2017］は、中国で国家の救済へのただ乗りが非難されない点にも目配りをしている。一方現代日本には、オリンピックのメダリストやノーベル賞受賞者が出ると、それが外国籍や外国人との混血であっても、ふだんと違って（？）寛容に「日本人」として扱い、国の名誉として大喜びするが、逆にオリンピックや世界選手権で大失敗したスポーツ選手などに対しては国や国民に迷惑をかけたかのような非難をする（国際試合イコール国と国との戦いと考えている）という習慣をもつ国民が少なくないが、何でも国家を背負わせるこの発想は「はじめに国家ありき」の中国文明に由来するものではないだろうか。

---

(9)第 5 章で紹介した歴史人口学の諸研究のほか、［比較家族史学会（監修）2016］が地域差にも配慮しつつ、18 世紀の人口停滞と天明の大飢饉による東北日本の人口減少などへの対処を含めて、興味深い事例を多く紹介する。

第11章

ジェンダーの歴史、家族の歴史

　現代世界で人の生き方が大きく変化し、その中で男女関係や家族や結婚のあり方が変わってきたことは言うまでもない。#MeToo 運動やフラワー・デモその他、従来のジェンダー規範と性暴力への異議申し立てが急速に広がる最近の事態もその一環である。他方で日本を含む東アジア社会は、国家や企業まで広がる家族主義イデオロギーの強さ、そこでの男尊女卑などの「伝統」で世界から注目されてきた面がある。それは第4章で見たような「東アジアの奇跡」を生む一方で、第5章で見た今日の少子高齢化の明らかな原因にもなっている。しかも経済成長や少子高齢化の背景にあった家族・ジェンダーや人口の構造は、古代から存在したわけではない。また男女平等の建前の実現を阻む構造は、むしろ近代世界で強化されたものでもある。では家族やジェンダーの歴史はどのようなものであり、その研究は今何を見ているのだろうか。そこには重い課題も少なくないが、先入観を捨てて素直に学べば多大なわくわく感が味わえるテーマも多数ある。普遍性をもちながらそれがなかなか認識されなかった分野というのは、新しい研究成果を挙げる機会が至る所にある分野なのである。

公式 81　近代以前の「伝統社会」では大家族が一般的だったという19世紀に成立した思い込みは、家族社会学や歴史人口学の進歩によってすでに打破されている。親子・キョウダイとその家族などが生産・経済活動において協力したり、大きな敷地・家屋に共住することはよくあったが、「カマドと財布」は核家族（単婚小家族）ごとに分かれているのが普通であった。

公式 87　経済・社会活動と分離され、愛情のみで結びつき非血縁者を含まない私的な場としての「近代家族」の成立・普遍化の過程は、女性の経済・社会

的・政治的権利を奪い「良妻賢母」に役割を限定する過程であった。フランスの「人権と市民権の宣言」やナポレオン法典などの近代的人権・法思想がそれを確定させた。そのため、19世紀以降の「フェミニズム」や女性参政権獲得運動が必要になった。

1．ジェンダーという概念[(1)]

1.1．フェミニズムとジェンダー

> **課題** 11-1
> ジェンダー史は女性研究者だけが女性の歴史だけを扱う分野だろうか、調べてみよう。

　ジェンダーや**家族・婚姻**に関する読者の関心や知識はおそらく落差が大きいので、最初に現在の基本的な考え方を押さえておく必要がある。ジェンダーという概念[(2)]は「肉体的な差異（「男」「女」だけではない）に意味を付与する知」などと定義される。それは単純に生物学的な区分によって決まるのではないため、文化の政治性、「**男らしさ**」「**女らしさ**」などをめぐる意識・言説・表象などの問題領域［→第12章、付録3］とも親和的だし、他方で衣食住や男女の労働形態など暮らしと経済にかかわる領域もジェンダーがわかりやすく現れる。また婚姻・家族などを介して家族社会学や歴史人口学［→第5章］にも関連する。

（1）入門書としてはまず［長野・姫岡（編著）2011］［三成・姫岡・小浜（編）2014］［久留島・長野・長（編）2015］などがあり、西洋ジェンダー史の［弓削2021］や比較ジェンダー史研究会HP（http://ch-gender.sakura.ne.jp/wp/）もきわめて有益である。その他［石月・藪田1999］［伊藤・樹村・国信2019］なども参考になる。

（2）ジェンダーを社会的・文化的な性差、セクシュアリティを生物学的な性差として区別することもあるが、性的マイノリティなどの存在を考えると、両者の境目が必ずしも明確でないことがわかる［バトラー1999ほか］。

　女性学（女性史）や**フェミニズム**（女性解放運動）とジェンダー学（ジェンダー史）はどういう関係にあるだろうか。近代市民社会とともに誕生した「フェミニズム」（参政権など制度上の平等を求めた）や、20世紀半ばに現れ「ウーマンリブ（ウイメンズリブ）」の呼称でも知られた「第二波フェミニズム」（性愛・生殖や育児・家事など男性たちが公的な場で論じる必要のない「個人的な事柄」と片付けてきた——結果として女性が一方的に不利な立場に置かれてきた——事柄を、**「個人的なことは政治的なこと」**のスローガンを掲げて社会の問題にした）とともに発展した女性学・女性史に対しては、これを「女性という特殊分野の研究」にとどめる動きも見られた（「女性史のゲットー化」）。

　しかし 20 世紀末に出現したジェンダー概念［ジョーン・スコット 2004（原著 1988）］は、「民族」や「階級」などと同様に人類社会の不可欠・普遍的な部分であることを主張した（国連などの**「ジェンダー主流化」**[(3)]のスローガンにも呼応している）。ジェンダー学は依然として男女の不平等な関係やその平等化を最大の問題とするが——男性の代わりに女性を優遇しようとしているというのは、今となっては悪質な誤解である——男性や性的マイノリティ[(4)]も含めた**「性的指向と性自認」**（SOGI）に関連して、政治・経済・文化や生活などあらゆる領域を扱おうとした点に画期性があった。たとえば男性優位の**「家父長制」**は一般に「マッチョな」価値観をもつことが多いので、それが典型的に形成・表出される場としての軍隊・軍人など［→第 8 章］が、そこでのホモソーシャルな関係性とともに研究される。また「家父長制」は男女間だけでなく男性間にも序列付けを行うので、そこで劣位に置かれる「男らしくできない」（女性を征服／支配する性的能力をもたない）男性の社会的コンプレックスという問題も取り上げられる。歴史教育のような領域でも、「男性並みに女性についての教科

---

(3)ジェンダーを特別な問題でなく、あらゆる場・領域に現れる一般的な問題として考えよう（取り組もう）という理念で、ウィーン世界人権会議（1993 年）と北京会議（1995 年）などで提起され、国連社会経済理事会（1997 年）で一般化した。
(4)ゲイ、レズビアン、バイセクシュアルなどの性的指向とトランスジェンダーという性自認を合わせた LGBT のほか、インターセックス（両性具有）を含めた LGBTI、性的指向や性自認が「一つに決まらない（クエスチョニング）」など色々なタイプを含めた「LGBTQ ＋」の表現も使われる。全体で総人口の一割近いという推計もある。

書記述を増やせ」などという要求をする段階はすでに卒業している。日本史など全体の研究者数が多い分野では、男性研究者がジェンダーを取り上げるのも当たり前になっているし、政治史、経済史、文化史等々の研究者が自分の扱うテーマの中でジェンダー的側面に言及するのも普通のことである。

1.2.「原始、女性は太陽だった？」それとも「前近代はどこでも男尊女卑で女性は無権利だった？」

> **課題** 11-2
> 支配層の政略結婚で泣かされるのが男性側である場合がある。どんな条件でそうなるか、歴史上の例を調べてみよ。

> **課題** 11-3
> 家族や一族に「使える男」がいないために権力や財産の維持に支障が出る場合、女性に期待される役割にはどんなものがあるだろうか。

> **課題** 11-4
> 近代以前には結婚できない男女が珍しくなかった。なぜだろうか。またその人々は社会のどんな場所で生き延びただろうか。

　近代歴史学や「第2波」以前のフェミニズムが広げたジェンダー関連の歴史像には、人口に膾炙したが現在では学問的に否定されているものが少なくない。たとえば原始・古代社会に「母権制」や「母系制」が一般的だったと考えることはできない（民族学や文化人類学の「安楽椅子での推理ゲーム」からの脱却がその是正に貢献した）。実際に一般的だったのは「父系・母系などの系譜観念や単系出自集団（後述）が確立しておらず、婚姻・家族・親族形態は多様で不安定、性別分業も未発達で、したがって個人の役割が相対的に大きく、首長や支配者の地位は実力（と他の有力者たちの承認・推戴）で決まる」社会だろうが、地理的環境や生業形態などいろいろな要因によって、明瞭な父系制や母系制の社会、「家父長制」などが古くから出現したところもある。また主要な世界

宗教は、神＝父であるキリスト教や、「女人成仏」を早期に否定した仏教、父系親族集団「宗族」の家族道徳を基盤とする儒教など、男性中心の理念を掲げるのが一般的だった。ただし社会の実態が最初からそうなるとは限らないのだが、近世には多くの地域で村落社会までそうした理念やそれにもとづく社会関係が浸透し、その過程で後述する日本型の「家」なども形成されてゆく。

　奴隷制・封建制などの時代に女性は全く無権利だったとする観念も根強いが、男性優位（家父長制）だから女性は無権利という見方は単純すぎる。本書は至る所で単純な二者択一、オールオアナッシングの考え方を戒めているが、これもその例である。そういう考えでは、男性支配を肯定する側が女性が強い権利をもった個別の例を出してきたときに反論できない。この問題は、植民地支配で被支配側が全く受け身で一方的に搾取されるばかりだったという理解が具合が悪いのと同じことである。世界システム論における「中核」と「周辺」の関係と同じで、家父長制が男女間に「**不平等な相互依存関係**」を強制する点が問題の核心だろう。一般にどの時代でも、軍事的権力は男性が握る場合が多いが、古墳時代の首長層では女性の軍事活動も皆無ではなかったとされる。ましてその他の人間活動の領域は、時代が下っても一方的に男性中心とは限らなかった。たとえば前近代の家族は一般に社会・経済の公的な単位であるから、「家政（家産）管理」をする女性は軽視できない。商店や旅館の「おかみさん」を見たら想像できるだろうが、トップが男性でも家族や家業を支える女性が何の発言権も決定権ももたないのは不合理だろう。「家産制国家」では相続順位によって女性も王にもなる。中世〜近世には多くの社会で女性の財産所有権が失われるが、それは「家政管理権をもつ安定した妻・母の座」と引き替えであるのが普通だった[5]。また、家族や一族に有力な男性がいなくて困った際の対策は婿や養子を取る方法だけとは限らず、場合によっては寡婦や長姉などの女性が代表権をもつ。夫婦別財で支配者の家族員がそれぞれの「オルド」をもつ遊牧社会（隠居した

（5）ただし支配者階級では一夫多妻、庶民では生産と生命の不安定さのため家族を構成・維持できないケースが多いなどの問題点が、女性に不利に働く部分が多かった点は否定しようがない。

親の財産は末子が継承）でも、族の支配者たる男性は有力者の合議（や力比べ）で選ばれる一方、その死後に妻が亡夫の兄弟と結婚するレヴィレート婚や寡婦としての指揮権など、前の王者の正妻が強い権利を有した。

　家父長制の構造は個々の男性が「良い思いだけをする」とも限らない。支配層の一夫多妻や政略結婚も、その全体が男性中心社会の再生産のメカニズムだったとしても、それは個々のケースで女性が一方的な被害者だったことを意味しない。肉体的理由その他で戦士になれない男性が差別を受ける社会は珍しくない。**長子単独相続**が一般化すれば、次男以下の男子は養子や新田開発・移住などの機会がない限り財産をもてず、結婚もできない（祖先を祀れず子孫も残さないことを最大の不孝と見なす儒教社会ではしたがって、男子均分相続の原則を崩して財産所有と結婚の機会を奪うことは難しい）。それに限らず、近代以前の生産力や社会の安定度では、そもそも若い男女全員が結婚するのは無理だった。財産をもてず結婚できない男女には、庶民層以下の場合、宗教施設に養われ僧侶や修道士・修道女になる、男は軍隊に入るかゴロツキになる、移民・植民をする、女は性を売る（有力男性の後妻や妾になるパターンも含む。イスラーム社会での多妻も女性保護の側面が強いとされる）などいろいろな生き方があったが、それらは悲惨と背中合わせであるケースが多かったろう。

　関連して、「女性全体の地位や権利」を論じるのは一般的すぎる場合が多い。性別より「階級」や「年齢階梯制」が大事な社会に限らず、子供、成年女性、老女など**ライフサイクル**の中で女性の（そして男性も）立場が変わる。母（生母、「嫡母（父の正妻）」、乳母）、妻（・妾）、姉妹、娘など家族内の地位も、女性の地位や権利に差異をもたらす。分析対象も、法的・経済的・社会的な地位や権利一般に限らず、教育と労働、結婚・離婚と性愛や生殖そして性暴力と売買春・性産業、育児と母性、服飾や髪型、身体に関する視線や価値付けと身体加工（纏足、女子割礼その他）、居住と女性隔離などライフサイクルと暮らしのあらゆる側面に及んでいる。戦争の一手段としての性暴力（**戦時性暴力**）への認識が高まるにつれて、日本軍の「慰安婦」を含めた過去の軍事と性暴力の関係性も、謝罪や癒やし、和解のありかた［→第8章］と合わせて広く問われるようになったことは、今日では周知の事実であろう。

1.3.　近代は女性解放の時代か？

　前近代（特に封建社会）において女性は無権利だったという理解は、近代化がもたらす人間の解放の中ではじめて男女平等も実現されるという観念とセットになっていた。ところが現在では、広範な近代の問い直しの中で、近代化がむしろ女性の権利を奪った側面に注目が集まっている。「自由・平等・友愛」と訳されるフランス革命のスローガンの「友愛 fraternité」は男性名詞である。人権宣言（「人権と市民権の宣言」——人 homme と市民 citoyen はどちらも男性名詞）が女性の権利を完全に否定し、オランプ・ド・グージュによる「女権宣言」を必要としたという話は、今や高校世界の教科書にも載っている。革命の成果を法制化したナポレオン法典で、女性の無権利状態が確立した。その背景には、近代ヨーロッパのブルジョワ社会で一般化した「**近代家族**」モデル[6]があったとするのが今日の見方である。

資料11-1　　近代家族

　近代家族は職住分離した核家族が基本形態で、奉公人や奴隷を含まないものだった。そのような形態は「愛情のみによる結びつき」「**子どもの重視**」や「プライバシーの確保」をもたらしたが、職住分離を前提に夫が外で働いて家計を支え、妻は「主婦」として家を管理するという分業が当然視されており、女性は、それまで性別より身分を優先するしくみなど一定の条件下で有していた収入・財産と社会性を剥奪され、「私的な仕事としての（＝無償の）家事・育児」に役割を限定された。近代家族が子供（前近代には「小さな大人」として労働が当然視された）の養育・教育を重視すればするほど、そこでは「**母性**」が女性の天性として強調された（東アジアでは日本の「良妻賢母」、中国・朝鮮の「賢妻良母」などの思想につながる——ただしそれに近いものは東アジアでは近世儒教化のなかで庶民層まで一般化している）。そうした点

（6）近代家族と資本主義やナショナリズムとの結合の批判的検討も進んでいる。上野
　千鶴子［2009 ほか］の一連の著作を見よ。

に価値を置く家族・ジェンダー規範はしかも、身分制に代わって近代国家の成員の指標ともされ、マルサス的思想の一方で人口こそ国力だと考えられた近代には、皆婚と多産が奨励された。近代的女子教育なども、そうした近代国家と近代家族の仕組みから自由ではなかった。また、男性の姦通や買春は大目に見られる一方で女性の純潔や貞操は厳しく要求され、「貞節な妻」と「売春婦」に分断された女性たちが男性社会を支える構造が定着した。そうした状況下で、近代的なフェミニズムが必要になった。

　この近代家族モデルは、職住分離や専業主婦の存在などの点で、農民や都市自営業者（東アジアでのその役割は第 3 ～ 5 章で強調した）の社会では完全に実現できないものだったが、ブルジョワ階級の「文化的ヘゲモニー」とともに社会全体のモデルとなり、非西洋世界にも影響した[7]。たとえばそれは、日本に「サラリーマン社会」が到来した高度経済成長期——それは、経済・社会の不安定さゆえに結婚できない男女が多数存在したため、見かけの子だくさんほどには出生率が上がらなかった近代までの社会との決別の時代でもあった——に、**専業主婦のいる核家族モデル**として社会全体で共有された。ところがこの近代家族は、ヨーロッパで 20 世紀後半、東アジアでは 20 世紀末以降に、従来の人口転換モデル［→第 5 章］が予想しなかった少子高齢化に直面した。また「国民国家の統合の象徴」としての君主制も、多くの場合近代家族の影響で一夫多妻制を廃止したが、一夫一婦制では必ず跡継ぎが生まれるとは限らない。男子しか王になれない原則（養子は問題外か）を決定してしまった日本やタイでは君主制の存続が危ぶまれている[8]。女王が可能な仕組みを維持したヨーロッパでは、一般人については近代家族モデルだけでなくキリスト教規範なども乗り越えるかたちで、結婚によらない出産の承認、育児や介護の社会化と男性参加、

（7）工業化に伴う女性・子供の大工場での重労働はイギリスの例や日本の「女工哀史」などでよく知られたところであろう。小農社会に基盤を置く日本の工業化については、女性労働の分析を含む［谷本 2003、2015］のような研究も参考になる。
（8）国際結婚や離婚・再婚が想定されておらず養子や入り婿も不可能な日本の皇室では、そもそも皇族の結婚機会の減少がきわめて深刻な問題になっている。

226

労働時間の短縮と女性の政治的・経済的な位置の制度的な引き上げなどを通じてある程度の出生率回復を実現した。これに対し、それらの措置のいずれに対しても抵抗が強く、「伝統的家族と思われているもの」にせよ「近代家族」にせよ、家族がすべてを背負う仕組みから抜け出せない、しかも都市化で三世代家族や大規模な親族などのセーフティネットを手放した東アジア（日中韓、台湾、香港、シンガポール。ベトナムのほかタイも含めてよいだろう）においては、新自由主義による経済的分極化と相まって、とめどない少子化が進み孤立した老人の悲しい話も増えている点は、第 5 章でも触れたとおりである。それらの国々のジェンダー格差の大きさも、今さら論じるまでもないだろう。

2．家族・親族と婚姻・ライフサイクル

課題 11-5
「厳格な父系制」は「夫婦同姓」と矛盾しないだろうか、討論してみよう。

　家族・親族や婚姻についての公教育は家庭科に押しつけられ、社会科系の教育が遅れている。ここで必要な基本概念や用語の整理が必要であろう。

資料11-2　家族・世帯・親族

　まず「家族」、特に認識ないし理念上のそれは、同居していない成員を含みうる点で、「世帯」と区別する必要がある。未婚者や老人などの単身世帯や居住と生計が一致しない世帯などを考えると後者も複雑なのだが（「家族員」でない同居人を含みうる点も無視できない）、前者は歴史的に見るとより多様である。たとえば前近代には、奴隷や奉公人などを単なる世帯成員でなく家族員と見なす観念も一般的だった。いずれにせよ家族は基本的には、夫婦だけないしそれに未婚の子供を加えた**単婚小家族**（核家族）と、複数の夫婦（と未婚の子供たち）を含む「**拡大家族**」に区分される。後者では、親世代と子世代（たとえば長男夫婦）双方の夫婦を含む直系家族、兄弟姉妹の夫婦が同居するような複合家族（合同家族）が代表的な形態である。前近代（とくに

家族単位での小農生産が自立できない古代社会）には隷属民・奴婢などを家族に含める観念も普通に見られたが、隷属民・奴婢の中にも夫婦やその子どもが存在する場合があった。

　その中で、前近代は大家族（早婚で子だくさん）が一般的だったという19世紀の俗説は、第5章も述べたとおり歴史人口学の研究が進んだ結果、現在では実証的に訂正されていることを最初に押さえておく必要がある。前近代でも、同居する生活単位（世帯）としては一組の夫婦とその未婚の子供からなるようなものが一般的であった。通い婚が一般的な社会や、宗教的に支配層以外でも複数の妻を持てる社会などでは、家族の基本形は「妻と未婚の子供」だけないし、それに同居していない夫を加えたものとなっていた。支配層の一夫多妻制でも同じことが考えられる。ただし認識上の家族としては非同居者を含んだ拡大家族もありえたし、結婚した子供が両親と同居して扶養する形態などは珍しくない。特に支配者層では早くから一般的だったろう。

　次に、「**親族**」とはどんなものだろうか。そこには、「○○一族に属する××」など集団を先に考えて個人の所属を述べる言い方と、「Aの親戚のB、C、D…」などと個人を先に考えるそれに連なる個人や集団を挙げる言い方がある。前者の例としては先祖からの系譜にもとづく出自集団（リニージ lineageないしクラン clan）の観念が一般的で、後者は血族・姻族などを含んだキンシップ kinship のかたちを取る。出自のとらえ方は**単系**（父系ないし母系）とは限らず、どちらも可能な「**双系**」や状況によってどちらかが選ばれる「**選系**」出自もありうるが、その場合は個々人の帰属が単純に決めにくくなる。なお、かつての「原始共産制」論が「母系制」と「母権制」を素朴に同一視していたように、親族・家族の系譜とそこでの権力は一致することが多いが、系譜と権力、財産などの持ち主やその相続方法は一致するとは限らない。たとえばスマトラ島のミナンカバウ社会（母系制のイスラーム社会として有名）は、系譜・財産が母系制をとるが一族の（政治・軍事的）指揮権はその母系親族内の長老男性が握るとされる。

　ところで中国（漢族）をはじめ東アジアの家族・親族集団では、**姓**抜きで家族・親族を語ることはできないという意識が共有されているが、そうした家族・親族のラベルとしての「姓」は普遍的なものではない。たとえば男子がもともと「Aの息子のB」という名前だけをもっていた父系制社会を、読者も北欧や西アジアなどについて思い出すことができるだろう。

　家族に戻るとそれは婚姻によって成立する。人類社会は一般に近親婚のタブー
をもち、一定の家族・親族の外部と婚姻を行う「(族) 外婚」のシステムを築く
場合が多いが、権力や財産を特定の集団内部にとどめておく目的で近親婚や
「(族) 内婚」が行われるケースも、古代に限らずよく見られる[9]。ただそれは、
周辺部の国家では文明の中心地域で許されない「野蛮な実験」ができることを
意味する場合が多いようにも思われる。たとえば日本の大王（天皇）家では 6
〜 7 世紀と院政成立期に集中して族内婚を行うが、その間や後の時期には皇女
をほとんど結婚させない（男性は藤原氏などと婚姻するが、皇女の夫や息子の
即位は絶対に許さないという意味だろう）という極端な仕組みを作る。なお婚
姻と居住形態（妻方居住、夫方居住、新処居住、通い婚 etc.）、財産権（夫婦別
財か夫婦同財か）にはいろいろな形態があり、財産相続、育児や隠居した老人
などへのケアのあり方、さらに寡婦の再婚の可否や死後における妻・母（およ
び未婚の娘）の祀られ方も一様ではなかった。たとえば近代初頭までの男性君
主はほぼ例外なく一夫多妻制を敷くが、そこでの妻たちは後継ぎを生む役割は
あっても育児は、家政管理と同様、大きな方針は別としても日々の仕事として
は女官や乳母に委ねるのが普通だっただろう（母性の発揮が女の最大の役割とは
ならない）。それを前提としつつ平安王朝の貴族と庶民の「母」「父」や乳母の

---

(9)異母兄妹婚（古代エジプトやヘレニズム諸王朝、日本の大王家、初期の高麗王朝
　　など）、イトコ婚、オジ・メイ婚などがある。イトコ婚は世界各地で見られ、自分の
　　父の姉妹の子供、母の兄弟の子供などと結婚する「交叉イトコ婚」（父系でも母系で
　　も単系家族制度があれば、族内婚にはならない）と、父の兄弟または母の姉妹の子
　　供と結婚する「平行イトコ婚」（単系制では完全な族内婚で、外戚を排除できる）が
　　ある。後者は日本の天皇家、大越の陳朝、近世のバリ島諸王朝などで知られている。
　　院政成立期の天皇家や大越陳朝では、父方平行イトコ婚と上皇政治のセットによっ
　　て、父系集団への権力集中が実現された。なおレヴィ・ストロースはある社会を構
　　成する N 個の親族集団間の婚姻ルールについて、A と B、B と C、C と D...N と A
　　でそれぞれ前者から後者に女性が「贈与」されるかたちでの交叉イトコ婚の連鎖と
　　いうモデルを提出したが、キタイ（遼）・モンゴルなどの遊牧支配者ではそうした一
　　方向への女性の贈与でなく、特定親族集団間（例：キタイの耶律氏と蕭氏、モンゴ
　　ルのチンギス系とコンギラト氏）で同世代の男性が姉妹を交換するという形態が一
　　般的に見られる。

行動を研究した服藤早苗の一連の著作［服藤 1991a、2010 ほか］はきわめて参考になる。なお一夫多妻制といっても厳密には、正妻が一人だけの「一夫一妻多妾制」と複数の正妻がいる「一夫多妻多妾制」は区別すべきである（正妻以外にもいろいろな格付けがありうる）。後者は実は君主が正妻を一人に絞れない（たとえば複数の有力貴族のバランスを取らねばならないため）、つまり君主の権力が絶対でないことを表す場合がある。また正妻（皇后）以外の妻が跡継ぎを産むことで正妻より上の地位を得ることがありうるように、複数の正妻間の上下関係も産んだ子の地位によって決まることが多い。

　この節の最後に、現代のジェンダー論でよく使われる「**家父長制**」という言葉についても一言しておく必要がある。これは元来は古代ローマに由来する概念（patriarchy）で、一人の男性が所有する父権、夫権、家長権、主人権の総体を呼んだ。これに対して現代フェミニズム・ジェンダー学の用法（patriarchism）では、男性による女性の支配・抑圧の仕組み一般を指す。歴史の論文などを読む際には、このズレには注意する必要がある。

3．東アジア史のなかの日本型の家(10)

　第 9 章、10 章でも見たような日本の「家」や「村」などの制度は、現在の都市社会ではほとんど忘れ去られている。しかしたとえば、「伝統的な**家制度**」の遺産とそれに対する保守派のこだわりは、夫婦の姓の問題をはじめ多くの面で、現代日本社会に重くのしかかっている。企業の家族主義と「村社会」的な業界のありかたなども同様だろう。しかもそれが「最初からあったもの」でも何でもなく近世から近代に一般化したという歴史性が、ほとんど認識されていない。

---

(10)注 1 の各文献以外に、日本史では［女性史総合研究会（編）1982］に始まり［義江 1995；2011］［服藤 1991b］［落合（編著）2006、2015］［比較家族史学会（監修 2016）］［国立歴史民俗博物館 2020］などを含む多くの文献が参考になる。中国史の［小浜（編）2015］［小浜正子・下倉渉・佐々木愛・高嶋航・江上幸子（編）2018］［秦 1993］［大澤 2005、2021］、ベトナム史の［桃木 2011］、朝鮮史の［豊島 2018］、契丹・モンゴル史の［宇野 1997；1999］なども参照するとよい。

歴史学を専攻する者はこれを学ぶ必要が大きいことが理解できるだろう。

資料11-3　日本の「伝統的な」家

　明治以降に「伝統的な」家と見なされた江戸時代のそれは、**原則として長子相続を行う（男子直系相続の）三世代の直系家族**が基本型と考えられていた。通常の漢文では「嫡子」といえば「庶子」に対立する概念で「正妻が産んだ子供たち」を意味するが、日本では慣習的に「跡取り息子（たいていは長男）」を意味する点も、長子単独相続を反映しているだろう。ただし社会経済条件により次三男などに財産を与えて「分家」を興させることは可能で、**本家・分家**間の同族結合も大事だった。また日本の家は**嫁入り婚**と**夫婦同財**が基本である点が他の東アジア諸国の「伝統的」形態と似ているが、父親が生前に家督を跡取りの子供に相続させて「隠居」する慣習がある点もユニークである。家長の妻は家政・家産への強い管理権をもち、後継ぎを生んだ母、家長の後家（ヨメに対するシュウトメ）は高い地位をもつ。**家業・家産や家名**（もしくは歌舞伎俳優のように代々襲名する名跡）との結びつきが強く、その三者をまとめた「家督」（家長権）は、息子がいなければ**養子縁組**で跡取りをさせるが、養子は娘の夫（婿養子）にせよ「**夫婦養子**」（まったく子供がない場合に男女の養子を取って結婚させる）にせよ、血縁のない人間でもかまわない。姓（苗字）をもつ場合には、嫁入り・婿入りでもその他の養子でも、改姓が可能である。なお家名について、農工商などの身分でも「屋号」をもつだけでなく、内部では苗字を普通に用いていた。

　非血縁の養子や改姓が可能な点で、日本の家は、中国の家族・宗族とは大きく違っていた。中国の家族・宗族は**祖先祭祀**がもっとも基本的な役割であり、父系による気の継承を絶対視するので[11]父の姓を変えられない（「同姓不婚」「異姓不養」の原則があり、建前上では養子になれるのは、同一父系集団内でし

---

(11)父子同気論を秦漢から清代まで一貫していたととらえる法制史の滋賀秀三［2000（1967）］の家族法理解に対しては、それを朱子学以降の思想でしかも朱熹は母系や姻族の祭祀を否定はしていないとする佐々木愛［2020ほか］の批判がある。特に南中国では東南アジアや日本列島・朝鮮半島と同じく［→第11章］もともとは父系的でない（双系的な）家族・親族形態があったと見なす見解が根強い。

231

かも養父の一世代下の男子に限られる。ただし実態は色々ある(12)。その影響
下に発達した朝鮮半島の門中、ベトナムのゾンホなどの親族集団（両税法以降
の中国の税制が戸［≒世帯］単位で賦課されるように家族の経済・社会単位と
しての意味はあるのだが）と比べると、日本の家は非父系制的な要素が残って
いるとも言えるし、血縁団体ないし祖先祭祀組織というより「家役」を担う経
営体の性格をもつ点もきわめて重要である。

資料11-4　経営体としての日本の「伝統的な」家

　近世日本では、武士・町人・農民などそれぞれの身分や藩・町・村などを
構成する家々が、第9章で見たように、幕府・領主や地域に対して一定の利
権や保護と引き換えに請け負った職業・業務を、**「家役」**として世襲的に果た
していた。そうした業務を行う経営体としての家は、**「株式」**——近世の「株
仲間」や現代の大相撲の「年寄株」から類推できるようなもの——だと認識
されていた［比較家族史学会（監修）2016］。商家で奉公人に「のれん分け」
を許すことができるのも、家が経営体だからである。それは通常は血縁によっ
て継承されるが、株式＝経営体だから家名や家号が必要になるし、破産した
り断絶して「家役」が果たせなくなると村や藩も連帯責任を問われるから、
無能な主君や当主は藩士や村人が相談して強制的に隠居させる、赤の他人が
養子縁組を通じてであれ継承することができるなどの特徴が生まれたと理解
できる。多くの場合前の親方の有力な弟子が後を継ぐ大相撲でも、最近まで
前の親方の娘婿になって継承するのが普通だった点など、家＝株が家族原理
によって継承されるべきものだった点は軽視はできないが、一部の職種や地
域では、跡継ぎがなく絶えた家の株を、無関係な他人が金銭によって入手し
その家を再興するということも可能だった。このような株式の原型は、資料
9-2で述べた中世の「職」に求められる。職能ないし生業を背負った株式と
しての家を構成要素とする近世後期日本農村の仕組み、非農業民を包摂する

---

(12)古代・中世には「義兄弟の契りを結んだ」アウトローたちがのし上がる「任侠的
　習俗」が『三国志演義』のような物語りに限らず実在したし、君主が子飼いの軍人
　たちを「義子」とする例（仮父子結合。そこでは自分の姓も与える）も重要な意味
　をもったとされる。他方、近世の華南などでは童女を買い取って養女とし息子と結
　婚させる慣習も見られた。

232

方法を含めたその構造の近世西インド村落での「ワタン制」との共通点など
については、[戸石 2017] が明快に解説する。

　もっとも近世日本が「中世を克服しきれなかった」ことが多方面で指摘さ
れる。大名の家格（幕府の軍役などの基準になる）はすべて知行地の石高で
決まったが、稲作をしていない蝦夷地の松前氏（10 万石格）の石高はゼロ
で、代わりに蝦夷地での貿易権を知行として与えられていた。旗本や寺社な
どの小規模な知行地も存在したから、すべての村が単一の領主を戴いていた
わけではないし、複数の仕事を別々に請け負う中世的な関係も、兵農分離や
村の領域を確定する「村切り」ですべて消失したわけではなく、神官・僧侶
や被差別民意外に、村住みの（しばしば百姓身分の）職人もいた。その結果、
個人が別々の集団の中で「一方は農民身分、他方では○○身分」として存在
し、別の名跡を帯びている「壹人両名（いちにんりょうめい）」のような現象も広く存在したし［比
較家族史学会（監修）2016］、また商工業者の都市集住は農村にとって不便
だったから、「兼業農民」が林業や狩猟だけでなく商工業にタッチすることも
当然だった。農民家族の多角経営を基盤とする「勤勉革命」が兼業化傾向を
後押ししたのはもちろんである。

　「カースト制」で知られるインドにむしろ似た身分と家業の世襲が根付いた近
世日本のこうした仕組み（**職分**という観念も強かった）は、近世中国やベトナ
ムで世襲的身分制が解消し、家ごとの職業の世襲という観念も弱まっているの
と比べると、大きく違った独特なものだった[13]。第 3 章、6 章その他で見た近
代東アジアの経済発展において、明治〜昭和期の日本が先頭を切ることができ
た背景にも、こうした家の存在があったと見るのが自然である[14]。

---

(13) ［桃木 2011］で論じたように、中国では明末清初、日本では近世初頭などに隷属
　　的な地位・身分の農民が姿を消していったこと（小農自立）がかつて時代区分の指
　　標として重視されたことがあり、朝鮮でも 16・17 世紀以降、ベトナムでは 14〜16
　　世紀に奴婢身分が消滅に向かう。朝鮮の場合は支配身分として両班が存続したが、
　　奴婢身分消滅の一方で、父系親族集団の拡大などを通じて庶民層の多くが両班社会
　　に組み込まれていったことが知られている。
(14) 現代日本を世界と比較した場合、創業家による経営権の世襲が一般的であること
　　などにより、100 年以上存続している企業の比率が高いこともよく知られている。零
　　細・小規模経営が工業化に果たした役割は［谷本 2003、2015］などで強調される。

3.2. 中世日本における家の成立

　和語のイエや漢字の家という概念は日本列島に古代から存在したが（そこではもともとの双系的家族・親族制度を反映して家族は非安定的であり、その中で家長の妻である「家刀自」の役割も大きかった。律令制下では女官の地位は男性官僚より劣位に置かれたが——ただし中国の宦官の仕事はすべて女官が担当——、7〜8世紀の大王＝天皇家は、帝位をその内部で世襲するためとはいえ、女帝が可能な社会だった）、近代において「伝統的」と見なされた家のシステム（日本型の家）は、中世に始まったものと見なすのが一般的である。

　それは、第9章で紹介した平安中期以降における律令制の機能不全と「官司請負制」ないし「家職請負制」の一般化とともに支配層の中で一般化したと考えられる。古代に家よりも決定的な意味を帯びていたウジ（父系以外のつながりももとは許容した大規模でゆるやかな集団）とも補完しあいながら、小規模で直系的な「門流」ないし「家」への基本的なまとまりの移行が、院政期までに起こる。「天皇家」（王家と呼ばれた。その家長＝院ないし「治天の君」が「国王」だった）と「摂関家」の成立がその頂点に来た。

資料11-5　「天皇家」と「摂関家」の成立

　「公地公民」原則に立つ律令下の天皇は、元来私産を持たない。また大宝令で天皇夫妻、太上天皇（上皇）夫妻がひとしく最高主権を行使できるなど、6世紀以来の大王権力は「族の集団的支配」という色彩が濃厚で、**「父系直系継承」**すなわち天皇という職務を父系で世襲する原則は未確立だった（皇女に族内婚以外の結婚をさせないなど、父系の族内から皇位が動かないしくみを維持しているが、道鏡の例をみても、族外の人間の即位可能性は完全には排

　大企業でも、近代以降の三井財閥における分家やのれん分けした奉公人の子孫たちの家の扱い（相互扶助や冠婚葬祭など）についての［多田2016］など、家族主義に関する興味深い研究がある。

除されていない)。しかし 9 世紀の嵯峨帝以降、上皇(内裏を退去し律令的主権は放棄するが、しかし天皇は「父」としての上皇の屋敷に挨拶に行く)の権威のもとで男子による継承制が安定化する。皇后(現役天皇の正妻)が立たないことが一般化する一方で、天皇の生母(国母。一部は**女院**の称号も得る)も大きな影響力をもち、これを利用した藤原氏の外戚権力樹立が可能になる。院政期には、院や**女院**(未婚の内親王が「准母」して女院になる例も出現)が大量の荘園を集積したことにより、「**王家の私産**」がはっきり成立したことが家成立の画期となる。ただし天皇「家」の場合、幕末まで傍系による継承や女帝も排除できなかったことには注意が必要だろう。他方「摂関政治」全盛期にまだゆるやかなまとまりだった藤原氏の家(道長の権力は「氏の長者」であることに由来する面も残していた)も、院政以降に荘園を集積しつつ、近衛家、九条家などの「五摂家」のかたちで確立する。

　なお 7 ～ 8 世紀が武則天ないし則天武后(在位 690～705)と日本の女帝たち、それに新羅の善徳(在位 632～47)・真徳(在位 647～54)の 2 女王などが並び立った「東アジアの女帝の時代」だったとすれば、父系制の強化に向かった西暦 1000 年前後の東アジアは、最初の女院として藤原道長の権力掌握を後押しした東三条院詮子と道長の帝王学を受け継ぎ天皇家・藤原家の両方を切り盛りした上東門院彰子[服藤 2019]をはじめとする君主の妻・母や寡婦が活躍した[15](しかし長期的に見れば父系制・家父長制を強化する方向性を後押しした)

(15)契丹(遼)の耶律阿保機(太祖、天皇帝。在位 916～26)の述律皇后(地皇后)や聖宗(在位 982～1031)の母承天皇太后、高麗の穆宗(位 997～1009)の母の献哀王太后、大越の皇帝丁部領(位 966 ？～79)の皇后で夫が暗殺され宋がこれに乗じて出兵を決めた危機に際して近衛隊長の黎桓(位 980～1005)と再婚してこれを帝位につけた楊太后(桓が宋軍撃退に成功)などの活躍が目立つほか、実は北宋でも真宗(位 997～1022)の章献明粛皇后劉氏が真宗後期から息子の仁宗(位 1022～63)の前半にかけて「事は皆后に決す」と言われる権力を振るったのをはじめ、皇后・皇太后がしばしば大きな政治力を発揮した。時代をやや下ると、大越に「父系王朝」を定着させた李朝(1009～1226)・陳朝(1226～1400)の皇太后たちや日本の北条政子、モンゴル帝国の皇太后たちも家父長の妻・寡婦として大きな権力をもっていた。

独特な時代、いわば「東アジアの女院と皇太后の時代」として注目される。

　家を動かす権力者の後家の権力の例として、北条政子の権力（『吾妻鏡』など
に、3代実朝と摂家将軍頼経の間の公方として記載される）や、関ヶ原の合戦
の背景にあった、北の政所（おね）と淀君との対立関係などを思い出すのもよ
いだろう。なお東アジア農耕地帯で最初に家父長制が成立したと見られる中国
にも、漢代（呂后）に始まり清代（西太后）にいたる、皇太后などの「垂簾聴
政」という伝統（新帝の生母より先帝の正妻が重んじられることが多い）があ
り、それはしばしば新帝の成人後まで続いた。強固な父系制のもとであれ妻や
娘が財産権や政治力をもつ遊牧社会の影響も受けた唐代には、高宗の寡婦であ
る武則天の即位もありえた。陰陽の相補性を重んじる思想も（漢代には帝室と
外戚が協力して王朝を盛り立てる思想も一般的だった）、皇帝に対する皇后の立
場を強めることにつながったかもしれない。

　一方、軍事貴族（しばしば地方に下向し在地化した）と地方で武力をもち治
安維持・開発に当たる勢力が手を結んで成立させた「武士団」でも、当初の惣
領制による大きな族の結合の中から、徐々に長子相続制（女子の相続権はしだ
いに一代限りの「一期分」とされ、鎌倉後期〜南北朝期にはそれも次男以下の
相続権とともに否定される）をもつ個々の直系のイエが析出してくる[16]。傍系
を排除した単独相続制の確立という意味では、貴族や上層農民を含めて、14〜
15世紀を家成立の第二の画期と見なすこともよくある。

---

(16)平安前期の寒冷化などを反映した農業開発の後退に対し、鎌倉期は大開発の時代
　だったとされるが、それは土地不足を招いたと見られる。他方、武士の利権（所領）
　は幕府など上級領主に対する軍役負担の見返りとして保証される。そこで所領の細
　分化につながる分割相続は回避されるようになり、また自分で軍役を負担できない
　うえに父系制の観念によれば所領の「他家への流出（特に孫の代に）」を招く女子の
　相続を否定する傾向も強まったと見られる。なお朝鮮半島やベトナムでも、もとも
　と男女を問わない分割相続が行われていたが、朝鮮半島では16、17世紀以降に女子
　の相続権が否定される。やはり父系の家意識の強まりとともに「他家への財産の流
　出」が警戒されたことが要因として指摘されている。

3. 2.　家という「伝統の創造」と現代家族の変容

> **課題** 11-6
> 現在の東アジア諸国で、他の地域と比べて突出した少子高齢化が進行しつつあ
> るのはなぜか、人口が増えている地域や少子高齢化がそれほど進んでいない地
> 域と比較しながら、歴史的・文化的・社会的および政策的な背景を説明せよ。
> また、それにもとづいて対応策を話し合ってみよう（『市民のための世界史』
> p. 270）。

表 11-1　江戸時代の家族・世帯構造 [速水融『歴史人口学研究——新しい近世日本像』
　　　　p. 567 をもとにした落合 2015：14 の表]

項目	東北日本	中央日本	西南日本 （東シナ海沿岸部）
主な家族形態	直系家族	直系または核家族	直系、核、合同家族
相続パターン	単独相続	単独／不平等相続	単独／平等相続
継承パターン	長男子／長子継承	長男子継承	長男子／末男子相続
世帯規模	大	小	大
初婚年齢	低	高	高
第一子出産年齢	低	高	中
出産数	少	多	多
最終出産年齢	低	高	高
婚外子	少	少	多
女子の社会的地位	低	高	高
奉公経験	少	多	少
奉公開始の時期	結婚後	結婚前	結婚前
都市化	低	高	低
出生制限	高	低	低
人口趨勢	減少	停滞	増大

日本型の家は、江戸時代の幕藩制社会の基本単位として、全社会に広がった。その家は農民の場合、中世までの「名子・被官」などを含まない単婚小家族が一般化したこと（小農自立）により、一家族当たりの規模が縮小したとかつては考えられたが、現在ではむしろ、恒常的な解体の危機にさらされていた中世の家族より安定的な三世代の直系家族が一般化したことにより、平均的家族規模が拡大したと考えられている。ただそれにしても、歴史人口学の成果によれば、奉公人を含まない三世代の直系家族という構造で全国の均質化がそれなりに進んだのは、せいぜい江戸末期のことだった。それ以前には表11-1のように、東北日本、中央日本、東シナ海沿岸など地域による差は大きかったのである。ライフサイクルや経済の不安定性から、実態としては未婚者や老人の単身世帯帯も珍しくはなかったし、「絶家」も起こりがちだった。

　いずれにしても近世日本におけるこの直系の家の一般化は、**男子均分相続**原則が確立し、個々の家族単位では土地の細分化が避けられない近世中国（朝鮮は長子優先で「家」は直系家族を意味するが、他の男子も相続権をもつし、経営体でなく祭祀単位の意味が強い）において、全体として土地などの財産所有を安定的に維持するためにも両親夫婦と息子たちの夫婦が同居する複合家族（4世代・5世代などの同居が理想視され国家からも表彰された）[17]に加えて父系親族集団（宗族など）が拡大の道をたどったとされるのとは対照的な状況であった。

　なお近世日本の家では、初婚時には特に、夫側からの決定ではない離婚も多かったらしい（家の永続が優先されれば、家業の経営や跡継ぎの出産の能力のない男性は、近隣や妻の実家の干渉による離婚の対象になったろう）。その一方では婚前出産も珍しくなかった（＝その子供が特別に不幸な目にあるわけではない。西南日本ではカップルがしばらく交際し第一子が生まれたのちに正式に

---

(17)分割相続は個々の家産の縮小を意味するので、相続は父の死後かすべての子供が結婚した後に行うのが普通で、また祭祀権が長男が継承するが老親扶養や祖先祭祀の費用・労力の分担はすべての男子に求められる。また女性は婚出によって家族・宗族から離れるが、小規模な財産しか持たない庶民の家族では、娘や姉妹の婚出先との結びつき、そこからの支援が重要な意味をもったとされる。それを含め、父系社会での「娘婿」や「母方オジ」の地位などにも注意が必要である。

結婚するというパターンもあった）ようだ。そうした実態が制度的に否定され、夫婦同姓（同氏）の強制や、排他的な家父長権としての「戸主」権（世帯を超えて傍系家族にまで権利を行使でき、それを含む「**戸籍**」の作成などとあわせ、理念上の大家族を実態化させた面がある。ただし女性戸主は可能ではあった）が実現し、離婚が激減したのは、「伝統的」と思われた家族制度をヨーロッパ式「近代民法」の中に埋め込もうとした明治民法が「家制度」を定めた後であった（家族・相続などの部分は 1898 年公布）──それは経済発展や医学の進歩と相まって人口を急増させた。そこでは、近代民法の基本原則である所有の排他性と職業・居住の自由の承認によって、世襲経営組織としての家の性格は否定され、家産は戸主個人の所有物になった。戸主は家の成員の居住・結婚・財産相続や家からの追放（親の意思に従わない子供の「勘当」など）に関するの決定権を有する一方、勤めを果たせない近世の家長を親戚や村人が干渉したりクビにしたような「廃戸主権」は否定され、近代的な家父長権が確立した。第二次世界大戦後、新憲法のもとで「家制度」や「戸主権」は廃止され男女平等が実現したはずだったのだが、それらはさまざまなかたちで影響を残した。

資料11-6　戦後日本の家と家族 [落合 2019、資料 5-4 も見よ]

　戸籍や夫婦同姓などの制度は維持され（経過と問題点は [下夷 2016]）、結果として大半の妻が夫の姓に改姓しつづけた。高度成長下では依然として家業を継ぐ例が多かった長男以外の、次三男や娘による**サラリーマン家族**の形成が一般化し、大企業に勤めるホワイトカラーの夫と専業主婦（パートタイムで働くことはよくある）の妻、子供は 2 人という核家族モデルが普及した。それは戦前以来の文学のテーマだった古い農村社会や家族形態から抜け出す願望を反映していたが、夫の稼ぎに従属し家事・育児に専念する妻たち──「お受験」に子供を駆り立てる「教育ママ」を含む──を生み出した。そこでは、夫を「主人」と呼び夫を「世帯主」とする発想が生き続け、企業の側も社員とその家族を一家と見なす意識を維持した。そのようなモデルは**高度成長の成功体験**とともに今なお強く残存しており、そこでは家事やケア労働は経済的価値が評価されない。しかし共働きが一般化した現在はだれもが忙しいこともあり、老親の扶養、親戚や隣近所の付き合いと助け合いなどは、し

ばしば面倒なこととして避けられる（唯一避けられないのが PTA 活動か）。一人っ子が普通になるのとも並行して、**家と家業を継ぐ子供の義務感はほぼ消え失せた**。しかし離婚が当り前になった上に少子化による親戚づきあいそのものの縮小などもあり、「気づいてみたら誰にも助けを求められない」状況が一般化している。また婚外子を結婚で生まれた子供と同様に扱うことへの反発がやまない。だが 20 世紀末以降の新自由主義とグローバル化（日本と近隣諸国の家族の現況については［平井 2013］なども見よ）は第 5 章、6 章でも見た通り企業から家父長的温情主義の余裕を奪った。**男性の家事・育児担当**を阻んで職場で過労死寸前まで働かせ（しかも政府財政の赤字と新自由主義の受益者負担イデオロギーによって、家事・育児や介護の社会化は低レベルに抑えられる）、定職を持とうとする女性には男性並みに働くか結婚・出産を諦めるかの二者択一を強制するような非道な社会が現出した（老人や障碍者が幸せな社会でもないだろう）。「第二の近代」におけるこうした諸現象の巨視的な位置づけは、付録 4 の最後にも論じる。

　日本の家がたどった以上の長いプロセスは、中国南部、朝鮮半島やベトナムなどと、元々の非父系的ないし双系制的状況（稲作社会の共通性［牧野 1985］か）と、中世以降、特に近世の父系化［第 3 章ほかで見た「小農社会」の形成と朱子学化に強く関連］という大枠が共通しているが、結果として出来上がった「伝統的な家族・親族」のモデルは大きく違っていた［付録 4 も見よ］。ただしその「伝統的家族・親族」についても、朱子学化は朝鮮ほど強くないし固定した家業という観念もあまりないが、村請制が敷かれる一方で女性の財産権や妻方・母方親族の役割など双系制的要素も残存したベトナム［→資料 10-2］とは、新たに比較すべき点があるように思われる。

第12章

文化・芸術・思想と
情報・メディアの歴史

　政治や戦争の歴史、経済や社会の歴史と比べ、宗教・思想や文化・芸術など「文化史」は、高校までの歴史においては脇役の地位にとどまっており、芸術家や作品の名前を羅列と暗記に終始する状況は、政治史などの領域よりひどいという印象がある（代わりに倫理や古典、芸術系科目などがあるのだが）。しかも宗教・思想の一部を除き、それは政治や経済などの「生臭い」世界とは別の領域として扱われている。だが、「社会史」以降の歴史学においてもその状況は変わらないだろうか。むしろそこが激変し、情報化時代を反映して活発化した情報・メディアの研究（それは第2章で見た史資料についての考え方や方法論をも変えつつある）、さらに個人の価値観やジェンダーなど新しい問題領域とも結びつきながら、魅力的な成果を量産しているのが現在の文化・芸術や宗教史の領域である。「言語論的展開」など近代科学と歴史学の根本を揺るがす「ポストモダン」の諸理論［→付録3］も今や、かつてのマルクス主義と同じで、全面的信頼はできないが無視するわけにはいかない地位を確保している。ジェンダーと同じく、尻込みや毛嫌いをせずに基礎を学んでおく必要がある。

公式28　ひとつの国・社会の全成員の文化、考え方や利害が一色に染まる（一枚岩である）ことは、イメージの問題としてはありえても実態の問題としてはほとんどありえない。

公式55　宗教や文化・制度が他の社会に伝わって受け入れられた場合、そこではかならず「いいとこ取りと勝手な改造」「もともとあった文化・制度との混合」などの現象が見られる。大文明の周辺への伝播（中国文明の周辺への伝播）

や植民地支配下での押しつけ（スペイン植民地でのカトリックの布教）などの
ケースですら例外ではない。

公式74 　近代以前の世界では、支配者・知識人や商業民の間で国境を越えた
国際語（リンガ・フランカ）が成立する一方、一般民衆は狭い地域ごとに違っ
た言語を話すのが普通で（ただし一言語しか話さないとは限らない）、ひとつの
国家にひとつの言語という状況は多くの場合、近代国民国家とともに成立した。

公式87 　ある国や社会の構成要素で近代的でない「伝統的」なものは、すべ
てが遠い昔から存在したものとは限らないし、近代に入れば弱まり消えていく
ばかりとも限らない。近代世界でもナショナリズムや商業経済などによって、「伝
統の創造」が強力に進められる例がある。

1．文化史研究の現在

1.1. 三つの新しい前提

課題12-1
テレビもインターネットもない時代に、一般の人々はどうやって自分が住む地
域以外の情報を手に入れただろうか。

　第1章以下あちこちで触れてきたように、歴史学を含む現在の学術・思想研
究は「言語論的転回」をはじめとする社会や歴史・人間についての認識の大き
な変化を背負っている。では、芸術・文化と言えば偉大な芸術家や作家の作品
解釈や時代を画したような運動・流派の形成・活動、そして宗教・思想と言え
ばこれも代表的な人物や経典・著作の分析か教団や思想潮流の形成と展開とい
う定番のテーマはどうだろうか。またそもそも、宗教は科学の発達につれて衰
退する過去の遺物だという観念は今でも正当化できるのだろうか。あるいは民
族・宗教紛争などが起こるたびに語られるように、民族や宗教が違えば対立は
不可避なのだろうか。

　それを考えるために、文化・芸術や宗教・思想のとらえ方に特に影響する三つの大きな変化を、はじめに押さえておきたい。第一は技術の発展によって生じた、文化や情報を伝達・発信・記録・保存する**メディア**の変化である。資料としても文献だけでなく語り、絵画などの図像や録音・録画などが重要な役割を果たすようになったし、文化や情報の表現・伝達を媒介するメディアの研究が、マスコミの信頼できない面やインターネットの暴走などへの危機意識にも裏打ちされながら、隆盛をきわめていることも言うまでもない。「根拠のないうわさ」や「フェイクニュース」は現代だけでの話ではなく、前近代社会の理解にも意味をもつだろう。現代なら教材や教育方法面でのマルチメディアの利用に活かそうという研究視角ももちろん、切実かつ意味ある取り組みである。

資料12-1　メディアと情報が動かした歴史の例

　付録3でも紹介する佐藤卓己［2009］が、**メディア研究としての歴史学**について解説している。また［南塚（責任編集）2018］は歴史上の様々なメディアと情報の役割を概観しようとしている。たとえばアメリカの政治に対するメディアの影響は、**「ポスト・トゥルース」**などが議論されるずっと前の、軍に言わせれば「メディア（特にテレビ）のせいで負けた」ベトナム戦争［生井2018ほか］以来問われ続けてきた。軍事的には解放勢力側の大失敗だった1968年の「テト攻勢」が、テレビの速報を通じてアメリカの苦戦の印象を定着させ反戦運動に火を付ける役割を演じたことはその象徴である。その後のアメリカ政府・軍は報道・情報のコントロールを含めた「正義の戦争」の演出にやっきになったが、対米に限らず「ベトナム戦争」はゲリラ勢力のイコンかつそれを報じるマスコミの常套句ないし参照枠組みとなった。またベトナムでの戦争自体（戦争の概観は［古田1988］が最良）が、冷戦期の代理戦争、民族解放戦争、周辺アジアを巻き込んだ戦争などの構図そのものとは別に、メディアでの文化や表現の戦いだったことは、「ベトナム民主共和国独立宣言」から遺言までのホー・チ・ミンの言葉の力が西側や第三世界の世論に与えた巨大な影響など大きいストーリーから、南ベトナム政権の仏教徒弾圧に抗議して焼身自殺した僧侶を嘲笑するテレビでの失言でゴー・ディン・ジエム政権倒壊の引き金になったチャン・レー・スアン（ジエムの弟の妻）や、パリ和平会談でキッシンジャーを向こうに回してタフな交渉をやり抜い

たグエン・ディ・ビン（解放勢力側の「南ベトナム共和国臨時政府」代表）などがテレビの前で必ず優美な民族衣装アオザイ（それ自体20世紀の創作）姿で発言したことがそのインパクトを大きくしていたというエピソードまで、多くの例をあげることができる［→第8章も見よ］。前近代日本史での海外情報に関する研究も多数あるが、［松方2010］などが扱う鎖国下での、虚実取り混ぜた海外情報の流入とその影響は、外国（語）での元情報を確認する（できる）人とそうでない人の間で**「世界の見え方」**に大きな差がある現代日本にとっても興味深いテーマだろう。

　第二は、書物や新聞・雑誌から情報と知識を得た19世紀の「教養人」に必須だったハイカルチャー（特に「英文学といえばシェークスピア、ドイツ文学といえばゲーテ」という調子のメジャーかつ「高尚」とされたもの）から、20世紀アメリカのジャズや映画、さらにはカウンターカルチャーへの注目などをはさんで20世紀末以降の情報化社会における**ポピュラーカルチャー**（サブカルチャー）へという対象の広がりを、まず出発点に据えるべきことである。若い読者は、マンガやアニメ[(1)]・ゲーム、流行歌やポップシンガーなど「低俗な」研究が成人男子インテリの大学での研究テーマとしてふさわしくないと言われた時代はつい最近まで続いていたと聞いても、あまりピンとこないだろう。

　そして第三は「社会史」や、ジェンダーの章で取り上げた「個人的なことは政治的なこと」のスローガンにも見られる通り、偉人・有名人ではない普通の人々の、しかも集合的な「大衆」に解消されない「個」の問題、特に「心」や「アイデンティティ」「価値観」など客観主義的な近代科学（特に理性的な思考・判断をする功利主義的な個人を前提として学問を組み立ててきた新古典派経済学などの分野）になじまないとされてきた問題群が、第8章で触れた「人間の安全保障」や第5・11章の性と生殖に関する権利などともつながりつつ、社会的な議論や学術の立派な対象として取り上げられる時代が来たということであ

---

(1)歴史学者がアニメを論じた［藤川（編）2011］［藤川・後藤（編）2015］のような出版物も、現在では珍しくない。

る（これも、そのような人々の発信を可能にした**インターネット**などメディア
の変化、それにそのような人々が大量に享受・消費し創作・発信するポップカル
チャーへの注目などと連動しているだろう）。それは、「日本人」のアイデン
ティティが「○○県人」「××社員」「△△の愛好者」などさまざまな側面をも
ち、その中には日本をはみ出すものもありうるように、個性やアイデンティティ
が単一かつ不変ではありえない点に着目する。そのような考え方は、国家・民
族などの「大きな物語」に回収されない小さな社会の独自の論理と価値観を解
き明かそうとする文化人類学・民俗学や、客観性に収斂しない心の動きに取り
組む心理学などの学問の発展、また「癒やし」など宗教が果たす新しい役割へ
の着目とも地続きである。その先にはしかし、ICT 化と、多様性を奨励しつつ
その個性や選択の不利な結果はすべて**自己責任**とするような新自由主義のもと
で、対人関係や**コミュニケーション**をめぐるストレスが高まり、攻撃性を抑え
られない人や他人の評価を過度に気にする人が激増する状況も見えてくる。

1.2.　文化の政治性への着目

課題 12-2
宗教と科学は互いに無縁で対立する存在だろうか。

課題 12-3
第二次世界大戦後の東西両陣営の中心だったアメリカとソ連に、共通点はな
かっただろうか。国土形成の歴史とそのヨーロッパ文明との関係、それに両者
それぞれの「夢」を含めて考えてみよう（『市民のための世界史』p. 231 に加
筆）。

　芸術学や文化人類学だけでなく歴史学でも、現在では出来上がった作品・テ
キストやその様式・理念だけでなく、実践（performance, practice[(2)]）と儀礼、**言**

（2）レヴィ・ストロース、ブルデューなどフランス現代思想では、慣習的な行為 pratique
　　と、より主体的な実践 praxis を区別した［→第 9 章］。

説（discourse）・表象（symbol, symbolism）やデザイン（意匠）とその読み取り、それらがもつ政治的意味（**文化の政治性**）などへの着目[3]が一般化している。そうした視角は都市史・建築史などにも及んでおり、古代の都城・宮殿から近代の都市・住宅まで、プランやデザインが何を意味しどういう権力や社会観を反映していたかが問われている。古今の地図に反映された作者やその社会の思想や世界認識を読み取る研究なども興味深い。芸術では、決まった楽譜やテキストのない**表演芸術**（例：ガムラン音楽）や口承文芸の研究も進んでいる。他方で古くからの研究対象だった言語や文字も、マスコミ報道やインターネットの論調が人々の意識の中に「事実」を創り出す側面などと同様に、単なる媒体ないし道具を超える意味・役割を与えられている。そうした研究では、それぞれのパフォーマンスやその「場」が問題になり、逆に従来の芸術教育などがこだわっていた「特定の正しい理解・鑑賞のしかた」があることを自明視しない。むしろ表演芸術の観客や文学の読者などの受け手によって、新たな意味が付与される点に注目する。意味は作者・演者と受け手の両方が創り出す（それは同調することも背反することある）のである。宗教研究も同様で、聖典や教義の研究から「実践宗教」研究（および近代的政教分離原則によって見えなくされてきた、狭義の宗教活動以外の政治的・経済的ないし文化芸術や科学技術を含む諸機能の研究）への転換が顕著である。

資料12-2　地図が創ったタイ

　モンクット（ラーマ4世。位1851〜68）・チュラロンコーン（ラーマ5世。位1868〜1910）などジャム（タイ）の王室が、「英仏の緩衝国として植民地化を回避した」などという受け身の歴史象とは全く違った主体性をもち、近代国民国家にふさわしい統治体制（しかもそれ以前の王朝にとって理念でしかなかった絶対王政を制度的に実現した）だけでなく歴史や国家イデオロギー

---

(3)フランス革命の「政治文化」を論じたリン・ハント［ハント2020］や、第7章で紹介した文化人類学者クリフォード・ギアツの「劇場国家論」［ギアツ1990］など日本でもブームになった著作が多数ある。

まで巧みに構築したことは石井米雄らによって日本にも紹介されてきたが［飯島・小泉編 2019 が最も詳しい］、近代的測量・地図作成技術の導入が国民国家にふさわしい**国土概念**（geo-body）につながる過程を活写したトンチャイ［2003（原著 1994）］の著作は、アンダーソンに絶賛されるなどして、ナショナリズムを支える想像力の成立における地図の役割という新しい研究視角を一般化させた。それは、東南アジア専門家以外に広く読まれた東南アジア出身の研究者による最初の歴史学の著作であった。

　それらの研究は、しばしば人文学を学ぶ者の心のよりどころにもなってきた「政治や経済と無縁な純粋な（清らかな？）文化・芸術の世界」という理念を揺さぶる。この理念は、近代市民社会において芸術家・芸能人が宗教や政治権力のお抱え状態から職業的に自立したことと並行して成立したが、自力で食べていかねばならないがゆえの商業主義との結びつき（マルクス主義その他による資本主義批判の文脈でも、文化の商品化がよく問題にされた）、また「文化国家」が文化・芸術に税金を投じることを当然とする意識の一方でそれを利用して文化・芸術を統制するベクトルも出現することなどは、早くから意識されていた。現在意識されているのは、「純粋な文化・芸術」というものがあり得る、商業主義や政治との結びつきは「望ましくない例外」だなどの考え方が、そもそも成り立たないということである。政治の側からすれば、政治そのものや経済構造を変えようとする 20 世紀の学生や知識人の運動が、資本主義先進国ではあまり大衆的な支持や蜂起につながらなかったという挫折感が影響した。そこに、いくら強力な政治・軍事や経済面の支配力も、文化的ヘゲモニーに結びつかないかぎり決定的に人を支配し心服させることはできないという観念が成立した［その手段としての「文化資本」という観念も。付録 3 も見よ］。特定の「まなざし」と世界観を表現し押しつける場、支配と服従やそれとは対照的な「共同体」「公共空間」の形成［→第 10 章］をめぐる「合意の調達」と覇権争いの場としての文化・芸術・宗教、それらの表現活動・イベントなどが研究対象とされ、本質ではない表面的なことがらとして軽視されがちだった宗教的あるいは政治的な**儀礼**、冠婚葬祭なども、そこでの振る舞いや扱いが人の地位や社

会関係を決めたり秩序を創り出すという観点から見直しがされた。

　政治（まつりごと）はもともと祭祀（まつりごと）であったという見方は広く知られている。祭祀、広く言えば宗教活動には、神に奉納する芸能、儀式や宗教施設を荘厳する建築・工芸などが不可欠だった［それは第5章の技術の世界に、また教義や儀礼において世界を解釈・表象するやり方は同じく「科学」の世界ともつながっていた］。近代的政教分離以前の世界では、宗教は政治とも（また経済とも）地続きだった［第9章、付録4などで述べた日本中世の顕密仏教や禅宗の例も思い出せ］。宗教の教義によって君主を神聖化する理屈については第7章で見たが、それが芸能・芸術をともなう儀式などを通じて可視化されなければならなかったのは当然である。それらの芸能・芸術の担い手は、特定の地域・職能・身分集団を構成することが多かったが、各地を遍歴したり（その場合は情報伝達の機能ももつ）、遠方の権力者や宗教中心に招かれて（個人・集団とも）活動の場を移すことも珍しくなかった。それが果たす政治的役割が、新しい芸術ジャンルの興隆に資することもよく見られた。

資料12-3　権力と芸術・芸能

　第8章でも見たとおり、平安貴族の雅楽や漢詩・和歌などの芸能に対し武家政権とくに室町幕府以降のそれが能や俳諧連歌、茶の湯など新しい芸能を対置したことは、武家の優位を文化面で可視化しようとする努力だったろう。武家社会自体でも極端な成り上がりを果たした豊臣秀吉には、千利休の侘び茶や北野の茶会が必要だった。その平安貴族が創り出した「**国風文化**」はといえば、唐の文化的ヘゲモニーを相対化し、「唐」に「和」を対置する営みだった。しかも近現代の「国風文化」という呼称と認識（1930年代後半に広まり戦後に引き継がれた）は、それが漢詩文への造詣や「唐物」などの道具立てを不可欠としていた点や、同時期に東アジア一帯でそれぞれの国家が「民族色」の強い文化を形成していた点などを過小評価する（すると女流文学の独自性の位置づけなども矮小化する）点で、強い政治性を帯びていた［吉村・吉川・川尻（編）2021］。近現代に目を転じれば、今では疑いの対象になっている哲学・純文学から美術やクラシック音楽までの近代的「ハイカルチャー」の内容は、ヨーロッパで権力を握ったブルジョワジーが、「**教養市民**」として

貴族に劣らぬ文化性を獲得・誇示しようとする中で成立したものだろう。冷戦下での米ソの覇権争いにおいても、人工衛星打ち上げ競争に代表される科学技術はもちろん、文化・芸術・スポーツ界での争いを、年配の読者ならたとえばアメリカナイズが進んだ戦後日本でも左翼陣営に限らない人気があったロシア民謡やソ連のバレエ、サーカスなどの例から思い浮かべられるであろう。米ソは、ヨーロッパから見れば「辺境」に形成された巨大な領土も背景に、単なる力と富だけでなく人類社会で最先進の社会を作る夢と理想を掲げ、その一環としてヨーロッパに代わる**文化的覇権**も目ざした点において、明瞭に共通していた。また 20 世紀末以降の世界では、工業製品などに代わる新しい商品（文化的なコンテンツ）を開発しようとする資本主義の動きとナショナリズムが結合し、「韓流」や日本の「和」などの文化を売り出して「ナショナル・ブランディング」を図る動きも活発化している。

　宗教に戻って、近代ヨーロッパで発達したその研究法は、創設者ないし預言者と特定の経典、教会ないし教団組織をもつ一神教以外を正当に評価しにくいものだった。宗教はもともと「慣習的な死者や自然への祈り」や「道徳」とも、「知」と「科学」の世界とも連続していた。だから近代ヨーロッパ式の宗教の定義に合わない点で「神道は宗教ではない（だから神道に公費を支出しても政教分離原則には違反しない）」という理屈も立てられるし、同様に儒「学」は儒「教」ではないという主張もよく聞かれる。社会や政治との関わり抜きで教理や経典の研究だけしていると、それらの言説に乗せられやすいが、現在は違った研究も盛んである。たとえばここまでに再三言及した「儒教（儒学）」とは何だろうか[4]。これは中国暦の知識などと同じく、漢文をまともに習った世代には当たり前だったことが、現在の国民の間ではわからなくなっている（しかし第 13 章で述べる近隣諸国の歴史観の対立などの背景として重大である）ことがらの典型だろう。

---

　(4)［島田 1967］［加地 2015（原著 1990）］などがいまだに基本文献として読まれるべきだろう。朱子に関する［垣内 2015］など新しい視点も興味深い。また興味のある読者は、この機会に『論語』だけでなく主な「経書」の解説付きの和訳を読んでみるのもよいかもしれない。

資料12-4　儒教とは何か

　高校世界史では「**理**」「**気**」「**性**」「**心**」など朱子学や陽明学のキーワードは
挙げても教えの全体を十分説明しない。倫理も「**仁**」は解説するが、戦前日
本の「修身」という科目でたたきこまれた「**孝**」「**忠**」の教え方は不十分だろ
う。春秋戦国期の細かいことを省いて漢代以降の儒教について単純化すれば、
それは「怪力乱神を語らず」という文化・文明重視（武力は卑しまれる。ま
た中華と夷狄の区別、各民族集団の識別も文化・風俗にもとづく）と一種の
世俗主義・合理主義をもち、学問と修養、家族道徳と祖先崇拝を中心とした
「**礼**」（礼楽）を重視する、エリート男性の実践道徳だった。「**士**」ないし「**士
大夫**」には、それらを活かして民衆をリードしその代弁者となる一方で国家と
君主に尽くすことが義務だった（「修身斉家治国平天下」というように**家族道
徳**の延長上に国家と政治がある。ということは祖先への「**孝**」も君主への
「**忠**」と連続する）。そこでは学力と道徳的・人格的な正しさは連動していた
（だから、他人の学説や意見の批判をその人の人格への攻撃と同一視する、現
代日本にも一般的な発想が成り立つ）。君主はそれらの面での世界最高の存在
つまり上代の理想の帝王や孔子・孟子に準じる「聖人」であり、臣下の功績
や民の善行の表彰などもしながら、民衆全体を教え導く義務をもつ［＝道徳
面の教化が教会などでなく国家と君主の仕事になる。正統な宗教や祖先崇拝
活動と「淫祠邪教」の区別、後者の禁圧も国家の仕事］。民が安心して暮らせ
るようにする「**経世済民**」は君主や士大夫の義務だが、学問も道徳も自力で
十分身につけられない民に発言権を与える必要はなく、民はあくまで教化と
統治の対象だった。「礼」も本来は士以上を対象とするものだった。
　そうした理想の君主が「天命」を受け、「士大夫＝官僚」を手足にして（場
合によっては「封建」王侯なども通じて）万民を統治する王朝を開くのだが、
どういう行動が天命にかなうかは、**経書**（四書五経など）や**史書**から帰納的
に判断しなければならないことが多かった（そういう君主の手引きであるこ
とを明示した史書が司馬光『資治通鑑』である）。その史書を利用して、新王
朝を創った人々は前の王朝がいかに天命を失ったか、自分たちがいかに新し
い天意にかなったかを「歴史」として叙述することができる（『漢書』以降の
断代史としての正史のうち、『後漢書』以降のそれはすべてその王朝が滅亡し
た後に編まれている）。また史書は列伝などで、臣下の善悪を判定して人々の
教訓とする役割ももつ。ここに東アジアで、政治権力や国家が歴史によって
自分を正当化し、その歴史を臣民（近代なら国民）に教え込むという構造が
成立する。

　この儒教は、長らく国家の建前や支配層の一部にしか影響をもたなかった
が、近世にそれが（主に朱子学が）、第 3 章・5 章・11 章などでも見た小農社
会の成立とともに、中国国内はもちろん近隣諸国（「清朝は満洲人だから中華
たりえない」というロジックよりもっと奥深い「中国コンプレックスと表裏
一体の小中華意識や国粋思想」をともないつつ）の民衆にまで受容される。
儒教はあくまで人には不平等なそれぞれの「**分**」があるという考えを崩さな
いが、朱子学や陽明学は科挙がすべての男性に開かれた時代にふさわしく、
万人が本来は「理」をもつと考えた。朱子学が**科挙**を支配したことは誰でも
知っているが、同時に朱子学派は、儒教式の冠婚葬祭マニュアルである「**家
礼書**」（お手本が朱子自身の手になる『朱子（文公）家礼』など「士庶」両
方を対象とした儒教の手引き書を、大量生産して普及させた。後の西洋式近
代化の受け皿を作った近世（＝初期近代）東アジア各国の経済力と文化・教
育水準は、都市でも農村でも、仏教や道教に比べて世俗主義的・合理主義的
な教えを受容する、分厚い庶民層を出現させていた。
　なお江戸時代の日本の儒教（朱子学や陽明学）について、武士の学問にせ
よ町人・農民の「**通俗道徳**」にせよ、儒教（儒学）の影響は表面だけで、日
本社会が「儒教化した」とは言えないという言説がしばしば聞かれる。武家
社会で儒者が政治の主役にはなれなかったこと、家族儀礼で最重要な葬儀・
祖先祭祀が近世仏教の「葬式仏教化」と寺檀制度の定着に阻まれて「儒教式」
に出来なかったことなどがその理由である。ただその見方は、国学や神道へ
の儒教の影響は置くとしても、東南アジアの「インド化」「中国化」をめぐる
かつての議論 [→第 7 章] と同じく、「これが儒教だ」という本質主義的な定
義が存在することを前提に、それに合わない状況を「儒教化していない」と
論じるものであるように思われる。言語論的転回や構築主義 [→付録 3] を
振りかざさずとも、現在の宗教や文化の研究 [→第 12 章] は、外来の文明や
宗教と「完全に同じもの」が受け入れ側に根付くなどということを想定して
いない。たとえば儒教はもともと支配者だけしか考えていないので「国」や
「邑」の相続は長子相続である（別に支配地があれば次男以下を「分封」でき
るが）。「朱子学化」した近世中国やベトナムの家族・親族が**男子均分相続**を
貫くのはこれに合わない。中国での女子の祭祀対象からの排除を進めたこと
は、朱子の教えにすら背いている [小浜・佐々木ほか（編）2018 など]。一
般に嫁や娘の仕事とされる老人のケアも、朱子学を含めた「孝」の観念では
男子も含む子供の義務であり、実際に親孝行の勧めとして近世東アジアに普
及した書物『二十四孝』では、男子が母親に孝養を尽くした話などが重要な
位置を占める。それらを含めて近世中国・朝鮮半島・ベトナム・日本などで

近世に成立した「伝統的」家族・親族のすがた［→第 11 章］はそれぞれ違っており、どこにも「完全な儒教化」は存在しない［渡辺浩 2016 も見よ］。

　同様に、東南アジアで言えば近世以降の「イスラーム化」は、先行するヒンドゥー文化や**在地の慣習**と妥協・重層しながら、それぞれ可能なところでイスラーム式の生活や儀礼を実現しているに過ぎない。社会の非イスラーム的な側面は、前章で紹介したイスラームと母系制を両立させるミナンカバウ人や、最近まで広く見られた性的少数派への寛容性など、ジェンダー面には限らない。だからと言って東南アジア各地の「イスラーム化」を否定したら、そうした人々がときに「ジハード」を唱え帝国主義に対する血みどろの戦いに進んで赴いた事実を説明できるだろうか。そうした多様な「イスラーム化」——それは単なるローカライズ、「正統」からの逸脱ではなく、むしろそれが「多様な（複数形の）イスラーム」を作り出す側面に注目するのが、構築主義［→付録 3］を経た現在の歴史学である。であれば、儒教が日本の社会の主流たりえない状況だからこそ、「形式」としての仏式のもとでの孝など家族道徳の「精神」の実践に努めた闇斎学派の実践［松川 2020］なども「儒教化」の一部と見るべきだろう。

2．言語論的転回以後の歴史研究

2.1. 国民国家批判と「伝統の創造」論

課題 12-4 ──────

現代中国での多様性の否定や少数派抑圧がしばしば問題にされるが、近現代日本はどうだろうか。たとえば「わび、さび」や「四季の豊かさ」「自然に対する繊細な感覚」を過度に一般化する日本文化論——多くは近代に定着した考え——は国民の一部を不当に差別していないか考えてみよ。

　以下、文化の政治性が議論の対象になる代表的なテーマ・方法を挙げてみたい。まず第 10 章で見たアンダーソン［2007］らの想像の共同体としてのネー

ション理解を前提に、1980〜90 年代以降に一般化した研究視角である。その時期は、ナショナリズムの暴走による地域紛争・民族紛争などの多発によって、「民族自決権という正義」が無条件では信じられなくなり、「国民国家の栄光」（ベトナムのアメリカに対する勝利が最後の輝き）が過去のものになった時期であった。そこでは、帝国からの自立や植民地の独立など国民国家が果たした積極的役割よりも、マイナス面に注目が集まった。「国内」では身分差を否定し「国民」の均質性・一体性を追求するベクトルが生み出す、「境界にまたがって生きる人々」「移動する人々」などの存在や国内社会の多様性の否定と少数派への抑圧（方言禁止[5]や少数民族・人種の多数派への強制同化政策などがわかりやすい例である）など、「対外的」には、世界帝国と違ってどの国も「多数の国民国家のひとつ」でしかない状況下で「われわれ」意識を維持するために、他者（やつら）との異質性や対立が強調されがちな傾向などがその例である。そうなったときに思い出される対立抗争や侵略を受けた歴史を、隣国との間にまったく持たない国家があるだろうか［→第 13 章］。実際、帝国や周辺の敵との戦いで血を流すことなしに樹立・維持された国民国家は多くはない。となると、古代ギリシアの民主制が戦士である男性の民主政であったのと同様に、身分差を否定する近代国民国家の民主主義が戦士たる男性のものになるのは自然ではないか。体育や日本の運動会を含む近代学校教育が、近代的労働力だけでなく、「神や君主のためには死なないが祖国のためなら死ねる」「国民軍」の兵士を育成する場であったことも広く知られ、教育と学問が国民にそうした均質性や排他的意識を刷り込む装置として機能した面も、しばしば指摘された。

　国民国家批判と関係して注目されたのが、**伝統の創造**という観念である。「伝統」というと「ずっと前から変わらずに存在したもの」と思うのが普通だ

---

(5)ナショナリズムは一般に、世界宗教の神聖言語や国際共通語とは別の「国語」をまとまりの基盤とし、それはナショナリズム内部の多数派ないし権力者の言語（正確にはたいてい、それらをもとに作られた人工語）の押しつけであるケースが多いが、インドネシアのナショナリズムは多数派のジャワ語でなく国際商業用語として広く知られていた「市場ムラユ語」を基礎に「インドネシア語」を作ったり、インドのナショナリズムが特定の言語に依拠せずに発展するなどの例外にも注目すべきである。

が、実は最近できたばかりのものが沢山ある。「伝統の創造」はいつの時代にも起るが、近代社会（たとえば宗教に頼れないので代わりに「歴史」と「伝統」に頼るナショナリズム、また歴史や伝統をも商品化する資本主義経済）が社会のすべてを「近代化」させるのではなく、むしろさまざまな「古くからの伝統」を必要とし新たに創り出したことがその最大の例である［ホブズボウム＆レンジャー 1992］。日本でも保守派が唱える「伝統」に近代になってから「発見」されたり定着したものが多く含まれることは、学界の常識である。前章で触れた「伝統的家族」と夫婦同姓の例はもちろんだが、「日本の魂」を体現し外国人には理解できないかに言われる相撲や柔道も、今の姿は江戸後期や明治時代に出来たものである。「和」の誇りを喚起してきた寿司・天ぷらなどの味覚も、江戸後期より前には遡らない。韓国伝統食といえば全世界で思い出されるキムチも、トウガラシで漬けるのは18世紀以降のことである。逆に言えば、人はしばしば実際の過去や伝統を見失う。識字率が低く記録媒体も発達・普及していない時代にはなおさらである。しかし過去や伝統への関心はどこにでも生まれる。過去と伝統には政治・商売などさまざまな「使い道」もある。だからこれを「再構成」ないし「創造」する営みがやむことはないのである。認識する必要があるのは、それぞれの時代や人々が認識する過去ないし伝統は、同じ時代や事柄をめぐっても食い違うのが普通だということである。

2.2. 新しい文化研究と支配・逸脱

　付録3にも関連して、**カルチュラル・スタディーズ、ポストコロニアル・スタディーズ**などの言葉を聞いたことのある読者も少なくないだろう。前者は1960〜70年代のイギリス発の潮流で20世紀末に日本を含む世界に広がり、人々の文化的行動や表現の権力（たとえば人種主義、階級秩序、ジェンダー構造）との関係を研究した。サッカーでアフリカ系黒人選手が活躍するとなぜ「身体能力に優れた」選手というたぐいの形容詞が冠せられるのだろう（知的能力は低いと言わんばかりの）。サスペンスドラマではなぜ、男性の殺人犯の場合は「冷徹で「合理的な」殺人」がありえるのに、女性の殺人犯の場合は判で押した

ように「恋や結婚、子供への愛情にとらわれた激情による殺人」ばかり描かれるのだろうか。日本のスポーツ漫画の反則攻撃を辞さないようなタイプのキャラクター、ドラマでカネに汚い登場人物などは、なぜいつも関西弁（？）をしゃべるのだろうか（これは国語学で流行の「役割語」の研究とつながる）。こうした研究方法は、日本の場合は「知識人の遊び」に堕したという批判・揶揄も受けるが、もともとはマルクス主義を再生させようとする研究者たちの、社会的行動に結びつけようとする研究だった。

　第 3 章でも言及した後者は、文学批評などの世界から展開した、植民地支配者と被支配者の相互作用・相互イメージや支配の仕組みの現在に続く影響を論じる動きを指す［スピヴァク 2003 など］。それは① 植民地支配下でも一方的な暴力と搾取だけが支配したわけではなく、独立後につながる一定の近代化が実現したケースがある（例：日本支配下の朝鮮や台湾の「植民地近代化」）にせよ、② しかし独立後の国家・社会も、（順調に発展するにせよしないにせよ）植民地支配下で押しつけられた法や社会・教育の枠組み、文化や歴史のイメージなの枠組みに縛られ続けている（例：もとはインドにいろいろある社会結合の一形態に過ぎなかったのが、英領時代に「発見され」絶対的・排他的な枠組みにされてしまった「ヒンドゥー教」と「カースト制度」）、③ （旧）宗主国側のアイデンティティや文化も植民地との相互作用を通じて成立したものである」などの複眼的・双方向的な歴史・社会認識を一般化させた。

　国民国家批判の項の繰り返しになるが、メディアや教育・学知も無色透明・完全中立などではとうていありえない。それらは、歴史や伝統のイメージその他、特定の認識（しばしば偏見）を創り出し人々に刷り込む、しかしときにはそれを変形・破壊する装置（媒介）として機能する。もともと「現在と過去との対話」［カー 2014］としての歴史は歴史家の問題意識によって選び取られるものと考えられたが、その選び方、論じ方や対象との関係性も、そうした角度からの問い直しの対象となる。同様に、近代医学や生物学が人種やジェンダー、特定の病気の患者などに対するさまざまな偏見と差別を作りだしたことなども、典型的なテーマとなる。ジェンダーに関心のある読者であれば、男性科学者たちの偏見が女子スポーツ（例：マラソンや柔道）をつい 40 年前まで不可能にし

ていたことを知っているだろう。それはしかし、メディアや教育・学問が無意味だということを意味するのではない。それが積極的な役割を果たした例を挙げることも、近代市民革命や普通選挙運動の媒介としての新聞・雑誌に限らず、難しくはあるまい。教育が支配者の意図とは別の効果をもたらすことも、江戸幕府が推奨した朱子学を含む儒学が、武士の間に尊皇思想を広げ長期的には倒幕につながった事実などから理解できるだろう。

　これらの見直しはいずれも、意識的・意図的な行動・表現よりも無意識に語られ伝達され読み取られる「**メタナラティブ**」を問題にする。それを読み取ろうとする歴史学の方法がホワイトの著作［2017］などで知られた「**メタヒストリー**」である。そのような視点からおこなわれる文化の政治性の研究は、それがもつ西洋中心・白人男性中心などの支配構造を問題にするが、その支配構造を完璧かつ永遠の存在とは考えない。（もともとマルクス主義者や植民地の独立運動家なども考えてきたことだが）それには必ず矛盾や破れ目があり、自己解体の可能性がはらまれている。支配される側、排除される側は従来型の「階級闘争」「民族闘争」に限らない多様なかたちで、支配構造を回避したり自分のために利用する可能性がある。第7章で取り上げたゾミア論［ジェームズ・スコット2013］を含むスコットの研究も、これに関連する多くのパターンに光を当ててきた。また、インドネシアのエスニック文化の代表格として世界に知られるバリ島の「ヒンドゥー教的」芸能の現在の姿は、もともと1930年代に、次節で取り上げるオリエンタリズムが創り出したものだが、［永渕1998］、やがてそれはイスラームが多数派だが「多様性の中の統一」を誇るインドネシア国民国家の、不可欠な文化資本にもなる。植民地支配と近代資本主義はナショナリズムの温床にもなるのである。

資料12-5　支配・排除される側の闘い方

　階級や植民地、ジェンダーなどの不平等な構造がある場合、マルクス主義やナショナリズムの時代には**民衆の闘争や革命**でこれを解体し平等な構造に

造り替えることが目指され、そういう歴史が掘り起こされたが、革命や独立の夢が色あせた 20 世紀末には、「下から（民衆の中から）作りだされる支配構造や管理社会」が注目される一方で、国家などの支配の道具（行為体＝エージェンシー）も、多くの利害の交錯の中で必ずしも支配集団や多数派の思い通りには動かないこと、その中で被支配者や少数派にも、「面従腹背」「逃亡やサボリ」などの消極的抵抗から、支配者が押しつけてきた枠組みを自分の都合がいいように読み替えたり利用する（アプロプリエーション＝領有）ことまで、さまざまな行動パターンがあることが明らかにされてきた。アプロプリエーションの例として、スペイン人が勝手に命名した「フィリピン」が 19 世紀末に独立運動側によって、人々が立ち上がって築くべき国名として利用されてしまった例、またそのフィリピンで多数派のキリスト教徒に反抗した 1970 年代以降の南部のイスラーム勢力が、もとはと言えばイベリア半島のキリスト教徒によってイスラームへの蔑称として押しつけられた「モロ人」を、自分たちの民族名称として「モロ民族解放」の運動に立ち上がったことなどがあげられる。上で挙げたバリ島の芸能も、もともと地元の貴族ラコー・スカワティと彼が招いたヴァルター・シュピースらのヨーロッパ人芸術家らによって創作された演目が、1931 年のパリ「植民地博覧会」でのオランダの展示の目玉とされてヒットし、しかもこれを見たニューヨークの有名文化人ミゲル・コバルビアスが 1937 年に出版した『バリ島』（文化人類学的手法も用いた）がベストセラーになったことで、「地上の楽園」としてのバリ島観光とその芸能や儀礼、美術は英語圏を含む世界に知られた。帝国主義や商業主義の果実がインドネシア国民国家に継承・利用されたのである。

　以上の文化の政治性や人々の認識、それらを媒介するものへの着目は、歴史学（学者）と社会との関わりや、「研究者・教員、博物館学芸員・図書館／文書館員、おしまい」ではない歴史学の専門性の多様な活かし方、政治・外交問題に関する「歴史認識」よりもっと広く娯楽なども含めて歴史と「歴史実践」が社会でもつ意味（ヒストリー・カルチャーという概念もある）などの多様な新しい研究テーマに取り組む「パブリックヒストリー」［→第 1 章、13 章参照］とも近いところにある。

3．オリエンタリズム

> **課題 12-5**
>
> 世界の人々の認識はいまだに「西洋中心主義」に縛られていることがよく問題
> にされる。では学術・教育の各分野やマスコミ、それに芸術・文化と観光など
> の面で、どんなところに西洋中心主義は影響しているだろうか。扱われるコン
> テンツや情報の種類・量と、それらを扱う枠組みや何が標準・基準やモデルと
> されるかなど質的・構造的な問題の両方について考えてみよう。

　学問が創り出した認識の問題の例として歴史学にも関わりが深いものに、**オ
リエンタリズム** Orientalism がある。「オリエンタリズム」は芸術・観光などの
「東洋趣味」と学問研究の「東洋学」の両方の意味でエドワード・サイード［サ
イード 1993］が使った言葉で、その言葉が「西洋人」により自己の優越性[(6)]を
映し出す鏡として創られたものであって東洋の実態[(7)]をとらえるものではない
点を批判したものである。そもそもユーラシアの中でヨーロッパだけを切り離
し、残りをアジアとして十把ひとからげにすることはおかしくないだろうか。
第 1 章でも触れたような思想・社会科学面での東洋的専制論やアジア社会停滞
論だけでなく、文学・芸術でしばしば西洋が能動的な男性、アジアが受け身の
女性として表象された点なども、サイードによって論じられている。バリ島の
例で見たように、博覧会や観光が客として見る側、見られる側それぞれのアイ
デンティティの形成や変容に影響することは言うまでもない。

---

(6)オリエンタリズムや人種主義の裏側では当然、「優れた白人（ヨーロッパ人）」と
　いう像も、生物学から人文・社会科学まであらゆるものを動員して構築された。そ
　の過程については［藤川 2011］などを見よ。
(7)「東洋史」の現況を示すべく編まれた［吉澤（監修）2021］が、アフリカも含め
　るなどの工夫や東アジアだけでない各地域に関する最新の個別論点のよく出来た紹
　介の一方で、「第二次世界大戦とアジア・アフリカ」「現代アジア・アフリカの家族
　とジェンダー」など各地域世界を超えた関心に答える姿勢を見せないことも、そも
　そもひとまとまりの地域ではない「東洋」や「アジア」が背負わされた困難のあら
　われと解釈したい。

　オリエンタリズムなどの思想は、ポストコロニアル研究も示す通り、植民地が独立し諸国民が建前上で平等になったぐらいでは解消しない。それは上述のバリ島の芸能と観光の例のように、現地側のナショナリズムや商業主義にチャンスを創り出す両義性も含めて、人々を縛り続ける。「東洋」の一部であるはずの近代日本で「脱亜入欧」と並行してオリエンタリズムが内面化され、欧米人への劣等感と近代化に成功した「準白人」としてのアジアへの優劣感の両方を強く押し出す歴史学が作られた例が示すように、オリエンタリズムの問題は西洋と非西洋の直接的な関係だけに限定はされない。

　学界・教育界の「西洋（ヨーロッパ）中心主義と観光・商業界などのそれとでは、どういう共通面と差異があるだろうか。提供されるコンテンツ、発信される情報（特に正の価値をもちもの）が圧倒的に西洋に偏っているのは、最もわかりやすい共通点だろう。また、グローバル化で英語の必要度が高まると、取り上げられる話題はアメリカや西洋中心になりやすい。学術にせよビジネス・社会活動にせよ、欧米からの発信が多いということは、どうしても欧米に関するコンテンツが多くなる。ただし商売は人文学よりはよほど現実的なものである。「主流の」「支配的な」もの以外からも利潤を得るのが資本主義の強さである。現実に中国のプレゼンスが増大し韓国・台湾やシンガポールが先進国化し、そことのポピュラーカルチャーをめぐる交流が大きなビジネスチャンスだと気づけば、韓流ドラマや K-pop の頻繁な放映、アジアからのインバウンド観光の重視のような、重点の変化がおこる。すると経済学や国際政治学など社会科学諸分野も一定の対応を求められる。いちばん変わりにくいのが（時流に左右されてはいけないという鉄則があるとはいえ）人文学であり、いったん出来た西洋中心の専攻区分や学生・教員定員などを変更するのは容易なことではない。しかも人文系の大学・学部では、「哲学」（＝西洋哲学）と「インド哲学」「中国哲学」など、学問のネーミング自体が西洋の普遍性とアジアの特殊性を前提としている分野が少なくない。

　ただし量だけが問題なら、中国が世界の覇権を握りさえすれば、問題はすべて解決するだろう。より厄介なのは、近代西洋で西洋の状況をもとに生み出された学問・思想やビジネスが世界を区分したり表現する枠組み（基準・標準・

モデル）の拘束性である。植民地が独立したり制度上で人種・身分や男女の差別がなくなり建前上で平等が実現しても、古い枠組みの側にいる人々が「○○（旧植民地、黒人、女性…）も大事だ」と口で言いながら自分は決してそちら側に立たず「ガラスの天井」を維持し続けるような状況の背後には一般に、そうした枠組みやモデルの拘束性がある。それについては次章であらためて論じるが、日本に限らず東アジアの生活、文化・芸術表現や観光業界で顕著な「金髪・青い目」への崇拝は、近代西洋で生まれたオリエンタリズムや人種思想がアジアの人々側で内面化したものだろう。人は支配的な考え方や文化に到底かなわないと悟ったとき、それらを強く内面化することによって他の被支配者よりは上であると思おうとする。そうした枠組みや基準の問題は、あるものの価値をだれが判定するかという問題とも結びついている。「日本スゴイ」論は多くの場合、白人に言ってもらってはじめて意味をもつ。英米型ないしフランス型や北欧型などサブカテゴリーはいろいろあるにせよ、民主主義社会や議会政治・政党政治、福祉社会などについても西洋モデルの影響は著しい。「変えられない日本」を変えるには外圧が有効だとよく言われるが、その外圧が韓国や中国から来た場合は、それを受け入れないどころか、日本人はいっそう意地になって今までのやり方にしがみつくことになりがちである。他方で同じく西洋の標準に合わない中国への違和感・敵視は、人々の間にすぐに広がる。

第13章

歴史と記憶、歴史と現在

　歴史と歴史学が単なる過去のできごとやその解明に終わらず、現在や未来を
照らし出すという説明はしばしば行われるが、それは正確にはどういう意味な
のだろうか。またそもそも、人はなぜどのような過去への知識や省察を必要と
し、どのようにそれらを記録・記憶したり理解するのだろうか。それは個人の
生き方や国家・国民を含む集団のありかたにどんな影響を与えるのだろうか。
歴史認識をめぐる国家や人種・階級などの間での対立がしばしば「歴史戦争」
と言われるまでに激化している現状は、「歴史は勝者が作る」「客観的な歴史な
どありえない」といった通俗的な「歴史の公式」の必然的帰結なのだろうか。
メディアと教育やそこでのイメージ［→第12章］、自意識と他者認識の問題に
も注意しながら考えてみたい、

公式22　人々はどの時代にも「過去」「歴史」や「伝統」をめぐって「忘却」
　や「再解釈」を繰り返している。ただしある社会でそのことがもつ重みは、社
　会の性格によって違う（例：歴史のある文明・歴史のない文明）。

公式23　「勝者」「強者」が過去にさかのぼって自己を正当化したり偉大に見
　せかけるような歴史を作ってきた例が多いが（例：西洋中心史観）、すべての場
　合にそうなると考えるのは単純すぎる（例：菅原道真、平氏や源義経への同情）。

1.「記憶」と「歴史」

課題 13-1
人は歴史に無縁では生きられないということを、「学校で教わる歴史」はもちろん娯楽としての歴史にも関心がない人々に、「教訓としての歴史」以外の部分を含めて納得できるように説明せよ。

課題 13-2
第二次世界大戦後 70 数年が経過し、大戦の責任を直接負うような世代はほとんど生存していない。ではそういう国の歴史教育は、大戦に一切責任を負わないだろうか。

最近の英語圏では doing history、日本語でも **歴史実践** という言葉がよく聞かれる[1]。序章で紹介したように高校教員として改革を先導してきた小川幸司の『岩波講座世界歴史』新シリーズ冒頭の論説［小川 2021］にも、それらへの関心が明示されている。歴史は現在と無縁な過去ではなく、人は意識せずとも（歴史など自分には関係ないと信じていても）いろいろな形で個人と社会の過去や歴史にかかわりながら生きる。だから過去や歴史に関心をもつ人もいなくならない。娯楽の面を除いても、人生や社会の大事件、「由来」「由緒」の探求など現状を過去に遡って理解しようとする欲求、また移民国家であれば、自分や周りにいる人々の先祖がいつどのようにこの国に来たかが人々の一般的な関心事になるかもしれない。そのような欲求をもつ人は、いろいろなきっかけや目的で、自分や他人の過去や歴史について「納得」できる「説明」や「意味づけ」を求める。それは人の **アイデンティティ** に関わる。そして第 12 章で論じた通り、現代は一人一人の価値観やアイデンティティが公的・世界的な問題の対象

---

[1]［保苅 2018］［スズキ・姜 2017］など。Doing history の理念にもとづくアメリカの教育を紹介する［レヴィスティック、バートン 2021］は、小中学校教育が主な題材だが、歴史を学ぶ意味と方法について参考になる記述が多い。また政治化を超えて主体的な歴史認識を取り戻す方法については［スズキ 2014］も見よ。

とされ、個人にせよ集団にせよアイデンティティをめぐる政治や争い（アイデンティティ・ポリティクス）が世の中を動かすようになった時代である。「自分史」の流行もこれに関係があるのは明らかだろう。

　その場合の過去や歴史は、単なる客観的な「史実」とその集積ではなく、「説明」や「物語」のかたちを必要とする。それを求めるのは勝者・成功者だけではない。戦争や犯罪、事故や災害の被災者もしくはその遺族こそが、犯人や責任者の「謝罪」でなくとも「説明」を求めていないだろうか。それが納得できないとき、抗議や謝罪要求はいつまでも続くだろう。たとえば数世代前に侵略戦争や植民地支配をした過去をもつ国の現在の主権者たちが、その戦争や支配に直接責任を負わないのは当然だが、その一方でその戦争や支配の経験をどう記憶し下の世代に引きつぐ（教える）かの責任から自由でない、つまり「戦争責任」はなくとも「戦後責任」はあるといった考えも、そこから生じる。

　それでは人々の「記憶」や「過去」はどのように記録・記憶されるのだろうか。それはどのようにして「歴史」になるのだろうか。記録について言えば、たとえば仕事に関わる文書や業務日誌などがあり、それらにはそれぞれ保存・公開のルールがある。それ以外の個々人の体験・記憶・証言は、日記に書かれたり手記・回顧録などの文章で公表されるほか、**オーラルヒストリー**の対象になり、ジャーナリストや政治学者・伝記作者、文化人類学者などのインタビューを通じて聞き取り・記録がなされる。その記録や利用においては、証言者（特に被害者や内部告発者）の名前を明示しないなど、通常の文字史料とは違った手続きが必要になるケースも少なくない［→第2章］。それらの筆者・証言者が「名もなき庶民」である場合には、「そんな者の記録・証言は取るに足りない、信用できない」など蔑視のまなざしを浴びることもある（公文書や正史、国家の歴史を崇める考えと表裏一体か）。しかし単純な事実主義やエリート主義・国家至上主義から抜け出せば、「その人がどう過去を記憶し認識しているか」に大きな意味を見出すことが可能になる場合もある［→第10章で見たヨーロッパ社会史のミクロヒストリー］。

　前章で取り上げたように、メディアや教育には過去の事件や社会について「**集合的記憶**」を形成する働きがある。教科書や通常の学校教育以外に、博物館・

美術館の展示、報道と大衆娯楽・スポーツ、絵画・写真や動画、音楽や演劇、それらを含む記念日のイベントやそれらの参観を含む修学旅行なども重要な役割を果たす[2]。そうした「人々が共有する記憶」（まだ人々の内部に主観的・直接的に存在する）や「報道・記録された過去の事実」は、ある時点やきっかけにおいて「歴史」（とりあえずは人々の外部に存在するもの）と見られるようになる。その事象の教科書への掲載や記念日の制定、記念碑の設立などの出来事が、そうした機会になるという見方はよく語られる。たとえば日本にとっての戦後50年と戦後70年、ベトナムにとっての南北統一後15年［古田2015（初版1991）］など時間的な節目——自分はそれを経験していない人々が社会で多数になるということを含めて——そこで意味をもつことも多い。これを、故人がどの世代の子孫から「自分に直接は関係ない先祖」と見なされるようになるかという問題と比べて考えるのもよいだろう。

　こうした集合的記憶ないし歴史への認識こそが、「**歴史戦争**」（歴史戦）の主題になる。それは国際対立や国内の人種・宗教やジェンダーの対立などいろいろな場所で起こる。ナチズムの残虐行為をドイツの歴史家が（単純に「アウシュヴィッツはなかった」などと否定するのではなく）一部の人物・時期の異常性で説明したりきっかけを作った相手側の行為を強調する、ソ連など他の残虐と比較して「相対化」するなどの研究が正当化しうるかどうかをめぐる1980年代の「ドイツ歴史家論争」は日本でもよく知られている［ハーバーマス・ノルテ1995ほか］。それが1930年代からの日本の暴走を「明治以来の正しい路線からの一時的逸脱」と見るかどうかと論争の構造が似ていることは言うまでもないだろう。また歴史認識をめぐる対立は、多数のプレイヤーが入り乱れてわけのわからない状況に陥ることもある。ベトナム戦争中に南ベトナムに派兵された韓国軍（旧日本軍仕込みの残虐さをもっていた）の戦時性暴力を含む戦争犯罪行為が知られ、1980年代末の民主化後の韓国の市民運動とドイモイ政策で韓国との国交を回復したベトナムの被害地域との間で和解の取り組みが進んだのに対し、韓国内の保守派が反発しただけでなく、韓国との経済関係を重視するべ

---

(2)たとえば竹島／独島問題に関する［玄大松（ヒョン・デソン）2006］を見よ。

264

トナム政府がブレーキをかけ、そこに「慰安婦問題」で韓国攻撃を繰りかえす日本の運動家たちが鬼の首でも取ったかのように介入した事態［伊藤正子 2013］ほか）など、その最たるものかもしれない。

　このような「歴史戦争」においては、現代の政治的・経済的利害もからむし、学問的にも「史実の証明・否定」や「認識」をめぐる対立だけでなく、「史実」と「歴史観」「歴史叙述」との関係についての素朴すぎる通念のスキをついた「**歴史修正主義**」による「歴史＝物語り論」の恣意的利用などが影を落としている。東アジアでは君主や国家は歴史によって正当化されまた「正しい歴史」を臣民／国民に教える役割をもつ［→第 12 章］という伝統にも注意する必要がある。これに学問を踏まえた対処をしようと思えば、「歴史の基本公式」の習得が必須となる。「歴史戦争を起こしているその議論は、要するに何を言いたくて展開されているのか」という文脈の解析ないし**メタヒストリー**［ホワイト 2017］としての理解と、その背景にある論者たちの心理（たとえば歴史修正主義やヘイトスピーチに走る人々の心の中にどんな怒りや恐れ、苦しみや悩みがあるのだろう）への省察なども避けられない。それらを抜きにして「共通教科書」を作っても効果は期待できないし、そもそも和解を願う学者・専門家同士でも、教科書の書き方や意味がお互いに違うために具体的な書き方をめぐって意見が割れ、両論併記に終わるような事態が起こる[(3)]。かつて激しく戦ったような国同士の「共通教科書」が簡単に作れるように思い込むのは、「AI が発達すればあらゆる翻訳が正確に出来る」とか「人間は腹を割って話し合えば完全な相互理解や価値観の共有ができる」などの考えを同じくらいに幼稚である。

　歴史をめぐる対立を理解し解きほぐそうと思えば、いろいろ考えるべきことがある。たとえば、歴史はだれのものか（歴史家？　国家や民族？　一般民衆？

---

(3)「日中韓の共同研究」などは多数組織され、専門的には多くの成果を挙げたが（民間の［日中韓 3 国共通歴史教材委員会 2016（2005）］なども）、「共通教科書」そのものはうまくいかなかった経緯が、第 10 章・12 章で述べたように儒教的歴史意識にもとづく「ナショナリズムの優等生」という面をもつ東アジア諸国（第 4 章で述べた自国史と世界史の枠組みや「語彙・文法」の違いの影響も深刻）では、そうした作業がいかに難ししいかを象徴しているだろう。

個人には権利はないか？）、だれのための歴史かという問題がすぐに問われる［ハント 2019 も見よ］。研究方法としては、存在する史資料や記憶、歴史記述を読み解くだけでなく、「存在しないこと」（たとえば戦争被害者側の史料がないことがある。そこでは女性やマイノリティの史料がなぜ存在しないかなどと同じ問いが求められる）の意味を問う視野と方法論も必要になる。そして、「歴史は勝者が作る」という素朴な一般論（その背景には「負けたら何をされても仕方がない／勝者は何をしても許される」などの幼稚すぎる人間観・社会観があるように見えて心配だが）に解消できない現実の歴史認識の複雑性を見る勇気や根気・知恵も。そもそも勝者はいつでも一枚岩で内部に対立はないのか、一方的な歴史像の力による押しつけだけでそれは敗者や第三者に受け入れられるものかなどを、第 7、8 章や 12 章の例も思い出しながら考えるのが、歴史学の専門性というものだろう。それは、第 8 章で触れたような「和解学」や「紛争解決学」への貢献にもつながるはずである。

2．歴史と現在

2.1. 現在につながる歴史とつながらない歴史

> **課題**13-3
> 現在との直接的なつながりが少ない古代史や中世史を研究したり理解することには、どんな現代的意味が主張しうるだろうか、「歴史の教訓を学ぶ」ことも含めていろいろなパターンを考えよ。

　次にもう少し一般的に、歴史の意味を考えてみよう。それはまずもっと現在の人間が必要とする過去の説明だとすると、その過去と現在はどのように関係し影響し合うのだろうか。たとえば第 3 章の時間認識と関連して、歴史の認識には線的 linear で不可逆な歴史[4]というとらえ方と、循環する（繰り返す）歴

---

　(4)近代に特有の「右肩上がりの発展史観」以外に、仏教や儒教に見られる下降史観

史というとらえ方がある。歴史が「現在につながる」と言った場合でも、それ
ぞれ意味が違うだろう。また歴史に法則性を見出す考えとそれを否定する考え
の対立があることもよく言われる。ただし法則性をあまり強調すると、歴史学
は政治学や経済学の「道具」になりかねない。しかしすべての事象の一回性・
固有性を主張した場合、いかにして過去の事象を「現在につながる」と主張し
うるのかという論理的アポリアが待っているように思われる［→第1章］。

　「歴史は変化の学問だ」という言い方もよく聞かれる（変化しないなら宗教な
り社会学なりで理解すればよい）。しかし、たとえば「近代化」ですべてが変化
したとすれば、近代以前を学ぶ必要はないのではないか。その点で、古代・中
世からの通史的学習を絶対視する歴史学者がよく言う「ものごとの起源を知ら
なければ現在も理解できない」という考えは本当に説得的だろうか。現代英語
が上達するためにアルファベットの起源を知る必要はないし、自動車の起源を
知らなくても運転はできる。ただし、そこで言葉に詰まるような古い人文的教
養主義の外側では、「近代化」は超長期的視野で見てどこまで絶対的かつ不可逆
な過程であるかが、今日大いに疑われている。たとえば第4章で紹介したグロー
バルヒストリーの著作として知られるフランク［2000］の「リオリエント」は
世界経済のマクロな動向を5000年という長いスパンで見ている。第5章で取り
上げた人類と環境といったテーマなら、タイムスパンはもっと長くなるだろう。

　そのことを含め、歴史と歴史学の現代性（**アクチュアリティ**。それは「実用
性」と一部で重なるが同じではない）は21世紀においてどのように主張しうる
だろうか。たとえば「歴史とは現在と過去との絶え間ない対話である」［E・
H・カー 1962］とはどういう意味だろうか[5]。そこにはいろいろな意味合いが
含まれそうである。たとえば現在の人文学者がよく言うのは、実用主義・経済

　も線的な歴史の一種と見なせる場合が多い。
(5)人口に膾炙した「歴史に「イフ」はない」という見方は、同書から発したものと
　されるが、その真意は、「こうだったらよかったのに」という「未練学派」を批判
　し、あったことはあったこととして認めた上でその原因を考えようという文脈で言
　われたものであり、仮説を立ててシミュレートすることを否定する意味ではないと
　思われる。

主義などに対する批判精神、異文化理解などに資するという意味での現代性である。「現在につながらなかった過去の探究がもつ現代性」（［遅塚2010］がいう「批判的歴史学」）もそこでは意識されている。もう一つよく言われるのは、歴史の教訓を学ぶこと。つまり失敗しないための「保険」としての歴史である（三谷博の言う「歴史ワクチン」－その例が［三谷・並木・月脚（編）2009］）。これは社会科学系で意識される過去を踏まえた戦略の選択、歴史を踏まえた政策立案などにつながるだろう。そのほか、近年の大学には文化財学や観光史学という分野も成立している。災害における「資料レスキュー」なども含めた文化財保存、それに観光開発に関連して歴史学――古代史や中世史も――が出来る仕事は少なくないだろう。

　最後に、「**教養**」としての歴史こそ現代に活きるものだという主張も、歴史学者や教員だけでなく政治家・財界人を含めてよく語られるが、それでは教養とは何だろうか。與那覇潤［2018］はこれを、特定の専門分野や個別社会などがそれぞれもつ「コンテクスト」を越える能力と定義する。それは単なる文化的知識や高尚な趣味、時事問題の知識などの集積ではない（19世紀的なヨーロッパや中国、文化面ではハイカルチャーに偏り、東南アジアやアフリカなど見下したり同情する対象でしかない教養なら、今日ではない方がましだろう）。また序章でも述べたとおり、日本の大学の「教養課程」で現実に提供されている内容には大きな欠落があり、各自の専門性と両立するような、自己の所属や専門とは違った世界を理解し、必要な協業や他流試合を行う能力（そこには、専門外の人々と話すにはどんな「大きさ」「解像度」をもつ議論が適切かという感覚も含む）を身につけるところまで行くのは難しい。そこに達しないものは「雑学」であっても與那覇の言う「教養」ではないだろう。そのような能力とは、基礎的な論理学、知識社会学・科学社会学、認知科学などの共通基盤の上に成立し、人間社会や自然の課題を考えたり行動したり楽しんだりする意思や力、知恵や情感を生み出すような「考え方」「認識」の集合として獲得されるもののはずである。たとえば現代の科学や思想は、ギリシア哲学や西洋近代科学が基盤にしていた「善と悪」「精神と肉体」「理性と感情」「主体と客体」などの二項対立図式と、まず「個」の「主体」が存在しそれが他の「主体」と関係を結ぶ

ことによって社会が成立するといった考え方をそのまま維持しているだろうか。二項対立の絶対性よりは両者の間のグラデーションと相互作用が重視されていないだろうか。最初からある「場」や「関係性」を無視した絶対的な「個」や「主体性」は成り立つのだろうか［→付録 3］。

　こうした問題に気づいた関係者の間で、従来の「専門課程の前だけに受ける教養教育」の効果がそのあとの「専門の職人を作る教育」によってかき消されてしまう問題が憂慮され、今日では学部高学年や大学院で「専門と並行して／専門の後に」学ぶ「高度教養教育」が導入されている［→序章］。したがって、求められているのは高度教養教育を含む教養全体の中に、単なる個別学問の概論の一つという以上の重要な位置を占めることのできる歴史と歴史学である。

　それらに関連して、第 1 章でもふれた欧米発の「**パブリックヒストリー**」という考え方が日本でも注目されている［菅・北条 2019 など］。歴史の知識や研究能力が生きるのは研究者・教員や博物館員、小説家やゲームクリエーターだけではない。人々の Doing history の手助け（政治家・外交官や経営者の「秘書（右筆）」「知恵袋（軍師）」や、自己の歴史をもてなかったマイノリティや抑圧された人々が歴史を回復する活動などの場で働く歴史専門家の仕事もそこに含まれる）。それらを通じて社会の中の歴史や歴史家の意味・役割（「食文化」などと似た用法で、どんな歴史がどんな風に好まれたり利用されたりするかを文化としてとらえる「ヒストリー・カルチャー」という言葉も使われる）をとらえ直すのが、パブリックヒストリーの大目標であろう。無名の人々が歴史を持ち行動するというこの発想は、当時の政権や資本家との距離感を別とすれば、戦後日本のマルクス主義歴史学が展開した「国民的歴史学運動」とも共通するように思われる。ただしその運動がランケの歴史観と同様に抱いていた、当事者の視点が客観的な研究者の視点や正義の視点と素朴に統一されるという楽観は、第 12 章で見たような考え方［→付録 3 も見よ］の前では旗色が悪い。代わりに当事者の考えや論理（それも単数形ではない）に即した研究と外部の視点・物差しを用いた研究——言語学や文化人類学では前者（emic）と後者（etic）を区別する——の緊張関係に配慮しつつ取り組むことが求められる。

3．支配者（多数者）の歴史、勝者の歴史や国民の歴史でない ものの模索

3.1．被支配者、敗者の歴史

北海道の近代史を「開拓史」として描くやり方にはどんな問題があっただろう か。民族間関係だけでなく北海道という空間の国内的・国際的な位置づけも含 めて論ぜよ。

　以下では、支配者や多数派、勝者などの歴史、一国単位の国民の歴史などの 単純な歴史ではない、違った人々の歴史を掘り起こす歴史学の成果について紹 介したい。最初の例は、国内の敗者や少数民族・先住民ではないが、近代国民 国家につながらなかった国家・民族の歴史である。それは「国内」の「辺境地 帯」や少数民族・先住民についての見方を変えるヒントも与えてくれるように 思われる。たとえば、以下の二つのパターンが考えられる。

資料13-1　その後継者を自任する国家・民族が現在どこにも存在 しない例：渤海

　唐代中期以降に現在の中国東北部から朝鮮半島北部にかけて支配した渤海 は、高句麗系と「靺鞨」人を中心とする国家であった（高句麗は新羅・百済 と並んで朝鮮史の「三国時代」を構成したとされる国家だが、領域は現在の 朝鮮半島北部と中国東北部にまたがっていた）。北朝鮮では1960年代から、 伝統的な「統一新羅時代」によらず、渤海を高句麗の後継者と見なして、後 期新羅と渤海を並立させる新しい歴史を対置した。70年代以降の韓国の学界 でも「**南北国時代**」という時代区分が一般化した。他方、少数民族（ethnic minorities）を含む「**中華民族 nation の歴史**」すなわち「国民国家中国の歴 史」を追求する1990年代末以降の中国では、東北地方の歴史を研究する「東

北工程」（1997〜）の中で高句麗・渤海を中国の地方政権と見なしたので（靺鞨人の民族系統問題などもからむ。また契丹＝遼は渤海、唐末の藩鎮など［高井2016］いろいろな勢力の後継国家であった）、2000年代に「中韓歴史戦争」と呼ばれる対立が勃発した。これと日韓の歴史認識対立の双方に取り組むため、韓国では東北アジア歴史財団を設立し、歴史対話などの活動を進めてきた。日本でも放映された韓流ドラマ「高句麗広開土大王」「テジョヨン（大祚栄）」「千秋太后」などは明らかにこの歴史戦争の影響を受けている。渤海史は、日本古代史学界、ロシアの学界などでもそれぞれの視点から研究がされてきたが、それらを統合する研究はほとんど現れていない（［酒寄2001］［古畑2018］［李・宮嶋・糟谷（編）2018］など）。

資料13-2　近世まで存在しその子孫も現存するが、その広がりが複数の国民国家にかかわりしかもどの国家でも多数派ではない、または全体の後継者を称することができない例：チャンパー

現在のベトナム中部に2〜19世紀に存在した国家（実態は地方権力の総称ないし連合体）で、主要民族であるチャム人は現在でも中部に残存している。ただし近世以降にはベトナム王朝の圧迫を避けて多くが南部やカンボジアに移り住み、現在でもおそらく後者のグループの方が多数である。その他、海洋民として大活躍したチャム人のコロニーの痕跡や記憶は海域東南アジアの至る所に見られるし、チャンパーを構成していたオーストロネシア系およびオーストロアジア（モン・クメール）系山地民の諸グループはラオス・カンボジアにまたがって居住する。それらについて以下の研究史がある。

（1）仏領時代の研究ではチャンパーは「東南アジアのインド化された諸国の古代史」の一つとして研究されたが、陸上の領土やヒンドゥー・仏教系の碑文・宗教建造物しか見なかったため、その扱いはカンボジアやジャワよりずっと下だった（ベトナム独立後も散発的に新出碑文などの研究を仏人研究者が行うが続かない）。（2）独立後のベトナムでは、ベト人（キン族）中心史観のもとで少数民族の歴史が無視されてきた（キン族の「南進」を歴史の前提とする南ベトナムでは、ある種アメリカ先住民と同じような扱い）。ドイモイ（刷新政策）後には少数民族の歴史・文化が認められるようになり、チャ

ンパーの歴史やチャム人の伝統文化（美術工芸や舞踊・祭礼など）も積極的に評価されるようになったが、それはあくまで「ベトナム民族（中華民族と同じような nation の概念）の多様性」を称揚する文脈［nation の正当性をその純粋性によって語るのではなく、**「多様性の中の統一」** が実現しているからこそすばらしいとする論法←現在では中国政府の論法が有名だが、東南アジアではそれよりずっと早く、スハルト政権時代のインドネシアが強固なモデルを作る］の中で語られるものであり、チャンパー史やそれを構成する諸民族社会の「ベトナム国家からはみ出す部分」は語られない。考古学の進展と裏腹に、漢文やサンスクリット語など古典語が読める研究者がいない点も問題である。（3）ベトナム戦争中〜戦後の旧チャンパー地域で、チャム人や山地民族による反政府活動（FULRO という組織を作り、南ベトナム・統一ベトナムの両方の政府に反抗した）があった。これと関連して、在仏・在米などのチャム人や山地民族出身の知識人の間で、1980 年代以降に独立したチャンパーの歴史を称揚する新しい動きが起こった（チャンパー研究を自分たちの「保護下」に置き続けたい仏人研究者も一部巻き込む）。ただし「諸民族が平等な理想の国民国家」だったかのように描くチャム人に対して、山地民出身者が抑圧の歴史を指摘するなど、この動きの内部は一枚岩ではない。近現代の側から歴史を見るため「インド化された」時代については関心がないことも弱点である。（4）チャム人の大きな部分が大航海時代以降にイスラーム化したことから（残りは土着化したヒンドゥー信仰）、カンボジアでは宗教を敵視したポル・ポト政権時代に大虐殺の対象となり、クメール民族の上座仏教国家を自認する現在のカンボジアでも、チャム人への扱いは冷たいとされる。逆に大国として自信を付けてきた 1980 年代以降のマレーシアが、チャンパーとチャム人に関心をもち、研究を推進する一方でイスラームの布教や巡礼・留学の受け入れも進めたので、ベトナムの地方当局は神経をとがらせている。（5）漢籍を用いた研究など日本の学界も早くからチャンパー史に着手しており、ドイモイ後は人類学・考古学や陶磁器研究などの現地調査をベースにした研究も活発化しているが、その成果は日本とベトナム以外ではあまり認知されていない。同様に欧米ではフランスの独占状態だったチャンパー研究に、90 年代以降には英語圏の研究者も積極的に参入している（［桃木・樋口・重枝 1998]）。[Trần Kỳ Phương and Bruce M. Lockhart (eds.) 2011] [Griffith, Arlo, Andrew Hardy and Geoff Wade (eds.) 2019] はそれらを統合する試みだが、まだ残された論点は少なくない）。

　資料13-2のパターンには、東南アジア大陸部山地の「タイ文化圏[(6)]」、西アジアのクルド人の歴史、それに琉球やアイヌ社会などの例も該当するだろうし、近代のある国家や文明が「自分の先祖」として前近代の多元的な帝国や文明の歴史を独り占めしてしまう場合に、そこから切り捨てられるものもこれにからんでくる場合がある。例としてギリシア文明の中に存在した「オリエント的」「アフリカ的」諸要素［バナール 2004-5、2007］や、逆にウマイヤ朝以下のイスラーム諸帝国（支配下にあるのはムスリムだけではない）こそがギリシア・ローマの正当な後継者であった側面、キリスト教世界の中の「東方（イスラーム世界やインドその他）」、神聖ローマ帝国やオーストリア帝国の「ドイツ人」以外の諸民族［良知力 1993（初出 1978）］などが思い出される。

　国家・民族に着目するそれらのテーマとは別の視角から、権力と無縁な、もしくはそこから排除されたさまざまな**マイノリティ**や弱者[(7)]（人種・民族的、言語的、性的、宗教・文化的…）や**アウトロー**の歴史の研究も、もちろん盛んである。それは「なぜこれまで歴史の表面に現れることを許されなかったのか、どんな力がこの人々の歴史を抹消してきたのか」などを問わざるをえない点で、第12章で扱った文化や学術の政治性にも深く関わる。

　マイノリティや弱者の声を聞く試みとしては、その社会の男性中心的ジェン

---

(6)タイ語系の言語を話す民族集団は中国（雲南など西南部だけでなくむしろ広東・広西など東南地域が重要）、ベトナム、ラオス、タイ、ビルマ（ミャンマー）からインド東北部（アッサムなど）」まで分布しており、歴史的に見れば現在のタイ王国の領域はその辺境に過ぎない。しかし実際の活動の中心だった南中国から「黄金の三角（四角）地帯」にかけての地域（羈縻支配や「土司」制度のもとに置かれた南中国諸勢力のほか、ラオスのもとになったラーンサーン、北タイのラーンナー〈チェンマイ〉、雲南のシップソンパンナー、ビルマ東部のチェントゥン、ベトナム西北部のムオンタイン（ディエンビエンフー）など多くの盆地国家〈ムアン、ムオン〉やその連合体を形成した）は、現在では複数の国民国家によって分割されてしまい、ラオスを別とすればすべて「それぞれの辺境」扱いされている状況である［新谷（編）1998］。

(7)「権力を持っている少数派」だけでなく「多数派の民衆（革命などで権力を獲得することもありうる）」も「歴史を書き残す」ことが可能だが、「権力を持たないマイノリティ」はそれすらできないので、歴史の中でその「声」をすくい上げるには特別な注意力や方法が必要になる。

ダー規範ゆえにナショナルな戦争被害の記憶（語り）から排除されてきた「**戦時性暴力**」の被害者たち［ブラウンミラー 2000］の声を聞く、南アジアで従属的・副次的かつ下層の立場におかれた人々に着目する「**サバルタン研究**」［スピヴァク 1998］、オーラルヒストリーの方法でオーストラリア**先住民**の歴史実践を解明する［保苅 2018］、近代ヨーロッパにおける女性やユダヤ系の芸術家を再評価する（たとえば音楽学で）などの動きが思い出される。男性中心のジェンダー規範は一般に戦う力やマッチョであることを求めるので、「マッチョな男性性をもてない男性」の声を聞くにも注意と工夫が必要である。

　もうひとつ、特定の場所に定住しない人々や、単一の民族ないし国家アイデンティティをもたない人々など、各定住社会から見ると常に「アウトサイダー」とされがちな人々も、歴史に声を残せないことがよくある。その歴史を見るには、「**ディアスポラ（離散共同体）**」と「**脱領域**」、「**クレオール**」などの概念が必要になるだろう。ユダヤ人［ボヤーリン＆ボヤーリン 2008］や華僑・華人（東南アジア群島部のプラナカン、ババやベトナムの明郷(ミンフォン)など現地との中間的な集団も含む［Reid (ed.) 1996］）の例はわかりやすいが、アメリカ大陸のアフリカ系黒人の研究、世界の移民・難民・出稼ぎの研究などについて、そうした人々を国民国家の歴史のはざまの存在、そこからこぼれ落ちたものなどと見なすバイアスから自由な研究が広がったのは、最近のことと思われる。膨大な歴史実践の蓄積がある「在日」を含めた世界の韓国・朝鮮系の住民の歴史も、長期間におよぶ「祖国」の分裂という事態の影響も受けつつ、ディアスポラ的な視角でとらえうる部分が広がっていると聞く。

3.2. 非西洋世界の歴史

課題 13-5 ─
西洋中心主義は近代における西洋の覇権を基盤とするものだが、歴史学においては古代・中世などの時代についても、世界史におけるヨーロッパ社会の優越ないし普遍性を主張する理屈が作られている。それはどんなものだろうか、整理してみよう。

　第1章や前章でも触れた通り、近代歴史学はヨーロッパや西洋だけに歴史があると主張してきた。「停滞論」「東洋的専制[(8)]」のアジア（→「東洋学」の対象）と、「歴史なき」アフリカ・オセアニア（＋東南アジア）［→民族学・人類学の対象［川田2001（1976）］などはその枠外にあるとされ、そこに生きた人々の「声」は、ヨーロッパ文明に先行する古代オリエント文明などの例外はあるものの、歴史学や他の多くの学問において、前項で見た人々と同様に、やはり無視・軽視されてきた。西洋以外の地域について「日本史」「東洋史」などの分野を作った日本においても、事態が根本的に違っていたわけではない。西洋中心主義の歴史学はしかも、近現代だけでなく古代・中世などについても、歴史を語るストーリーと何を普遍とするかの学問的基準の両方で、巧みな仕掛けをもっている。

資料13-3　ヨーロッパ中心史観の巧妙な仕掛け

　それは何も、古代・中世のヨーロッパの国家・社会や経済・生活がアジアより発展し豊かだったと強弁するわけではない。しかしそれでも、多くの高校生は肉・乳製品とパンを摂取するのが正常な食生活だという社会での刷り込みや、**建築・絵画**の例としてヨーロッパのそればかり見せられることを通じて、古代・中世の生活もヨーロッパの方が豊かだった、エレガントだったと勝手に思い込み、あの食生活は農業生産力が比較的高い地中海世界やフランスを別とした北西ヨーロッパの場合には、「それしか食べ物がない」という貧しさの証拠であったことには気づかない。まず古代におけるギリシアの民主政や**哲学・科学**（専制のアジアと自由のギリシアという図式など実に効果的だった）およびローマの市民社会や**法と契約**の精神、ついでゲルマン社会

---

(8)共産主義を東洋的専制の延長上で理解する冷戦中のアメリカの理論などを含めて、「自由のないアジア」というイメージはいまだに影響力をもつが、それは日本で（日本の管理社会に合わせて）通常思い浮かべられる「法律・制度や命令で縛られて自由がない」という方向よりも、「権力者の恣意やコネで物事が決まるルールなき（法や契約が支配しない）社会」という方向（現代中国を「法治でなく人治」と批判するようなもの）の方が、本来のイメージに近いように思われる［→第7章、10章の専制国家論］。

の封建制と**キリスト教**、最後にそれらの優れた部分を集大成した西欧の近代化、という発展コースが人類史の普遍だという前提さえ押しつければ、アジアを含む非西洋世界は自然に、いかに経済的に豊かだろうが大帝国を作ろうが「停滞」に覆われているということになり、国家・経済・宗教・文化・芸術や言語などあらゆるものが「特殊」になる。そこで、ものごとの多くの起源はアジアにありヨーロッパはそこから影響を受けた、近代以前はアジアの方が豊かだったといくら事実の問題として強調しても、それだけでは事態を決定的に変えることはできないだろう。これに限らず、相手の弱い部分、不十分な部分だけを批判して相手を論破した気になってはいけない。その種の西洋中心主義批判には、近代に西洋が勝利したという事実を対置して「昔は昔、今は西洋／西洋式の時代でしょう」と言えば済んでしまうのは、日本社会に外来の文物があふれていることをいくら強調しても「外国の文物を巧みに取り入れて日本を発展させてきた」という日本ナショナリズムの理屈は崩れないのと同じである。第3章以下で色々な角度から述べたように、近代そのものを問い直し、西洋式近代が普遍でも永遠でもないことを論じてはじめて、西洋中心主義の本丸に迫ることが可能になる。

資料13-4　学問的基準の拘束性

　先に歴史以外の分野の例を挙げよう。たとえば現代世界で音楽を学び楽しもうとする者は、まず西洋式音階を身につけねばならない。世界には元々、西洋の音階やリズムから外れる音の配列を生み出し楽しんでいた集団がたくさん存在したはずだが、それは音楽学において「変則」「特殊」と見なされた。そういう音楽の持ち主の多くは、近現代には本来の自分たちの音をずらして（しばしば楽器自体も改造されて）西洋音階に合わせることを余儀なくされた。それによる創作や上演がいかにナショナリズムに訴えたり世界で流行しても、それは折衷であり「創られた伝統」である。中国の音楽もそうなっているとすれば、いくら中国が覇権を握り中国語が英語に代わって国際共通語になっても、西洋中心主義のある部分は温存されるだろう（いずれは起源が忘れ去られるにしても）。

　言語も似たことが言える。英仏独などの近代言語が**国際共通語**とされ、インド・ヨーロッパ語族の歴史の復元から近代言語学が組み立てられると、日本語や中国語などそれらとまったく違った原理や論理をもつ言語は「特殊な」

「おかしな」言語にならざるをえない。「主語や時制を必ず表さない日本語は
論理的ではない」などの珍説がそこから生まれ（ラテン語やロシア語は必ず
主語を表しはしないはずだが）、それを真に受けた日本の知識人が心理的な代
償行為として「日本語はヨーロッパ諸語にない豊富な擬声語・擬態語など、
自然の微妙な移ろいを表現する繊細な感覚の点で優れている」などという独
りよがりの言説を生み出す（中国語・ベトナム語も擬声語・擬態語は豊富で
繊細な表現にたけているのだが）。そこでは自分を評価する基準が西洋に置か
れ、周辺アジアと比べる発想が生まれないという弊害が露呈する。「ビジネス
も教育も何でも英語」といった単純思考は、英語の使用それ自体よりも、英
語を基準にして世界の言語を測る心理を後押しする点にこそ問題がある。同
様に、前章で見た日本と東アジアの宗教に関する誤解も、西洋中心主義の一
環として大きな問題をはらんでいる。

　もっと個別的な問題で、西洋の基準が歴史学を縛ってきた例をあげよう。
日本の前近代都市がほとんど都市全体を囲む城壁をもたず、市民の自治も部
分的にしか存在しなかったことについて、日本史学界は（前者は中国・イン
ドなど乾燥農耕地帯の文明一般との比較が問題だったが）ずいぶん「日本は
おかしい、遅れている」と悩んできたものだが、東南アジアなど湿潤農耕地
帯や海域世界の都市には、城壁をもたないものは珍しくない（ところがそん
な地域と比べられること自体が恥ずかしいという反応がよく生じる）。神道や
仏教、キリスト教などなんでも併存させる日本社会——東・東南アジアはど
こでもそうなのだが——を「おかしい、いい加減だ」と見なしたり、あげく
は「ふだん神を意識したり教会に通ったりしない日本人は無宗教だ」などと
言い出す奇怪な日本人論・日本文化論は今日でも根絶されていないが、それ
は果たして、「キリスト教が正しい宗教だ」という前提なしに成り立っただろ
うか。アジアの扱いも同様で、著者の学生時代にはまだ公然と「アジアには
真の○○はない」——○○には都市、国家などいろいろなものが入る——と
いう説が語られていたものである。なお宗教について、二つの「実用的な」
余談を付け加えておきたい。第一に地理の統計などで、東アジア諸国の宗教
を仏教が多数とするものと中国・ベトナム・北朝鮮について「無宗教」とす
るものの二種類が見られるが、どちらも正しくない。日本は仏教と神道、中
国・ベトナムなどは儒教・仏教・道教の「三教」プラス各種の民間信仰といっ
た併存状態が「正解」であり、「無宗教」は、宗教を敵視ないし異端視して
[→付録 2]信仰の自由がいちおう認めても布教や国家体制への批判は許さな
い社会主義政権下で政権に忠実であることを表明した人々が多いことを意味
する。第二に、キリスト教やイスラームが根付いた社会で「無宗教」と自己

　これらを考えると、「日本はすべてが特殊で、外部からの影響は表面的なものに過ぎない」という考えは、比較の拒否によって西洋中心の枠組みから逃れる賢明な戦略という一面ももっていたのだろう。そのおかげで、「アジアで唯一近代化に成功した日本」というアイデンティティは、その由来を第4〜6章で紹介した東アジア共通の発展経路に求めずとも、「万事特殊な日本（アジアと同じなどではない）が」「（貴重な伝統文化の一部を捨て去る、一時的に国粋主義が暴走するなどの代償を支払ったにせよ）人類の普遍である西洋モデルを適切に取り入れた」結果として説明できた。韓国・台湾や中国が発展してしまった現在は、そうはいかないのだが、そこにナショナリズムが作用すると「隣国と比べるぐらいなら自国は万事特殊だという立論を磨き、その上で西洋化をいちばんうまくやったともって行く方がましだ」という意識が働くのは、日本だけではない。

　こうしたオリエンタリズムの思考回路はしかし、欧米と自国以外の非西洋地域への関心を弱め理解を不十分にすることを通じて、結局は自己認識をゆがめる。上記の日本語の例はその典型であろう（本質主義的に「やまとごころ（和魂）」をとらえ中国文化の影響をあくまで表面的なものと見なす日本文化論、漢字の「表意文字」としての側面に偏った国語教育などが、そうした日本語理解を支える）。戦後日本の「良心的知識人」が天皇制や軍国主義に対して「アジア的後進性」と不当なレッテル貼りを行ったような例も、そうした人々の思考は、ギリシア・ローマに始まり近代の英米仏などで確立された民主制と市民社会を人類普遍の理想と見なす思考様式に規定されている。こうした人々は、人権、福祉国家、環境、ジェンダーなど新しい思想や理論に触れるたびに、西洋の先進事例や興味深い資料の紹介につとめ、「日本とアジアは遅れている」という言説の拡大再生産をする傾向をもつ。日本を含む東アジア諸国が、多くの非西洋諸地域と比べたとき突出した近代化の優等生（たとえば経済成長万能論や社会

進化論の受容、オリエンタリズムの内面化などの例を見よ）であり、今日のゆがみは「遅れ」よりは「西洋近代モデルのある部分への過剰適応」だったのではないかなどという問いは、めったに生まれない。

　そうした西洋中心主義への反発は、非西洋地域を対象とする研究者の間に、西洋モデルを「わが地域には当てはまらない」と拒否する発想を一般化させる。ただ一般には、「それなら西洋中心主義でない世界像とお前の地域の位置づけを示せ」と言われると、「世界のここにしかない独自性を世界に分かるように説明する」訓練を積んできた東南アジア地域研究［→第 4 章参照］などを別とすれば、上記のような特殊論に逃げ込み説明を拒否する者が多い（そもそもモデルと実態の完全な一致は可能かという科学論・認識論上の問いなどは意識しないままで）。世界の構図を語ろうとする少数の専門家は逆に、「アジアを中心に歴史を見るべきだ」と主張しつつアジアの中の自地域ばかり強調することを通じて、漢字文化圏の人々が「遅れた、貧しい、かわいそうな」東南アジアやアフリカを露骨に見下す悪習を増幅させたり、中東イスラーム地域や中央ユーラシアの専門家が「たまたまヨーロッパが発展して世界を支配する以前にはわが地域こそが世界史の主役だったのだ」と主張する[9]——サイードは「オリエンタリズムの裏返しのオクシデンタリズム」に警鐘を鳴らしたはずだが——など、さまざまなねじれた形で、非西洋世界に差別と分断を引き起こす。そこには「中心や強い者の座を奪回する」ことをすべてと思い込む「中心中心主義」を含めて、西洋中心主義（東アジアの場合には中華意識も）が生き残っていないだろうか［世界史叢書編集委員会 2016］。

---

(9)「イスラーム世界」論批判については［羽田 2005］など。なお中東イスラーム研究者が世界最大のイスラーム教徒人口を有するインドネシアなど東南アジア島嶼部を視野に入れたのは最近のことである。中央ユーラシア史研究の主流は日本では、清朝研究を別にすれば、中国と中国史学界の自己中心的性格を批判することに急なあまり、周辺地域（日本や東南アジア）の歴史、中央ユーラシアが世界の中心でなくなった近世以降の歴史などの独自の意味についての関心が薄い点に問題がある（そこまで目配りした大きな見通しは［杉山清彦 2016］など）。

終 章

歴史学の未来を考える

　序章で悲観的に述べたように、現在の世界で（日本でも）歴史学と歴史教育は危機の中にあり、100年以上続いてきたから今後も同じように続くだろうという「歴史観」より、この100年が恵まれすぎていた、今後は別の環境下で生き方を考えようという「歴史観」の方に、著者は同感せざるをえない。裁判にたとえれば、証明責任は「今後も変わらない」と主張する側にある。

　ただそこから出てくる（日本での）行動指針としては、なるようにしかならないのだから大きな仕組みの問題などはだれか他人の考えるに任せて自分は「自分の仕事」だけをしていようという態度を大多数の関係者が取るよりは、かなりの数の成員が自分で情報収集し戦略を考える方がずっと有利と考える。では歴史と歴史学は、文学や政治など近接した外部の世界と何が同じで何が違うのだろう。現在の教育改革はどこを向いており、学者や教員の地位はどうなるのだろうか。前章までで紹介してきた豊かな歴史と歴史学の世界を新しい世の中で再生・発展させるために、ここで整理をしておきたい。

公式27　国や民族でも個人（性別も基本的な問題）でも、歴史上の岐路にはたいてい複数の選択肢があり、同じような条件でも違う道を選ぶ集団や個人が出てくる。

公式63　歴史の段階を画するような「発展」は人間の本能や理性によって自然に起こるものではなく、しばしば「危機に対処する模索・試行錯誤」から生まれ、しかしそこで作られ成功した新しいしくみが将来的には新たな危機の根源となる。

> **課題** 終-1 ────────────
> 歴史学は、①実験・観測によって、だれが用いても同じ結果が出る法則・定理
> や公式を発見・証明したり、具体的な事象にそれを応用して唯一絶対の正解を
> 出す学問、②これも実験・観測を行うが、同じ方法や理論を用いても状況や対
> 象によって違った結果が出ることを前提に、統計データを活用しながら成功す
> る確率の高い（失敗する確率が低い）方法やパターンを見つけようとする学
> 問、③実験があまりできない事象について、証拠（記録・遺留品や観測デー
> タ）や証言にもとづきながら、事実を確定しその原因や意味・影響について納
> 得できる解釈を組み立てようとする学問、の3種のうちどれに近いだろうか。
> またもっとも近い種類の中には、他にどんな学問が含まれるだろうか。

1．歴史学とその「外部」

1.1．歴史学と史論や文学の間

　前章で、他分野を理解したうえで他流試合や協業を行う「教養」の必要性を
述べた。ではわれわれは、人文学や社会科学の主要部分について、どこまで理
解しているだろうか。たとえば歴史学と歴史小説の違いについて、大学史学系
に進学するとよく聞かされる。しかし一方で、資料としての文学作品の価値は
今日では広く認められている［→第2章］。しかも言語論的転回や「歴史＝物語
り論」［→第12章、13章、付録3］を頭から無視して「史実」と「虚構」の間
の絶対的な境界を安易に前提することなど、到底許されないとすれば、それら
を踏まえた上で、歴史と文学の区別（の再定義）はどのように可能だろうか。
　それと並んで、**非アカデミズム史学**と**史論**の伝統についても考えるべきだろ
う。「歴史学など本さえたくさん読めば誰にでもできる」という考えが間違って
いることは、アカデミズム外の人々が歴史を論じてもすべてデタラメであると
いうことを意味しない。史料批判とそれによる史実の確定のしごと、それに前
近代の時代の特色を理解することは、専門的訓練なしに十分な水準に達するの
が難しいとしても、既知の「使える史料」にもとづいて歴史像を組み立てたり

歴史的事象の意味づけを行うこと（いわゆる史論）は、経験豊富なジャーナリストや外交官、作家などいろいろな人々にも可能なのではないだろうか。近現代については特に、専門の歴史学者に劣らぬ仕事ができそうに思われる。もともと人文学や史論は、知識人一般の素養のひとつであったと言えるのではないか[(1)]（明治時代の田口卯吉は著名だし現代では吉本隆明、柄谷行人などもよく言及される。最近の例では［水野 2014］に代表される水野和夫の執筆活動なども注目される。與那覇潤［2014 ほか］も自分の著作を史論と定義している）。さらに東アジアでは儒学における「史」の位置［岡本隆司 2020］、また現代世界では、歴史教育やグローバルヒストリーなど、一次史料による実証だけでは成り立たない領域と「史論」の距離の近さなども考えるべきである。

　歴史小説や史論と紙一重の位置に、偽史がある。それは「アウシュビッツはなかった」のような政治的意図をもつ**歴史修正主義**[(2)]や**陰謀史観**から来るものもあれば、邪馬台国論争（「外東外流三郡誌」という偽史料を聞いたことのある読者もいるだろう）や「本能寺の変の黒幕はだれか」のような「趣味のトンデモ史学」に属するものもある。最近は気鋭の若手学者を含めて偽史に取り組む——単にデタラメを明らかにするのではなくその背景を探る——著作が目立つ[(3)]のも、他の学問分野で、ニセ科学（反知性主義）批判の必要性と、そこでの論争を水掛け論にしない方法が模索されているのと軌を一にする動きだろう。それには前章で述べた「歴史戦争」に取り組む場合と同様、「歴史の公式（定石）」を踏まえ、かたや文化人類学的ないし心理学的意味で相手のロジック・価値観や心理をさぐることが求められるはずである。

---

(1)日本近代の非アカデミズム史学と「官学」の関係についてはとりあえず［永原慶二 2003］を参照せよ。

(2)日本では西尾幹二の著作［1999］のあたりから「自虐史観」やその背後で「反日」宣伝をする隣国を非難する大量の出版物が氾濫し、「新しい歴史教科書をつくる会」（1996 年結成）の中学校教科書などを含め大きな対立を引き起こしたが、そこに各時代の日本が欧米に劣らなかった（したがってアジアなど問題にしなかった？）というかたちで強い欧米コンプレックスが表現されている点が興味深い。

(3)著者が目にしたものに［小澤（編）2017］［與那覇 2014、2018］［呉座 2018］［渡邊大門 2019］などがある。

1.2.　歴史学とこれに隣接する諸学問が見るもの、見えるものの違い

　何度も述べる**学際的・超域的研究**（「他流試合」や「相互乗り入れ」）の前提として必要な教養、すなわち共通点と違いの理解について、研究で用いる資料や方法、世界を見る枠組み、重視するものや研究目的の違いなどに焦点を当てて整理してみよう[(4)]。もちろんそれは、他の学問を非難・否定しようなどという意図をもたない。また複数の学問分野にまたがる研究がもともと存在し、今日ではますます拡大している。「政治史」「経済史」などの場合は政治学・経済学の一部分とも歴史学の一部分ともとれるが、「歴史人類学」「社会心理学」などというと、人類学や心理学の一部というニュアンスが強いなど、ネーミングもいろいろなタイプがある。

課題 終-2 ───────────────────
人文社会系の学問はすべて「史資料の原典（原文）」を読むことが基本になっているだろうか。また人間や社会のあらゆる事柄を扱うだろうか。

資料終-I　歴史学と隣接する主な学問

A．哲学、文学（＋美学・芸術学）
　哲学や文学は言うまでもなく文献中心の学問として発展してきた（現在は哲学対話などが発展しているが）。原語で資料を読む（哲学はインド哲学や中国哲学を含めて古典語が多いが、文学は各国語中心の場合が多く、比較文学では翻訳資料も利用される）。哲学・美学や音楽・演劇などの芸術学は第12章でも述べた通り、もともと強烈なヨーロッパ中心主義をもっていた。キリ

---

(4)個々の学問分野の解説・入門書はいくらでもあるが、複数の分野を横に見渡すもの（しかも学術に関する一般思想でないもの）はなかなかない。その点で［仲政2011］のような書物が参考になる。また近代「社会科学」の批判的考察である［ウォーラーステイン 1993b］のような論説も参照すべきだろう。

スト教を基準とした宗教学も同様である。

B．政治学、法学、国際関係論、経済学

　これらも文献中心だが、アンケート・インタビューや、経済学以外でも統計資料などを使うことも珍しくない。ヨーロッパ諸語以外の原語資料はあまり読まなくても翻訳で済むと考える分野が多いが、その点を含めて西洋中心・大国中心という批判もよく受ける。個性や一回性を重んじる歴史学と違い、**モデル構築**や**政策提言**が主目的だが（→生涯「実証研究」「個別研究」を続け「学術論文」を書き続けることは必ずしも「研究者」の目的ではない）、近代西洋の人間・社会や国家のモデル（例：功利主義的な個人を前提とする「方法論的個人主義」）から抜け出すのに苦労している。

C．社会学、文化（社会）人類学ないし民族学（民俗学）＋心理学

　社会学や人類学・民族学は、アンケート、インタビューなど「**フィールドワーク**」の多用で知られる。アンケートやインタビューの利用は、心理学も同じだろう。社会学（社会科学を代表して定義やモデルを作ろうとするタイプもある）が統計資料などもよく使うのに対し、人類学・民族学や民俗学では神話・伝説なども取り上げる。また文化人類学や民族学では調査村への長期住み込み調査などの「**参与観察**」も一般的だが、その一方で民俗学以外はどの学問も、「二次資料」による「グランドセオリー」の議論も辞さない幅の広さがある。大規模な社会の類型・構造、国などの「大伝統」だけでなく、村落や少数民族などの「小伝統」や、心理学であれば（名も無き）個々人を重要な対象とする。心理学や人類学・民族学・民俗学は、人々の価値観・意味づけの世界（外部から見て無意味・不可解でも本人たちにとってはかけがえのないもの。しばしば本人たちも明瞭に意識はしないが、儀礼などさまざまな行動にあらわれる）等々を重視し、必ずしも客観主義的な「事実の解明」を目ざさない点も、大きな特徴である。

D．地域研究（日本の日本学など自国研究を含む）

　ここで言う地域研究は第4章で述べたもので、日本史の専門家が想像しそうな「関西の歴史」などローカルな研究だけを意味するのではなく、**ディシプリン**（それぞれの学問の方法）を限定しない**学際的研究**、フィールドワーク中心主義、特定の価値観を前提としない**文化相対主義**などを武器に、国やそれをこえるメガ・リージョン（例：ヨーロッパ地域）を含むいろいろな地域の個性を丸ごと理解しようとする方法論を指す。第二次世界大戦中の日本研究[5]などを皮切りにアメリカで発達し（近代ヨーロッパの東洋

---

(5)『菊と刀』（ベネディクト著）はその産物とされる。

学⁽⁶⁾などの遺産も継承している）、アメリカの近代主義が敗北を喫したベトナム戦争期の東南アジア研究（→第4章参照）で方法的に確立、大阪大学の日本学専門分野や国際日本文化研究センターなど「世界の中の日本研究」にも影響を与えてきた。現在はそうした地域の個性をグローバルな構図やその変動と再度関連づけることが課題になっている。

　哲学、政治学や経済学などの専門家が歴史学の中の近い分野に影響を与えることは珍しくないが、社会学者マックス・ウエーバー、ウォーラーステイン、文化人類学者クリフォード・ギアツなどの影響は歴史学の中の分野を問わない（またマルクス、エンゲルスは何の学者だろう）。そうした点にもそれぞれの学問の特徴（人間活動の特定部分を扱うかそれとも全領域を扱うかがもっとも基本）が現れているのであろう。

　そして、これらの諸学問と歴史学との間ではさまざまな相互批判がかわされてきた。相互理解や協力のためにも、それを理解しておくことが必要である。

　たとえば哲学・文学から歴史学に対しては、「人間」とその「真実」が論じられない／描けないという批判がなされてきたし（例：「昭和史論争⁽⁷⁾」）、政治学・法学・経済学等の社会科学からは、理論がなさすぎる、個別事象に溺れる、政策提言などの実用性に結びつかないなどの批判がよく聞かれる。社会科学からのそうした批判が、歴史（やその他の人文学）は「役に立たない」という論断に結びついていることは言うまでもない。ただしファッションに「実際に着

(6)いろいろな研究方法を総合して「中国学」「インド学」などある地域・文化の総合的理解をはかる点で地域研究と似ているが、文献中心で通常は古典や前近代しか研究しない点、近代西洋的価値観の優越そのものは疑わない点などが、現代的課題を重視し文化相対主義の立場をとる地域研究から批判された。

(7)唯物史観にもとづいて書かれた『昭和史』（岩波新書、1955年）に対して文芸評論家の亀井勝一郎が「人間が描かれていない」と批判して、歴史学者や文芸評論家の間で大きな論争となった。この問題は、歴史好きの学生や市民が期待する「人間ドラマ」とそれにつながる行為の動機（なぜ）の解明が、歴史学にとって実は難物だという問題［→第1章、7章ほか］と地続きである。

るためのデザイン」と「衣服で何が表現できるかを追求した実験」の両方があるように、文学にも実社会を写したり読み手の心理に訴えるだけでなく言語表現そのものの可能性を追求する役割がある。では歴史学はどうだろうか。

他方で歴史学は、社会学・人類学（やポストモダニズム一般）から、安易な客観主義の立場から文献だけいくら読んでも生きた社会や文化、人々の価値観はわからない、とけなされてきた。その点では政治学・法学・経済学などと基本的に同類扱いされてきたのである。地域研究からも同様に、文献で過去だけ切り取って調べても地域の実態や個性は理解できないと言われがちである（「過去だけ」の部分を変えれば政治学・法学・経済学なども同じ批判を受ける）。

こうした批判をする人々も、歴史上の事象を研究することがある。その際に歴史学は、自分たちにできない古文書を解読し年表を提供するなどの、「補助科学」ないし下請け産業の扱いを受けがちである。

逆に歴史学からの批判も多岐にわたる。哲学・文学は歴史学から見れば、史料と事実にもとづかずに空理空論をもてあそぶのでなければ、既存の思想や作品の解釈をしているだけと見える。政治学・法学・経済学は、しばしば原語の資料も読まずに理論だけを振り回している（常識や経験でわかることを、小難しく説明してみせるだけである）。近代西洋社会やその人間像を絶対視し、その基準に合わないものを理解できないもしくは理解しようとしない等々。

社会学や文化人類学への反批判はそれらに比べて簡単ではないのだが、それらを含むすべての学問に対して、近代以前を「動かない（長い間変わらない）伝統社会」としかとらえられないなど、歴史的な変化を軽視した「**超歴史的**」な議論を平気でする点を批判できるケースは多い。それも踏まえつつ、歴史学こそが諸学の統括者であるという立論も可能ではある。マルクス主義の「史的唯物論」だけでなく、儒教においても君主など人の行動の具体的な正当性を証明するのは歴史でしかないとは言える［佐藤正幸 2004］。唯一神とそれが与えた絶対的な行動規範を（人間関係を調和させる「礼」を除けば）もたない東アジア諸国の政権や人々が神ではなく歴史をめぐって争うのはそのためであろう。

2．社会変動と制度改革のなかの歴史学と歴史教育

2.1. 小中高すべて通じた教育改革と「高大接続改革」の中で行われる大学入試改革[8]

課題 終-3

高校までは基礎知識を教えればよい（だから定型的・画一的な教育でもよい）、考え方や研究方法は大学で学ぶものだ（それには自主的な学びが不可欠なので定型的・画一的教育は無用である）という考え方のどこが社会的に不適切か、成人として各種の権利を行使できる年齢に関する法的規定や大学進学率にも注意しながら説明せよ。

課題 終-4

歴史の大学入試では現代日本では一部難関私大などを除くと、①高校の教科書に出ている事項の知識・理解を確認する、②出題する事項は過半数の教科書に出ているものに限るべきである、という不文律のもとに行われている。このやりかたの不適切な面について、大学や社会で必要とされる力、試験における公平性の保証などの点に注意しながら述べよ。

　2010年代後半から、小中高校の学習指導要領の大幅な改訂など多くの面で、教育改革が進められた。それが影響する範囲ははなはだ広いので、初等・中等教育の教員とその志望者だけでなく、大学教員や一般市民にも概要を知る義務があると考えられる。第一にこの改革では、「指定された特定の知識・技能を」「教える」という教育のゴールとそこに至る方法が、抜本的に変えられようとしている。新しい教育は、時代が変われば役立たなくなるどころか有害になりか

---

(8)日本学術会議史学委員会では2010年代に高校歴史教育に関する提言をつぎつぎ行ってきたが、2019年には「大学入学共通テスト」と国公立・私立大の個別入試の両方で、思考力を重視した大学入試を行うよう提言した［日本学術会議史学委員会中高大歴史教育に関する分科会 2019］。

ねない特定の知識・技能を超えて、どんな状況下でも使える汎用的な学力・生きる力（**コンピテンス**）の涵養をゴールとし、学習者の「主体的・対話的で深い学び（**アクティブラーニング**）」を通じた、「思考力・判断力・表現力」の育成を目指す。そのために、数学や語学などに限らないあらゆる教科・科目において、問いや課題から出発し、資料を用いて考える（調べる・討論する・発表する）ことが、学習の主要な手段となる。高校では資料終-3のように科目も大幅に再編される。この改革のモデルは国際学力調査（PISA テスト）などに合わせた OECD、EU・米国などの教育モデルと見られる。その内容は、国連の SDGs（持続可能な開発目標）やユネスコのグローバル・シティズンシップなども反映している。歴史でも、学ぶ知識は個別事象にとどまらず、概念や考え方を活かして各時代や地域を大局的・構造的に把握することがうたわれ、入試でも（国語なども同様だが）「教科書知識を確認する出題」から「未知の史資料を、既知の知識や考え方と問題文中の情報・ヒントに従って読み解いたり判断・表現する能力を問う出題」に変わることが求められている[9]。

資料終-2　歴史における知識と「用語・事項」

　文部科学省は小中高校の学習指導要領を法的強制力をもつものと見なしている（それ自体に賛否があるが）。しかし中高の歴史の場合、そこでは教えるべき大きなテーマが列挙されるだけであって、具体的な用語・事項が指示されているわけではない。外交問題になるような近現代の戦争・領土問題などを別とすると、教科書にどんな用語・事項を書くかは教科書会社の自由なのである。そしてその用語・事項は、「受験用」とされる教科書では戦後一貫し

---

(9)序章で紹介したように、これに対応して高大連携歴史教育研究会では、多数の基礎概念を含む一方で人名などは大幅に精選し、しかも用語の階層化をはかったリスト（入試で知識として尋ねたり教科書本文に書いて暗記を求める用語の）を公表したり［高大連携歴史教育研究会 2017 ＝序章資料 1 に部分掲載］、「比較と関連づけ」のような総括的なものより個別的な、数学・理科の公式や語学の文型、囲碁・将棋の定石（定跡）に当たる「歴史の基本公式 100 選」［→付録 1］の提案・検討などを行っている。

て増加してきた。それは手間をかけずに点差がつき採点は「公平」な「重箱の隅をつつく」出題を繰りかえす入試のありかたと、学問の発展の両方が新しい用語・事項の掲載を要求し、しかも**旧態依然の入試問題**も多いので古い用語のスクラップができないことが主な原因である（入試を理由に暗記教育をやめない高校側と、高校の暗記教育を口実に暗記入試をやめない大学の**相互責任転嫁**とも言える）。入試についてはすべての教科書に出ている基本事項だけでは「知識問題としては易しすぎる（思考力を求める出題のノウハウがあればそんなことにはならないのだが）」ため、「半分以上の教科書に出ている用語なら出題してよい」という不文律があちこちで共有されてきた。しかしそれは、膨大な暗記を高校生に強要し、他科目より受験勉強の「コスパが悪い」歴史系科目、特に世界史を嫌う若者を増やした。それだけでなく、その事項が掲載されていない教科書を採択した高校は受験で不利になるし、結局はその種の用語をもっとも満遍なく載せている最大手の受験教科書の事項選択と説明が国民の「**正史**」になる、という国定教科書のない民主国家にふさわしいかどうかはなはだ疑問な事態を作りだしてきた。

資料終-3　高校地理歴史科の新科目

　2022年度から実施される高校の新学習指導要領［文部科学省 2018］では、地理歴史科（公民科とならんで18歳選挙権のもとでの国民教育ないし主権者教育を強く意識している）に、世界史に代わる新しい必修の2単位科目「**地理総合**」「**歴史総合**」を開設、その他に選択の3単位科目「地理探究」「日本史探究」「世界史探究」を設置した。このうち「歴史総合」は、（1）18世紀以後に絞って、（2）世界史と日本史を統合し、（3）中学校プラスアルファの知識にもとづきながら、（4）現代的課題の歴史的背景の考察を通して、（5）歴史の学び方を学ぶ、という特徴をもった科目である。内容は通史でなく「近代化」「国際秩序の変化と大衆化」「グローバル化」という大きな転換およびそれらと現代とのつながりを学ぶテーマ学習として設計されている。「日本史探究」「世界史探究」は古代から学ぶが、その場合も従来型の通史学習には時間が足りず、テーマ型の学習が想定されている。なおよく誤解されているが、高校の地理歴史科の学習指導要領は一般的な事柄を書いただけで具体的な学習項目などを細かく指示しているわけではない。各教科・科目の内容や教え方については教科ごとの「学習指導要領解説」［文部科学省（編）2019］が

細かい説明・例示をしており、そちらが（法的根拠はないのだが）良くも悪くも影響力・拘束力をもつと言われている。

　こうした改革に合わせて教育職員免許法が改定され、全国すべての教職課程の再認定審査も実施された。問題はアクティブラーニングの実施とその成績評価（ペーパーテストで知識を確認するだけでは不可）だけでなく、歴史総合における日本史と世界史の統合のやり方、従来の世界史Ｂ・日本史Ｂの全教科書に掲載されている用語・事項を掲載するだけでパンク必至な３単位の「探究」の教科書を作る能力が教科書会社や執筆者にあるかどうか、用語の大幅減を踏まえた入試問題を大学側が作れるかどうか、そうした課程で学んだ学生への教養教育・専門教育やそうした科目を教える教員養成を大学側がどう組み立てるかなど、従来の発想では乗り越えられない難題が山積している。

　入試改革の方が、マスコミや市民の注目度は高いだろう。2021 年 1 月から、センター入試にかわる「**大学入学共通テスト**」が導入されたことは周知の通りである（2017・18 年度に試行テスト（プレテスト）［大学入試センター 2017・2018］が示した改革の方向性も注目すべきである）。私大入試・国公立二次試験についても、2017–18 年度に「大学入学者選抜改革推進委託事業『高大接続改革に資する、思考力・判断力・表現力等 を問う新たな入学者選抜（地理歴史科・公民科）における評価手法の調査』を実施した［学校法人早稲田大学 2019］。2025 年 1 月から始まる新課程の地歴科の入試について、大学入試センターは、「歴史総合＋日本史探究」「歴史総合＋世界史探究」「地理総合＋歴史総合＋公共(10)」の３パターンで実施することを公表している。

2.3. 阪大史学の挑戦：なぜ国内外で注目を浴びているか

　大阪大学史学系は、第二次世界大戦後に成立したものであり多くの有力大学のように戦前以来の歴史を誇るわけではない。人文系の研究所なども存在しないので、歴史学の教員の層が厚いとも言えない。しかし本書のあちこちで紹介したような新しい研究の一方で、高校・大学を対象にする歴史教育改革の取り組みを早くから推進してきた。それは文科省、大学入試センター等の改革にも

---

(10)公民科で導入される新しい必修科目（2 単位）である。

一定の影響を与えたと自負している。これまでにもあちこちで紹介してきたが
［大阪大学歴史教育研究会（編）2014］［大阪大学歴史教育研究会・史学会（編）
2015 など］、ここでもあらためて簡単に紹介しておきたい。

資料終-4 「阪大史学」の特徴をなす研究と教育

(i) 世界の先端を行く研究

シルクロード史（中央ユーラシア史）、東南アジア・海域アジア史、近現代
のグローバルヒストリーなど世界を広く見渡し、積極的に世界に発信する歴
史研究と、日本国家の成立（考古学）や日本中世・近世史の定説・教科書記
述に対する関西の視点を活かした書き換え、フィールドワーク（当然、中国
語で行う）を重視する中国史など、地域の生活感覚に根ざした歴史研究の両
方を推進してきた。その他、日本学（文化交流史）、芸術学（美術史・音楽学
etc.）、経済史（経済学部／経済学研究科）、世界各地の地域研究（外国語学
部／言語文化研究科）など隣接分野での歴史的研究も活発であるし、最近は
特に外国語学部／言語文化研究科言語社会専攻（旧大阪外大。阪大と 2007 年
に統合）の地域研究との方法的統合に注力してきた。なお「グローバルヒス
トリー」研究（代表：秋田茂）が、2014 年秋から、大阪大学の大型研究・教
育プログラムを統括する「未来戦略機構（現先導的学際研究機構）」の一部門
とされている。これは文系の大型研究プログラムとしては唯一の例である。

(ii) 教育・社学連携

高大連携（高大接続とも言う）による「**大阪大学歴史教育研究会**」などを
通じた、歴史教育刷新の取り組み（全国の高校教員との協力による新しい歴
史学の成果の解説の提供、大学の教養課程・専門課程の授業改革など）を重
ね、2015 年に設立された「高大連携歴史教育研究会」でも運営の中心となっ
てきた。

ユニークなのは、これら高大連携を踏まえて、「日本史を含んだ世界史」を
トータルに学ぶ教養科目「**市民のための世界史**」、専門課程で方法論を学ぶ
「**歴史学方法論講義**」（主に学部新入生用の「歴史研究の理論と方法」および
主に大学院新入生用の「歴史学のフロンティア」の 2 科目）、それに「大阪大
学歴史教育研究会」の活動を大学院の授業扱いにして概論やプレゼンテーショ
ンの方法を学ばせる「世界史演習」などを開設し、「世界史と歴史学を語れ
る」研究者や教員（＝日本史と世界史を統合した歴史総合も教えられる）の
育成に努めてきたことである。「歴史研究の理論と方法」は本書のように歴史

学の全体動向を基本概念、主要分野の研究動向などを紹介する講義で日本史・東洋史・西洋史の教員が三人で分担して教えるのに対し、「歴史学のフロンティア」は学期ごとにグローバルヒストリー系のテーマを決めて文学研究科（日本史を含む）、国際公共政策研究科、言語文化研究科（外国語学部）などの教員が一人１回ずつ教えるリレー講義で、その主な内容が［秋田・桃木（編）2008、2013、2016、2020］の４冊にまとめられている。

それらに関連して、『市民のための世界史』などの教科書や一般書もつぎつぎ出版してきた。本書は、それらの背景となる歴史学の方法や考え方の変化を解説・紹介する目的で書かれた。こうした教育・発信が目指すのは、「役に立たない」歴史学や人文系一般をもっと縮小せよという、文学部の外部ではごく普通の見方に、「役に立つか、カネになるかなどの価値基準がおかしい」という「正しいが平凡すぎる」答えだけでなく、大阪では当り前のはずの「これこれの理由で立派に役に立つ、カネが稼げる」という答えも用意しているような人材をつぎつぎ育成し、専門研究者、中高教員、その他の社会人の各方面で活躍させることである（若手研究者の立場で書かれた［中村翼ほか2015］が大いに参考になる）。

こうした大阪大学で歴史学を専攻した学生・院生は、たとえば以下の例題（本書や『市民のための世界史』に答えが書いてあるものも含む）に、いちいちそれに関する専門論文や理論書を読まなくても答えられるような学習・研究の機会を多く有する。

例題1：「国民国家」とはどういう国家のことか、それ以前の国家となにが違うのか、簡単に説明せよ[11]。

例題2：中華帝国をとりまく「朝貢」「冊封」とはどんな行為と関係を指すか、それは近代的な宗主国と属国との関係とどう違うか、簡単に説明せよ。

---

(11)従来の高校日本史用語集には、世界史用語集に掲載されている「国民国家」が収録されていない。しかし歴史総合などの新学習指導要領では国民国家形成が必須の内容とされている。「荘園制」「幕藩制」など日本史固有の概念を除き、一般概念を拒否してきた（世界史に丸投げしてきた？）高校日本史教育［→資料序-4］は、大きな困難にぶつかるかもしれない。

例題3：オスマン帝国はかつて「イスラーム国家オスマン・トルコ」と教え
　　　られていた。そのどこが間違っていたか、代表的な二つの点について簡単
　　　に説明せよ。

例題4：前近代の農民の、支配者（国家、領主 etc.）に対する負担は、一般化
　　　するとどんな形態で賦課されたか、いくつかの代表的な形態をあげよ。

3．研究者のキャリアパスと大学・学界

3.1．研究者（専門家）の成果発信とキャリアパス

課題 終-5
歴史学を専門に学んだことが生きる職業・社会活動には、歴史の研究者や教員
以外にどんなものがあるだろうか。アイディアを出し合ってみよう（『市民の
ための世界史』p. 288）。

課題 終-6
本書が主張するように幅広く歴史と歴史学を理解するには、最初に少数の概
論・入門講義を受講しあとは特殊講義とゼミで学ぶという従来の史学系専門教
育の仕組みをどう変える必要があるだろうか。科目編成および講義・ゼミの実
施形態、学生側の履修モデルなどに注意しながら、アイディアを作れ。

　最後に、研究者ないし歴史の専門家のキャリアパスと、これからの研究や学
会のあり方を考えてみたい。歴史学を含む人文学において博士後期課程で課程
博士論文を執筆することが一般化したのは1990年代で（それ以前の世代が大家
になってから取得するなどのための「論文博士」の仕組みもなお残存している）、
これにともない博士課程を出たが定職を持たない研究者の通称も、博士号をも
たない「オーバードクター」から「ポスドク」に変化した。

　社会人入学者や留学生の増加と、外国研究では海外留学の一般化も、20世紀
末以降の新しい現象である。第4章でも触れたとおり、日本史分野（対外関係
史とは限らない）も含めて、国際学会への参加や英語ないし研究対象地域の言

語での研究発表・論文執筆も珍しくなくなってきた。

　他方、その時期からの「**大学改革**」は研究・教育の自主性を拡大するよりは、政府の財政難を緩和するための予算削減の方向に機能してきた。国内大学での就職口（特に任期付きでない「テニュア」職）の減少[12]に反比例して、他の学問分野や専門以外のポスト（例：外国史研究者が語学教員をするような従来型以外に、留学生の世話、アカデミックライティングの指導、大型研究や外部資金獲得のコーディネートと補助、そして急増する来日外国人や外国系住民の研究——労働者や配偶者、子供などに関する深刻な課題が山積みである）、海外の大学・研究機関（今や欧米豪などの諸国だけでなく、韓国・台湾・シンガポールや中国なども珍しくない）での就職の増加などが目立つようになってきた。これに前向きに対応しようとすると、単に短期間で研究業績（それも従来型の）の本数を増やすというだけでなく、早い段階からどんな売りになる能力や経験（国際性、教育経験、複数分野にまたがる研究その他）を身につけるかの戦略を立てることが必要である。そもそも専門研究に限っても、大学院（特に博士後期課程）進学後は引退まで、学会での研究発表やオリジナルな実証論文・研究書、概説や教科書の執筆（とそれらのための史資料の収集や読解・公刊）を続けることだけが大学教員など歴史の専門職の仕事ではないことを、早いうちに心得ておく必要がある。

資料終-5　若手研究者に求められる仕事と成果の種類

　学術誌の編集や学会運営、共同研究・出版の企画などの能力も求められるし、**入試の出題**や**教養教育・教員養成**などにも十分な責任感が必要である。理系のような企業の資金での「受託研究」は人文学にはあまりないが、近年は日本学術振興会の科学研究費（科研費）や民間の財団などの「競争資金」を獲得することが強く求められており（若手中心に個人研究もあるが、全体

---

(12)日本史や考古学・美術史などの分野では（博士号取得者に限らず）伝統的に博物館学芸員その他の地方史・文化財関係の職に就く者も多かったが、近年はそれも全体的には減少していると聞く。

としては複数の、なるべく違った分野の研究者を集めた共同研究が歓迎される）、大学院生やポスドクの研究成果の公表媒体としても、それらの報告書（非売品ないしインターネット上の公表）が重要な位置を占めるようになっている。文化・教育関係で「社会貢献」を求められることも多く、その点では、入り口で人文学と同様に緻密でオリジナルな研究を要求されるが、任期のないテニュア職についた後はむしろ各種の委員として政策提言を行うことの方が大事な仕事になるような、社会科学系の大学教員のあり方も参考になる。

なお学会については、第Ⅰ章で見たように日本の歴史学界には多数の学会があり、研究者は専門の地域や分野に合わせて複数の学会に属することになる。大学院生以上の研究者は、研究成果を学会の大会で発表したりその学会の雑誌に掲載することが期待され（理系の雑誌のような掲載料は通常不要だが、学会発表や投稿はその学会の会員に限られるのが普通である。国際学会や海外の学術誌はその限りではない）、その内容が大学教員任用の際の評価材料になったり、学術誌の特集や商業出版・共著論文集などへの寄稿依頼につながることも多い。なお学術誌には「論文」とその萌芽的な内容の「研究ノート」以外に、「史料紹介」、他人の研究書を批評する「書評」「新刊書紹介」、ある領域の研究動向の論評（学界展望）などいろいろな種類がある。

それにしても残念なことに、メーカーの技術職などを除けば大半が学部卒以下の編成で成功してしまった高度経済成長〜バブル経済の経験からなかなか抜け出せない企業や官庁などの壁を突破できず、欧米先進国並みに大学院生や博士号保持者を増やそうとした1990年代以降の日本政府の政策はほとんど挫折した。それでも外資系企業に限らず、修士号取得者の採用は今や当たり前である。中等教育の教員（欧米以外に韓国・中国なども博士号保持者の比率を高めつつあると聞く）も、高校専修免許などを通じて大学院修了者を優遇している。他方、本書でも見たとおりに学問が複雑化・多様化しているため、必要な語学力や留学経験なども含め歴史系専攻の学生が学部卒段階で、「歴史学の専門性が職業に十分活かせる」レベルに達するのは、伝統的な出版・マスコミなどの分野でさえきわめて困難である。だが、高すぎる学費負担を何とかする必要があるにせよ、大学院でしっかり学べば国際交流の仕事や観光開発、サブカルチャー関連などの業界を含め、売り込み方次第で専門性を発揮できる仕事は少なくな

いはずである。学部と大学院の一方を歴史学、他方を国際系や文化・芸術系で学ぶ方法も、どちらかの一方の学部卒業だけで社会に出るより効果的だろう。何度も言及したパブリックヒストリーも、そこで活きるだろう。学部卒業後にいったん一般企業などに就職してから社会人として大学院に入学する例が日本でも増加していることも、社会に出ると、「好きだから」を超えた課題にぶつかりそこで専門性の必要を実感すること、そして高学費をまかなう一定の貯金が可能になることも多いという二つの理由から考えて、もっともなことだろう。

3. 2. 大学・学界の将来

　最近、日本に限らず多くのスポーツ団体が「組織体質」をめぐって揺れている。そこでは組織や選手・指導者の養成などのあり方に手を付けずに、「良いプレーを見せること」だけを考えて練習に励むような考え方は通用しない。それでは歴史学や歴史学を含む**人文学**[13]はどうだろうか、やはり、制度疲労を乗り越える新しい歴史学のあり方、その土台となる教養をアップデートする方法などをどうデザインするかが、各大学や学会に問われていないだろうか。近代世界の前提とされてきた「歴史」という意識を人々がもたない時代の到来［與那覇 2021］を背景に歴史学（とりわけ日本史学）の役割の喪失を論じる與那覇潤［2020 ほか］をはじめ、「中国史」の飯島渉［2020 ほか］など、あちこちで悲観的な声が聞かれる。歴史教育においても上述の改革を「最後のチャンス」と見なす者は多いのである[14]。

　歴史学の現代性をどう主張するか、それを可能にする**教養**はどんなものかなどはすでにあれこれ述べたが、公教育の中にある学問には、広い意味で「**社会**

---

(13)20 世紀末から日本では「人文科学」でなく「人文学」という用語が広まってきた（政府の科学技術政策における「社会科学を含む人文科学」という用法とは別）。英語ではもともと humanities だが、日本でも狭義の「科学」にとどまらない「学知」の多様性が認められてきたという背景があるだろう。

(14)本書が「そんなことを書いたら若者が歴史を学ぼうとしなくなる」という理由での現状維持にくみしないことは、ここまでの叙述からもおわかりだろう。

の負託」に答える義務があるだろう。もちろんそれは、直接 GDP の増加に貢献するとか世界の学界で広く引用される論文を書くとかいうことだけを意味するのではない。「理系」でもそういう意味でなら、「世の中の役に立たない（立つかどうかわからない）」「カネにならない」分野は、基礎科学に限らず存在する。そもそも人文学を「虚学」と決めつける低レベルな実用主義者は、「実学」「実業」の中に富や便利さを増大させるのではなく、「何かあったときのマイナスを防ぐ」ところに意味がある学問・業種が含まれていることを見ようとしない。歴史上の失敗から教訓をくみ出す歴史学と、リスクに備える保険業界は共通の性質をもたないだろうか。また働き蜂を全部働かせようとすると、その蜂の群れは崩壊しないだろうか。平時に作られた「まったく無駄のない（余分な人員のいない）組織」は、戦時に即応できるだろうか。「究極の実学性」を要求する軍事という分野を少しでも知っていれば、直接働いていない「予備役」の軍人・兵士が不可欠であること、不十分な戦略・組織形態と補給のもとで各自の頑張りと工夫に期待するだけでは戦争に勝てないことなど常識中の常識だろう。歴史と歴史学、人文学などの存在意義を問われた際に、相手や場によってこうした議論を自由自在に展開する問題意識と能力を欠き、一般論として「歴史の教訓を学べ」「批判精神をもて」などの決まり文句を繰りかえす、そして教育の場では職人芸や「道」の継承者の養成だけを考える、そうした研究者や教員がいくら大勢いても、人口比で少なくはない総病床数をもちながら、これも人口比で欧米諸国より 1 ケタ少ない COVID-19 の感染者をカバーしきれない事態を招いた日本の医療行政と、同じことにならない保証はあるだろうか。

　同様に、たとえば環境史やジェンダー史などの新しい領域を「だれかがやるのは自由だが自分は関係ないので勉強する必要はない」「そういう分野を学ぶ必要があるのはわかるが、それは自分の力では無理である」「具体的にどうしたらいいのかわからない、専門の勉強をした時と同じように大量の専門書や論文を読むことなどとうていできない」と考える人々が多数派である状態を放っておくのも、賢明とは思えない。「これまで世界史を語る者は東南アジアを系統的に無視してきた」［Lieberman 2003］という批判に見られるような地域間の不均衡も同じである。国会議員や大学教員の女性比率向上にクオータ制などの強制力

が必要だという議論は、対象地域や学問領域間の不均衡の是正には無縁だろうか。人文学者や歴史学者がこの問題を「自分事」として悩まないとすれば、「社会の負託に応えている」と主張する資格が疑われないだろうか。

　深刻な話のついでに、すでに述べた「教養」の問題とあわせて、学部教育がきびしい批判にさらされていることに注意を喚起したい。史学系や人文系に限らないのだが、理系の技術職や外国語専門の仕事以外の場合、学部卒で営利企業に入社した若者が自分は大学でどんな専門性を身につけそれは社会人としての自分にどう役立つのかをさっぱり語れない、示せないという状況がその根幹にある。そうなる学生は、大学名で就職も決まるという通念に素直に従い、入試で苦労したらそのあとの大学時代はアルバイトやサークル活動、資格取得には使うが、大学自体での学びなどは本気で考えない。だから予習復習抜きで1日4コマも5コマも平気で履修する。これではいけないと、「大学教育の質保証」「学士力の養成」などが大学改革の一部として強く求められている。そこには就職活動で学生の時間を奪っておきながら大学教育への要求ばかり強める企業の身勝手、マスプロ教育を放置してきた文部科学省や各大学の責任など、とうてい無視出来ない多くの問題がからんでいる。が、それにしても「一流大学」を含めて学部教育の効果は低すぎないか。予習復習抜きで聞きっぱなしの講義（そこで妙な幅広さが奨励され、まともな予備知識なしで他専攻の特殊講義を履修するような不心得者も増えている）、講義と十分連動しないゼミなどの形態を問題にせざるをえない。たとえば講義と演習（発表・討論）を半々で組み合わせた授業を週に数コマ受けて予習・復習で疲れ果てるが、そのような授業を半年受ければ新しい領域でも一通りの系統的理解ができるという仕組みは、一般化できないものだろうか。あるいは演習だけでなく、重要な講義を複数回履修させる仕組みもありうるだろう。内容面では、学部教育は全体を概論を含む「教養」的な教育にあて、大学院ではじめて従来型の専門教育をするのが現実的だという意見は以前から聞かれるが、そうした内容について、上のような集中度の高い形式で履修すれば、本書が求めるような幅広く多面的・動的な考え方と知識の習得への道が開けないだろうか。

　教える側はどうか。史学系教員が多数雇える大学なら史学史と歴史理論の専

門家、高校教育や入試に詳しい研究者などを必ず雇う、もしくは現職教員のだれかを一定期間それらに専念させる、教職課程の「教科に関する科目」にも史学史と歴史理論を組み込む、少数の史学系教員しか置けない大学では、個別領域の研究・教育でなく史学史・歴史理論や歴史教育の専門家を優先して雇用し、在職する教員もその方向に誘導する。厳しいようだがそれは、「博士号のいらない時代に就職した大学教員や医師にも博士号取得を要求する」という、国によっては当たり前の事柄に相当する。もちろん現在の大学教員や学生・院生が忙しすぎるのは事実であり、それは何として改善しなければならない。しかし「面従腹背を含む個別の現場の知恵」だけではそれは永遠に改善できない。そこからの出口を探す仕事は、本書が主張する歴史と歴史学を広く見回す仕事の方に近いはずである。歴史系の学会でも同様で、史学史・歴史理論や歴史教育を扱う役員ないし部会などを置くべきである。日本では何度も述べる通り、分野や学閥によって学会が分かれているので、それぞれの学会で自分の分野や大学が歴史学・歴史教育で占めるべき位置の検討もそれと並行して進めること、そして大学・学会のどちらも、従来型の「啓蒙」とは違ったかたちでの市民社会との対話を含めた「ソフト・アカデミズム(15)」の専門家養成──自然科学・工学や哲学などの分野で先に進められている──に取り組むことが求められる。

　本書で示したのは、これらに取り組む方法や場所も大学や社会のあちこちに、いろいろあるということである。そこでは、全員がそれらに取り組むべきだと言っているのではない。そんなことは著者の思想からして受け入れられない。しかし、従来のようにごく少人数しかこの方向に向かわないのは正しくない。

　そうはいっても本書の主張は複雑・多様すぎてついていけないという反応は、憎まれ口は正しくても反発を買うだけだという忠告と同様、著者の予期するところである。たとえばジェンダー史や環境史にせよ歴史認識問題にせよ、その研究は新しい領域に適した史資料の開拓はじめ時代や地域、環境や科学技術、

----

(15)一次史料にもとづく実証研究などと対比して、学界の評論・解説や専門外への発信、歴史をめぐる市民社会の対話の組織などを指す、ビザンツ史の井上浩一の造語である。

経済や政治、社会や文化と人の記憶や認識などあらゆる領域の歴史とつながっていることを、読者はすでに理解されたはずである。歴史（学）と他の学問との関係についても同じことである。歴史をめぐる困難な事態を改善することは、歴史学単独ではできないのだ。ただ、そのような複雑さの認識は読者の足をすくませるだけだろうか。自分自身は一つの世界に集中することを選ぶ場合でも、この認識があれば少なくとも、「自分ですべてを背負い込んで出口のない迷路に入り込む」「目の前の新しい課題やチャンスを漫然と見逃す」などの事態は避けれらるはずである。全体を意識することには、無駄な緊張や頑張りを解きほぐし気楽に新しい相手と交わったり、他分野の学者や他教科の教員を巻き込み協力を広げることを可能にする効果もあるのではないだろうか。

　最後に、序章その他で紹介した『岩波講座世界歴史』新シリーズ第1巻の総論に当たる「展望」［小川幸司 2021］に戻りたい。そこで「世界と向き合う世界史」「世界のつながりを考える世界史」の二類型に分けて人々の世界史実践を論じた小川は、歴史学を含む世界史実践の「作業工程」を以下の六層に分けた。①ある問題に関わる「事実」を探究する「歴史実証」、②事実間の関係について仮説を構築することによる「歴史解釈」、③その解釈の「意味の探究」をおこなう「歴史批評」、④解釈や批評を論理的・効果的に表現する「歴史叙述」、⑤以上の営みを他者との協働によって考察する「歴史対話」、⑥歴史を参照しながら自ら歴史主体として生きる「歴史創造」である。専門研究者でも六層は均等ではなく立場・能力により重点の差が出来る。①が完全に出来たものだけが②以降に進むことが許されるなどという考えは専門教育でも間違いで、研究とは各層を行ったり来たり飛び越したりするものである。読者は（もちろん日本史を含め）こうした実践のどこにどう参加するだろうか。

付　録

――――――

*付録では序章～終章と同様に注を付けるが、便宜上「資料」は掲載せず、代わりに「解説」を各所に挿入する。

1．歴史の基本公式の例・第5版（2021年9月1日補訂[(1)]）

A．歴史学の概念・論理：

歴史学はなにをどうするものか。
1．歴史学は史料から事実（史実）を確定し、それをもとに時系列的な変化、因果関係や時代の特徴など大きな説明をしたり（歴史像を描く）、それらを批評・評価する学問である。
2．史料から事実を確定する作業は客観性をもつが、歴史像を描いたり批評・評価する部分では、研究者の「歴史観」などの主観から自由ではない。
3．歴史像を描いたり批評・評価する部分も含めて、研究者は他人が検証できるように資料的根拠と自分の論理展開を明示する義務がある。そのような検証を受けて多くの研究者に妥当性を承認された事実や像が「定説」となる。

史資料
4．史料（記録・資料）に書いてあることはすべて事実とは限らないので、使える情報と使えない情報を見分けるためには、史料の性質や由来、オリジナルな情報を含むか単なる伝聞や引き写しか、書かれた目的や想定する読み手などを吟味する（史料批判）必要がある。

――――――

(1)これは序章で紹介したように高大連携歴史教育研究会の作業の一環として提案した、「歴史の基本公式集」［高大連携歴史教育研究会第1部会歴史的思考力WG 2017］に、原作者の桃木がさらに若干の手を加えたものである。歴史学の基本的な概念・論理に関するAと、実際の歴史の展開パターンについてのBを含むが、Bの選定は著者の経験・関心による恣意的なもので、バランスが取れているとはいえない。それぞれの「公式」に当てはまる実例の挙げ方も同じである。

5．史料や記録は、「事実」だけを書いてもその配列や表現、強調のしかたなどによって、読者を誤った理解に導くことがありうる。

6．史料の記録者が不正確な情報を書き残したり事実を抹殺・ねつ造する理由には、自分や自分の党派の利益などを直接考えた場合と、その時代や社会全体がもつ考え方（偏見）の影響を無意識に受けている場合がある。

7．文学・芸術など事実の記録ではない創作物も、そこから作者の意図や思想、その社会の通念などを読み取る歴史史料として使える場合がある。

史実の確定と歴史叙述

8．ある出来事の5W1H（1R）は、それぞれ何を語るのかを定義しなければ説明できない（例：鎌倉幕府はいつできたか、だれが建てたか。ローマ帝国はいつ滅びたか、だれが滅ぼしたか）。

9．何かがあったことは史料が残っていれば証明できるが、なかったことの証明は難しい。

10．出来事を並べただけでは歴史を理解することも叙述することもできない。出来事を関連づけたり比較し、一定のパターンを見出したりまとまりに区分することをしてはじめて、歴史を理解する（像を描く）ことが可能になる。

11．歴史書の記述（教科書でも同じ）は単なる事実の羅列ではなく、記述者の歴史観や意図にもとづいて特定の事実を選択して配列したり組み合わせたものである。

12．歴史学は社会科学と比べると、過去の出来事の共通性・法則性を見ようとするだけでなく、個別の状況の違いや時代の特性も明らかにしようとする（例：別の時代の帝国や独裁政権について「歴史は繰り返す」と考えるだけでなく、それぞれの背景の違いにもこだわる）。

13．全世界の歴史やあらゆる時代の歴史を同時に研究したり叙述することは個人ではもちろん集団でも容易でないので、通常の研究や歴史叙述は、特定の時代や国・地域、自然や社会の領域に焦点を当てて行われる。

14．時代や地域・領域の区分に唯一絶対の基準はないので、国・地域ごとや政治史・経済史などの領域ごとに時代・地域の区切りがずれたり、国・地域や時代ごとに文化史・宗教史などのカバーする範囲が変わるといったことも珍しくない。

用語と概念

15. 同じ用語・概念でも時代や地域が違えば意味・用法や性質が違うことがある（例：「奴隷」「属国」）。

16. 教科書（歴史叙述）に用いられる用語には史料用語（当時の or 当事者の用語）と研究者の用語が混在するが、どちらか一方に統一することは不可能なので、どれを用いるかに執筆者の歴史観が反映する。

17. ある事象の理解や説明・評価には、当時の視点で見る方法と後の時代からの視点（しばしば近代ないし現在の視点）で見る方法の両方がある。これもどちらか一方に統一することは不可能である。

考察の方法と原理

18. あるできごとや人の行動が「なぜ起こったか／なされたか」を考察する場合、「きっかけ」「背景（時代の流れや社会の構造変動など複数の要因がからむことが多い）」「行為者の動機や目的」などを弁別して取り組む必要があり、どれか一つの要因だけですべてが決まったと見たり、全部横並びにして「どれが正しいか」選ぼうとするのは意味がない（例：4世紀以後のローマ帝国の衰退）。

19. 歴史上の事象を比較して考察する方法には、同じ国・地域の別の時代を比較する、別の国・地域の同じ時代を比較するなど通常の方法以外に、時代も地域も違う事象同士を比べて一方または両方の特徴を浮かび上がらせる方法もある（例：別の時代・地域の気候変動の影響を比べる）。

20. ある時代や社会を考察するには、構造や仕組みに注目する静態的な方法と、流れや動きに注目する動態的な方法がある。

21. 単一のモデル（例：封建社会、資本主義）や要因（例：地理環境、経済構造、家族形態）ですべての歴史的事象を説明しようとすると、例外だらけになるか、修正を繰り返して多元化しすぎたモデル・要因が定義不能なものになって崩壊するかのどちらかにしかならない。

B. 歴史の展開のパターン

B1. 時代・地域に関わらず適用できる例

歴史と時間のもつ意味

22. 人々はどの時代にも「過去」「歴史」や「伝統」をめぐって「忘却」や「再解

釈」を繰り返している。ただしある社会でそのことがもつ重みは、社会の性格によって違う（例：歴史のある文明・歴史のない文明）。

23. 「勝者」「強者」が過去にさかのぼって自己を正当化したり偉大に見せかけるような歴史を作ってきた例が多いが（例：西洋中心史観）、すべての場合にそうなると考えるのは単純すぎる（例：菅原道真、平氏や源義経への同情）。

24. 時の流れがもつ意味や人々の時間感覚は、それぞれの社会・文化のあり方や権力の構造を反映している。

人類と環境

25. 人類社会の生産力は時代を追って増大してきたが、人口の問題などがからむので、環境負荷が比例して増大することが多かったし、「労働生産性」も常に上がっていたとは限らない（例：狩猟採集社会は農耕社会より、焼き畑農耕社会は定着農耕社会より、少ない労働量で必要食料を得ていたが、人口が増えてしまったので「仕方なく」後者に移行した）。

26. 人類社会は環境・生態の影響を強く受けるが、それは一方的な作用ではなく環境の改変・破壊などを含む双方向的なものだし、同じ環境でも別の集団が別の行動を取るなど文化による選択性も見られる。

27. 近代以前の人類はあまり移動しなかったというのは大きな間違いで、グローバルな人の移動や交流・対立は人類史の最初からしばしば起こっている。生産力や社会の不安定さ、大規模な災害や戦争は、人を動けなくするケースと一箇所に止まれなくして移動を促すケースの両方がある。

集団とそのまとまり

28. 国や民族でも個人（性別も基本的な問題）でも、歴史上の岐路にはたいてい複数の選択肢があり、同じような条件でも違う道を選ぶ集団や個人が出てくる。

29. ひとつの国の国民全員の文化、考え方や利害が一色に染まる（一枚岩である）ことは、イメージの問題としてはありえても実態の問題としてはほとんどありえない。

30. どの社会にも仲間同士の「共同体」と、強い者・力のある者が他者を支配する場の両側面があり、どちらが強まるかは状況による。

31. ある「民族（ネーション、エスニシティ）」の客観的定義は不可能で、突き詰めると、「われわれは同じ○○人だ」「やつらは××人だ」などの「共同幻想」や「レッテル貼り」にしかならない。「人種」や「語族」もやはり「どれとどれ

を分けるか」を完全に客観的に決めることは不可能である。

権力と支配

32. 権力者の支配の基盤は一般的に、軍事・警察力や法律・官僚制などの強制力、経済的な富、宗教・文化などを通じた威信の三要素からなる。

33. 権力者が他人を服属させる方法には、制度や組織を通じるものと人間関係を通じるものがある。したがって権力者や政治リーダーの資質には両方を動かす力が求められるし、政権の安定には制度や組織に強い人材と人間関係づくりや人を動かす宣伝の得意な人材の両方が必要になる。

34. 国家や王権の力や経済の基盤には人、土地、特産物や流通ルートなどいろいろなものがある。どれに重点を置くかによって「点と線の支配」「面の支配」など支配の空間的なありかたが違ってくる。

35. 国家や政権の主な経済基盤はどこでも税収（穀物・絹などの現物納と金納がある）であるとは限らない。奴隷制社会はもちろん、それ以外の社会でも住民の労役がきわめて重要な役割を果たすことはよくある。また、支配下の勢力からの貢ぎ物、貿易や特産物の独占などが主な収入源になるケースも多い。

36. どんなに強力な政権でも、力や制度、利益分配だけで人を完全に支配できるわけではない。支配される側が支配の正当性を認めてはじめて、安定した支配が可能になる。それがないところでは、近代の植民地支配下ですら、人々は積極的抵抗はしないとしても、消極的抵抗をしたり逃げ出そうとする。

37. ある国や王朝の全盛期は、かならずしもすべての住民にとってもっとも幸せな時代であるとは限らない。

38. 内政がうまくいかない為政者は外交や対外戦争でポイントを稼ごうとする。

39. 国や政権の衰退・滅亡には周辺諸国との相対的力関係の変化、内部バランスの変動などいろいろな原因があり、衰退・滅亡が即、力や富の絶対値の減少を意味するわけではない（例：唐やムガルの後半期）。

40. 政権や体制が行き詰まると、安定した支配－服従構造をみずから崩すような路線をとりがちである。

41. 独裁の強化は政権の強さの証明でなく、対立勢力や民衆を抱き込む余裕を失っているという意味で行き詰まりの証拠である場合がある（例：ローマの後期帝政）。

42. 他国・異民族を支配するような帝国は、理念の普遍性の一方で、文化・宗教や特に法制度などの多元性なしには成り立たない。帝国は一般に、いろいろな

民族や集団の「公共財」として機能した場合に発展する。

43. 帝国の形成には、拡大を求める支配側の要因だけでなく、自力で紛争解決や社会の安定を実現できない地方支配者がより大きな勢力を後ろ盾として利用するというベクトルが同時に働いているケースがよくある。

44. 植民地の征服や支配の維持にはコストがかかるので、近代以前の朝貢関係などはもちろん、近代でも「不平等条約で従属国にする」「直轄しないで保護国にしておく」などの戦略が選択されることが多かった（例：イギリスの「非公式帝国」）。

45. 近代国民国家を含む、住民の均質性や制度の一体性を強調するタイプの国家が成り立ちやすいのは、中規模国家である。都市国家などの小規模国家は、広域交流の拠点以外では安定的存立が難しい。

46. 前の政権を打倒した新政権や改革を掲げる政権は、直前の時代を非難する一方で、過去の黄金時代を創り出し、その再現を主張することが多い（例：明治維新と「王政復古」）。

47. 優勢な対立陣営に乗り換えた人々は、その中で忠誠を示し「あいつらは本来〇〇だ」というレッテルをはがすために、旧陣営に残る元の仲間や中立の人々に対する非難・弾圧の先頭に立つという悲しい役目を背負わされるケースが多い。

戦争

48. 戦争には敵を大勢殺す戦争とあまり殺さない戦争（例：遊牧民の戦争）がある。

49. 戦争は軍人・兵士（正規軍）だけではできない。だから戦争参加によって、職業的・階級的・ジェンダー的などの要求が実現するケースがよくある（例：第一次世界大戦後の女性参政権）。

50. 極端な格差社会では戦争が格差是正や貧困救済の機会になりがちである（例：古代ローマ、1930年代日本）。

51. 戦争は戦闘行為が終了した瞬間に終わるものではなく、和平交渉や敗者の措置など「戦後処理」が完了してはじめて終わったと言える（例：第二次世界大戦後の日本占領と主権回復）。

52. 戦争は勝った方が一方的に得をする（勝った側の社会が全員得をする）とは限らない。分け前をめぐる仲間割れ、占領地を支配する負担の増大など、勝った側がかえって「損をする」ケースもある。

制度・法律

53. 建前と実態は食い違うのが普通なので、法律や制度、宗教の教義が存在することと、人々がそれをすべて守っていることとは別問題である。ただそれは、建前は無意味だという意味ではない。

54. 制度や法律を作る専門家は、系統性・統一性が高い制度や法律、もしくはきめ細かくあらゆる要素や事態に対応できるような制度や法律を作ろうという欲求が強いが、それが良いとは限らない。統一性が高ければ社会の多様化に対応できないし、きめ細かいものを正確に運用し続けることは難しいからである（例：律令制の解体）。

55. 特定の身分や集団などが独占している権利をみんなのものにする方法には、身分制を解体するような方法のほかに、みんながその身分を獲得する方法もある（例：ローマ市民権、朝鮮王朝の両班）。

文化と異文化接触

56. 宗教や文化・制度が他の社会に伝わって受け入れられた場合、そこではかならず「いいとこ取りと勝手な改造」「もともとあった文化・制度との混合」などの現象が見られる。大文明の周辺への伝播（中国文明の周辺への伝播）や植民地支配下での押しつけ（スペイン植民地でのカトリックの布教）などのケースですら例外ではない。

57. 大文明や超大国の周辺にある国家や民族は、中心へのコンプレックスが強く、事大主義と国粋主義の間で揺れ動くことが多い。また周辺国・民族同士では「中心に次ぐナンバーツー」の座をめぐって争うことになりやすい。

58. 言語と文字は一対一で対応するとは限らない。

59. 伝統の浅い周辺部では、伝統に縛られる中心部に出来ない大胆な実験や改革が容易である。

自由と発展

60. 「自由な競争」は「進歩の原動力」かもしれないが、全員を幸福にするとは限らない。

61. 「自由競争」を唱えるのは、覇権国家などそれが一番有利な国家や人々である場合が多い（例：イギリスの「自由貿易帝国主義」）。

62. すでに発展した国家・社会が比較的自由であるのに対し、追い上げをはかる後発の国家・社会は強制的（独裁的・権威主義的）な支配構造になることが多

い（例：啓蒙専制君主、開発独裁政権）。

63. ある国や社会で経済成長や技術革新が起こったからといって、その国の全員が豊かになるとは限らない。むしろそれによって格差が拡大するケースも多い。

64. 歴史の段階を画するような「発展」は人間の本能や理性によって自然に起こるものではなく、しばしば「危機に対処する模索・試行錯誤」から生まれ、しかしそこで作られ成功した新しいしくみが将来的には新たな危機の根源となる。

B2. 特定の時代・地域・分野などの例

先史・前近代社会

65. 国家の形成には富の蓄積（生産でなく商業から来る場合もある）と社会の分化（支配者と被支配者が現れ、集団間の対立も激化して防衛や征服活動の規模が大きくなる）の2つの条件が必要である。

66. 一般に古代の国家や文明は大規模で華麗だがもろく、中世のそれは小規模で地味なことが多いがよりしっかりしている（制度的にはより安定している）。

67. 巨大なモニュメントが一般に古代に（後世でも異民族支配者などによって）造られることが多いのは、権力基盤がまだ不安定でわかりやすいシンボルが必要だからである。だから、モニュメントを造れる有能な君主とそうでない無能な君主の時代とで、その国家や王朝の政治的安定性には大きな差が出る。中世に支配の制度が安定すると、そこまで巨大なモニュメントは不要になる（どの君主でも政治状況に大きな差は出ない）。もうひとつは、生産技術が未熟な古代には一般に農閑期が長く、比較的多数の労働力を動員できるが、中世以降になるとたとえば二期作・二毛作の普及などで農民が忙しくなり、大量動員が難しくなる。

68. 食料を自分で生産できる一方で収穫の変動をコントロールすることが困難なため規模の利益が生じにくい農業社会は、元来小規模な家族経営に適合的である。前近代の定住農耕社会は一般に、「人口が少なく土地は余り他の土地への移動は容易だが、生産力の安定性が低いので家族経営は解体・流亡を繰り返し、解体した家族農民を奴隷や隷属民にした豪族などの大規模経営だけが安定的存続する段階」と、「人口が増え土地不足で移動は困難になるが、生産力が進歩して小規模な土地での家族経営を安定的に継続することが可能になった段階（他人に隷属するインセンティブがなくなるので大規模経営は衰退する）」の2つの段階に分かれる。法律や社会状況により後者の段階でも「大地主」は出現しう

るが、その土地では小作人がそれぞれ自分の裁量で生産しており「大規模経営（大規模生産）」ではない。

69.　自給は出来ても利潤蓄積が困難な遊牧社会では、強力な軍事力を活かして周辺の農耕民や商業民と共生関係をつくったときだけ国家が成立する。

70.　人口が少なく人の移動性が高い遊牧国家や港市国家では、近代以前でも実力主義・多文化主義が貫かれるのが普通であった。

71.　近世・近代に政教分離が行われる以前の宗教は信者の生活のすべてをカバーし、宗教教団は政治（しばしば軍事も）・経済活動や教育・芸術・科学技術などの中心でもあるのが普通だった。国境を越える世界宗教の信者や布教家は、外交官・通訳などの役割を担うことも多かった（例：東アジアの禅僧も）。

72.　近代主権国家が成立する以前の国際関係は、君主や支配者間の、たいていは不平等な結びつき（例：朝貢・冊封や政略結婚）で成り立つものだったが、近代主権国家が成立した後には、対等な主権国家間の国際法と条約にもとづく結びつきという建前が広がる。

73.　国民国家が一般化する以前には、国境より身分の差異の方が重要であるのが普通だった。したがって支配層や知識人は、ある文明（地域世界）の内部で国境を越えて結びつく（支配層の政略結婚なども含めて）のが自然であったし、ローカルな民衆の世界も国境で区切られていたとは限らない（後者の例：「環シナ海世界」）。

74.　近代以前の世界では、支配者・知識人や商業民の間で国境を越えた国際語（リンガ・フランカ）が成立する一方、一般民衆は狭い地域ごとに違った言語を話すのが普通で（ただし一言語しか話さないとは限らない）、ひとつの国家にひとつの言語という状況は多くの場合、近代国民国家とともに成立した。

75.　近代以前の「学者」や「芸術家」は、権力者や宗教などのパトロンの保護下で活動するか、官僚・貴族や宗教者などがアマチュアとして活動するものだったが、近代になるとそれらが独立した職業になる。

地域世界の特色

76.　東アジアでは宗教は多元的だが国家・民族・文化面では一元性を重んじる社会が成立した。

77.　東アジアでは一般的に教育熱が高く、試験の成績で人間の価値付けをする発想が強い社会が成立した。

78.　東アジアでは一般的に、文明（文化）の発達度や国力によって国家や民族を

格付けする発想がある。これは近代に西洋崇拝や社会ダーウィニズムを素直に受容する基盤ともなった。

79. 東アジアの伝統社会で「すべてが政治に還元される」傾向が強いのに対し、南アジア・西アジアでは「すべてが宗教に還元される」傾向が見られる。

家族・ジェンダー

80. 古代史の入り口に大規模な氏族社会、母系制・母権制などが一般的に存在したという 19 世紀の理解は、文化人類学などの発達によってすでに崩れている。系譜観念が弱くジェンダー構造や性別役割分担・婚姻形態などが流動的な社会を想定する方が普通である。

81. 近代以前の家族や世帯は、生産の場であり課税や労役賦課などの単位でもあるのが普通だったから、国家や社会からみれば公的な単位であった。その代表は男性であるのが普通だったが（王や皇帝も多くは男性）、適当な男性がいない場合に女性が代表になることもあったし、トップではなくとも「トップの妻（例：家族経営の商店や旅館のおかみさん）」「トップが死んで子供が幼い場合の後家（例：中国の皇太后）」などが重要な役割を果たしたり実権を握ることも珍しくなかった。だから男性が支配するジェンダー構造（家父長制）が一般的に存在したことは、女性の完全な無権利を意味しない。

82. 近代以前の「伝統社会」では大家族が一般的だったという 19 世紀に成立した思い込みは、家族社会学や歴史人口学の進歩によってすでに打破されている。親子・キョウダイとその家族などが生産・経済活動において協力したり、大きな敷地・家屋に共住することはよくあったが、「カマドと財布」は核家族（単婚小家族）ごとに分かれているのが普通であった。

近世

83. 「近世」は「世界の一体化が本格化する時代」「各地域の"伝統"が結晶・成熟する時代」「欧米モデルに限らないさまざまな近代世界のあり方が準備された時代（初期近代）」「ポスト近代世界の予兆が示された時代」などの特徴がからまり合った時代として、きわめてユニークな意味をもつ。

84. ラテンアメリカは大航海時代に世界システムの周辺に組み込まれるが、その時代のアジアではヨーロッパ勢力は基本的に、発達したアジア貿易に参入しただけであり、ヨーロッパとアジアの間に完全に力の差ができるのは、「長い 18 世紀」の間であった。

85. 東南アジアやアフリカの周縁部、太平洋諸島などの地域では、大航海時代前後にようやく国家形成が始まった地域、18〜19世紀にはじめて強力な王権が成立した地域などがあり、全域が植民地化するのは19世紀末以降のことである。

近代化・近代性（モダニティ）

86. 近代化は人の自由を一方的に拡大させるだけではなく、人を束縛・支配する力や技術も進歩させた。

87. ある国や社会の構成要素で近代的でない「伝統的」なものは、すべてが遠い昔から存在したものとは限らないし、近代に入れば弱まり消えていくばかりとも限らない。近代世界でもナショナリズムや商業経済などによって、「伝統の創造」が強力に進められる例がある。

88. 経済・社会活動と分離され、愛情のみで結びつき非血縁者を含まない私的な場としての「近代家族」の成立・普遍化の過程は、女性の経済・社会的・政治的権利を奪い「良妻賢母」に役割を限定する過程であった。フランスの「人権と市民権の宣言」やナポレオン法典などの近代的人権・法思想がそれを確定させた。そのため、19世紀以降の「フェミニズム」や女性参政権獲得運動が必要になった。

89. 近代のイギリス・アメリカ大陸やオーストラリアなどで発達した大規模経営・大規模生産は、大規模な移民・人口移動や先住民社会の解体など偶然の条件に恵まれて成立したもので、人類の普遍的発展方向とは言えない（ヨーロッパ大陸や、第二次世界大戦後のイギリスを見よ）。

90. 植民地支配や帝国主義によって「近代化」を押しつけられた非欧米世界では、伝統的理念にもとづいてこれに反発するか、欧米モデルに従って自分も近代化をはかることが多かったが、伝統文化と近代化に通底するものを見出したり両者を本質と手段の関係ととらえて近代化を認めようとする態度も見られた。

主権国家と国民国家

91. 近代以前の財産権は一つの土地に領主と農民など複数の人間が所有権をもつような多層的な仕組みが普通だったが、近代的な権利は排他的で、ある財産に対しては特定の個人や組織だけが権利をもつ。同様に近代以前の国家では国家主権や領土の支配権を国王が一元的に掌握はしていないのが普通だったが（例外：中華帝国の建前上の支配権）、近代主権国家の建前上では各国の主権・領土・国民はそれぞれ一元的に定義される。

92. 近代以前の国家は王の財産（家産国家）や宗教共同体の性格をもつことが多く、住民がすべて平等ということはありえなかったが、近代には「法的に平等な国民のもの」という原則（国民国家）が成立した。

93. 国民国家を作り強化する動き（ナショナリズム）の発展には、帝国の支配や侵略への抵抗がきっかけとなってある国・地域の多様な集団がまとまるタイプと、もともと文化的にまとまった集団（エスニックグループ）が自分の国家を作ろうとするタイプ、国家権力を握った集団が国民的一体性を作り出すために上から押しつけるタイプなど、いくつかの類型がある。

94. ナショナリズムにも穏健派と過激派がある。穏健派は「外来文化を巧みに取り入れるわが国は素晴らしい」「多様性の中の統一が我が国の良さだ」と論じる。過激派は「すべてわが国のオリジナル」「純粋さがわが国の命」とやる。

95. 近代国民国家は、近代的な市民社会や経済を建設する原動力となったが、その「われわれ」意識はかならず対立する「やつら」を必要とし、また各種のマイノリティに多数派への同化を強制する傾向も強い。

資本主義と社会主義

96. 近代資本主義社会では、品物やサービスなどすべてを商品化する傾向が強まり、消費の拡大と経済成長が当然視されるようになる。

97. 資本主義社会では、大量生産など「均質化」のベクトルの一方で、賃金や経済発展度の格差、文化の差など「差異」によって利潤を拡大するというベクトルも働くので、全世界が同じように発展することはありえない。

98. 社会主義思想には、資本主義より進んだ豊かな社会を作ろうという発想（例：ソ連）と、資本主義で破壊された人間の結びつきを回復することを重視する発想の二種類がある。

99. 冷戦時代に社会主義が全世界で人気があったのは、二度の世界大戦や帝国主義・植民地支配の背景に資本主義があることを理論的に分析し、かつ英仏などとの関係が切れないアメリカ陣営と比べて積極的に植民地独立などの民族運動を支援したからであるが、「資本主義より発展した体制」を実現することはできなかった。

植民地支配

100. 大航海時代以降の欧米諸国による植民地獲得は、移民が主な目的である場合（自給的で世界経済に直結しない場合もある）と、現地住民やその資源などの支

配が目的とされる場合があった（例：アメリカやオーストラリアとアジア植民
地の違い）。

101. 大航海時代から、ラテンアメリカでは既に面としての植民地支配が成立して
いるが、アジア・アフリカではまだ武装商館や都市などの「点」を中心に海上
ルート（線）を支配するのが精一杯で、面としての植民地支配は「17世紀の危
機」以降にならないと拡大しない。

102. 近代資本主義を背景にもつ植民地支配は、単純な収奪に明け暮れて植民地社
会を一方的に疲弊させるケースもなくはないが、18世紀以降には、輸出商品な
どの開発を進めて植民地の富を増加させつつそれを支配することで利潤を増加
させようとする。これを背景に、19世紀末ないし20世紀に多くの植民地で「植
民地近代化」が進んだ。

103. 帝国主義段階になると、植民地は投資先としての意味が大きくなる一方で、
列強の世界分割の中で軍事的思惑が優先されて、経済面ではあまり見込みのな
い地域の植民地化も進んだ。

104. 近代植民地の宗主国は、自分の文化や宗教、植民地に送り込める人間の数な
どによって、強い同化政策を敷く場合と、支配や利潤獲得さえできれば同化に
こだわらない場合がある（後者の例はオランダとイギリス）。

105. 正面からの抵抗がおこりにくい植民地では、宗主国で「抵抗勢力」が多くて
できない理想主義的な政策（例：輸送網建設や都市計画）が植民地政権によっ
て試みられるケースがある。宗主国に居づらくなった社会主義者などの革新派
が植民地に逃げ込んで夢を実現しようとすることもあった。

106. 近代の植民地支配において、植民地政府の財政は一般に赤字である（近代民
主国家では、植民地だろうと政府が黒字をため込んだら、減税などで国民に還
元を要求される）。しかし宗主国など近代世界システムの中核側の経済は、恐慌
などの場合を除き、利潤を蓄積しつづける。

ポスト近代社会

107. 工業化と科学技術の発展が、経済を発展させ暮らしを便利にする一方で、い
つか人類はそれをコントロールできなくなり、人類社会が破壊されるのではな
いかという懸念も広まる。それは戦争が（例：核兵器によって）全世界を滅ぼ
す、機械（例：人工知能）に人間が支配される、環境破壊や資源の枯渇が限界
に達する、など複数のパターンに分かれる。

108. 科学革命と啓蒙思想以来の、「自由」や「人権」に最大の価値を置き「理性

にもとづく右肩上がりの進歩」を信じる発想の上に築かれた、国民国家とそれを単位とする国際社会、議会制度と政党政治、大量生産と大量消費、近代家族など近代の基本となる社会の仕組みが、機能不全に陥ったりもっとも優れたものとは言えなくなるケースが増加し、社会主義や全体主義に限らず、そうした近代社会の超克を訴える思想・運動が繰りかえし現れる。

109. 大衆化や情報通信技術の発達を背景に、「匿名の多数派」が社会を動かす一方で、マイノリティや「個人」の個性、その多様な価値観や選択も重視されるようになるが、それは個人と国家や世界が直結し「社会」など存在しないという感覚と、そこでの新しい心理的ストレスや自己認識と対人関係をめぐる不安・対立をもたらす。結果として学問の世界でも、ビッグデータやグローバルな課題の研究の一方で、客観的真理の解明にとどまらない主観的な認識やアイデンティティ、個性と価値観などへの関心が強まる。

2．マルクス主義歴史学とは[2]？

2.1. 社会主義・共産主義とマルクス主義理論

　20世紀末の冷戦終結によって、**社会主義**やマルクス主義は過去のものになったかに見える。しかし、あれだけ近現代史や歴史学を動かしたものをまったく理解できないというのは困る。しかもかつてのように、それを理解しようとすること自体が、賛成・反対いずれにしても狭い意味の政治性を帯びるという状況はもはや存在しないと言ってよいだろう。上の世代からは「間違いが多い」などと叱られそうだが、現在と今後の理解に必要と思われる点について、筆者なりのまとめを書いておきたい。

　資本主義社会は、市民革命や近代国家建設による封建制度の廃絶と経済の飛躍的発展の一方で、新しい貧困（今風にいえば格差社会のそれ）や「人間疎外」

---

(2)主要参考文献として［永原慶二（編）1974］のほか［今村2005］［小谷2016］［シュミット1977］［ハーバーマス2000］など。ほかに『市民のための世界史』pp.173-174、176、249-250も参照せよ。

（共同体ないし共同性の解体）などの社会問題を生み出した。それに対して、信仰や精神性の維持・回復だけを問題にする各種の「観念論」「唯心論」哲学もさまざまに主張されたが、それではダメで資本主義という構造そのものを変えねばならないという思想・運動も、18世紀末から次々現れた。中でももっとも体系的だったのがマルクス・エンゲルスらのそれであった。かれらは「矛盾」とその「止揚」が歴史を動かすというヘーゲルの**弁証法**哲学（ただしその主体は人間精神）と、精神・観念より先に物質世界が存在するという**唯物論**を結びつけた、「弁証法的唯物論」と「史的唯物論」（**唯物史観**）の方法を用いて、人間精神、資本主義経済や人類社会の歴史などを「科学的に」解明しようとした。

解説　宗教への態度

　マルクスらにとって人の**意識**や**共同性**の問題は経済構造の影響を受ける社会の「上部構造」であり、宗教やあれこれの「観念論」哲学のように意識だけを変えようとしてもうまくいかない。そこで悩める者が宗教にすがることは「アヘン」であると批判された。ソ連以降の社会主義国でも一般に宗教は封建社会の要素として敵視され、現存する信者の信仰の自由は認められても（共産党を中心とする「統一戦線」に参加すれば教団の存続も許された）布教や外部に向けた宗教活動は禁止された。もっとも冷戦終結後の中国やベトナムでは、少数民族の信仰や国外とのつながり（特にカトリックやイスラームのそれ）への国家主義的な統制の一方で、多数民族の宗教や祖先崇拝の活動そのものはある程度おおっぴらに出来るようになった。

　かれらの研究の目的は単なる社会の「解釈」ではなく「変革」にあり、資本主義社会の構造・メカニズムの全面的理解と社会主義ないし共産主義の社会への移行の必然性を掲げて、それまでの「空想的社会主義」に対して「科学的社会主義」を称した。この種の思想・理論や運動は、資本主義によって傷つけられた社会性と共同性を回復しようとする意味でSocialismともCommunismとも呼ばれたが、そのキー概念に私有財産制の克服があったことから、漢字圏では後者が「**共産主義**」と訳された。

マルクスらの歴史の考察の主要な対象は「経済的社会構成（社会経済構成体とも呼ぶ。経済を軸とした社会構造の意味)」と、それを支配したり変革しようとする「**階級闘争**」の歴史にあった[3]。もっとも、マルクス主義（唯物史観）といえば即社会経済史とくに生産様式、所有と生産関係など下部構造の研究と階級闘争オンリーという理解は適切ではない。エンゲルス『家族・私有財産・国家の起源』やスターリン『マルクス主義と民族問題』が左翼学生の必読文献に含まれたように、経済以外の諸領域も決して無視されていたわけではない（それらをすべて経済構造で説明してしまう傾向はたしかにあったが）。その中で前者の「経済的社会構成」を研究するのが「**社会経済史**」だったが、それは一般には国・民族など個々の社会単位でとらえられ、「世界経済」との関係は、20世紀後半の「従属理論」や「近代世界システム論」出現以前には十分検討されなかった。後者の階級闘争を研究するのが「人民闘争史」であった。

　「経済的社会構成」はさらに、土台（下部構造）としての「**生産様式**」と、「**上部構造**」としての思想、文化、共同体などの社会組織や法律・制度・国家機構等々の総体というかたちで区分された（土台＝上部構造論）。上部構造からの反作用はあるが、基本的には土台が上部構造のあり方を決める、ただしその土台は階級闘争によって変えられるという考え方がなされたのである。経済的社会構成と生産様式は原始社会からいくつかの段階をへて発展し、最後に社会主義（共産主義）社会に至るという「**発展段階論**」がとられた。

　その道筋[4]はおおむね、次ページ下段のような5つの段階として構想された。それは大きく分けると、近代以前〜近代資本主義社会〜未来の社会主義社会の三段階論とも見えるし、共同体を掘り崩す私有と階級、それらに適合した上部構造としての「階級社会」と国家のなどの、生成・発展・死滅の諸段階でもあっ

---

(3)この理論によれば階級は経済的土台によって決まる、つまり生産財を所有し他人の労働を搾取する階級（奴隷主、封建領主、資本家など）と生産財を所有せず他人のために働く階級（奴隷、農奴、資本主義下の工場労働者など）である。これに対して身分は制度（＝上部構造）の一部であり、同じ階級でも社会によって別の身分として扱われることがある。

(4)もっとも有名なのはマルクス『経済学批判』で示された図式である。

た。なお、資本主義を倒したのちの国家について、マルクス・エンゲルスの段階にはまだ不鮮明だったが、レーニンやスターリンによって、ただちに国家をなくそうとする「無政府主義」と違い、当面は資本主義（や封建制）の国家を倒して、より人民のために働く国家に改造することを目指して、国家の廃絶はその先の究極の目標とする考え方が確立された。

解説　生産様式

それは「**生産力**」（資源、土地や道具・機械などの生産財——資本主義社会では生産財が「資本」となる——、生産労働を行う人間とその技術などの要素で成り立つ）と「**生産関係**」（直接生産を行う人々と、生産財を所有し直接生産者を働かせてそこから「余剰生産物（**剰余価値**）」の「**搾取**」を行う人々との、「階級」関係のありかた）の総体を指すものとされた。そこでは**労働**が人間の本質であるとされ、したがって人間社会の生産力は本来、自然に発展するはずである。ただし生産関係や「上部構造」は、ある段階の初期には生産力を伸ばす方向に作用するが、末期には古い構造の維持や支配階級の利害を優先する結果、生産力の発展を阻害する方向にはたらくようになる。そこで生産力をさらに発展させるためには、階級闘争が強まって経済的社会構成を根本的に変える「社会**革命**」がおこらねばならない。それは長期的・一般的には「法則的」「必然的」だが、具体的にいつどのように動くか（動かないか）は、階級闘争のやり方による、という考え方が主張されたのである。

（1）**原始共産制**：すべてが「始原的（原始）共同体」に属し「私有」も「階級」も存在しない「無階級」社会

　　（1'）「アジア的生産様式(5)？」：私有は未確立だが共同体を基礎に（治水

---

(5) 19世紀ヨーロッパ知識人の常として、マルクス・エンゲルスのヨーロッパ理解とアジア理解にも大きな落差があった。かれらは同時代のヨーロッパ人の例にもれず、元来はアジア社会停滞論を信じ、アジア社会は古代文明以後ずっと長期の停滞を続けているという基本的理解を共有していた［小谷 1979］。マルクスはいくつかの著作で「ヨーロッパにも原始社会の最終段階で現れ、非ヨーロッパ世界ではそのまま

や防衛の機能にもとづき）国家が成立する？　共同体の主体は氏族
などの血縁的集団。

(2) **古代**的生産様式：私有が確立し人間が主な所有対象となる。奴隷と奴
隷主の生産関係が基礎←古代ギリシア・ローマ社会が典型。共同体は
地縁的集団ないし奴隷主［＝市民＝農民！］の集合に転化。

(3) **封建**的生産様式：主な私有の対象は土地で、農奴と領主の生産関係が
基礎←ゲルマン社会が典型。村落が基礎的な共同体を構成。

(4) **近代ブルジョワ的（資本制）** 生産様式：工場労働者（＝賃金労働者）
と資本家の生産関係が基礎（共同体が完全に解体しすべてが商品化す
る）。

(5) **社会主義**ないし**共産主義**：生産財の私有とそれにもとづく労働者の搾
取が廃絶され、最高度の生産力が直接生産者と社会のためにフルに発
揮できる社会（＝自由・平等な人間による共同性がより高度なかたち
で回復される）。

解説　共産主義という用語の意味のずれ

　スターリンは労働者階級もしくはそれと「勤労農民」の間の「労農同盟」
と、その「前衛」である**共産党**が指導する国家の段階（その役目は資本主義
を超える搾取なき生産関係やそれに適合する上部構造の創出などに限らず、
革命で倒したはずの資本主義や封建主義の巻き返し［反革命］を防ぐことに
もあったため一党制など「プロレタリアート独裁」が必要になる）を「社会
主義」と呼び、その発展によって国家そのものが不要になった理想状態とし
ての「共産主義社会」と区別した。ここで共産主義は、社会主義（**生産財の
国有・公有化、計画経済**などが実現した社会）が最高に発展し、ついに国家
が死滅した段階のみを指す。これは資本主義陣営で一般的な「共産党が政権
を握って生産財の私有が否定された社会イコール共産主義」という用語法と

停滞して近代まで続いた」アジア的生産様式［→第8章］の段階があったと述べて
いるが、それはヨーロッパ史の理解にもとづく奴隷制以下の諸様式と同じレベルで
理論化されたものとは言えるかどうかは疑問である。

も、「暴力革命と共産党一党支配を肯定する共産主義と、多党制を認め議会を通じた改革を主張する社会民主主義」という政治上の区別とも一致しない点に注意が必要である。スターリン的な意味ではソ連などで現実に存在したのはあくまで「社会主義国家」なのだが、しかし資本主義社会でボルシェヴィキ型の革命を起こそうとする政党の多くが共産党を名乗ったこともあって、冷戦時代のアメリカなどこれに反対する側では、その思想・運動や国家をすべて「共産主義」と呼んだため、しばしば用法のズレが生じた。

2.2. マルクス主義理論の影響力と限界

　社会主義／共産主義運動とマルクス主義理論が世界に広まるとともに、各国・地域での社会発展段階の究明はそこでの革命闘争のあり方を決める役割を担わされたが[6]、そこでは資本主義を倒す革命は世界で連鎖反応的に起こるのか（世界同時革命）それとも各国別々に起こるのか（一国革命）、どちらにしても最初は資本主義が極限まで発展しきった英仏のような社会で起こるのか（先進国革命）、それともむしろ資本主義の力が発達しきっていない、ということは労働者階級を抑える警察・軍などの機構の発展も不十分な場所で起こるのか（後進国革命）、暴力革命と一党支配を不可避と見るか（ロシア＝ソ連型のボルシェヴィズムなど）それとも議会制度と多党制を通じた平和的な革命ないし改革を可能とするか（社会民主主義など）その他、さまざまな理論と運動の分岐が生じ、運動を行う人々や政党の呼び名も多様化した。またアジアなど資本主義化して

―――――――――

(6) 革命前の中国では「中国社会論戦」などが行われ、日本の学者も含めてアジア的生産様式にもとづく停滞した社会と見なす見解が少なくなかったが（それへの反省が戦後日本学界の一部に中国賛美の潮流を生む）、最終的には有名な「半封建・半植民地社会」の定義が、農民と労働者の同盟を基礎とし地主階級や帝国主義勢力との闘争を主任務とする毛沢東流の革命論（ブルジョワ革命とは違う「新民主主義革命」をまず起こし次に社会主義革命に進むという「二段階革命論」）に連動して支配的となった。他方、昭和初期の日本では第3章で見た「講座派」と「労農派」の論争（日本資本主義論争）が、日本共産党の路線に関する対立と関連しながら行われた。

いない非ヨーロッパ社会の発展コースは、もともと植民地支配下での強制的な資本主義化などを含めて資本主義が十分発展しなければ無理と考えられていたが、マルクス晩年にアジア的生産様式から資本主義を飛び越して社会主義に直接発展するコースが構想された。ただしそれも十分展開はされず。レーニン以後には、資本主義国において「遅れた（弱い）帝国主義国」で**暴力革命**が起こるという後進国革命論[7]の一種が公式化されるのと並行して、「非ヨーロッパ社会もやがてはヨーロッパと同じように発展する（現状では遅れていても短期間で追いつくことができる）」という発想のほうが強まった。

解説　「後進国革命」と「アジア的生産様式」

　第二次世界大戦前に中国社会をアジア的生産様式で理解できるかどうかをめぐる大論戦などがあったが［→注6も見よ］、スターリンは「アジア的生産様式」が独自の段階であったことを否定した。また中国革命の成功は、停滞した中国社会像を描くアジア生産様式論の破綻の証拠とされた（ただしその後も、自国の市場経済化の遅れや強すぎる国家権力などを問題にするために、停滞的モデルとしてのアジア的生産様式をもちだす議論はあちこちで行われる）。明らかにヨーロッパ（および日本？）の封建制と違った中央集権的統治構造を維持した中国、西アジア、南アジアなどの諸地域の資本主義以前の社会は、「ヨーロッパ的（分権的）封建制とは違ったもうひとつの類型としての地主的（集権的、国家的）封建制」と見なす考え方が確立し、また資本主義化があまり進んでいない、帝国主義に支配されているなど「ブルジョワ革命→社会主義（プロレタリア）革命」というコースに合わない条件をもつ国々については、まずそれぞれの課題に合った「民族人民民主革命」などを実行しその後に社会主義革命に進むという「**二段階革命論**」が、毛沢東らによって用意された。

---

(7)後進国の社会には革命後も資本主義、封建主義などの要素が多く残存し共産主義者の中にもしばしば忍び込む。またより高度に発展した資本主義（帝国主義）陣営の干渉や分裂工作も避けがたい。それに対抗することを根拠とする一党独裁は、「新たな支配階級」を生むことにつながりかねない。そうした意識は、階級闘争・革命闘争に「ここまで来たら一段落」というゴールを認めない「永続革命論」のような思想も生み出した。

　第二次世界大戦末期にソ連軍に占領された東欧諸国もほぼ同じである。一段階目の革命で成立する政体は「**人民民主主義**」と形容されることが多い。そこでは形式上、共産党以外の諸勢力との統一戦線が政権の担い手とされ、実際に共産党の支配の度合いは国ごとに違った。国名として社会主義を掲げない「人民共和国」と称したり、一党支配をする共産党が「労働党」「人民革命党」を名乗る例があるのは、この段階に由来するケースが多い。この政体が「労働人民の決定によって」ソ連型その他の社会主義に進むのだが、すべての生産財の国有化や計画経済が全国で一度に出来るとは限らないので、「過渡期」という便利な考え方も生まれる。だから中国は 1949 年に「社会主義」段階の社会になったのではない。こうした社会主義体制の破綻ののちにとられた中国の改革開放政策やベトナムのドイモイ政策も、「資本主義化が十分でないところで強行された毛沢東らの社会主義化は条件に合わない無茶な政策だったので、今後はもっと漸進的に」「資本主義社会を経ずに（しかし「資本主義セクターの存在」は認めつつ）社会主義に進む過渡期」を歩もうという理屈で導入されたものである。

　ところで、晩年のマルクスがロシアの村落共同体（ミール）を、生産者の搾取と階級支配をもたらす私的所有が未発達なアジア的生産様式の社会と見なし、それは資本主義などを経ずに直接に社会主義・共産主義に発展しうるという見解をもつようになったことが、第二次世界大戦後に見つかった書簡などから証明された。それに限らず、スターリンの「世界史の基本法則」論などに反対して、毛沢東が自身の二段階革命論を超えて唱えた「大躍進」「文化大革命」や、その影響を受けたカンボジアのポル・ポト政権など、ただちに資本主義や「社会主義」の段階を経ずに共産主義社会が建設できるかのような理論を唱える者はしばしば現れた。

　第二次世界大戦後には資本主義先進国をはじめとして、非ボルシェヴィキ型の社会民主主義や、議会を通じた平和革命を目ざす共産党の運動も大きな力をもったのだが、ソ連でスターリン時代に確立された「マルクス・レーニン主義」理論と社会主義体制（計画経済など）のモデルの方が、世界に大きな影響を与えたことは否定できない。

　歴史理論に話を戻すと、上記の各段階はマルクスにおいては、おそらく「人類史の各段階の典型」ぐらいの大づかみな概念だった（後に世界システム論な

どがその点を活かそうとする）ものが、「マルクス・レーニン主義」と「一国革命論」をとるスターリンによって「あらゆる社会（国家、民族社会）が遅い早いや具体的形態の差はあっても（それぞれの内部の発展によって）必ず経過する諸段階[8]」と読み替えられ、「原始共産制→古代奴隷制→中世封建制→近代資本制→社会主義（→共産主義）」と進む「**世界史の基本法則**」に改造され、日本でも第二次世界大戦後の「**戦後歴史学**」を主導した。

第1章で述べたとおり、戦時中の「皇国史観」への反省にもとづき民主的・近代的な日本を建設しようとする「戦後歴史学」は1970年前後までの学界で影響力をもちつづけた。その中では、マルクスの人類史全体にわたりしかも未来への変革の展望を示す壮大な理論があたえた知的興奮などから、歴史学研究会（歴研派）が導入したスターリン式の「世界史の基本法則」が巨大な影響力を有した。そこでは、講座派のリーダーだった野呂栄太郎が特高警察に殺されたこと、戦争中に逼塞状態のもとで、しかも一度は空襲で原稿が焼けながら名著『中世的世界の形成』［石母田 1985（1946）］を書き上げた日本史学者石母田正のなどの、弾圧に耐えて続けられた学問への尊敬もあった。またこれらは学問の政治性を極端に否定する「実証主義」史学と対立したが、その一方で「実証」そのものには強くこだわりマルクスらの原典に関する細かい考証を含めて多くの成果を挙げた点で、現状批判や未来像の提示に力点を置いた世界のマルクス主義の中でもユニークな位置を占めたように思われる。

そもそもマルクス・レーニン主義や毛沢東思想などの運動・理論がなぜあのように世界に広まったのか、今日では想像できないかもしれないが、植民地支配や帝国主義の背景に資本主義の膨張があったことは明白であり、社会主義のソ連・中国や各国共産党は「**民族解放**」を熱心に支援し、かつ資本主義を乗り越える（一見理論的な）プログラムを示していた。そうした時代において、冷戦を背景にヨーロッパ資本主義諸国のアジア・アフリカでの権益維持の企てに

---

(8)中国・ベトナムを含む社会主義国では、各少数民族社会に対して行われた「ここは奴隷制」「あそこは封建制」などという機械的判定が、少数民族優遇政策の材料となる一方で、「社会主義という資本主義よりもっと進んだ段階」にある多数民族による、「遅れた少数民族」に対する支配と強制同化を正当化する役割も果たした。

あいまいな態度を取ることが多く、自身も軍事的・経済的に「同盟国」をコントロールしようとする「帝国主義」ないし「新植民地主義」的な態度をむき出しにしがちだったアメリカの反共路線にくみするより、社会主義路線ないしそれとの協力を認める容共路線を選ぶことこそが「愛国」の道であるという意識は、世界に広がっていたのである。南アジア・西アジア・アフリカやラテンアメリカなどの新興国にも、ソ連型社会主義国家のモデルそのものには従わないが「社会主義」を掲げる政権が多数出現した。

> **解説　マルクス主義と「愛国」**
>
> 　ソ連の樹立やコミンテルンの設立後しばらくは（第一次世界大戦でヨーロッパの社会主義者の多くが愛国主義に絡め取られて戦争に賛成したことへの反省もあった時代）、労働者階級の解放がすべてであってそれさえ実現すれば民族問題は自然に解決するという単純思想が支配的で、各国共産党もコミンテルンの支部という位置にあり、「世界の労働者階級の祖国としてのソ連」などの認識も存在したが、スターリンがロシアの愛国主義に訴えて権力を握ったこと、コミンテルンも「人民戦線」など各国独自の動きを認め非社会主義勢力とのいろいろな「統一戦線」が可能になったことなどから、社会主義／共産主義とナショナリズム・民族解放運動の結合が一般化し、独ソ戦や中国の抗日戦争などがその傾向を確立させた。戦後日本でも軍国主義者を含む右派の多くが、冷戦下での対米協力によって処罰を免れたのに対し、日米安保条約などに反対し日本の真の自立と中朝などアジア諸民族との連帯を説く左翼の方が愛国者を自認する姿勢が、かなりの支持を受けたのである（たとえば戦後マルクス主義史学のリーダーだった石母田正の、「祖国日本」を憂える著作［石母田 2003（1952）ほか］を見よ）。

　1970年代以降は、マルクス主義の衰退の時代と理解されている。「**ブルジョワ民主主義**」（自由選挙はあっても結局資本家が有利になり「失業の自由」のもとで労働者の生活は保障されない）などとは違った、一党支配下であれ生活・福祉・医療や教育が保証される「真の民主主義」という主張が、一方で社会主義国のチェコ事件や中ソ対立などが示した覇権主義的性質と人権抑圧や、生産

力万能主義で流通・消費を軽視したことなどいろいろな要因による経済の停滞、他方でアメリカ式近代化論［→第1章］の成果とも見える戦後日本の躍進や韓国以下のアジア開発主義政権の経済成長などによって説得力を失い、「資本主義より進んだ社会主義」がどのようなものかが想定・定義できなくなったのである。

解説 チェコ事件と「人間の顔をした社会主義」

チェコの改革派社会主義者が「人間の顔をした社会主義」を唱えたことは、ソ連式の人権抑圧への批判などよりもっと深い意味をもっていたと思われる。そもそも社会主義とは人間をカネや経済の数字に従属させる資本主義から人間性を取り戻す運動だったはずである。ところが「計画経済を通じて資本主義より豊かになること」（＝つまりトップダウンによる大きさ比べ）を追求したソ連式では、資本主義が強制する「利潤獲得や消費のための自由な個性」が否定される一方で、計画経済（質は評価しにくいので結局量の勝負になる）が人間を数字に縛り付ける。そこで小さな世界（例：工場や地域）からボトムアップ型で築くタイプの社会主義論と関連する「労働者の自主管理」（イタリアの左派運動やユーゴスラビア社会主義など色々なモデルがあった）がうたわれた。小さな世界での自主性・主体性とそれが作り出す全体の緩やかで多元的な結びつきという点で、「人間の顔をした社会主義」は、同時期の西側に広がった「新左翼」とも理想を共有した部分が少なくないとみられる。

解説 マルクス主義理論と運動の後退

「歴研派」や「大塚史学」はいずれも、日本にマルクス主義が本格的に導入された昭和初期の「日本資本主義論争」［→第3章］において、日本近代社会の後進性を強調した「講座派」の理解を受け継ぐ面が多かったため、日本の高度経済成長とともにその影響力が弱まった。講座派に対抗した「労農派」も経済学の一部を除いて大きな影響力をもちえず（かつての経済学部では「マル経（マルクス経済学）」が「近経（近代経済学）」と拮抗する力をもっていたが、現在ではほぼ消滅した）、1960年代末の学生運動で知られる「新左翼」も、永続革命論や毛沢東思想の影響も受けながら、硬直化したソ連型マルク

ス主義を乗り越えるための多様な問題提起を行ったが、それはマルクス主義
以外の新しい思想・運動や研究の刺激にはなっても、マルクス主義そのもの
の再生にはあまりつながらなかった。議会制度を通じて「社会民主主義」に
よる改良よりも抜本的な体制の変革を実現しようとした仏伊日などの共産党
の路線も成功はしなかった。このため、現在の日本では歴史学においても「マ
ルクス主義」を正面から掲げる研究者はほとんどいない（「小経営生産様式」
論にもとづき複線的な発展段階説を唱えた中村哲［1977、2019a、2000ほか］
などの例外はあるが）。

　マルクス主義史学の後退はそこにとどまらず、土台＝上部構造という二項対
立図式のもとでの国家の位置づけ[9]や、資本主義以前の各段階に関する社会科
学的な定義［→第3～6章など参照］が維持しがたくなったし、各国史の具体
的段階のとらえかたもスターリンの図式のように単純には行かなくなる。ベト
ナム戦争終結後のベトナムとカンボジアの対立、そこへの中国の介入は、第一
次世界大戦による第二インターナショナルの解体の教訓を踏まえたはずの第二
次世界大戦後の社会主義陣営が、ナショナリズムにどうしようもなく縛られて
いることを明らかにした[10]。人民闘争史も第7、12章などで見たとおり、「搾取
や階級支配に抵抗し、社会進歩を目ざした主体的・自覚的な行動」などとは言
えない複雑な面が明らかになり、マルクス主義の枠に収まらなくなったのであ
る。日本の場合、第二次世界大戦前からの傾向として、マルクス主義的な研究
の「訓詁学化」もはなはだしかったとされる。代わって、社会史やグローバル
ヒストリー［→第6章、10章ほか］で見た通り、生産だけでなく流通・消費、

---

(9)後進国革命に関連して解説したように、もともと搾取階級の力が弱いところで中央
　集権国家の力を利用してある生産様式を社会に（生産労働を行う階級に）強要する
　という意味で「国家的封建制」などの観念があり、近代日本を含む後発資本主義国
　も「国家的資本主義」と理解することがあったが、私的所有の有無による社会・国
　家の性質の差異を絶対視しなくなった現在では、ソ連・中国などの「社会主義」も
　国家的資本主義の一形態と見なすことが多くなっている。
(10)アンダーソン［2007（原著1983）］の「想像の共同体」論［→第10章］は、こ
　のショックをきっかけに書かれたものである。

所有だけでなく技術・環境・人口と家族構造など、特定の要素だけでない多要素間の多方向的な連関をとらえる方法が一般化した。

　ただし資本主義が生み出す不平等・非人間性や環境破壊などの問題は解決されていないどころか、地球温暖化とプラスチックによる環境汚染、COVID-19などを通じて、いっそう大きな問題を露呈していないだろうか（社会主義を民主主義の否定だと素朴に思い込む日本の若者も多い一方、米国の若者の多数が「社会主義」を支持している現状も見よ）。となると、少なくとも批判者としてのマルクス主義の役割は失われていない。また、世界史の大きな段階区分および各段階での典型（＝多数派とは限らない）の検出方法としては依然として有効な面もあるだろう。アメリカなどのニューレフトによる「従属理論」「近代世界システム論」やグローバル経済史への影響、ヨーロッパでの「ネオ・マルクス主義」以降の思想的展開［→付録3も見よ］などさまざまな思想潮流に、それは影響を残している[11]。また日本では、マルクス主義の影響下で研究の道に進みながらそれと格闘し乗り越えようとしてきた1940年代生まれの学者たちによる、21世紀の歴史学の展望［研究会「戦後派第一世代の歴史研究者は21世紀に何をなすべきか」（編）2013］なども注目される。そのメンバーの一人である古田元夫［2009ほか］も説くように、1980年代末に始まるベトナムの「ドイモイ（刷新）」は、引退組を含むホー・チ・ミンの直弟子世代の長老たちが「ベトナム戦後世代」の若手に呼応して、「救国戦争」の思い出とソ連型社会主義にしがみつく現役指導部や中堅世代を批判したことから本格化した。老人政治が可能な東アジアだからこそ、「変わろうとしない中高年世代」を動かす「長老の力」を大事にしなければならないのではないか。

――――――――――――

(11)「近代世界システム論」を提唱したウォーラーステインは「新手のマルクス主義」と見なされているし（アメリカには他にも「ニューレフト」の研究者が少なくない）、インド、韓国、タイなどでも（実態としてマルクス主義への関心が薄れている中国・ベトナムよりも強く？）マルクス主義的な歴史学が一定の影響力を有していると思われる。

3．言語論的転回と「歴史＝物語り」論、そしてポストモダニズム[(12)]

3.1. 反映論・本質主義への疑い

　かつてのマルクス主義やアナール派社会史と同様——現在のグローバルヒストリーもか——、**言語論的転回**や**構造主義**以降の諸思想は一部で「流行」する一方で、「声なき多数派」の学者や教員からは冷笑・黙殺されるという事態がよく見られる。だが、「流行に飛びつく」側がそれを金科玉条として振り回すのも、「近代経済学」など社会科学にも理論やモデルを現実より優先する傾向がまま見られるのと同じくいただけないが、「理論」や「概念」なしで（「常識」だけで？）学問をしようというのは、何度も述べたように「論理」なしで学問をしようというのと大差ない。言語論的転回などの考えの積極面を理解せずにそれ以前の枠組みや方法による議論を漫然と続けるのは、マルクス主義が提起した「経済」や「階級」の問題を見ずに政治・外交や制度だけの歴史学を続けるのと同じくらいに怠慢・危険なことであるように思われる。筆者にはマルクス主義に輪をかけて不案内な領域だが、ここでもあえて基本概念に関する断片的な理解を並べておく。

　「言語論的転回」という観念は、1960〜70年代から思想・言論界に広がり、日本でも1980年代以降に流行した。もとになったソシュール言語学などを踏まえて、哲学・人文学一般において、素朴な「反映論」や「本質主義」への批判が強まり、言葉は現実を映すという常識的考えとは正反対の、「言葉が人の意識や社会の現実を創り出す」側面に注目が集中したのである。

---

(12)膨大な量の紹介がなされているが、岡本充弘［2013ほか］が総合的に参考になる。ポストモダンの概念は、フランスのマルクス主義者リオタールの著作などを通じて有名になった。

　この概念が広まった結果、文学や芸術研究などでは第12章で述べたとおり、「客観的に正しい」テクストの読み取りや芸術の鑑賞法の存在を疑う傾向が強まった。研究対象は、事実／内容そのものから内容／事実の選ばれ方、書かれ方・語られ方や読まれ方、その枠組みに移行し、書き手だけでなく読み手の、意識や立場性、それによるテクストへの**意味の付与・創造**を問題にする方法論が広まった。これは「生産」だけでなく流通・消費に着目する社会史・経済史の新動向などにも対応していたと考えられる。

　歴史学においても同様に、過去の事実を「客観的に記録できる／語れる」可能性を疑い——たとえば従来の歴史〈history, histoire〉のほとんどは男性による

男性のための his story ではなかったか⁽¹³⁾——、史料や歴史書から分析できる（＝学者が分析すべき）ものは、史実より歴史の記録や叙述のされ方（言説や表象）とその背後にある考え方の枠組み（**パラダイム、メタナラティブ**）、記録し語られた歴史が創り出す歴史像やその社会への影響であるという**メタヒストリー**［ホワイト 2017］や「**歴史 ＝ 物語り論**」［野家啓一 2016 など］など、歴史／歴史学の意味・目的の問い直しが進んだ。

　なお、よく誤解されるが、ここで言う「歴史＝物語り論」とは「歴史は事実でなく物語にすぎない」という意味ではなく、事実としての歴史の理解・認識と相互作用関係にある、歴史を認識し語る行為を研究しようという方法論である。現代日本でかなり影響力をもつ「**歴史修正主義**」（近現代日本の負の側面を見ることを「自虐史観」として否定し、**歴史認識**の基礎に愛国心ないし国家至上主義を置く、またその方向への歴史教育を国家主権の当然の一部と見なす考え）は、客観的歴史認識を疑うこれらの思想の通俗的理解と恣意的な実践を基礎にしていると見られる［→第 13 章］。

　メタヒストリーのような考え方（事実でなく事実の語られ方・認識のされ方を問題にする）は、実は本論でふれた**パブリックヒストリー**に通じるものを多くもっている。つまり（1）いくら研究しても決定打が出ない、解釈が分かれる、といった史実やテーマ（政治的背景などなくとも、大勢が研究している「メジャー領域」では、そういうテーマが増加している。それについて従来型の「謎解き」や「実証」を続けようとしても「そんなことをして何の意味がある」と批判されるだけである）について、無理に正しい解釈を求めるより、それぞれの見方の背景やその解釈がもつ意味・文脈を検討すること、そのうえで、それが社会的な対立である場合には相互理解や妥協をはかること、（2）明らかに事実に反する（学問的に見て誤っている）理解が一般に広がり、いくら専門家が「正しい史実」を説明しても効果がない場合に、それが広がった理由・背景や過

---

(13)20 世紀末に勃興したジェンダー学［それまでの「女性学」とは違う→第 11 章］は、ジェンダー構造の実態研究と並んで、「肉体的な差異に意味を付与する知」のあり方の解明を任務とした。

程（例：権力の自己正当化、メディアと商業主義の作用）を究明する、など新しいやり方を開発しようとする発想とも理解できる［→第13章と関連］。

　たとえば（1）の例として、アジア太平洋戦争の日本の敗戦は何年何月何日だったかは、基準によって8月14日、15日、9月2日などいくつかの見方があるが、佐藤卓己［2009］は「どれがもっとも適切か」ではなく、日本や諸外国の教科書やマスコミがどの日を選んでいるかがそれぞれ違い、時期によっても変化していること、それぞれが読者に違った歴史像を作り出していることなどを検証して反響を呼んだ。終章で紹介した歴史教育改革でも、「ある問題の歴史的背景を考えたり、歴史の中で似た題材を見つけてシミュレーションしながら現代世界の諸課題に取り組む」という目標においても、唯一の正解のない（＝意見が分かれる）問いに取り組み、そこでそれぞれの根拠を吟味して論外のものは排除し、それでも残る複数の理解を組み合わせてより総合的な理解を目指したり、唯一の正解はないが一つに決めねばならない政策課題などについて熟議と各自の選択を行うような訓練を奨励している。それが史実を無視した「物語」に陥っては元も子もないが、史実レベルで結論が出ないテーマについては、メタヒストリーなどの研究の方が必要性が大きいだろう。

　この動きはしかし、従来の歴史学が信じてきた「専門家による価値中立的な立場からの客観的史実の実証」が可能で意義をもつ範囲の、相対的な縮小（全否定ではないが）を意味したことは否定できない［遅塚2010］。わかりやすく言うと、史料や先行研究を読む際には、今まで以上にその文脈・パラダイムや視角、枠組みなどに配慮する必要があり、それらを抜きにして複数の史料や先行研究を同一平面上に並べてどれが正しいか考える（あるいは同一直線上に並べて正しさの絶対値を比較する）などの研究方法は無意味だということ――もっともこれは、もともと史学史や「知識社会学」で言われていたことであるが。もうひとつは、読者として同じ専門、言いかえれば流儀や業界用語を共有した仲間しか考えない論文を書いてもダメだということである。一定の知識水準やアカデミックライティングのスキルを共有していれば専門が違っていても理解でき、しかもそのテーマを知らなかった読者の間に新たな誤解を産み出さないような論文の書き方が要求される。また新しい学説を唱える研究者の「読者」

（たとえばそれが教員である場合、難解な新説を誤解して誤った教育をしたらどうするのか）に対する「製造者責任」もきびしく追求されるようになった。

　ただし「歴史＝物語り論」や「メタヒストリー」が、原史料を読んで史実を確認する面倒な訓練抜きで歴史を研究した気になるという安直な態度を広げたマイナス面も小さくはない。歴史の認識や語られ方の研究は、近現代史における歴史認識対立や陰謀史観など「意味のある」テーマを発見することが容易である。しかしそれは、現代語でない言語・文字で書かれた史料を読むスキルやその背景にある文化を身につけた上で前近代史を学ぶような面倒な道を回避する風潮を広げ、前近代史研究の衰退に拍車をかけていることも事実である。歴史認識や歴史の政治利用の問題は、古代史や考古学にも多くのテーマがあるのだが、それは対象とする時代や史資料に関する専門知識がなければ表面的なものに終わるだろう。だからといって資料読みのスキルに安住して「素朴実証主義」に居直っても、不毛な対立の中で第 1 章や終章で述べたような歴史学全体の衰退が進むことは確実である。そもそもソシュール理論は 100 年以上前に出ている。それを単純に無視するのは、同じころに出されたアインシュタインの相対性理論を無視して宇宙の研究をするに等しい「19 世紀の学問への逆戻り」ではなかろうか。これについては、構造主義の祖ともされるレヴィ・ストロース［1973（原著 1955）］らによる、実態としての神話や風習・親族関係の解明からそれらを支配する「意味の構造」の研究への、文化人類学者の仕事の転換も参考になる。しかし 20 世紀末に文化人類学で広がった「研究者という権威ある存在が、調査対象の文化を記述することによってその文化を創り出しそれを当該住民や世界の人々に押しつけてしまう」危険性への反省、そこで起こった調査にもとづく記述を至上価値とする研究者との論争の堂々巡りのような事態を避けることは、簡単ではない。

3.2.　ポストモダニズムの諸思想

　次に、「言語論的転回」と並行した近代的科学観・人間観の変化について概観しておきたい。学生運動が爆発した「1968 年」にはすでに現れつつあった近代

世界の行き詰まりや新しい動き（例：社会の情報化）が、冷戦終結後により大きな規模で顕在化したことから、第4章でも見た通り、近代をゴールとするこれまでの歴史観や、その前提となったデカルト・ニュートンなどの科学観への疑いも噴出した（素粒子論やDNA研究・脳科学の進展などを受けた**宇宙観・物質観**や**生命観**の転換、うまくいかなかったものも含む「ニューサイエンス」や「複雑系の科学」などを想起せよ）。近代そのものが終わったと考える「ポスト近代」とまでは言わずとも、その時期から「後期近代」ないし「第二の近代」が始まったという見方は少なくない。

　そこでは第12章で述べたとおり、国家・民族や「社会」などの全体でなく小さな集団（例：先住民）や個々人の地位・権利（例：弱者の「エンパワーメント」や「人間の安全保障」から「和解と癒やし」まで広がる）まで考える国際社会の動向により、歴史学も小集団や個人の個性・独自性を考えることを要求された。文化人類学や地域研究、心理学・精神分析や認知科学・行動科学の発展により、人間の心理や**認識**に関するとらえ方も大きく変化した（「認識論的転回」などさまざまな「転回」が語られる）。言語を含む情報やメディアが人の認識を規定する（創り出したり逆に破壊する）しかたの研究も、ITが創り出すヴァーチャル・リアリティの巨大な力などの刺激によって、急速に発展した。結果として「○○（例：民族、人種、性別）とは何か」について、あらゆる場合に当てはまる客観的な定義が不可能になり、「関係者みんながそう思っている／そう言っているもの」「なんらかの権力・支配力によって貼り付けられたレッテル」などとしか説明のしようがない事態が広がってきた。

　総じて、近代科学[14]が社会や文化・歴史を見てきた動的・通時的（diachronic）で客観的な変化を追求する視角（＝それが成功すれば、人々はやがて理性のはたらきで、必ず科学的真理を理解するはずと想定された）に対して、1960年代以降の構造主義哲学（ソシュール言語学以外に心理学・精神分析の影響も受け

---

(14)「歴史修正主義」の広がりと「歴史戦争」の頻発という現象と並行して、自然科学の世界でもニセ科学や科学の政治利用をめぐる「サイエンス・ウォーズ」が起きている。早い時期をこれを紹介した文献に［金森2000］がある。

たラカン、フーコーらの著作で日本にも知られた）は、静的・共時的（synchronic）で**共同主観**的な構造の追求を対置した。言語学そのものにおいても、アーリア諸語の系統研究以来の近代言語学の主流だった歴史言語学から、記号論や生成文法論などへの変化が起こった。しかしその後は「ポスト構造主義」の諸思想が主張される。たとえばデリダらは「脱構築 de-construction」の思想によって、構造主義の「動と静」などの二項対立[15]を批判した。再び動的な「脱構築と構築の表裏一体の進行」（＝支配者などがある構造を押しつけてもそこには必ずその構造を破壊したり焦点をずらしたりするベクトルが含まれる）が主張されたり、所与の「構造」や「本質」でなく、呉越同舟、同床異夢的で選択的・可変的な人々の意識と行動の集合に注目する（→ある「構造」ができるとしてもその結果でしかない）という**構築主義**ないし構成主義constructivism/constructualismの思想が広がった。西洋社会、特に近代に絶対的な思考の前提とされてきた「主体 subject, subjectivity」の解体と、複数形の histories、多くのパートの合唱としての（multi-vocal な）歴史などの模索は、そうした思想的変遷の結果であると理解できる。

解説　近代的「主体」の解体

　自由を奪われた人々の解放などの運動は一般に「主体性の回復」を目ざしてきた。しかし Subject には主語・主体という意味と同時に家来、臣民などの意味がある点からも、ヨーロッパ思想特に近代思想が絶対的前提としてきた「主体と客体」の二項対立には矛盾が含まれていることがわかるであろう。そこで現在では絶対的な主体性を前提としない行為体agency という概念がよ

(15)第13章で触れたとおり、「善と悪」「精神と肉体」「理性と感情」「量と質」「主体と客体」など二項対立を土台とする考え方は、古代オリエントやギリシア以来の伝統をもち、近代科学においてもその基本に据えられたが、仏教（特に禅）や弁証法哲学はこれを批判し、それらの対立物の間に絶対的な差異や境界でなくグラデーション的な移行と相互規定・相互支持関係などを見出す考え方を主張した（近代の行き詰まりを感じた西洋知識人の一部が禅に飛びついたのは、禅が最初からこの種の二項対立の超越を主張していたからであろう）。

く使われる。またこうした主体性への疑い・批判は、物質界（cf. 素粒子論）や人間社会について「独立した基本単位（原子や個人）が最初にあってそれが他と関係を結ぶ」という伝統的な観念が「はじめに関係ありき」——それぞれの「個別単位」は**「関係の束」**と見なされる。複数の単位や「主体」同士の関係は「関係が関係に関係する」。しかもそこには最初から「力」が働いている——という方向に変化してきたことと、表裏一体の関係にある。「個から出発する」科学観が国民国家史観に親和的なのに対し、関係主義的な観点がグローバルヒストリーに結びつくことも理解しやすいだろう。

　第4章でも見た「**近代化**」「**近代社会**」全体の問い直しにも触れると、自由・平等の拡大よりむしろ不自由、抑圧や差別の側面からとらえる傾向が——喜ぶべきことではないにせよ——前面に出てきた。「近代化が進み科学や教育が発達すれば、人間はあらゆる物事を理性によって客観的に理解でき、自由かつ理性的に行動できるようになる」という啓蒙主義的な「信仰」（それにともなう、自立した個人から出発する「**方法論的個人主義**」）や、啓蒙主義に基づく上から目線で教えるような教育のあり方や学者・知識人の態度への懐疑も広がったのである。社会主義などの政治運動の失敗の反省から出て来た「いくらひどい搾取や抑圧を受けていても、人は自動的に反抗するわけではない。人の意識は“存在が意識を規定する”とはいかない複雑なもので、意識が変わらなければ人は革命に立ち上がりはしない(16)」「人民や民衆はいつも支配者と階級闘争をしているわけではないし、一方的な支配の被害者、支配者に操られる存在とは限らず、逃げ出す、サボるなどの行動は取るし、自分自身も権力に荷担したり、支配者の思想に自己同化して自分の小さな権力を作ろうとすることもある」などのシニカルな考え方と、「下から自主的につくられる差別や管理社会」への注目、それを含めて人々のあらゆる行動や社会関係に政治性・権力性を見出す動き〔→

---

(16)イタリア共産党の指導者でもあったグラムシの「ヘゲモニー論」など、マルクス主義陣営内部でもこの問題はさかんに議論された。

第 7、12 章］などが学界や思想界に共有されたのである[17]。

　これらは社会や文化の理解・研究の幅を広げ、国民国家の批判的研究、文化の政治性や文化と知識のかたちをとった覇権争いを論じるカルチュラルスタディーズ（政治や文化を経済で解こうとしたマルクス主義とも比較せよ）、オリエンタリズム批判、ポストコロニアルスタディーズやメディア研究などの新しい研究領域［→第 12 章］をつぎつぎ生み出した。ジェンダー学［→第 11 章］もそれらと深く関わっていた。それは近代社会に生きる人々の単純素朴な考えに多方面から反省を迫ったが、他方で 1960 年代末の新左翼などと同様、既成概念の破壊（「餓死」とは無縁な先進国知識人の言葉遊びや「批判のための批判」も含む）に終始し、現実のグローバル化の暴風や格差社会の悲惨さを乗り越えるための新しい社会や社会運動の像を示せないというジレンマを抱えた部分もある。歴史人口学がおこなう出生率などの統計的議論に対し人を数字として扱うことへの反発が出るような、ビッグデータと個の間の溝は、広がりつつあるように見え、それを乗り越える知恵が求められている。

4．アジアの中の日本中世・近世史

　海域アジア史や東アジア経済史・比較史の新しい成果は、たとえば「歴史総合」など高校新科目にそれを取り込むことができれば、日本列島に住む人々の歴史認識を大きく変えることができるだろう。逆に 18 世紀（「近代化と私たち」）から始めるという「歴史総合」の枠組みは、「アジアで唯一近代化に成功した日本」という自己満足的で時代遅れな歴史像を再確認するものに終わる危険も大きい[18]。歴史学専攻の学生や高校教育界以外の読者も、第 3 〜 6 章などの記述

---

(17)「監獄の誕生」［フーコー 2020（原著 1975）］など自分で自分を縛る「規律的権力」に関するミシェル・フーコーの理論がとくに有名である。
(18) よく誤解されているが、「歴史総合」は通史教育を想定していないので、考察の手がかり、違った時代の比較の材料などとして教員が 17 世紀以前の歴史を取り上げることは禁止されていない。その意味でも「教科書通り教える」のでない工夫の余地が大きいのが、新課程全体に共通する特徴である。

と合わせてぜひ本付録のテーマにも関心を持っていただきたい理由はそこにある。ここでは特に、「国と社会の仕組みは日本独自に動いていた」とみんなが思い込んでいる中世・近世史に焦点を当てる。

4.1.「環シナ海世界」の資源大国日本

　五代・北宋に始まり元・明代に至る海上交易・文化交流の拡大や華僑ネットワークの形成は、**海域アジア史**の重要なテーマであり、日本列島がそこで占めた位置（二度の侵攻以外の時期の活発な日元貿易も含めて）、明初の海禁＝朝貢体制の威力とそれを利用した日明・日朝貿易や琉球王国の形成・発展などもポピュラーなテーマになった［岡本弘道 2010］［村井章介（編集代表）2015 ほか］。中世のこととて、一元的な国家間通交しかできない建前の日明貿易にも、日本側では諸大名や寺社勢力[19]が、室町幕府のコーディネートのもとで参加していたこと、日朝貿易に室町幕府以外に対馬宗氏を含む西国の諸大名、博多商人などがそれぞれ参入していた（そこではさまざまな偽使も出現した）こともよく知られている。第 2 章でも述べた勘合とそれを外国に発給した目的など、日明貿易についての誤解も徐々に是正されつつある。平安前期の博多・鴻臚館（こうろかん）遺跡からの「イスラーム青釉陶（せいゆうとう）」（ペルシア湾岸で作られたもの）の出土、14 世紀以降の琉球・九州に限らず本州から北海道までの列島各地でベトナム・シャムその他の陶磁器[20]やベトナム銭が出土する事実などは、日本列島が早くから

---

(19)所有地の農民から年貢を取る以外に、寺院が「門前・境内で市を開かせる」方法も含めた商業活動や、高利貸しに関与する例も中世までの世界でよく見られる。そこには、世俗の権力者や商人は権力や詐欺によって暴利をむさぼるのが当たり前だが、宗教者はそうではない（門前・境内の市場などで不正な利益を追求すれば神仏の罰が当たる）という、第 7 章で見た外交機能と同様の宗教への信頼や神仏への恐れがあったと考えられる。

(20)天然資源や農産物を輸出して手工業製品を輸入したことしか通常は語られない東南アジアでも、13〜14 世紀以降、ビルマやジャワなどの綿布、ベトナム・シャムなどの陶磁器といった手工業製品の生産・輸出が本格化する。16〜17 世紀におけるポルトガル式火縄銃の大量製造と並び、外来技術の模倣・改良が日本や朝鮮の専売特許でないことに注意したい。

広大なアジア海上貿易ネットワークに組み込まれていたことを証明する。

> **解説　勘合とはどんな物体か**
>
> 勘合が「割り符」などでありえないことは、橋本雄［2013 ほか］や伍躍［2020］によって（あらためて）論じられている。明代に外国に与えた勘合の現物は残っていないが、清代の国内用の勘合の現物や元〜清代の関係文書の形態・内容から見てそれは、発給側の「底簿」と受けた側の勘合にまたがる押印を施し（両方に半分ずつの印影が残る）、朝貢の際には受けた側の使節と朝貢品に関する説明と受け入れ側の担当者のチェックの書き込み、それぞれの押印などができるような大きな紙であった（橋本の明代勘合復元案では縦約81センチ、横約108センチ）。また勘合が「倭寇と見分ける目的で日本だけに発給された」というのも「日本史しか知らない人々」の初歩的な誤解で、実際は東南アジア諸国などからもよく来る「通商目的の偽使」を見分けるために、関係の密接な琉球や朝鮮を除く多数の国々に対して発給された。

　ところで読者の多くは、日本を「資源の乏しい小国（だから近代には加工貿易などが必須になった）」だとすり込まれていないだろうか。現在の歴史学はこれを信じない。宋代中国で北方民族に対抗するために火薬兵器が開発されたが、黒色火薬（木炭・硝石と硫黄を原料とする）に必要な**硫黄**は当時の宋朝領内ではほとんど産出しない。火山列島である日本列島（最初は薩摩硫黄島）からまず硫黄が輸入され（積み出し港は平安後期の対外窓口として発展した博多）、元明代の中国では増加する需要につれて、東南アジアや西アジアからの輸入も活発化する。戦国時代には豊後の大友氏や薩摩の島津氏も領内の硫黄の生産・輸出に努める［山内 2009］［鹿毛 2015］。ほかに南宋時代の中国では、工芸用や造船用など日本列島の木材も有名だった。

　戦国〜近世初期の世界を動かした石見銀山や鎖国後の別子銅山[21]など日本列

(21)別子銅山の経営を請け負った住友家が「商都」大坂に営んだ「銅吹所」など、大坂の手工業のこともももっと注目されてよいだろう。

島の金属資源については、より広く理解されているだろう［自国で銅を生産しながら銅銭を中国から輸入したことの意味は、第6章「貨幣の不思議」を見よ］。ただし銀を生産・輸出したのは石見銀山だけではない。生野銀山は戦国期の堺の重要な財源だったし、江戸期には佐渡金銀山や院内など秋田の銀山が稼働する。また日本の銀はすべて鉛を用いて精錬する灰吹法によって生産されたのではない。スペイン人がラテンアメリカで用いたのと同じ水銀アマルガム法も、佐渡などで中国産の水銀を用いて行われている。朱印船貿易に関するヨーロッパ人の記述を見ると、日本人はむしろ「有り余る銀や銅の力を利用して中国（生糸・絹織物や薬種・砂糖、書物や工芸品など）や東南アジア（鹿革、鮫皮が代表的）の商品を高値で買いあさる」人々として描かれている。「バブル経済」期に高級外車やワイン、名画を買いあさった日本人の資金の源は工業製品の輸出と海外投資だったのに対し、400年前のそれは資源（と人[22]）の輸出だった。

　中世〜戦国期の人の動きに注目すれば、禅宗と「倭寇」の二つの集団が特に注目に値する［村井2012ほか］。もともと荘園領主でもある中世の寺社勢力は上記の海外貿易にもタッチしていた。中でも14世紀以降には、国際性を失った旧仏教に対し、禅宗が「グローバル人材」の宝庫として活躍したこと（茶の湯の普及もそれと関係）は、もっと重視されてよい。大陸との交流を続け儒学・漢詩等にも明るい禅僧たちが、「寺社造営料唐船」の派遣や日明貿易、さらに日朝関係・日琉関係の通訳・交渉役で活躍する。対馬を介した朝鮮王朝との交渉における禅僧の役割は幕末まで維持されるし、徳川家康の外交顧問だった金地院崇伝に至るまで幕府や大名も禅僧を起用しつづけた（幕府ではその後、林家などの儒学者に外交機能が移る）。

　倭寇は「日本人」「中国人」など特定の「民族」から成る集団ではなく、混血やバイリンガルが当たり前で、複数のアイデンティティをもつような「マージナルマン」の集合であった。「日中混血」の鄭成功はその象徴であろう。近年で

---

(22)邪馬台国の卑弥呼による魏への「生口（奴隷）」の献上から倭寇の時代の国際的人身売買まで、人は常に重要な商品だった。また安土桃山期には多くの浪人が東南アジアに渡って傭兵となったと見られる。

はポルトガル人の日本列島への渡来［伊川 2007、中島 2020 ほか］や「鉄砲伝来」［→第 8 章］も、倭寇ネットワークを利用した動きであったことが明らかにされている。日本銀が生み出した貿易ブームとその一方での室町幕府衰退による「勘合貿易」の途絶が生んだ「後期倭寇」の大規模な活動は、1570 年代にその鎮圧と引き換えに明の海禁の緩和（福建省の漳州からの海外渡航を日本向け以外は許可。同時期には広東でも外国人の「互市」を承認）を実現させたが、緩和の例外とされた日本で海賊を鎮圧し「勘合」貿易再開を狙った豊臣秀吉が朝鮮侵攻に失敗した結果、日中間の公式な貿易は明治時代に日清修好条規が結ばれるまで（琉球や朝鮮・蝦夷地経由を除き）途絶する。安土桃山期に日中間の巨大な貿易需要を埋めたのは、16 世紀の南蛮貿易以来のヨーロッパ人の活動や、台湾・東南アジア各地に渡航する中国商人と日本の商人の出会い貿易だった。朱印船貿易はその一環として大発展したものであった。

解説　鉄砲をめぐるアジア交易ネットワーク

　種子島に 1543 年に漂着したポルトガル人が鉄砲を伝えたという従来の理解について、①その船が「後期倭寇」の首領である王直の船であったことはほぼ確実である（ポルトガル人は東南アジアで倭寇のネットワークとのつながりをもち、それに乗って中国や日本列島に到来した）、②種子島漂着年は 1542 年の可能性があり、近年も村井章介、橋本雄、中島楽章などの海域史のリーダーたちの間で論争が繰り広げられた［→第 8 章］、③堺での量産や信長の使用［長篠合戦での「三段撃ち」は後世の史料にしか見えず信頼できない］によって普及した鉄砲は、火薬と弾丸がなければ使えない。火薬材料の硫黄は日本の輸出品だったが、硝石と弾丸材料の鉛は輸入が必要だった。鉛の場合は「灰吹法」による銀の精錬で大量に消費されたために国内産では不足したものとされる。鉛同位体の化学分析の結果、タイ産であることが確定した当時の弾丸が各地に残っている［平尾・村井・飯沼（編）2014］、などを押さえておくとよいだろう。

4. 2. 17世紀の危機と勤勉革命

　第3〜6章でもふれた通り世界中で近世史が見直され、日本を含む東アジア史像も大幅に変化している。16世紀のアジアがヨーロッパ人の進出から一方的に影響を受けたわけではなく、銀と倭寇をめぐる東アジアのダイナミックな動きに見られるとおり、むしろヨーロッパ勢力を引き込みつつ空前の経済的活況を享受していたことは、濱下武志・川勝平太・杉原薫らが先導した**アジア間貿易**（Intra-Asian Trade）の研究[23]からも明らかである。ポルトガル式火縄銃はすぐに模倣されたし、ヨーロッパの科学革命はまだ始まったばかり（ガリレオの弾圧は日本の鎖国の直前）であったから、軍事技術や科学思想の影響を過大評価はできない。キリスト教思想が仏教より優れているかのような発想に至っては、オリエンタリズムに絡め取られているという以外に表現のしようがない〔→第12章〕。ただ17世紀なかば以後、「鎖国」した日本を含めてアジア諸国は閉鎖性を強め、ヨーロッパ的な近代化に背を向けたように見える。それは従来は、キリスト教対策を別とすれば封建社会の行き詰まりと政治の保守化、資本主義の萌芽が西洋のように育たなかったことなど、もっぱら各国内部の制約によって説明されてきた。だが今は違うのだ。

　まず「**17世紀の危機**（17世紀の全般的危機）」という言葉を理解してもらう必要がある[24]それはもとは、「**長い16世紀**」（1450-1620年）の好況が終わった後のヨーロッパを襲った危機と混乱を指す言葉だった。しかし1990年代からこれが、16世紀の世界的好況による人口増加が資源・環境の限界に達したとこ

---

(23)〔浜下・川勝（編）2001（1991）〕〔杉原1996〕〔桃木・山内・藤田・蓮田（編）2008〕など参照。勤勉革命論などの東アジア資本主義の国際的側面として、鎖国時代日本の輸入代替工業化、近代東アジアにおける中国の朝貢システムや華人ネットワークの力、19世紀末以降の綿業を牽引車とするアジア域内の工業化・人の動きと経済成長など、古典的な西洋中心史観でも近代世界システム論でも見えない事実をつぎつぎ明らかにした。明治以降への影響については上記各著作のほか、〔秋田（編）2019a〕〔秋田・桃木（編）2020〕所収の各論考でも紹介・論評されている。

(24)パーカーらの論争〔Parker 2013〕を含め、〔中島2019〕の要約が明快である。

ろを大規模な**地球寒冷化**が襲ったこと、金銀貿易が世界を連結したことによる
貨幣危機の連鎖などを共通の背景とする、全世界的な危機だったと考えられる
ようになった。日本列島でも戦国末以降の好況と開発ブームのなかで、里山の
森林破壊など環境・資源の限界が顕在化していた。鎖国前後の「寛永の飢饉」
は、明清交替期の中国大陸の大混乱と同様に、世界危機の一環と見なされる。
日本がそこで選択した「鎖国」（それを支えるのは幕藩制(25)）は、直接にはカト
リック教国の侵略やそれと結んだ大名の反抗、ヨーロッパ諸国の抗争に巻き込
まれることなどの危険を回避する政策だったとしても［→第7章］、結果として
それは東アジア諸国共通の、国家による通交管理と国家間の住み分けによって
危機に対処しようという政策の一環をなすものだった。この政策は「**長い18世
紀**」の東アジア・東南アジア大陸部に相対的安定をもたらし、結果として日朝
両国や東南アジア大陸部諸国では、エスニックな純粋性の意識が高まる(26)。

解説　「鎖国」の実相

　鎖国下では長崎だけで外国貿易が行われ、それはオランダとの（＝ヨーロッ
パとの）貿易だったと思い込みたがる日本人はきわめて多いが、これも「遣
唐使廃止による日本の孤立」と同じく事実に反する。①薩摩・琉球経由、対
馬・朝鮮経由、蝦夷地経由でもそれぞれかなりの規模の貿易が行われていた

(25)「鎖国」が完全に閉じていないことは常識だが、「幕藩制」も小規模な領地が錯綜
　する関東や畿内では全域を覆っているとはいえない。町人を介した大阪平野の支配
　体制に関する村田路人［2019ほか］の研究など、「商都大阪」以外の大阪研究もこ
　の点で興味深い。
(26)［羽田（編）・小島（監修）2013］［荒野（編）2003］など参照。なお近世東南ア
　ジア海域史のアンソニー・リードは、1450〜1680年の「商業の時代」には東南アジ
　ア産品が世界を動かしたが、17世紀の危機の結果、東南アジアに近代世界でイメー
　ジされるような「弱い国家と貧しい自給農民」の世界が出現したのだと論じている
　［Reid 1988, 1993］。これに対して第4章で紹介したリーバーマン［Lieberman 2003］
　は、東南アジア大陸部の国家統合とエスニックな文化統合はその後も発展を続け、
　19世紀初頭にピークに達することを指摘した（後述する「近世化」が東アジアより
　ワンテンポ遅れて起こったとも考えられる）。

こと（「長崎口」と合わせて学界では「4つの口」と呼ぶ）、②長崎での貿易額は一貫して、中国船（華中・華南と東南アジアから来る）とオランダ船（バタヴィアなどアジア各地の商館から来る）がおおむね2対1の比率であり、オランダ船による貿易も大半はアジア各地の商館網の間を結ぶ取引の一環であった（それで上げた利益で買った商品を最後にオランダ本国に送りヨーロッパで販売する）、などは高校教科書でも常識になりつつある。さらにつけ加えれば、出島で貿易をした「連合東インド会社」は「近代ヨーロッパ最初の**巨大多国籍企業**」であり、やってきたヨーロッパ人の出自やアイデンティティも多様だったことに注意が必要である。付言すれば17世紀にあれほど栄えたオランダがその後英仏に押されて没落するのは、近代社会（市場経済・市民社会）を作ったオランダが近代国家（主権国家・国民国家）を作りそこなったからだと理解できる［玉木2012ほか］。

では18世紀前後（近世後期）の東アジア諸国の安定は、これまでイメージされてきたような「近代化に向かわない内向きで相対的な安定」に過ぎなかったのだろうか。これは第5章の環境史や歴史人口学、第6章の経済と暮らし、第11章の家族とジェンダーなど、多方面から見直しが進んでいる課題である。中でも鎖国後も続いた「4つの口」を通じての大規模なアジア間貿易とその17世紀末以降の縮小、そこで実現した輸入代替工業化を通じた日本経済の「脱亜」［浜下・川勝（編）2001（1991）］もしくは鎖国の実態化、それが可能にした社会的・思想的「脱中国」［與那覇2014］、それらすべての背景として無視できない「鎖国による中国人ネットワークの締め出し」[27]などのトピックは、最近広く知られつつある。

---

(27)もし鎖国していなかったら、17世紀の危機の中でキリスト教国を後ろ盾にした大名の反乱などが広がり、最悪の場合は植民地化を招いたかもしれない、その場合に経済の実権を握ったのは東南アジアの例や鎖国前の日本列島での活動ぶりから見ればヨーロッパ人よりむしろ中国人だったのではないか、といった仮定が、それほど荒唐無稽だとは思われない。そこまでの事態には至らなかったとしても、大阪商人が全国の市場経済を主導するようなことは難しかったのではないだろうか。

解説　貿易縮小と輸入代替工業化

　鎖国前の日本は毎年銀で3〜4万貫に相当する額の輸出をしており、鎖国後もそれがただちに急減したわけではないことが、戦前戦後の岩生成一らの研究によって明らかにされている。しかし17世紀後半から貿易額の制限が行われ、長崎貿易は公式には幕末まで、銀1万貫程度ないしそれ以下に抑えられる。人口の方は第5章で見たように、平和が回復され幕藩制が定着した17世紀の100年間に、1700万程度から3000万あまりに増えている（その後の1世紀は横ばい）。つまり人口当たりでの貿易額は、他の3つの口での貿易額（長崎口ほど正確な記録はない）を見込んでも、トータルで大幅に減少したに違いない。つまり「鎖国」の実態化が進んだと言えるだろう。

　日本では古くから中国陶磁器へのあこがれが強く、中世には尾張・美濃など各地で模造をはかったが、陶器は出来ても、それに適した土とより高温の焼成技術を要する磁器は作れなかった。ところが豊臣秀吉の朝鮮出兵時における陶工の連行の結果、九州各地で磁器生産が可能になったという話はよく知られている。ただし、その磁器生産技術の頂点をきわめた肥前陶磁器（伊万里焼／有田焼）の輸出が17世紀後半以降オランダ向けに行われ、ヨーロッパの美術や工業に大きな影響を与えたというストーリーは、ことの一面しか示していない。1980年代から海域アジア各地で行われた調査で判明したのは、中部ベトナム、西ジャワのバンテンなどオランダと敵対していた地域で、17世紀半ばつまりヨーロッパ向けより早い時期の伊万里焼が大量に発掘される事実であった［坂井1998ほか］。それは鄭成功などの中国人ネットワークを介して運ばれたとしか考えられない。次に綿布はもともとインドの特産だったが元代に中国でも生産が広がり、戦国期に日本も国産化を達成した。生糸と絹布は古代から作られ、戦国時代には堺や西陣で高級絹織物の生産技術も定着した。しかし当時は、何でも銀と交換に輸入するほうが有利になったため、良質な生糸など外国商品の輸入が拡大した。ところが17世紀半ば以降は銀の枯渇や通貨価値の急変により銀の購買力が減退した。そこで、朝鮮経由での生糸輸入、銅や海産物の輸出の推進、貿易の総額抑制などの政策的対応と並行して進んだのが、大口輸入品だった生糸の国産化である（砂糖の国産化も最初は琉球の黒糖、次に讃岐などの白糖の順で実現した）。16世紀後半から17世紀半ばまでの日本の輸入額の8割を占めたとも言われる生糸が、幕末の開港から第二次世界大戦までの近代日本で、輸出の3割を占め続けた事実が、18世紀における輸入代替工業化の成果の大きさを示している。またこうした輸入代替工業化の果実が、江戸末期以降の日本の政治・経済構造を変

えた。琉球経由の中国貿易が頭打ちになった一方で琉球・奄美の黒糖を日本国内で販売する利益は薩摩藩に巨大な利益をもたらした。生糸・絹織物生産の発展は、経済的後進地域だった関東甲信越や東北での資本蓄積を可能にした（それは明治の自由民権運動の基盤にもなるし、大正・昭和期にまたがるローカル鉄道建設ブームなども——地域格差が問題にされ続けるにせよ——各地域経済の力を物語る）。

　また東アジア各国の内部では、第3章で述べたような近世の人口増と土地不足を背景に、地主や産業資本家中心ではなく小農中心の社会の中で、大都市だけでなく農村や地方都市にもの経済発展が進んでいた[28]。たとえば全国人口が停滞した江戸後期の日本では三都（江戸、京、大坂）の人口は停滞している一方、各地で中小都市・町場の発展が見られた［深尾・中村・中林（編）2017b］。そこに速水融や杉原薫［2004、2020］らが言う「勤勉革命」が起こった。

解説　**稲作労働の特徴**

　東アジアの集約的な稲作［→第5章も見よ］の場合、田植え・草取りなど特定の時期に労働力需要が集中する（家畜の利用などはそれほど重要でない）ので、その時期だけ世帯外から労働力を調達する方法がとりにくい。村内で日をずらして順に共同での田植えをするような方法はあるにせよ、基本は世帯内で間に合う規模の稲作を各世帯で行うのが合理的である。するとその他の時期は、家族員が副業・出稼ぎなどを行う仕組みにより全体の所得増加がはかれる。近世東アジアは稲作技術の向上と商工業や都市・鉱山などの発展による受け皿拡大の両方があり（しかも日本では「破産の自由がある」中世と比べて幕藩側の本百姓維持政策が効果を発揮している）、こうした家（世帯）の経営の安定度が中世より向上したと考えられる［→第11章］。各地の

---

(28)［宮嶋 1994］［杉原 2004、2020］［大島（編）2009］［中村哲 2000、2019a］［桃木 2020］のほか、近世東アジアについて［岸本 1998a、1998b］［岸本・宮嶋 2008（1998）］、日本について［深尾・中村・中林（編）2017b］など。

特産物生産なども、各藩の財政再建目的だけでなく、この小農経済が発展させたものだろう。

　近世東アジアの小農社会では、自作・小作を問わず家族員総出の労働（農業や農家副業、近隣での賃金労働、遠方での奉公など多様な労働形態を含む）による生産・経営が一般化し、領主・地主の直営地やそこで働く隷属民層は消失に向うが、純粋な賃金労働者階層は一般化しない。宮嶋［1994］はまた、こうした社会にふさわしい装置として、それまでは支配層に限られていた儒教（特に朱子学）の思想・儀礼が村落社会まで浸透したことを重視し、こうした**小農経済**と**朱子学化**のセットの成立——第3章以降に縷言したように近代東アジアの経済成長の基盤となる——は、19世紀のウエスタンインパクトより重要な東アジアの分水嶺であったと主張した。

4.3.　日中の大分岐？　日本国内の多様性？

　東アジアの共通性を強調する上のような理解については、当然異論もある。第12章でも取り上げた、江戸期までの日本は本格的に儒教化や朱子学化をしていないという批判、第10章・11章で見たような家や村のありかたにおける日中の対照性だけではない。

解説　儒教と近代をめぐる論争

　宮嶋は小農社会論において朱子学の影響を日朝中共通の基盤と見なしたが、2006年に始まる**近世化論争**においては、中朝両国と違って本格的に朱子学（生得的身分差を否定し、武力より文明を優越させるなど、そのままで「近代」に適応しやすい思想）を受け入れなかったからこそ、近代日本は植民地支配を含む西洋式近代化の道を歩むことになったのだと述べて、激しい論争

を巻き起こした［宮嶋 2010 ほか］。なお、20 世紀末の東アジアの経済成長を見てウェーバーの『プロテスタンティズムの倫理と資本主義の精神』を真似て儒教が東アジアを資本主義を発展させたとした経済学界の説は安直すぎたが、［小倉 2012］［小島 2017］など、身分制なき一君万民体制（政治的には権威主義だが経済的には自由）を築いた明治維新にこそ朱子学の理想の実現を見る思想史の研究は、注目に値する。

　経済面でも中国（18 世紀後半から人口増加[(29)]の悪影響が顕在化）・朝鮮については 18 世紀以降停滞説が根強い。他方日本では、人口停滞の事実に一見適合する「封建制の停滞・行き詰まり」という像はすでに打破され、18 世紀～ 19 世紀前半にイングランドほどではないが南欧には劣らない生産性や**生活水準**の向上が見られる［深尾・中村・中林（編）2017b］［中村哲 2019a］［山本千映 2020］［→第 6 章］。もうひとつの日中の重要な差異は**税率**と**国家財政**の規模にある。徳川日本の農業生産に対する実効税率が前期でも 40％以下、後期にはしばしば 20％以下と推計される［深尾・中村・中林（編）2017b］のに対し（農業以外の生産物はほぼ非課税なので農家の生産全体の課税率はもっと低い）、清朝中国朝廷は人口増加にもかかわらず小さな財政規模を維持し、19 世紀初頭の

---

(29) かつては清朝中期以降の人口増加の主因を地丁銀制度で人頭税がかからなくなったため隠れていた人口が表に出てきたことに求める考えなどもあったが、経済史や家族史・歴史人口学の研究が進んだ現在は、それでは通らない。18 世紀には、政治・経済的安定や開発の進展と新大陸産作物による食糧増産などのため、実際に人口が増えたと考えられる。とくに興味深いのは、それまで一般的だった貧困家庭などでの女児の間引き（男尊女卑の思想や労働力としての男子選好などを背景に古くから見られ（唐宋代の小説史料から家族構成と性比を推計した［大澤 2021］も見よ）が、18 世紀に至って経済の安定化や倫理思想の普及により間引きが減少したためではないかとする上田信［2020］の推測である。同時期のヨーロッパと比べると日中など東アジアの女性は多産には見えないのだが（労働に向かない纏足をできる層が広がったとしても、第 5 章でも触れたような勤勉革命型の重労働を強いられている妻や娘が劇的に減ったとは思われない）、女子が増えそれが結婚すれば、従来に比べて人口は増えるだろう。

朝廷から見た実効税率は非正規負担を含めてもわずか 2% 台とみられる［中村哲 2019a：第 7 ～ 8 章］。ムガル帝国衰退後のインド諸国家や近世ヨーロッパ諸国もかなり高い税率をもとに「財政軍事国家」［→第 7 章］などを建設しようとしたのに対し、中国では公共業務や軍事・警察機構の大きな部分は地方官や地域有力者の手によって、国家財政の外部で私的ないし非公式に実行されていた（そこには日本の藩や村のような制度的な地方の主体が公共業務を遂行するしくみも存在しなかった［→第 10 章]）。

次に、近世日本社会の地域的多様性は、村落などの社会や文化の面だけでなく上方の銀遣いと江戸の金遣いなど経済面でもよく知られていたが、近年になって新しい地域性の描出に成功したのは**歴史人口学**［→第 5 章、11 章］である(30)。すなわち福島県二本松地域、濃尾平野、長崎・天草などの東シナ海沿海といった特に長期間の資料が残存している地域を中心に多くの数量的研究の統合・比較がなされた結果、江戸時代中期までの家は、第 11 章で見たように大きく東北日本、中央日本、東シナ海沿岸の三類型に分かれ、その地域差は大きかった。中央日本・西南日本で分割相続が根強く残ったほか（後者では複合家族もよく見られた）、西南日本では男子でも末子相続、東北日本では長女が家を継ぐ「姉家督」も見られた。結婚年齢は東北日本以外では高く、早婚イメージは必ずしも妥当ではない。西日本で江戸後期に経済成長を背景として人口が増えたのに対し、天明の大飢饉などで大幅に人口が減った関東・東北地域では、絶家になった農民株式に継承者を探す地域の努力、藩による出産管理など人口回復・増加政策が推進された。

4.4. 過ぎ去ろうとしない近世？　蘇る中世？

勤勉革命などの説はそうした多様性も認めつつ、第 3 章、6 章などでも述べたとおり、明治時代から高度成長期までの日本の資本主義化・工業化を、中国・東南アジアなど近隣地域での 20 世紀末に至る資本主義化・工業化（**東アジアの**

---

(30)［落合（編）2006、2015］［比較家族史学会（監修）2016］など参照。

奇跡）を含む一連の過程の中に位置づけようとする。そこでは、権威主義的な政権（大日本帝国や「訓政」の中国国民党から社会主義国までの一党制と軍事政権や開発独裁、さらに民主政体でも経済至上主義を取る政党——あらゆる層にそれなりの利益分配をしようとする「**包括政党**」［→第 7 章］が政権を取り続ける戦後日本のような形態も含むか）および、再編されつつ発展を続けたアジア間貿易の役割と並んで、相対的な低賃金や大企業と中小零細企業の二重構造（＝商工業部門における家族経営の広範な存在）など、女性労働のあり方も含めて近世小農社会に由来する構造が注目されることになる(31)。

　なおかつそこでは、近世を背負い明治に構築された家の仕組みが、第二次世界大戦後に完全には変化しなかった［→第 11 章］。大家族制は廃止されたが、世帯単位（「世帯主」はたいてい夫がなった）での住民把握(32)が完全に個人単位に変わることはなく、戸籍や夫婦同姓などの制度も維持された。高度成長下で上述の通りサラリーマン家族が一般化し、大企業に勤めるホワイトカラーの夫と専業主婦（パートタイムで働くことはよくある）の妻、子供は 2 人という核家族モデルが普及したが、その先に急速な出生率低下が来たことは、第 5 〜 6 章や 11 章でくどく述べた通りである。集団就職などで農村から大都会に出て、結婚して最初は団地アパートに住み、やがては郊外の戸建てのマイホームを買って夫はそこから遠距離通勤するという「戦後家族モデル」は過去のものになり、そうした住民の受け皿として造られた各地のニュータウンが高齢化にあえいでいる(33)。20 世紀末以降、日本を含む東アジアにも、個性と自己決定権を認め脱主婦化などを促す「第二の近代」の波が押し寄せた。しかしそれは欧米と違い、近代家族と主婦化を含む、より古い「近代化」の過程との時間差をほとんどもたない「圧縮された近代」であった。結果、「伝統的」家族規範を突破出来ない

---

(31)たとえば［谷本 2003、2015］など谷本雅之の一連の研究を見よ。

(32)これが DV（大半は女性）・虐待などの理由で別居している配偶者や子どもに不利益をもたらしているような点が問題になっている点も、学生を含む若者にとって人ごとではなかろう。COVID-19 での国民への給付金も世帯単位で申請を受け付けたため、そうした人々が申請できない例が報じられたのは、その証拠である。

(33)高度成長期やそれ以降に作られた、「配偶者控除」など税・社会保険料や年金でサラリーマン家庭を優遇する仕組みが、現在も存続している。

「個人主義なき個人化」［落合（編）2013］が広がり、家族形成をためらう若者が激増して、人口減少への流れに拍車をかけた。

　さらに関連して、ヨーロッパでは出生率低下を補う多数の移民労働力の存在が——それに対する反発や差別はあっても——当たり前であるのに対し、公共事業や企業誘致などでは追いつかない地方経済の衰退（過疎化で農家でもその他のセクターで人手が足りないが、まともな賃金を払って人を雇うカネもない）に苦しむ東アジア諸国ではいまだに、「外国人がおおぜい存在すること」自体への拒否感（恐怖感）が強く、結果として技能実習生問題に見られたとおり、「国際化」や労働力不足への対処が中途半端になっている。そこでは国家や地域・職場のルールが外国人にだけ厳しく適用されるケースはないだろうか。しかも異文化を背負った相手に分かるように説明する意思や能力を欠いたままで。ここでも「鎖国」時代にエスニックな純粋性を強めた日本、日本以上に完全な「単一民族国家」をほぼ実現した朝鮮など近世後期のあり方が、近代の変化（朝鮮・台湾や中国大陸からの多くの人々の到来や、「外地」での日本人の多様な経験）を越えて、現代人の感覚を縛っていないだろうか。しかも現在進んでいる事態は、その近世より低い経済力と不安定な社会構造のもとで、近世に不可能な下剋上や海外進出の自由が暴力と死、破産や隷属と背中合わせに存在した中世日本の再現のようにも思われる。

　これらの問題が典型的に示すように、「前近代」と「近代」の間に決定的な断絶を見る従来の観念では理解しがたいかたちで、歴史学の「現代性」が問われている。

参考文献

* 各項目は著者・編者名（複数の読み方があるもの、どこまでが姓かわかりにくいものなどで配列箇所に疑問が生じそうな名前については平仮名を付記）、発行年、書名または論文名、発行所または掲載誌の順に表示し、最後の［　］内に本書の掲載章を示す。複数回出版されているものは、基本的に現時点で最新の版の発行年、発行所（または文庫・新書などの名称）を記載した。訳書の原著発行年、和書の旧版の初出年（同一出版社で改訂版を出したものは「初版○○年」、基本的に同じものを他の出版社から出したり単行本を文庫化したものなどは「初出○○年」としたが、両者の完全な区別は困難である）などの情報は、発行年の後ろの［　］内に補記した。
* 配列は日本語・中国語文献とアルファベット文献に分け、前者は著者・編者名の五十音順、後者は同じく ABC 順で並べた。同一人のものは単著と（編）を区別せずに発行年順に並べ、共著・共編は後ろに置く。共著・共編が複数ある場合は第二著者（編者）の五十音ないし ABC 順により配列する。同一年に複数の著作を発表している場合は発行順に 2019a と 2019b などのように年次の後ろに符号を付けて区別する。アルファベット文献の和訳書で著者名を表示する際の片仮名やローマ字の表記は扉や奥付に従うが、姓名については配列の便宜を優先し（姓と名が分かれていれば）機械的に姓を先にした。ただし著者が複数の場合、2 人目からは西洋人であれば名－姓の順にする。
* このリストに含まれる書籍・論文等を本文中で引用・紹介する場合は、［秋田（編著）2013］や［足立 2018］などのように、姓と発行年（必要に応じて原著や初版の発行年も付加する）のみを表示するが、中国・韓国／朝鮮・ベトナムなどの著者名や、リストに同姓の複数の著者があがっている場合その他、必要に応じてフルネームを示した。

秋田茂（編著）2013.『アジアからみたグローバルヒストリー：「長期の 18 世紀」から「東アジアの経済的再興」へ』ミネルヴァ書房.［3、4］

秋田茂（責任編集）2019a.『世界史叢書2　グローバル化の世界史』ミネルヴァ書房.［3、4、付 4］

秋田茂 2019b.「アジア太平洋の世紀」秋田（編著）2019a）所収［6］

秋田茂・永原陽子・羽田正・南塚信吾・三宅明正・桃木至朗（編著）2016.『世界史叢書　総論「世界史」の世界史』ミネルヴァ書房.［序、1、3］

秋田茂・桃木至朗（編著）2008.『歴史学のフロンティア：地域から問い直す国民国家史観』大阪大学出版会.［4、終］

秋田茂・桃木至朗（編著）2013.『グローバルヒストリーと帝国』大阪大学出版会.［終］

秋田茂・桃木至朗（編著）2016.『グローバルヒストリーと戦争』大阪大学出版会.

［終］

秋田茂・桃木至朗（編著）2020.『グローバルヒストリーから考える大学歴史教育：日本史と世界史のあいだで』大阪大学出版会.［終、付4］

秋田茂・脇村孝平（編著）2020.『世界史叢書8　人口と健康の世界史』ミネルヴァ書房.［5］

浅田進史・榎一江・竹田泉（編著）2020.『グローバル経済史にジェンダー視点を接続する』日本経済評論社.［6］

足立啓二 2012.『明清中国の経済構造』汲古書院.［10］

足立啓二 2018［初出 1998］.『専制国家史論：中国史から世界史へ』ちくま学芸文庫.［7、10］

吾妻重二（あづま・じゅうじ）（編）2010-19.『家礼文献集成　日本編一〜八』関西大学出版会.［2］

アブー＝ルゴド、ジャネット・L.（佐藤・斯波・高山・三浦訳）2014［原著 1989］.『ヨーロッパ覇権以前　もうひとつの世界システム（上下）』岩波人文書セレクション.［3］

網野善彦 1989［初出 1982］.『東と西の語る日本の歴史』講談社学術文庫.［5、9］

網野善彦 1993.『異形の王権』平凡社ライブラリー.［7］

網野善彦 1996［初出 1978］.『無縁・公界・楽　日本中世の自由と平和（増補版）』平凡社ライブラリー.［10］

網野善彦 2003［初出 1992］.『海と列島の中世』講談社学術文庫.［4］

網野善彦 2008［初出 1984］.『網野善彦著作集第7巻　日本中世の非農業民と天皇』岩波書店.［9］

網野善彦ほか（編）2002.『天皇と王権を考える（全10巻）』岩波書店.［9］

新井紀子 2018.『AI vs 教科書が読めない子どもたち』東洋経済新報社.［序］

荒川正晴 2010.『ユーラシアの交通・交易と唐帝国』名古屋大学出版会.［2］

荒武賢一朗・太田光俊・木下光生（編）2015.『日本史学のフロンティア1・2』法政大学出版局.［4］

荒野泰典 1988.『近世日本と東アジア』東京大学出版会.［7］

荒野泰典（編）2003.『日本の時代史 14　江戸幕府と東アジア』吉川弘文館.［7、付4］

荒野泰典・石井進・村井章介（編）1992-1993.『アジアのなかの日本史 I〜VI』東京大学出版会.［4］

荒野泰典・石井進・村井章介（編）2010-2013.『日本の対外関係（全7巻）』吉川弘文館.［4］

アリギ、ジョヴァンニ（中山智香子ほか訳、山下範久解説）2011［原著 2009］.『北京

のアダム・スミス：21世紀の諸系譜』作品社．［4］

アンダーソン、ベネディクト（白石隆・白石さや訳）2007［1991年改訂版からの翻訳。原著の初版は1983年］．『定本　想像の共同体：ナショナリズムの起源と流行』書籍工房早山．［4、7、10、12、付2］

飯島明子・小泉順子（編）2020．『世界歴史大系　タイ史』山川出版社．［12］

飯島渉2009．『感染症の中国史：公衆衛生と東アジア』中公新書．［5］

飯島渉2020．『「中国史」が亡びるとき』研文出版．［終］

飯塚一幸2017．『明治期の地方制度と名望家』吉川弘文館．［9］

伊川健二2007．『大航海時代の東アジア：日欧通交の歴史的前提』吉川弘文館．［付4］

生井秀考（いくい・ひでたか）2018．「サイゴンの最も長い日」南塚信吾（責任編集）2018．［12］

石弘之2018［初出2014］．『感染症の世界史』角川ソフィア文庫．［5］

石井進ほか1976『岩波講座日本歴史25　別巻2　日本史研究の方法』岩波書店．［2］

石川亮太2016．『近代アジア市場と朝鮮：開港・華商・帝国』名古屋大学出版会．［4］

石月静恵・藪田貫（編）1999．『女性史を学ぶ人のために』世界思想社．［11］

石母田正1985［初出1946］『中世的世界の形成』岩波文庫．［付2］

石母田正2003［初出1952］．『歴史と民族の発見：歴史学の課題と方法一』平凡社ライブラリー．［4、付2］

市大樹（いち・ひろき）2011．『すべての道は平城京へ：古代国家の支配の道』吉川弘文館（歴史文化ライブラリー）．［2］

市大樹2012．『飛鳥の木簡：古代史の新たな解明』中公新書．［2］

伊藤公雄・樹村みのり・国信潤子2019［初版2002］．『女性学・男性学　ジェンダー論入門　第3版』有斐閣アルマ．［11］

伊藤正子2013．『戦争記憶の政治学：韓国軍によるベトナム人戦時虐殺問題と和解への道一』平凡社．［13］

今村仁司2005．『マルクス入門』筑摩書房（ちくま新書533）．［付2］

岩下明裕（編著）2006．『国境・誰がこの線を引いたのか：日本とユーラシア』北海道大学出版会．［4］

岩本小百合1988．「旧港＝パレンバンの名称の変化にみるジャワ勢力」『南方文化』15．［2］

上田信2020．『人口の中国史：先史時代から一九世紀まで』岩波新書．［5、付4］

上野千鶴子2009．『家父長制と資本制一マルクス主義フェミニズムの地平』岩波現代文庫．［11］

上原専禄1960．『日本国民の世界史』岩波書店．［1、4］

ウォーラーステイン、I.（川北稔訳）1993a［原著1981］．『近代世界システム：重商主

義と「ヨーロッパ世界経済」の凝集 1600-1750』名古屋大学出版会．［3］

ウォーラーステイン、I.（本多健吉・高橋章監訳）1993b［原著 1991］『脱＝社会科学：19 世紀パラダイムの限界』藤原書店．［終］

ウォーラーステイン、I.（川北稔訳）1997［原著 1989］．『近代世界システム 1730-1840s：大西洋革命の時代』名古屋大学出版会．［3］

ウォーラーステイン、I.（川北稔訳）2006［初出 1981、原著 1974］．『近代世界システム：農業資本主義と「ヨーロッパ世界経済」の成立（1・2）』岩波書店．［3］

ウォーラーステイン、I.（川北稔訳）2013［原著 2011］．『近代世界システム IV：中道自由主義の勝利 1789-1914』名古屋大学出版会．［3］

宇田川武久 2013．『鉄炮伝来：兵器が語る近世の誕生』講談社学術文庫．［8］

内海愛子・山脇敬造 2004．『歴史の壁を超えて：和解と共生の平和学』法律文化社．［8］

宇野伸浩 1997．「遼朝皇族の通婚関係にみられる交換婚：興宗時代から道宗時代まで」『東方学会 50 周年記念論文集』．［11］

宇野伸浩 1999．「チンギス・カン家の通婚関係に見られる対称的婚姻縁組」『国立民族学博物館研究報告別冊』20．［11］

梅棹忠夫 2002［初出 1967］．『文明の生態史観』中公文庫．［4、5］

大泉啓一郎 2007．『老いてゆくアジア：繁栄の構図が変わるとき』中公新書．［5］

大泉啓一郎 2020．「現代アジアの少子高齢化」秋田・脇村（編著）2020．［5］

大阪大学歴史教育研究会（編）2014．『市民のための世界史』大阪大学出版会．［序、4、終］

大阪大学歴史教育研究会・公益財団法人史学会（共編）2015．『（史学会 125 周年リレーシンポジウム 2014　第 1 巻）教育が開く新しい歴史学』山川出版社．［序、終］

大澤正昭 2005．『唐宋時代の家族・婚姻・女性　婦は強く：婦は強く』明石書店．［11］

大澤正昭 2012．『妻と娘の唐宋時代　史料に語らせよう』東方書店．［11、付 4］

大島真理夫（編）2009．『土地稀少化と勤勉革命の比較史：経済史上の近世』ミネルヴァ書房．［付 4］

太田出（おおた・いづる）2019．『関羽と霊異伝説：清朝期のユーラシア世界と帝国版図』名古屋大学出版会．［8、10］

大橋康二 2018．『実感する世界史　現代史』ベレ出版．［序］

応地利明 2011．『都城の系譜』京都大学学術出版会．［7］

大津透・桜井英治ほか（編）2013-2016．『岩波講座日本歴史』岩波書店．［2、4］

大津透ほか 2015．『岩波講座日本歴史 21　史料論』岩波書店．［2］

大塚久雄 2000［初出 1955］．『共同体の基礎理論』岩波現代文庫．［1、10］

大塚久雄 2001［初出 1956］．『欧州経済史』岩波現代文庫．［1］

尾形勇ほか（編）1994-2009.『歴史学事典（全15巻）』弘文堂［1］.

岡本隆司 2004.『属国と自主のあいだ：近代清韓関係と東アジアの命運』名古屋大学出版会.［7］

岡本隆司（編）2014.『宗主権の世界史：東西アジアの近代と翻訳概念』名古屋大学出版会.［7］

岡本隆司 2018.『世界史序説：アジア史から一望する』ちくま新書.［1、5］

岡本隆司 2020.「中国（1）」近藤孝弘・武小燕（編）『歴史教育の比較史』名古屋大学出版会.［終］

岡本弘道 2010.『琉球王国海上交渉史研究』榕樹書林.［7、付4］

岡本充弘 2013.『開かれた歴史へ：脱構築のかなたにあるもの』御茶の水書房.［付3］

小川幸司 2011-2012.『世界史との対話　七〇時間の歴史批評（上中下）』地歴社.［序］

小川幸司 2021.「展望　〈私たち〉の世界史へ」『岩波講座世界歴史01　世界史とは何か』岩波書店.［序、1、13、終］

小川幸司ほか 2021.『岩波講座世界歴史01　世界史とは何か』岩波書店.［序］

小川眞理子 2016.『病原菌と国家：ヴィクトリア時代の衛生・科学・政治』名古屋大学出版会.［5］

小熊英二 1995.『単一民族神話の起源：日本人の自画像の系譜』新曜社.［4］

小倉紀蔵 2012.『朱子学化する日本近代』藤原書店.［7、付4］

小澤実（編）2017.『近代日本の偽史言説：歴史語りのインテレクチュアル・ヒストリー』勉誠出版.［終］

小澤実・佐藤雄基（編）2022.『史学科の比較史　歴史学の制度化と近代日本』勉誠出版.［1］

小田中直樹 2007.『世界史の教室から』山川出版社.［序］

落合恵美子（編著）2006.『徳川日本のライフコース：歴史人口学との対話』ミネルヴァ書房.［5、11、付4］

落合恵美子（編著）2013.『変容する親密圏／公共圏1：親密圏と公共圏の再編成　アジア近代からの問い』京都大学学術出版会.［5、10］

落合恵美子（編著）2015.『徳川日本の家族と地域性：歴史人口学との対話』ミネルヴァ書房.［5、11、付4］

落合恵美子 2019.『21世紀家族へ　家族の戦後体制の見方・超え方』第4版、有斐閣.［11］

カー、E. H.（清水幾太郎訳）2014［初出1962、原著1961］.『歴史とは何か』岩波新書.［序、13］

垣内恵子 2015.『朱子学入門』ミネルヴァ書房.［12］

鹿毛敏夫 2015.『アジアのなかの戦国大名：西国の群雄と経営戦略』吉川弘文館（歴

354

史文化ライブラリー）．［付4］

片山剛 2018．『清代珠江デルタ図甲制の研究』大阪大学出版会．［5］

加地伸行 2015［初版 1990］．『儒教とは何か　増補版』中公新書．［12］

学校法人早稲田大学 2019．「平成30年度文部科学省委託事業　大学入学者選抜改革推
　　進委託事業　高大接続改革に資する、思考力・判断力・表現力等を問う新たな入
　　学者選抜（地理歴史科・公民科）における評価手法の調査研究　成果報告書別冊」
　　https://www.mext.go.jp/content/1412875_4_1.pdf　［終］

勝又基（編）2019．『古典は本当に必要なのか、否定論者と議論して本気で考えてみ
　　た。』文学通信．［序］

神奈川県高等学校教科研究会・社会科部会歴史分科会（編）2008．『世界史をどう教え
　　るか：歴史学の進展と教科書』山川出版社．［序］

金澤周作（監修）2020．『論点・西洋史学』ミネルヴァ書房．［序、4］

金森修 2000．『サイエンスウォーズ』東京大学出版会．［付3］

金子修一 2006．『中国古代皇帝祭祀の研究』岩波書店．［7］

加納啓良（責任編集）2001．『岩波講座東南アジア史6　植民地経済の繁栄と凋落』岩
　　波書店．［5］

樺山紘一（編著）2010．『新・現代歴史学の名著　普遍から多様へ』中公新書．［序、
　　10］

カピル・ラジ（水谷智・水井万里子・大澤広晃訳）2016［原著 2007］．『近代科学のリ
　　ロケーション』名古屋大学出版会．［5］

ガルトゥング、ヨハン（著）、藤田明史（編集、翻訳）2019．『平和学の基礎』法律文
　　化社．［8］

苅谷剛彦 2019．『追いついた近代　消えた近代：戦後日本の自己像と教育』岩波書店．
　　［序、3］

川合康 2009．『源平の内乱と公武政権』吉川弘文館．（日本中世の歴史3）．［序］

川合康 2010．『源平合戦の虚像を剥ぐ：治承寿永内乱史研究』講談社学術文庫．［序］

河上麻由子 2011．『古代アジア世界の対外交渉と仏教』山川出版社．［2、7］

河上麻由子 2019．『古代日中関係史：倭の五王から遣唐使以降まで』中公新書．［4、
　　7］

川北稔 1996．『砂糖の世界史』岩波出版社（岩波ジュニア新書）．［6、10］

河﨑信樹・村上衛・山本千映 2020．『グローバル経済の歴史』有斐閣．［4、5、6］

川添房江・皆川雅樹（編）2011．『唐物と東アジア：船載品をめぐる文化交流史』勉誠
　　出版（アジア遊学 147）．［4］

川田順造 2001［初出 1976］．『無文字社会の歴史—西アフリカ・モシ族の事例を中心
　　に』岩波現代文庫．［13］

カントーロヴィチ、エルンスト・ハルトヴィヒ（小林公訳）2003 ［原著 1957］.『王の二つの身体（上下）』ちくま学芸文庫. ［7］

ギアツ、クリフォード（小泉潤二訳）1990 ［原著 1980］.『ヌガラ—19 世紀バリの劇場国家』みすず書房. ［7、12］

ギアーツ、クリフォード（池本幸生訳）2001 ［原著 1963］.『インボリューション：内に向かう発展』NTT 出版. ［3］

菊池勇夫（編）2011.『日本の時代史 19　蝦夷島と北方世界』吉川弘文館. ［4］

岸本美緒 1998a.「東アジア・東南アジア伝統社会の形成」『岩波講座世界歴史 13　東アジア・東南アジア伝統社会の形成 16-18 世紀』岩波書店. ［4、付 4］

岸本美緒 1998b.『東アジアの「近世」』山川出版社（世界史リブレット 13）. ［付 4］

岸本美緒 2006.「中国史における「近世」の概念」『歴史学研究』821. ［3］

岸本美緒（編）2006.『岩波講座「帝国」日本の学知　第 3 巻東洋学の磁場』岩波書店. ［4］

岸本美緒・宮嶋博史 2008 ［初出 1998］.『世界の歴史 12　明清と李朝の時代』中公文庫. ［4、付 4］

北村厚 2018.『教養のグローバルヒストリー』ミネルヴァ書房. ［1、4］

北村厚 2021.『大人のための現代史入門　20 世紀のグローバルヒストリー』ミネルヴァ書房. ［1、4］

木戸衛一（編著）2014.『平和研究入門』大阪大学出版会. ［8］

鬼頭清明 1990.『木簡』ニューサイエンス社. ［2］

鬼頭宏 2000.『人口から読む日本の歴史』講談社学術文庫. ［5］

木下光生 2017.『貧困と自己責任の近世日本史』人文書院. ［10］

木村茂光ほか（編著）2016.『大学でまなぶ日本の歴史』吉川弘文館. ［序］

京楽真帆子 2014.『英雄になった母親戦士　ベトナム戦争と戦後顕彰』有志舎. ［8］

クリスチャン、デヴィッド、シンシア・ストークス・ブラウン、クレイグ・ベンジャミン著（長沼毅監修、石井・竹田・中川訳）2016 ［原著 2014］.『われわれはどこから来て、どこへ行くのか：宇宙開闢から 138 億年の「人間」史』明石書店. ［5］

栗原麻子 2020.『互酬性と古代民主制：アテナイ民衆法廷における「友愛」と「敵意」』京都大学学術出版会. ［9］

久留島典子・長野ひろ子・長志珠絵（編）2015.『歴史を読み替える：ジェンダーから見た日本史』大月書店. ［11］

黒田明伸 1994.『中華帝国の構造と世界経済』名古屋大学出版会. ［6］

黒田明伸 2020 ［初版 2003］.『貨幣システムの世界史：〈非対称性〉をよむ　増補新版』岩波現代文庫. ［6］

黒田俊雄 1994.『黒田俊雄著作集　第 1 巻権門体制論』法蔵館. ［3、9］

黒田俊雄 2020. 「「中世」の意味：社会構成史的考察を中心に」『王法と仏法：中世史の構図』法蔵館文庫，pp. 253-284. ［9］

研究会「戦後第一世代の歴史研究者は 21 世紀に何をなすべきか」（編）2013. 『21 世紀歴史学の創造（全 9 巻）』有志舎. ［付 2］

伍躍（ご・やく）2020. 「日明関係における「勘合」の形状についての新知見」『史林』103(3). ［付 4］

高大連携歴史教育研究会 2017. 「高等学校教科書および大学入試における歴史系用語精選の提案（第一次）」. ［序、終］

高大連携歴史教育研究会第 1 部会歴史的思考力 WG 2017. 「報告 1 「歴史的思考力と教科書記述」附属資料」高大連携歴史教育研究会第 3 回大会シンポジウム「歴史的思考力の育成を可能にする教科書改革と用語精選をどう進めるか」（7 月 29 日・東京外国語大学）付属資料「歴史の基本公式」. ［序、終、付 1］

河内祥輔（こうち・しょうすけ）2014. 『古代政治史における天皇制の論理　増訂版』吉川弘文館. ［9］

国立歴史民俗博物館 2020. 『企画展示　性差〈ジェンダー〉の日本史』歴史民俗博物館振興会. ［11］

呉座勇一 2018. 『陰謀の日本中世史』角川新書. ［終］

小島毅（監修）2010-18. 『東アジア海域叢書（既刊 14 巻）』汲古書院. ［4］

小島毅 2017. 『儒教が支えた明治維新』晶文社. ［付 4］

小嶋道裕・田中大喜・荒木和憲（編）、国立歴史民俗博物館（監修）2020. 『古文書の様式と国際比較』勉誠出版. ［2］

小島麗逸・大岩川嫩（編）1987. 『「こよみ」と「くらし」　第三世界の労働リズム』アジア経済研究所. ［3］

小谷汪之 1979. 『マルクスとアジア：アジア的生産様式論争批判』青木書店. ［付 2］

小谷汪之 2016. 「マルクス主義の世界史」世界史叢書編集委員会（編）『世界史叢書総論「世界史」の世界史』ミネルヴァ書房. ［付 2］

後藤敦史 2015. 『開国期徳川幕府の政治と外交』有志舎. ［7］

小葉田淳 1993. 『増補中世南島通交貿易史の研究』臨川書店. ［7］

小浜正子（編）2015. 『ジェンダーの中国史』勉誠出版（アジア遊学 191）. ［11］

小浜正子 2020. 「ジェンダーとリプロダクションからみる中国の人口史」秋田・脇村（編著）2020. ［5］

小浜正子・下倉渉・佐々木愛・高嶋航・江上幸子（編）2018. 『中国ジェンダー史研究入門』京都大学学術出版会. ［11、12］

小林ハッサル柔子 2020. 「グローバル・ヒストリーと文学：より豊かなグローバル・ヒストリーを描くために」坪井・瀧井・白石・小田（編著）2020. ［4］

小松みゆき 2020.『動きだした時計　ベトナム残留日本兵とその家族』めこん.［8］

小山慶太 2019.『35の名著でたどる科学史：科学者はいかに世界を綴ったか』丸善出版.［5］

コンラート、セバスティアン（小田原琳訳）2021［原著2016］.『グローバル・ヒストリー：批判的歴史叙述のために』岩波書店.［4］

サイード、E. W.（板垣雄三・杉田英明監修、今沢紀子訳）1993［原著1978］.『オリエンタリズム（上下）』平凡社.［1、12］

斎藤修 2012.「人類史における最初の人口転換：新石器革命の古人口学」杉原・脇村・藤田・出辺（編）2012.［5］

齊藤修 2013［初出1985］.『プロト工業化の時代：西欧と日本の比較史』日本評論社.［6］

斎藤修 2015［初版1997］.『新版　比較史の遠近法』書籍工房早山.［4］

齊藤照子 2019.『18、19世紀ビルマ借金証文の研究：東南アジアの一つの近世』京都大学学術出版会.［6］

坂井隆 1998.『「伊万里」からアジアが見える：海の陶磁路と日本』講談社（選書メチエ）.［付4］

酒井裕美 2016.『開港期朝鮮の戦略的外交 1882-1884』大阪大学出版会.［4、7］

酒寄雅志 2001.『渤海と古代の日本』校倉書房.［13］

佐川英治・杉山清彦 2020.『中国と東部ユーラシアの歴史（放送大学教材）』放送大学教育振興会.［4］

桜井由躬雄 1987.『ベトナム村落の形成：村落共有田＝コンディエン制の史的展開』創文社.［10］

左近幸村 2020.『海のロシア史　ユーラシア帝国の開運と世界経済』名古屋大学出版会.［4］

左近幸村ほか 2008.『近代東北アジアの誕生：跨境史への試み』北海道大学出版会.［4］

佐々木潤之介ほか（編）2000.『概論日本歴史』吉川弘文館.［序］

佐々木愛（ささき・めぐみ）2020.「「父子同気」概念の成立時期について：「中国家族法の原理」再考」『東洋史研究』79(1).［11］

佐藤進一 2003［初版1971］.『古文書学入門　新版』法政大学出版局.［2］

佐藤卓己 2009.『ヒューマニティーズ　歴史学』岩波書店.［12、付3］

佐藤正幸 2004.『歴史認識の時空』知泉書館.［序、3、4、終］

佐藤正幸 2009.『世界史における時間』山川出版社（世界史リブレット128）.［3］

寒川旭（さんがわ・あきら）2011.『増補　地震の日本史―大地は何を語るのか』中公新書.［5］

滋賀秀三 1984.『清代中国の法と裁判』創文社.［9］

滋賀秀三 2000［初版 1967］.『中国家族法の原理』創文社.［11］

史学会（編）（毎年 5 号）『史学雑誌　○○年の回顧と展望』山川出版社.［1］

斯波義信 1995.『華僑』岩波新書.［4］

島田虔次 1967.『朱子学と陽明学』岩波新書.［12］

下夷美幸（しもえびす・みゆき）2019.『日本の家族と戸籍　なぜ「夫婦と未婚の子」単位なのか』東京大学出版会.［11］

シュミット、アルフレッド（花崎皋平訳）1977［原著 1971］.『歴史と構造：マルクス主義的歴史認識論の諸問題』（叢書・ウニベルシタス 78）、法政大学出版局.［付 2］

女性史総合研究会（編）1982.『日本女性史（全 5 冊）』東京大学出版会.［11］

新谷忠彦（しんたに・ただひこ）（編）1998.『黄金の四角地帯―シャン文化圏の歴史・言語・民族』慶友社.［13］

秦玲子（しんの・れいこ）1993.「宋代の后と帝嗣決定権」柳田節子先生古稀記念論集編集委員会（編）『中国の伝統社会と家族』汲古書院.［11］

菅豊（すが・ゆたか）・北條勝貴（編）2019.『パブリック・ヒストリー入門：開かれた歴史学への挑戦』勉誠出版.［13］

菅原由美 2013.『オランダ植民地体制下ジャワにおける宗教運動：写本に見る 19 世紀インドネシアのイスラーム潮流』大阪大学出版会.［4］

杉原薫 1996.『アジア間貿易の形成と構造』ミネルヴァ書房.［3、4、6、付 4］

杉原薫 2004.「東アジアにおける勤勉革命径路の成立」『大阪大学経済学』54（3）.［3、6、付 4］

杉原薫 2020.『世界史のなかの東アジアの奇跡』名古屋大学出版会.［3、4、6、付 4］

杉原薫・脇村孝平・藤田幸一・田辺明生（編）2012.『講座生存基盤論 1　歴史のなかの熱帯生存圏：温帯パラダイムを超えて』京都大学学術出版会.［3、5］

杉山清彦 2015.『大清帝国の形成と八旗制』名古屋大学出版会.［7、8］

杉山清彦 2016.「中央ユーラシア世界：方法から地域へ」羽田正（責任編集）2016b.［13］

杉山正明 2010［初出 1995］.『クビライの挑戦：モンゴルによる世界史の大転回』講談社学術文庫.［4］

スコット、ジェームズ C.（高橋彰訳）1999［原著 1976］.『モーラル・エコノミー：東南アジアの農民叛乱と生存維持』勁草書房.［7］

スコット、ジェームズ・C.（佐藤仁監訳、池田一人ほか訳）2013［原著 2009］.『ゾミア：脱国家の世界史』みすず書房.［7、12］

スコット、ジョーン・W.（荻野美穂訳）2004［初版 1992、原著 1988］.『増補新版ジェンダーと歴史学』平凡社.［11］

スズキ、テッサ・モーリス（田代泰子訳）2014［原著 2004］.『過去は死なない：メディア・記憶・歴史』岩波書店.［13］

スズキ、テッサ・モーリス、姜尚中 2017.『Doing History《「歴史」に対して、わたしたちができること》』弦書房.［13］

鈴木英明（編著）2019.『東アジア海域から眺望する世界史：ネットワークと海域』明石書店（中国社会研究叢書 21 世紀「大国」の実態と展望 7）.［4］

鈴木正幸・水林彪・渡辺信一郎・小路田泰直 1992.『比較国制史研究序説　文明化と近代化』柏書房（ポテンティア叢書）.［7、10］

スピヴァク、G. C.（上村忠夫訳）1998［原著 1988］.『サバルタンは語ることができるか』みすずライブラリー.［13］

スピヴァク、G. C.（上村忠男・本橋哲也訳）2003［原著 1999］.『ポストコロニアル理性批判：消え去りゆく現在の歴史のために』月曜社.［12］

スミス、アントニー・D.（巣山靖司・高城和義ほか訳）1999［原著 1986］.『ネイションとエスニシティ：歴史社会学的考察』名古屋大学出版会.［10］

妹尾達彦（せお・たつひこ）2018.『グローバル・ヒストリー』中央大学出版部.［4、5、7］

世界史叢書編集委員会 2016.「われわれが目ざす世界史」『世界史叢書　総論「世界史」の世界史』ミネルヴァ書房.［1、3、4、13］

ダイアモンド、ジャレド（倉骨彰訳）2000［原著 1997］.『銃・病原菌・鉄　一三〇〇〇年にわたる人類史の謎（上下）』草思社.［5］

大学入試センター 2017、2018.「平成 29・30 年度試行調査（プレテスト）」https://www.dnc.ac.jp/sp/corporation/daigakunyugakukibousyagakuryokuhyoka_test/pre-test.html ［終］

大学の歴史教育を考える会（編）2016.『わかる・身につく歴史学の学び方』大月書店.［序］

平雅行 1992.『日本中世の社会と仏教』塙書房.［9］

高井康典行（たかい・やすゆき）2016.『渤海と藩鎮：遼代地方統治の研究』汲古書院.［13］

高木久史 2016.『通貨の日本史　無文銀銭、富本銭から電子マネーまで』中公新書.［6］

高谷知佳（たかたに・ちか）・小石川裕介（編）2019.『日本法史から何が見えるか：法と秩序の歴史を学ぶ』有斐閣.［9］

高橋昌明 2010.「比較武人政権論」村井章介ほか（編）『日本の対外関係 3　通交・通商圏の拡大』吉川弘文館.［序、8］

高橋昌明 2013.『平家と六波羅幕府』東京大学出版会.［序］

高橋昌明 2018.『武士の日本史』岩波新書.［8］

高谷好一（たかや・よしかず）1985.『東南アジアの自然と土地利用』勁草書房.［5］

高谷好一 2010.『世界単位論』京都大学学術出版会.［4］

高良倉吉（たから・くらよし）1998.『アジアのなかの琉球王国』吉川弘文館.［4］

田口宏二朗 2013.「ハードボイルドな中国史——足立啓二著『明清中国の経済構造』を
　　よむ」『中国研究月報』67（3）.［10］

竹岡敬温 1990.『「アナール」学派と社会史：「新しい歴史」へ向かって』同文舘出版.
　　［10］

多田哲久 2016.「家・同族論からみた家族企業の全体像——三井の別家に注目して」比
　　較家族史学会（監修）2016 所収.［11］

谷井陽子 2015.『八旗制度の研究』京都大学出版会.［8］

谷川道雄（編）1993.『戦後日本の中国史論争』河合文化教育研究所.［7］

谷本雅之 2003.「近代日本の女性労働と「小経営」」氏家幹人・桜井由幾・谷本雅之・
　　長野ひろ子（編）『日本近代国家の成立とジェンダー』柏書房（KASHIWA 学術ラ
　　イブラリー 05）.［11、付 4］

谷本雅之 2015.「「在来型経済発展論」の射程：「在来」・「近代」の二元論を超えて」荒
　　武・太田・木下（編）2015.［11、付 4］

玉木俊明 2012.『近代ヨーロッパの形成：商人と国家の近代世界システム』創元社（創
　　元世界史ライブラリー）.［付 4］

田家康（たんげ・やすし）2010.『気候文明史』日本経済新聞出版.［5］

檀上寛（だんじょう・ひろし）2016.『天下と天朝の中国史』岩波新書.［7］

遅塚忠躬（ちづか・ただみ）2010.『史学概論』東京大学出版会.［序、13、付 3］

趙景達（チョ・キョンダル）・須田努（編）2011.『比較史的にみた近世日本：「東アジ
　　ア化」をめぐって』東京堂出版.［3］

陳其南（林文孝訳）1992.「伝統中国の国家形態と民間社会」溝口雄三・浜下武志・平
　　石直昭・宮嶋博史（編）.『アジアから考える 4　社会と国家』東京大学出版会.
　　［10］

塚田孝 2019.『日本近世の都市・社会・身分：身分的周縁をめぐって』花伝社.［9］

都出比呂志（つで・ひろし）2011.『古代国家はいつ成立したか』岩波新書.［3］

角山榮（つのやま・さかえ）2017［初出 1980］.『茶の世界史：緑茶の文化と紅茶の社
　　会』中公新書.［6、10］

坪井秀人・瀧井一博・白石恵理・小田龍哉（編）2020.『越境する歴史学と世界文学』
　　臨川書店.［序、4］

鶴見良行 1999［初出 1990］.『鶴見良行著作集 9　ナマコ』みすず書房.［4］

出口雄一・神野潔・十川陽一・山本英貴（編著）2018.『概説　日本法制史』弘文堂.

［9］

戸石七生 2017.『むらと家を守った江戸時代の人びと　人口減少地域の養子制度と百姓株式』農文協.［11］

ド・フリース、ヤン（吉田敦、東風谷太一訳）2021［原著 2008］.『勤勉革命——資本主義を生んだ 17 世紀の消費行動』筑摩書房.［3］

トインビー、アーノルド、J.（蝋山政道、阿部行蔵、長谷川松治訳）1956［初出 1949-52年、原著］『増補改訂版歴史の研究　全』社会思想研究会出版部.［1］

東京大学教養学部歴史学部会（編）2020.『歴史学の思考法』岩波書店.［序］

東京大学教養学部歴史研究部会（編）2006.『史料学入門』岩波書店.［2］

トッド、エマニュエル（荻野文隆訳）2008.『世界の多様性　家族構造と近代性』藤原書店.［5］

友部謙一 2020.「近世日本の人口戦略」秋田・脇村（編著）2020.［5］

豊岡康史・大橋厚子（編）2019.『銀の流通と中国・東南アジア』山川出版社.［6］

豊島悠果（とよしま・ゆか）2018.「高麗時代における后妃の政治的権力」『唐代史研究』21.［11］

鳥飼玖美子・苅谷夏子・苅谷剛彦 2019.『ことばの教育を問いなおす：国語・英語の現在と未来』ちくま新書.［序］

トンチャイ・ウィニッチャクン（石井米雄訳）2003［原著 1994］.『地図がつくったタイ』明石書店.［7、12］

中島楽章 2019.「17 世紀の全般的危機と東アジア」秋田茂（責任編集）2019a.［付 4］

中島楽章 2020.『大航海時代の海域アジアと琉球：レキオスを求めて』思文閣出版.［付 4］

中塚武（監修）2020.『気候変動から読みなおす日本史（全 6 巻）』臨川書店.［4、5］

長野ひろ子・姫岡とし子（編著）2011.『歴史教育とジェンダー：教科書からサブカルチャーまで』青弓社.［11］

永原慶二 2003.『20 世紀日本の歴史学』吉川弘文館.［1、3、終］

永原慶二（編）1974.『講座マルクス主義研究入門 4　歴史学』青木書店.［付 2］

永原陽子（責任編集）2019.『世界史叢書 4　人々がつなぐ世界史』ミネルヴァ書房.［4、7、10］

永渕康之 1998.『バリ島』講談社現代新書.［12］

仲政昌樹 2011［初版 2009］.『改訂版　〈学問〉の取扱説明書』作品社.［終］

中村哲（なかむら・さとる）1977.『奴隷制・農奴制の理論：マルクス・エンゲルスの歴史理論の再構成』青木書店.［3、5、付 2］

中村哲 2000.『近代東アジア史像の再構成』桜井書店.［3、付 2、付 4］

中村哲 2019a.『東アジア資本主義形成史論』汲古書院.［3、6、付 2、付 4］

中村哲 2019b［初出 2010］.「現代の歴史的位置」『東アジア資本主義形成史論』汲古書院.［3、6］

中村翼（なかむら・つばさ）2020.「琉球王国の形成と東アジア海域世界」秋田茂・桃木至朗（編著）2020.［4］

中村翼・後藤敦史・向正樹・中村武司 2015.「歴史学若手研究者の連携と協働に向けて」大阪大学歴史教育研究会・公益財団法人史学会（編）2015.［終］

成田龍一 2012.『近現代日本史と歴史学：書き替えられてきた過去』中公新書.［1］

成田龍一・長谷川貴彦（編著）2020.『世界史をいかに語るか：グローバル時代の歴史像』岩波書店.［4］

西尾幹二（著）、新しい歴史教科書をつくる会（編）1999.『国民の歴史』産経新聞ニュースサービス.［13］

西嶋定生 1983.『中国古代国家と東アジア世界』東京大学出版会.［4］

西嶋定生 2002.『西嶋定生東アジア史論集第 3 巻　東アジア世界と冊封体制』岩波書店.［7］

西谷正浩 2006.『日本中世の所有構造』塙書房.［9］

ニーダム、ジョゼフ（東畑精一、藪内清監修、礦波護他訳）1991［初版 1974-81、原著 1945-71 の 4 巻 6 冊の訳出（その後も 2004 年までに 3 巻 21 冊を出版）].『中国の科学と文明　新装版（全 11 巻）』思索社.［5］

日中韓 3 国共通歴史教材委員会 2016［初版 2005］.『日本・中国・韓国＝共同編集　未来をひらく歴史　東アジア 3 国の近現代史』高文研.［13］

日本学術会議史学委員会中高大歴史教育に関する分科会 2019.「提言　歴史的思考力を育てる大学入試のあり方について」http://www.scj.go.jp/ja/info/kohyo/pdf/kohyo-24-t283-2.pdf　［終］

野家啓一 2016.『歴史を哲学する——七日間の集中講義』岩波現代文庫.［付 3］

パーカー、ジェフリー（大久保桂子訳）1995［原著 1988、第 2 版 1996］.『長篠合戦の世界史：ヨーロッパ軍事革命の衝撃 1500～1800 年』同文館.［8］

バーク、ピーター（大津真作訳）2005［原著 1990］.『フランス歴史学革命：アナール学派 1929-89 年』岩波書店.［10］

橋本雄 2013.『"日本国王" と勘合貿易』NHK 出版（さかのぼり日本史外交篇［7］室町）.［付 4］

バトラー、ジュディス（竹村和子訳）1999［原著 1990］.『ジェンダー・トラブル——フェミニズムとアイデンティティの撹乱』青土社.［11］

バナール、マーティン（片岡幸彦監訳）2007［原著 1987］.『ブラック・アテナ：古代ギリシア文明のアフロ・アジア的ルーツ（1）古代ギリシアの捏造 1785-1985』新評論.［13］

バナール、マーティン（金井和子訳）2004-2005［原著1991］.『黒いアテナ：古典文
　　明のアフロ・アジア的ルーツ（2）考古学と文書にみる証拠（上・下）』藤原書店.
　　［13］

羽田正（はねだ・まさし）2005.『イスラーム世界の創造』東京大学出版会（東洋叢
　　書）.［4、13］

羽田正（編）2016a.『グローバルヒストリーと東アジア史』東京大学出版会.［4］

羽田正（責任編集）2016b.『世界史叢書1　地域史と世界史』ミネルヴァ書房.［4］

羽田正（編）2017.『グローバル・ヒストリーの可能性』山川出版社.［4］

羽田正 2018.『グローバル化と世界史』東京大学出版会.［4］

羽田正・三浦徹（編）1991.『イスラム都市研究―歴史と展望』東京大学出版会.［4］

羽田正（編）・小島毅（監修）2013.『東アジア海域に漕ぎだす1　海から見た歴史』東
　　京大学出版会.［4、付4］

ハーバーマス、ユルゲン（細谷貞雄、山田正行訳）1994［初出1973、原著1961］.『公
　　共性の構造転換　市民社会の一カテゴリーについての探究』未来社.［10］

ハーバーマス（清水多吉監訳、朝倉輝一ほか訳）2000［原著1976］.『史的唯物論の再
　　構成』（叢書ウニベルシタス678）、法政大学出版局.［付2］

ハーバーマス、J；E.ノルテほか（徳永恂訳）1995［原著1987］.『過ぎ去ろうとしな
　　い過去―ナチズムとドイツ歴史家論争』人文書院.［13］

ハーバーマス、J；N.ルーマン（佐藤嘉一訳）1984［原著1971］.『批判理論と社会シ
　　ステム理論：ハーバーマス＝ルーマン論争』木鐸社.［10］

濱下武志 1997.『朝貢システムと近代アジア』岩波書店.［7］

濱下武志・辛島昇（編）1997.『地域の世界史1　地域史とは何か』山川出版社.［4］

浜下武志・川勝平太（編）2001［初出1991］.『アジア交易圏と日本工業化：1500-1900
　　新版』藤原書店.［付4］

林健太郎（はやし・けんたろう）1953.『史学概論』有斐閣.［序］.

林健太郎 1954.『西洋史学大綱』河出書房.［序］

速水融 2012［初出1997］.『歴史人口学の世界』岩波現代文庫.［5］

ハラリ、ユヴァル・ノア（柴田裕之訳）2016［原著2014］.『サピエンス全史：文明の
　　構造と人類の幸福（上下）』河出書房新社.［5］

ハント、リン（松浦義弘訳）2020［原著1978、翻訳初出1989］.『フランス革命の政
　　治文化』ちくま学芸文庫.［12］

ハント、リン（長谷川貴彦訳）2019［原著2018］.『なぜ歴史を学ぶのか』岩波書店.
　　［13］

比較家族史学会（監修）、加藤彰彦・戸石七生・林研三（編著）2016.『家族研究の最
　　前線①　家と共同性』日本経済評論社.［10、11、付4］

玄大松（ヒョン・デソン）2006.『領土ナショナリズムの誕生：「独島／竹島問題」の政治学』ミネルヴァ書房.［13］

平井太規 2013.「「第二の人口転換」における「家族形成の脱標準化の検証」―日本・台湾・韓国の出生動向：子供の性別選好の観点からのアプローチ」『フォーラム現代社会学』12.（https://www.jstage.jst.go.jp/article/ksr/12/0/12_kj00008684958/_pdf/-char/ja）［11］

平尾良光・村井章介・飯沼賢司（編）2014.『大航海時代の日本と金属交易（別府大学文化財研究所企画シリーズ 3―ヒトとモノと環境が語る)』思文閣出版.［付 4］

廣川和花 2011.『近代日本のハンセン病問題と地域社会』大阪大学出版会.［5］

弘末雅士 2003.『東南アジアの建国神話』山川出版社（世界史リブレット 72).［4］

廣瀬憲雄 2014.『古代日本外交史：東部ユーラシアの視点から読み直す』講談社（選書メチエ).［7］

廣瀬憲雄 2018.『古代日本と東部ユーラシアの国際関係』勉誠出版.［4］

フェイガン、ブライアン（東郷えりか訳）2008a［初版 2005、原著 2003］.『古代文明と気候大変動：人類の運命を変えた二万年史』河出書房新社.［5］

フェイガン、ブライアン（東郷えりか訳）2008b［原著 2008］.『千年前の人類を襲った大温暖化：文明を崩壊させた気候大変動』河出書房新社.［5］

深尾京司・中村尚史・中林真幸（編）2017a.『岩波講座日本経済の歴史 1　中世：11世紀から 16 世紀後半』岩波書店.［5、6］

深尾京司・中村尚史・中林真幸（編）2017b.『岩波講座日本経済の歴史 2　近世：16世紀末から 19 世紀前半』岩波書店.［5、6、付 4］

深見純生 1987.「三仏斉の再検討：マラッカ海峡古代史研究の視座転換」『東南アジア研究』25（2).［2］

福井憲彦 2019［初出 1997］.『新版　歴史学入門』岩波テキストブックス.［序、10］

服藤早苗（ふくとう・さなえ）1991a.『平安朝の母と子：貴族と庶民の社会生活史』中公新書.［11］

服藤早苗 1991b.『家成立史の研究――祖先祭祀・女・子ども』校倉書房（歴史科学叢書).［11］

服藤早苗 2010.『平安朝の父と子：貴族と庶民の家と養育』中公新書.［11］

服藤早苗 2019.『藤原彰子』吉川弘文館.［11］

福永伸哉 2001.『邪馬台国から大和政権へ』大阪大学出版会（大阪大学新世紀セミナー).［7］

フーコー、ミシェル（田村俶訳）2020［初版 1977、原著 1975］.『監獄の誕生：監視と処罰』新潮社.［付 3］

藤川隆男 2011.『人種差別の世界史：白人性とは何か？』刀水書房（刀水歴史全書).

　　　〔12〕

藤川隆男（編）2011.『アニメで読む世界史』山川出版社.〔12〕

藤川隆男・後藤敦史（編）2015.『アニメで読む世界史〈2〉』山川出版社.〔12〕

藤原彰 2018［初出 2001］.『餓死した英霊たち』ちくま学芸文庫.〔8〕

ブラウンミラー、スーザン（幾島幸子）2000［1993 年版の翻訳。初版 1975］.『レイ
　　　プ・踏みにじられた意志』勁草書房.〔13〕

フランク、アンドレ・グンダー（山下範久訳）2000［原著 1998］.『リオリエント：ア
　　　ジア時代のグローバル・エコノミー』藤原書店.〔3、13〕

フリン、デニス（秋田茂・西村雄志編訳）2010［原著］.『グローバル化と銀』山川出
　　　版社.〔4〕

古田元夫 1988.『歴史としてのベトナム戦争』大月書店.〔12〕

古田元夫 1999.「地域区分論：つくられる地域、こわされる地域」『岩波講座世界歴史
　　　1　世界史へのアプローチ』岩波書店.〔4〕

古田元夫 2009.『ドイモイの誕生　ベトナムにおける改革路線の形成過程』青木書店
　　　（シリーズ民族を問う）.〔付 2〕

古田元夫 2015［初版 1991］).『ベトナムの世界史：中華世界から東南アジア世界へ
　　　増補改訂版』東京大学出版会.〔4、13〕

古畑徹 2018.『渤海国とは何か』吉川弘文館.〔13〕

古谷大輔（ふるや・だいすけ）・近藤和彦（編）2016.『礫岩のようなヨーロッパ』山
　　　川出版社.〔7〕

ブロック、マルク（松村剛訳）2004［原著 1949］.『新版歴史のための弁明：歴史家の
　　　仕事』岩波書店.〔10〕

ブロック、マルク（高橋清徳訳）2017［初出 1978、原著 1928］.『比較史の方法』講
　　　談社学術文庫.〔4〕

ブローデル、フェルナン（山本淳一訳）1985［1979 年版の訳。初版は 1967 年］.『物
　　　質文明・経済・資本主義 15-18 世紀』全 6 巻、みすず書房.〔6〕

ブローデル、フェルナン（浜名優美訳）1999［1966 年版からの翻訳。初版は 1949 年］.
　　　『地中海世界』（全 10 巻）藤原書店.〔3、4〕

保苅実（ほかり・みのる）2018.『ラディカル・オーラル・ヒストリー：オーストラリ
　　　ア先住民アボリジニの歴史実践』岩波書店.〔13〕

保立道久（ほたて・みちひさ）2015.『日本史学』人文書院（ブックガイドシリーズ基
　　　本の 30 冊）.〔序〕

ホブズボウム、E ＆ T・レンジャー（前川啓治・梶原影昭ほか訳）1992［原著 1983］.
　　　『創られた伝統』紀伊國屋書店.〔12〕

ホブズボーム E. J.（浜林正夫・嶋田耕也・庄司信訳）2001［原著 1990］.『ナショナリ

ズムの歴史と現在』大月書店．［10］

ポメランツ、K.（川北稔監訳）2015［原著2000］．『大分岐：中国、ヨーロッパ、そして近代世界経済の形成』名古屋大学出版会．［3、6］

ボヤーリン、ジョナサン＆ダニエル・ボヤーリン（赤尾光春・早尾貴紀訳）2008［原著2002］．『ディアスポラの力：ユダヤ文化の今日性をめぐる試論』平凡社．［4、13］

ポランニー、K.（玉野井芳郎ほか訳）1980［原著1977］．『人間の経済（1・2）』岩波書店．［6、7］

ポランニー、K.（野口建彦・栖原学訳）2009［原著1944］．『新訳　大転換：市場社会の形成と崩壊』東洋経済新報社．［6、7］

ホワイト、ヘイドン（岩崎稔監訳）2017［原著1973］．『メタヒストリー：一九世紀ヨーロッパにおける歴史的想像力』作品社．［12、13、付3］

本庄総子2020．「日本古代の疫病とマクニール・モデル」『史林』103-1．［2］

真木悠介2012［初出1997］．『定本真木悠介著作集2　時間の比較社会学』岩波書店．［3］

牧野巽1985［初出1950-52］．「東亜米作民族における財産相続制の比較」『牧野巽著作集第4巻　雲南民族史研究．東亜米作民族研究』お茶の水書房．［11］

マクニール、ウイリアム（佐々木昭夫訳）2007［初出1985、原著1976］．『疫病と世界史（上下）』中公文庫．［5］

マクニール、ウイリアム・H.（高橋均訳）2014［原著1982］．『戦争の世界史：技術と軍隊と社会（上下）』中公文庫．［8］

増田えりか1995．「ラーマ1世の対清外交」『東南アジア―歴史と文化―』24．［2］

松方冬子2010．『オランダ風説書：「鎖国」日本に語られた「世界」』中公新書．［12］

松方冬子（編）2019．『国書がむすぶ外交』東京大学出版会．［7］

松川雅信2020．『儒教儀礼と近世日本社会　闇斎学派の『家礼』実践』勉誠出版．［12］

マディソン、A.（政治経済研究所監訳）2015［原著2007］．『世界経済史概観：紀元1年―2030年』岩波書店．［3、5、6］

マニング、パトリック（南塚信吾・渡邊昭子監訳）2016［原著2003］．『世界史をナビゲートする：地球大の歴史を求めて』彩流社．［4］

見市雅俊・斉藤修・脇村孝平・飯島渉（編）2001．『疾病・開発・帝国医療：アジアにおける病気と医療の歴史学』東京大学出版会．［5］

水島司2010．『グローバル・ヒストリー入門』山川出版社（世界史リブレット127）．［3、4］

水島司・加藤博・久保亨・島田竜登（編）2015．『アジア経済史研究入門』名古屋大学出版会．［6］

水野和夫 2014.『資本主義の終焉と歴史の危機』集英社新書.［終］

溝口雄三ほか（編）1994.『アジアから考える6　長期社会変動』東京大学出版会.［3］

三谷博・並木頼寿・月脚達彦（編）2009.『大人のための近現代史　19世紀編』東京大学出版会.［13］

三谷博・李成市・桃木至朗 2020［初出 2016］.「「周辺国」の世界像：日本・朝鮮・ベトナム」三谷博『日本史のなかの「普遍」：比較から考える「明治維新」』東京大学出版会.、所収.［7］

三成美保（みつなり・みほ）・姫岡とし子・小浜正子（編）2014.『歴史を読み替える：ジェンダーから見た世界史』大月書店.［11］

南塚信吾（責任編集）2018.『世界史叢書6　情報がつなぐ世界史』ミネルヴァ書房.［12］

南塚信吾・秋田茂・高澤紀恵（責任編集）2016.『新しく学ぶ西洋の歴史：アジアから考える』ミネルヴァ書房［序、3、4］.

宮嶋博史 1994.「東アジア小農社会の形成」溝口雄三ほか編 1994 所収、東大出版会、pp. 67-96.［3、5、6、付4］

宮嶋博史 2010.「日本史認識のパラダイム転換のために：「韓国併合」100 年にあたって」『思想』1029 号.［付4］

向正樹 2020.「バウンドする伝播のネットワーク：ウマ、火薬兵器、蒙古襲来」秋田茂・桃木至朗（編著）2020.［8］

村井章介 1988.『アジアのなかの中世日本』校倉書房.［4］

村井章介 1997.『国境を超えて：東アジア海域世界の中世』校倉書房.［7］

村井章介 2012.『世界史のなかの戦国日本』ちくま学芸文庫.［付4］

村井章介（編集代表）2015.『日明関係史研究入門　アジアのなかの遣明船』勉誠出版.［8、付4］

村田路人 2019.『近世畿内近国支配論』塙書房.［付4］

桃木至朗 1999.「南の海域世界：中国における南海交易と南海情報」『岩波講座世界歴史9　中華の分裂と再生：3-13世紀』岩波書店.［2］

桃木至朗 2001［初版 1996］.『歴史世界としての東南アジア』山川出版社（世界史リブレット12）.［7］

桃木至朗 2008.「補論　海域史、地域研究と近代東北アジア」左近幸村（編）『近代東北アジアの誕生：跨境史への試み』北海道大学出版会.［4］

桃木至朗 2009.『わかる歴史、おもしろい歴史、役に立つ歴史：歴史学と歴史教育の再生をめざして』大阪大学出版会.［2］

桃木至朗 2011.『中世大越国家の成立と変容』大阪大学出版会.［9、11］

桃木至朗 2016.「現代日本の「世界史」」世界史叢書編集委員会（編）『世界史叢書総

論 「世界史」の世界史』、ミネルヴァ書房．［1］

桃木至朗 2020.「現代東アジアの少子化を歴史的に理解する」秋田茂・桃木至朗（編著）2020.［5、付4］

桃木至朗 2021.「日本史と統合された東南アジア史・海域アジア史・世界史教育を目指して」『日本史研究』700　特集　日本史研究を捉えなおす：「隣人」としての提言」.［4］

桃木至朗・樋口英夫・重枝豊 1999.『チャンパ―歴史・末裔・建築』めこん．［13］

桃木至朗・山内晋次・藤田加代子・蓮田隆志（編）2008.『海域アジア史研究入門』岩波書店．［4、付4］

森正夫（編）1997.『明清時代史の基本問題』汲古書院．［5］

森部豊 2010.『ソグド人の東方活動と東ユーラシア世界の歴史的展開』関西大学出版部．［8］

森安孝夫 2016［原著2007］.『シルクロードと唐帝国』講談社学術文庫．［4、5］

森安孝夫 2020.『シルクロード世界史』講談社（選書メチエ）．［4、5］

文部科学省 2018.「高等学校学習指導要領」http://www.mext.go.jp/component/a_menu/education/micro_detail/__icsFiles/afieldfile/2018/07/11/1384661_6_1_2.pdf　［終］

文部科学省（編）2019.『高等学校学習指導要領〈平成30年告示〉解説 地理歴史編』.［終］

家島彦一（やじま・ひこいち）2006.『海域から見た歴史：インド洋と地中海を結ぶ交流史』名古屋大学出版会．［4］

安成哲三・米本昌平（編）1999.『岩波講座地球環境学2　地球環境とアジア』岩波書店．［5］

安丸良夫 1999.『日本の近代化と民衆思想』平凡社（歴史文化ライブラリー）.［7］

山内晋次 2003.『奈良平安期の日本とアジア』吉川弘文館．［4］

山内晋次 2009.『日宋貿易と「硫黄の道」』山川出版社（日本史リブレット75）.［付4］

山内晋次 2013.『平安・奈良外交から貿易への大転換：なぜ、大唐帝国との国交は途絶えたのか』NHK出版（さかのぼり日本史外交篇［9］平安・奈良）.［4］

山崎覚士 2010.『中国五代国家論』思文閣出版．［7］

山下範久（編）2019.『教養としての世界史の学び方』東洋経済新報社．［序、1、3］

山田信夫・森安孝夫（編）1993.『ウイグル文契約文書集成（全3巻）』大阪大学出版会．［2］

山本達郎ほか（編）2001-2003.『岩波講座東南アジア史（全8巻＋別巻）』岩波書店.［4］

山本千映（やまもと・ちあき）2020.「生活水準の比較史：イギリスと日本」秋田茂・

桃木至朗（編著）2020.［2、6、付4］

山本有造（編）2003.『帝国の研究：原理・類型・関係』名古屋大学出版会.［7］

油井大三郎（ゆい・だいざぶろう）2019.『平和を我らに：越境するベトナム反戦の声
　（シリーズ日本の中の世界史）』岩波書店.［8］

弓削尚子2021.『はじめての西洋ジェンダー史　家族史からグローバルヒストリーま
　で』山川出版社.［11］

義江明子1995.「古代の家族と女性」『岩波講座日本通史6　古代5』岩波書店.［11］

義江明子2011.『古代王権論：神話・歴史感覚・ジェンダー』岩波書店.［9、11］

吉澤誠一郎（監修）2021.『論点東洋史学　アジア・アフリカへの問い158』ミネル
　ヴァ書房.［序、12］

吉田ゆり子・八尾師誠・千葉敏之（編）2014.『画像史料論　世界史の読み方』東京外
　国語大学出版会.［2］

吉村武彦・吉川真司・川尻秋生（編）2021.『国風文化　貴族社会のなかの「唐」と
　「和」』岩波書店.［4、12］

與那覇潤2014［初出2011］.『中国化する日本：日中「文明の衝突」一千年史』文春
　文庫.［4、7、10、終、付4］

與那覇潤2018［初出2013］.『日本人はなぜ存在するか』集英社文庫.［13、終］

與那覇潤2020.『荒れ野の六十年　東アジア世界の歴史地政学』勉誠出版.［終］

與那覇潤2021.『平成史　昨日の世界のすべて』文藝春秋.［終］

良知力（らち・ちから）1993［初出1978］.『向う岸からの世界史：一つの48年革命
　史論』筑摩学芸文庫.［13］

李成市（り・そんし）2018.『闘争の場としての古代史：東アジア史のゆくえ』岩波書
　店.［4、7］

李成市・宮嶋博史・糟谷憲一2018.『朝鮮史（上下）』山川出版社（世界歴史体系）.
　［4、13］

リード、アンソニー（太田淳・長田紀之監訳、青山・今村・蓮田訳）2021［原著2015］.
　『世界史のなかの東南アジア　歴史を変える交差路（上下）』名古屋大学出版会.
　［4、5］

ルーマン、N（村上淳一・六本佳平訳）1977［原著1972］.『法社会学』岩波書店.［9］.

レヴィ・ストロース、クロード（川田順造ほか訳）1973［原著1955］.『構造人類学』
　みすず書房.［付3］

レヴィスティック、リンダ、キース・C・バートン（松澤剛・武内流加・吉田新一郎
　編訳）2021［原著2015］.『歴史をする：生徒をいかす教え方・学び方とその評
　価』新評論.［13］

歴史科学協議会（編）2017.『歴史学が挑んだ課題：継承と展開の50年』大月書店.

［1］.

歴史学研究会（編）2005-2006.『港町の世界史 1 〜 3』青木書店.［4］

歴史学研究会 2006.「特集 「近世化」を考える（I）」『歴史学研究』821.［3］

歴史学研究会（編）2017.『第 4 次 現代歴史学の成果と課題（全 3 巻）』岩波書店.
［序、1］

歴史学研究会（編）、中澤達也・三枝暁子（監修）2020.『コロナの時代の歴史学』績
文堂出版.［5］

ロールズ、ジョン（川本隆史・福間聡・神島裕子訳）2010［原著1971］.『正義論』新
訳版、紀伊國屋書店.［8］

和田春樹ほか（編）2010-2011.『岩波講座東アジア近現代通史（全 10 巻＋別巻）』岩
波書店.［4］

渡辺信一郎 1996.『天空の玉座：中国古代帝国の朝政と儀礼』柏書房.［7］

渡辺信一郎・西村成雄（編）2017.『中国の国家体制をどう見るか──伝説と近代──』
汲古書院.［10］

渡辺信一郎・丸橋拓充・古松崇志・檀上寛・岡本隆司 2019-2020.『中国の歴史（全 5
巻）』岩波新書.［序、10］

渡辺浩 2016.『東アジアの王権と思想 増補改訂版』東京大学出版会.［12］

渡邊大門 2019.『明智光秀と本能寺の変』ちくま新書.［終］

渡部忠世（わたべ・ただよ）・桜井由躬雄（編）1984.『中国江南の稲作文化：その学
際的研究』日本放送出版協会.［5］

渡部忠世ほか（編）1987.『稲のアジア史（全 3 巻）』小学館.［5］

Sue Bastin, Julian Kitching, Ric Sims 著、大山智子訳・後藤健夫編訳 2016［原著 2014］.
『Theory of Knowledge セオリー・オブ・ナレッジ：世界が認めた「知の理論」』
Pearson.［序］

＊＊＊＊＊＊＊＊＊＊＊＊＊＊

Campbell, Bruce M. S. 2016. *The Great Transition: Climate, Disease and Society in the Late-
Medieval World*, Cambridge University Press.［5］

Griffith, Arlo, Andrew Hardy and Geoff Wade (eds.) 2019. *Champa: Territories and
Networks of a Southeast Asian Kingdom,* Paris: École Française d'Extrême-Orient.［13］

Lieberman, Victor. 2003. *Strange Parallels: Southeast Asia in Global Context, c.800–1830,
volume 1: Integration on the Mainland*, Cambridge: Cambridge University Press.［4、
終、付 4］

Lieberman, Victor. 2009. *Strange Parallels: Southeast Asia in Global Context, c.800–1830,
volume 2: Mainland mirrors: Europe, Japan, China, South Asia, and the Islands*,
Cambridge: Cambridge University Press.［4］

Parker, Geoffrey 2013. *Global Crisis: War, Climate Change and Catastrophe in the Seventeenth Century*, Yale University Press.［5、付 4］

Reid, Anthony. 1988. *Southeast Asia in the Age of Commerce, 1450-1680, vol. 1: The Land below the Wind*. New Haven: Yale University Press.［安東尼・瑞徳著、呉小安・孫来臣譯『東南亞的貿易時代：1450-1680　第一巻　季風吹拂下的土地』、北京：商務印書館、2013 年］［4、5、付 4］

Reid, Anthony. 1993. *Southeast Asia in the Age of Commerce 1450-1680, vol. 2: Expansion and Crysis*. New Haven: Yale University Press.［安東尼・瑞徳著、孫来臣・李塔娜・呉小安譯『東南亞的貿易時代：1450-1680　第二巻　拡張與危機』、北京：商務印書館、2010 年］［4、付 4］

Reid, Anthony（ed.）. 1996. *Sojourners and Settlers, Histories of Southeast Asia and the Chinese*, St. Leonards（NSW）: Allen & Unwin（Second edition from University of Hawaii Press, 2001）.［13］

Reid, Anthony 2010. Hybrid Identities in the 15th-Century Straights, in *Southeast Asia in the Fifteenth Century: The China Factor*, ed. Geoff Wade and sun Laichen, Singapore: NUS Press, Hong Kong University Press, 307-332.［2］

Trần Kỳ Phương and Bruce M. Lockhart（eds.）2011. *The Cham of Vietnam: History, Society and Art*, Singapore: NUS Press.［13］

Wolters, O.W. 1999.［first edition 1982］. *History, Culture and Region in Southeast Asian Perspective*（revised edition）, Singapore University Press.［7］

あとがき

　著者が旧教養部から文学部・大学院文学研究科に移籍した1990年代、大阪大学史学系には日本史・東洋史・西洋史それぞれの「普通講義」（教養部廃止時に教養課程「専門基礎科目」に移行）はあっても、「史学概論」が存在しなかった。その後、大阪大学歴史教育研究会の設立（2005年）や阪大と大阪外大との統合（2007年）などにより阪大歴史教育の取り組みが大きく拡大する動きの中で、終章で紹介した史学系の共通入門講義「歴史研究の理論と方法」が2005年度から開設された。当時同僚だった竹中亨氏の発案によるものと記憶している。最初は学部2回生だけを対象としたが、その後大学院の博士前期課程・修士課程、さらに博士後期課程の院生にも順次対象を広げ、他大学出身の院生の履修や博士後期課程院生の再度の受講を呼びかけてきた。本書の本体部分はこの講義のテーマ分けに合わせて書かれており、付録もそこで必要になった解説・紹介を増補したものである。原稿化にあたって、大阪大学（高度教養教育を担当するCSCD［コミュニケーションデザイン・センター］も含む）のほか九州大学（東洋史）、福岡大学（西洋史）、熊本大学（教育学部）などでの「高校教育やその教員養成も意識した歴史学入門講義」の内容と受講生の感想も反映させた。

　そのような講義を実施する背景には、もちろん大学史学系や歴史学界の「タコツボ化」、高校歴史教育の行き詰まりなどへの危機感があり、他方では大阪大学を含む世界の研究者や全国の教員による新しい研究・教育がもたらす興奮とわくわく感があった。史学系を含む大阪大学全体に歴史教育の取り組みが広がったのは、このわくわく感の効果が大きかったと考える。大阪大学歴史教育研究会や秋田茂氏率いるグローバルヒストリー・プロジェクトは、現状と危機を認識し、かつ新しい成果と展望を語ることの出来る真に貴重な場であった。

　本書はもともと、序章に書いたように『市民のための世界史』に続けて、章ごとに複数の著者が分担するかたちで執筆・出版する計画であった。ところが、それまで継続していた科学研究費プロジェクトが『市民』の出版後数年間採択されなかったこと、その間に大学・高校改革や入試改革の新しい動きが続き、

すべての関係者がますます多忙になったことなどのために、計画を具体化することが難しくなった。著者自身も、大阪大学歴史教育研究会の活動の維持と高大連携歴史教育研究会の設立・運営などで手一杯となり、歴史学入門のまとめ役としての非力が露呈した。せめてもの後始末として定年退職後に単著として出版することを決めたが、内容の不十分さや出版のタイミングについての今さら感はおおいがたい。ゲラの校正をしている間にもすぐれた書籍の出版をつぎつぎ目にするが、とてもすべてを紹介することはできない。

ともあれ、本書の原稿に対して栗原麻子・小浜正子・田口宏二朗・西村喜高・向正樹・吉嶺茂樹（五十音順）の各氏から貴重なコメントをいただいた。参考文献リストの作成・チェックでは、大学院生の岡田悠希さんの有能ぶりが発揮された。大阪大学出版会の川上展代さんには、粗雑で杜撰な原稿を辛抱強く整理・編集・校正していただいた。その他、本書とその背景にある研究・教育活動にお力添えいただいた大学・高校教員や学生・院生・ポスドクなどすべての皆さんに、心からお礼を申し上げたい。また、ジェンダーなどと言いながら実際は名古屋の家族のもとには週末しか現れず、大阪での仕事や海外出張に明け暮れている私を、呆れながら許してくれた妻の大橋厚子と二人の娘には感謝のことばもない。

2022 年春、COVID-19 の不安がなお残り、ここで日本と世界をどうするかが一人一人に問われるなかで、高校では「歴史総合」など高校新課程が、大阪大学では新しい「人文学研究科」がスタートする。かつて知識人が共有した民衆に対する「後ろめたさ」が消え去る一方で、「意識高い系」への嘲笑がある世代の心をとらえたかに見えるこの時代に、風変わりな本書の内容や書き方が、教育と学問の刷新に少しでも貢献できれば幸いである。

2022 年 2 月・大阪の下町で

著 者

索　引

* 各章・節や資料・解説のタイトル、参考文献リストと［桃木 2011］のような本文中での略号表示を除き、本文・注や課題などから研究者や語句を採録した。頻出語句については機械的にすべてを採録するのではなく必要と思われるページのみ掲載した。
* 固有名詞と普通名詞などを区別せずに五十音順で配列した。アルファベットで表記される語句も、一般的な片仮名読みで漢字・平仮名の語句と区別せずに配列した。
* 同じ事柄に複数の表記があるような場合、（A → B）は掲載ページを B の項目で一括して示し、（A → B も見よ）は A・B 両方にそれぞれ掲載ページを示してあることを意味する。

ア

愛国主義　212, 323
ICT 化　3, 28, 42, 45, 245
アイデンティティ　18, 28, 84, 97, 211, 244, 245, 255, 258, 262, 263, 274, 278, 314, 338, 342
アイデンティティ・ポリティクス　263
アイヌ　149, 273
アウシュヴィッツ　264
アウトサイダー　274
アウトソーシング　168, 189
アウトロー　186, 232, 273
アオザイ　244
アカデミー　107
アカデミズム　23, 24, 281
アカデミズム史学　31
アカデミックライティング　9, 294, 330
秋田茂　291
アクティブラーニング　288, 290
浅間山　103
アジア　14, 25, 27, 31, 32, 37, 38, 70, 72, 76, 92, 97~99, 126, 129, 132, 133, 151, 153, 154, 176, 258~260, 275~279, 282, 310, 313, 317, 319, 323, 335, 340
アジア・アフリカ　33, 70, 71, 138, 210, 258, 313, 322, 323
アジア間競争　98, 131
アジア間貿易（アジア域内貿易）　18, 76, 97, 98, 131, 340, 342, 348
アジア史　30, 35, 36, 72, 82, 91~93
アジア太平洋経済圏　131
アジア太平洋戦争　74, 94, 99, 132, 163, 176, 330
アジア通貨金融危機　139
アジア的共同体　166, 207
アジア的後進性　32, 278
アジア的生産様式　166, 317~321
『アジアのなかの日本史』　91
アジア歴史資料センター　46

アジール　205
飛鳥（時代）　54
足立啓二　110, 151
新しい貧困　314
新しい歴史教科書をつくる会　282
圧縮された近世化　118
圧縮された近代　116, 348
『吾妻鏡』　172, 236
吾妻重二　50
アトム化　74, 205
アナール派（アナール学派）　60, 102, 121, 200, 203, 204, 213, 327
アニメ　36, 173, 239, 244
姉家督　347
アフリカ（史）　25, 27, 30, 32, 36, 37, 71, 78, 85, 149, 170, 258, 268, 273, 275, 279, 311
アフリカ系黒人　183, 254, 274
アプロプリエーション（領有）　257
阿部謹也　205
天草　347
奄美　344
網野善彦　69, 115, 146, 185, 190, 191, 205
アミール　170
UMNO（統一マレーシア国民組織）　143
アメリカ（合衆国）（→米（国）も見よ）　26, 27, 31, 32, 48, 72, 74, 86, 87, 91, 99, 101, 107, 125, 131, 132, 151, 155, 166, 168, 175~177, 180, 203, 243, 245, 253, 262, 275, 278, 284, 285, 312, 319, 323, 326
アメリカ（大陸）　106, 153, 154, 165, 183, 274, 311, 313
荒川正晴　54
アラビア語　58, 82
アルバイト　128, 134, 298
アルプス　84, 103
アレクサンドロス大王伝説　173
アレルギー　108
暗記　2, 4, 6, 15, 34, 62, 241, 288, 289
アンケート　284

アンダーソン　87, 152, 209, 211, 247, 252, 325
安定同位体　104
安楽椅子探偵　48

イ

伊（イタリア）　325
慰安婦　165, 177, 224, 265
飯島渉　103, 296
飯塚一幸　185
E.H. カー　11
家制度（→日本型の家も見よ）　179, 186, 191, 230, 239
家刀自　234
イエニチェリ　168
医学史　30
『異形の王権』　146
イギリス（史）　12, 23, 31, 35, 58, 72, 74, 80, 84, 99, 107, 108, 112, 117, 120, 121, 126, 130, 131, 135, 141~143, 152, 154, 170, 172, 184, 203, 226, 246, 254, 255, 260, 276, 278, 306, 307, 311~313, 319, 342
育児　116, 117, 119, 124, 128, 221, 224~226, 229, 239, 240
イクター　170
移行期正義　178
石井米雄　247
意識　45, 64, 160, 188, 199, 204, 220, 246, 315, 327, 328, 333, 334
意識高い系　39
石母田正　160, 322, 323
衣食住　18, 24, 121, 122, 128, 204, 220
威信　145, 172, 176, 305
威信財　130, 159
イスラーム　23, 62, 64, 83, 84, 149, 159, 170, 180, 183, 206, 213, 224, 228, 252, 256, 257, 272, 273, 277, 279, 293, 315, 336
イスラーム化　85, 252, 272
イスラーム銀行　132
イスラーム主義　84

イスラーム世界（イスラーム圏）
　22, 34, 36, 50, 60, 62, 74, 87, 132,
　145, 146, 168, 173, 273, 279
イスラームの家　　　　　　156
「イスラームの都市性」　　84
イスラーム法　　　　　　180
異姓不養　　　　　　　　231
遺跡　18, 44, 45, 47, 48, 52, 336
遺族（戦没者の）　　174, 263
遺族年金　　　　　　　　174
板垣雄三　　　　　　　　86
異端派　　　　　　　　　190
一院制　　　　　　　155, 186
一次史料
　6, 34, 49, 50, 52, 53, 88, 282, 299
一事不再理の原則　　　　181
壹人両名　　　　　　　　233
市大樹　　　　　　　　　54
一揆　　　　　　　　　　192
一君万民　　　　　　151, 346
一国革命　　　　　　319, 322
一国史観　　　9, 91, 96, 97
一神教　　　　18, 100, 249
一世一元制　　　　　　　63
一党制　　　131, 318, 348
一夫一婦制　　　　　　　226
一夫多妻（制）
　194, 223, 224, 226, 228〜230
イデオロギー
　23, 115, 146, 158, 219, 240, 246
移動する人々　　　　　　253
稲作
　77, 108〜111, 208, 233, 240, 344
祈り　　　　　167, 174, 249
遺物　18, 41, 44, 69, 104, 242
異文化接触　　　　　18, 307
異文化理解　　　27, 157, 268
異本　　　　　　　　　　50
意味づけ　123, 150, 262, 282, 284
意味の構造　　　　　　　331
移民　18, 45, 76, 77, 97, 99, 115, 119,
　186, 201, 212, 213, 224, 274, 311,
　312, 348
移民国家　　　　　　35, 262
イメージ　28, 59, 69, 85, 88, 118,
　124, 144, 148, 154, 155, 169, 171,
　241, 255, 261, 275, 304, 341, 342,
　347
医薬　　　　　　　101, 107
癒やし　167, 178, 224, 245, 332
EU（ヨーロッパ連合）　87, 288
入り婿　　　　　　　　　226
医療　37, 106, 116, 117, 119, 185,
　297, 323
慰霊　　　　　　　　　　174
岩井茂樹　　　　　　　　158
『岩波講座世界歴史』　12, 262, 300
『岩波講座東南アジア史』　84
『岩波講座日本歴史』　41, 91

『岩波講座東アジア近現代通史』
　　　　　　　　　　91, 99
インヴォリューション　　78
因果関係　　17, 26, 46, 301
イングランド
　72, 90, 115, 121, 134, 346
『イングランド社会史』　203
印刷　　　43, 44, 47, 209
印章　　　　　　　43, 45
院政　69, 190, 194, 195, 229, 234, 235
姻族　　　　　192, 228, 231
インターナショナル　211, 325
インターネット　28, 44, 46〜48, 51,
　54, 108, 162, 167, 212, 214, 242,
　243, 245, 246, 295
インタビュー　　45, 263, 284
インド　29, 57, 58, 62, 77, 86, 87,
　111, 118, 121, 126, 131, 132, 142,
　146, 149, 150, 152, 168, 170, 183,
　191, 201, 233, 251, 253, 255, 256,
　271〜273, 276, 277, 279, 326, 343,
　347
インド学　　　　　　　　285
インド哲学　　　　　259, 283
インドネシア　118, 142, 201, 253,
　256, 257, 272, 279
インド洋　　131, 135, 138, 139
インバウンド観光　　　　259
インフォーマルセクター　202
インフラ　　　　　127, 165
インフルエンザ　　　　　105
インフレ　　　　　　　　136
陰謀史観　　　　　　282, 331
陰暦　　　　　　　　62, 63

ウ

ヴァーチャル・リアリティ　332
ヴァルナ　　　　　　　　192
ウィーン世界人権会議　　221
ウィーン体制　　　　185, 210
ウィットフォーゲル　　　166
ウェーバー、マックス　　285
上からの改革　　　　　　18
ウエスタンインパクト　76, 345
ウエストファリア体制　75, 185
上野千鶴子　　　　　　　225
上原専禄　　　　　　23, 86
ヴェール（イスラーム教徒の）
　　　　　　　　　183, 184
ヴェルサイユ体制　　　　185
ウォーラーステイン
　71, 72, 121, 204, 283, 285, 326
ウォルターズ　　　146, 147
浮き稲　　　　　　　　　110
請負（制）
　127, 130, 169, 189, 190, 192, 213
宇宙　28, 60, 102, 107, 331
宇宙観　　　　　　　　　332
宇宙原理（→コスモロジーも見よ）
　　　　　　　　146, 147, 150

宇宙ロケット　　　　　　167
ウーマンリブ　　　　　　221
梅棹忠夫　　　　　23, 90, 101
占い　　　　　　　　　　51
うるう月　　　　　　　　62
雲南　　　　　136, 160, 273
雲夢睡虎地秦簡　　　47, 182
運用（法、制度の）　179, 193, 307

エ

AI（人工知能）　　　　　3
英→イギリス
映画　　　　　45, 176, 244
英語（英文）　10, 23, 29, 35, 36, 52,
　64, 69, 84, 203, 257, 259, 262, 267,
　272, 276, 277, 293, 296
映像　　　　　　　　18, 45
英文学　　　　　　　80, 244
永続革命論　　　　　320, 324
英領インド　　　　　　　131
英雄　33, 55, 140, 142, 167, 193
英霊　　　　　　　　　　167
易姓革命　　　　　　96, 195
エージェンシー（行為体）257, 333
エジプト　　　62, 84, 229
絵図　　　　　　　　　　46
SDGs（持続可能な開発目標）
　　　　　　　　　　3, 288
エスニシティ（→民族も見よ）
　199, 209, 210, 304
エスニック・グループ　209, 210
エスニック・ナショナリズム
　　　　　　　　　210, 211
エスニック料理（伝統的な）　122
蝦夷地　98, 149, 233, 339, 341
越→ベトナム
越南→ベトナム
江戸　19, 30, 64, 97, 107, 108, 121,
　123, 160, 162, 169, 172, 173, 192,
　206, 231, 237, 238, 251, 254, 338,
　343〜345, 347
江戸幕府　　　19, 81, 256
N地域論　　　　　　　　86
エネルギー　　　　　18, 86
emic と etic　　　　　　269
撰銭　　　　　　　　　　136
エリート　24, 203, 214, 250, 263
LGBT（LGBTI、LGBTQ＋）221
宴会　　　　　　　　　　206
遠隔地取り引き　　　　　137
演劇　　　　　45, 264, 283
エンゲルス　69, 206, 285, 315〜317
円高ドル安　　　　　　　135
エンパワーメント　177, 203, 332

オ

オアシス　　　　　　　　85
王（王権、王室、王者）23, 34, 43, 51,
　56〜58, 97, 137, 141, 145, 146, 150,
　151, 154, 155, 160, 174, 193〜195,

209, 224, 226, 246, 305, 310〜312
王家 (→天皇家も見よ)
　　56, 157, 195, 209, 229, 234, 235
王権神授説　　　　　　142, 182
王権論　　　　　　　　　93, 143
王国
　　18, 57, 98, 149, 158, 194, 273, 336
黄金時代　　　　　　　　　306
黄金の三角 (四角) 地帯　　273
奥州藤原氏　　　　　　　　 19
王政　　18, 67, 151, 153, 155, 194
王政復古　　　　　　　　　306
王朝　18, 52, 54, 58, 64〜66, 81, 135,
　　159, 162, 170, 171, 185, 193, 197,
　　235, 236, 250, 305, 307, 338
王直　　　　　　　　　170, 339
欧米　　34, 35, 59, 74, 87〜89, 117,
　　127, 133, 147, 259, 269, 278, 294,
　　295, 297, 310〜312
欧米コンプレックス　　　　282
欧米の日本史学界　　　　　 35
大きい中国　　　　　　159, 170
大きな政府　　　　　　130, 189
大きな物語　　　　　　204, 245
オオキミ (大王) (→天皇も見よ)
　　　　　　　　　　　　　 58
大阪 (大坂)
　　83, 206, 291, 292, 337, 341, 344
大阪商人　　　　　　　　　342
大阪大学 (阪大)　6, 7, 10, 11, 14, 15,
　　54, 68, 85, 88, 99, 285, 290〜292
大阪大学歴史教育研究会
　　　　　　　　5, 15, 87, 291
大塚久雄　　　　　　　 31, 121
岡田英弘　　　　　　　 23, 101
岡本隆司　 23, 101, 156, 157, 282
岡本充弘　　　　　　　　　327
小川幸司　　4, 12, 13, 22, 262, 300
沖縄　　　　　　　　　 38, 83
オクシデンタリズム　　　　279
小熊英二　　　　　　　　　 99
小倉紀蔵　　　　　　　　　145
オーストラリア
　　78, 154, 274, 294, 311, 313
オーストリア　　　　　138, 291
オスマン帝国　　　 87, 168, 293
オスマン・トルコ　　　　　293
オセアニア　　　　 25, 85, 275
小田中直樹　　　　　　　　　4
織田信長　　　　　　　　　 57
おね (北の政所)　　　　　　236
オムニバス講義　　　　　　 39
オランダ (蘭)　72, 81, 107, 152, 154,
　　160, 172, 257, 313, 341〜343
オランダ東インド会社　 53, 81
オランプ・ド・グージュ　　225
オリエンタリズム　　99, 256, 258〜
　　260, 278, 279, 335, 340
オリエント
　　71, 84, 267, 273, 275, 333

オリンピック　　　　　 35, 218
尾張　　　　　　　　　　　343
恩蔭制度　　　　　　　　　187
音楽　　45, 246, 264, 276, 283
音楽学　　　　　 274, 276, 291
温帯　　　　　　 78, 100, 109, 118
温暖化　　18, 74, 102〜105, 326
温暖化防止　　　　　　　　102
「女子供」　　　　 24, 122, 204

カ

海域アジア史
　　55, 91, 92, 96, 122, 291, 335, 336
海域史　　　　　 28, 85, 339, 341
華夷意識 (華夷観念)　　 91, 159
海運　　　　　　　　　　　 85
絵画　　45, 103, 146, 243, 264, 275
海外情報　　　　　　　　　244
海外調査　　　　　　　　　 32
海外留学　　　　　　　 32, 293
改革　　14, 36, 38, 93, 123, 136, 148,
　　188, 197, 262, 287, 288, 290, 291,
　　296, 306, 307, 319, 321, 324
階級　18, 33, 142, 143, 148, 155, 161,
　　166, 179, 200, 205, 206, 208〜210,
　　221, 224, 254, 261, 306, 316, 317,
　　327
階級社会　　　　　　　206, 316
階級闘争
　　205, 256, 316, 317, 320, 334
階級闘争史観　　　　　　　 66
階級分化　　　　　　　　　149
海禁＝朝貢体制　　　 95, 336
介護　　116〜119, 124, 226, 244
外交 (史)　18, 24, 34, 43, 57, 67, 82,
　　92, 98, 105, 130, 140, 148, 156,
　　157, 159, 161〜163, 175, 213, 257,
　　288, 305, 327, 336, 338
外交官　　　　157, 269, 282, 309
外交交渉　　　　　　　　　156
外交文書　　　　　　　 52, 156
外国系住民　　　　　　　　294
外国史　　12, 49, 51, 91, 93, 294
外国人　　35, 49, 51, 53, 82, 118, 122,
　　124, 183, 218, 254, 294, 339, 349
外国人労働者　　　　　117, 133
外国伝　　　　　　　　 53, 55
外婚 (族外婚)　　　　　　　229
回賜　　　　　　　　　　　159
会社主義　　　　　　　　　213
外人部隊　　　　　　　　　170
外戚　18, 144, 194, 195, 229, 235, 236
蓋然性 (歴史解釈の)　　　　 28
海賊・山賊　　　　　　　　171
解題　　　　　　　　　　　 41
開拓史　　　　　　　　110, 270
会党　　　　　　　　　　　217
快力乱神を語らず　　　　　250
概念　　6〜8, 11, 13〜16, 41, 98, 122,
　　154, 227, 230, 288, 292, 301, 303,

321, 327, 333
華夷の別　　　　　　　　　210
開発　2, 46, 52, 75, 77, 102, 105, 110,
　　112, 118, 120, 124, 132, 167, 224,
　　236, 249, 268, 295, 313, 324, 330,
　　337, 341, 346
開発援助　　　　　　　 27, 177
開発学 (開発研究)　　 139, 203
開発独裁　　75, 131, 308, 348
開発領主　　　　　　　　　169
外部資金　　　　　　　　　294
会要・会典　　　 50, 53, 55, 181
外来東洋人　　　　　　　　183
外来の理論　　　　　　　　 38
海流　　　　　　　　　102, 105
概論　9, 12, 14, 15, 269, 291, 293, 298
下院　　　　　　　　　　　155
カウンターカルチャー　 176, 244
変えられない日本　　　　　260
家格　　　　　　　　　192, 233
科学 (史)　　1, 8, 18, 30, 91, 102, 106,
　　107, 120, 242, 245, 246, 248, 255,
　　268, 275, 294, 296, 315, 331, 332,
　　334, 340
雅楽　　　　　　　　　　　248
科学革命　　　　　 107, 313, 340
科学技術　74, 99, 100, 106, 108, 167,
　　249, 299, 309, 313
科学技術政策　　　　　　　296
科学研究費 (補助金)
　　　　　　　 1, 91, 294, 373
科学社会学　　　　　　 9, 268
科学的社会主義　　　　　　315
科学哲学　　　　　　　 9, 26
科学の政治性　　　　　　　106
化学物質　　　　　　　　　116
化学兵器　　　　　　　　　162
科学論　　　　　　　　 9, 279
火器 (火砲)　　　 162, 164, 167
科挙　95, 127, 184, 187, 191, 215, 251
華僑・華人　　85, 124, 274, 336, 340
華僑社会　　　　　　　 64, 217
核家族 (→単婚小家族も見よ)
　　10, 115〜117, 134, 219, 225〜227,
　　237, 239, 310, 348
学芸員　　　　　　　　257, 294
学際的研究　　　　　　　　284
格差社会　　78, 79, 117, 306, 314, 335
学習指導要領
　　　　　　4, 163, 287〜289, 292
学習指導要領解説　　　　　289
学術雑誌　　　　　　 32, 35, 162
学術用語　　　　　　　　　　7
学生運動　　　　　 27, 324, 331
学制改革　　　　　　　　　 31
拡大家族　　　　　　　227, 228
学知　　7, 9, 14, 27, 89, 255, 296
学知とことばのOS　　　　　9
学部教育　　　　　　　 12, 298
核兵器　　74, 108, 162, 175, 313

革命　18, 27, 32, 64, 66, 70, 140, 147, 148, 152, 171, 202, 210, 217, 225, 256, 257, 273, 317～321, 334
学問　4, 7～9, 11, 13, 14, 17, 22, 24, 26, 28, 30, 32, 34, 35, 38, 41, 59, 92, 101, 107, 122, 142, 153, 174, 200, 203, 222, 244, 245, 250, 251, 256, 258～260, 267, 269, 275, 276, 281～285, 289, 295～298, 300, 301, 314, 322, 327, 329, 331
学問の高度化　8
確率　46, 281
牙行　213
下降史観　66, 266
家産　187, 223, 231, 238, 239
家産(制)国家　150, 312
火山噴火　103, 105
家事　117, 124, 128, 221, 225, 239, 240
過剰生産　130
家職請負制(→官司請負制も見よ)　189, 234
牙人　213, 215
カースト(制)　201, 233, 255
家政　223, 229, 231
化石資源世界経済　78
化石燃料　103
河川　46
画像　41, 45, 48
家族(制度)　3, 10, 18, 33, 45, 58, 76, 78, 97, 107, 112～117, 122, 127, 128, 134, 146, 174, 177, 185, 186, 193, 201, 204, 208, 212, 215, 219, 220, 222～229, 231～233, 237～240, 251, 258, 308, 310, 326, 328, 342, 344～346
家族経営　77, 128, 131, 308, 310, 348
家族計画　112, 117
家族形態　21, 115, 237, 239, 303
家族原理　159, 195, 232
家族構成　114, 346
家族・婚姻形態の変化　117
家族社会学　219, 220, 310
『家族・私有財産・国家の起源』　206, 316
家族主義　78, 131, 219, 230, 234
家族道徳　223, 250, 252
家族農業の10年　124
過疎地　123
課題としての地域認識　86
肩書き　19, 195～197
賈耽　57
価値観　24, 27, 66, 90, 177, 221, 241, 244, 245, 262, 265, 282, 284～286, 314
価値尺度　137
価値中立的　11, 24, 63, 330
家長権　230, 231
学会　5, 12, 32, 38, 293～296, 299
学界展望　10, 295

学校教育　3, 4, 44, 253, 263
家庭科　227
家電製品　132
カード　43, 112, 157
寡頭政治　153
過渡期(社会主義への)　321
家督　231
カトリック　117, 242, 307, 315, 341
加納啓良　119
株式　232, 347
株式会社　132
仮父子結合　232
家父長制(現代、一般)　185, 221～225, 230, 235, 236, 310
家父長制(古代ローマ)　230
家父長的温情主義　131, 240
花粉　103
貨幣(史)　18, 44, 52, 124, 127, 131, 133～139, 154, 338, 341
貨幣発行権　136
鎌倉幕府　16, 19, 20, 172, 302
紙　10, 43, 52, 54, 57, 78, 97, 111, 131, 159, 282, 337
神　23, 60, 77, 81, 167, 180, 191, 206, 207, 210, 211, 217, 218, 223, 248, 277, 286
上方　173, 347
髪型　224
家名　231, 232
家役　192, 232
唐(から)　97, 248
ガラスの天井　260
柄谷行人　282
樺太　98, 99
唐物　97, 248
カリスマ　146, 147
カリフとスルタン　145
苅谷剛彦　9
ガリレオ　340
ガルトゥング　178
家礼書　50, 251
枯れ葉剤　165
過労死　78, 117, 125, 240
河合栄治郎　202
川勝平太　340
河上麻由子　160
川北稔　31, 205
為替レート　134
漢(王朝)　57, 65, 144, 148, 158, 163, 196, 214, 217, 231, 236
関羽　173, 218
寛永の飢饉　341
灌漑　101, 108, 109, 111, 166
漢学　30
宦官　144, 169, 171, 197, 234
環境決定論　100
環境史　28, 149, 297, 299, 342
環境破壊(環境汚染)　18, 74, 108, 124, 313, 326

関係性　88, 89, 213, 221, 224, 255, 269
関係の束　334
関係論　149, 284
漢語　210, 211
観光　99, 124, 257～260, 268, 295
勘合　42, 159, 336, 337, 339
韓国(→朝鮮も見よ)　33, 34, 36, 63, 82, 92, 94, 96, 117, 122, 129, 133, 142, 177, 254, 259, 260, 264, 265, 270, 271, 274, 278, 294, 295, 324, 326
冠婚葬祭　50, 63, 122, 234, 247, 251
監察　182, 187
十支　60, 63, 64
漢詩　95, 97, 248, 338
漢字　24, 33, 36, 43, 58, 92, 95～97, 210, 234, 278, 315
官司請負制(→家職請負制も見よ)　189, 234
環シナ海世界　309, 336
漢字文化(圏)　32, 58, 95, 98, 279
慣習法　180
官制　169, 188, 197
関税　127, 186
漢籍　15, 46, 55, 214, 272
間接税　186
感染症→伝染病も見よ　18, 37, 88, 100～103, 105, 106, 112, 165, 189
乾燥地帯　52, 100, 101
漢族　170, 228
官尊民卑　201
環大西洋革命　341
貫高制　135, 138
官庁　53, 183, 187, 201, 216, 295
姦通　226
関東　19, 20, 98, 341, 344, 347
勘当　239
関東大震災　103
カントーロヴィチ　146
広東　56, 273, 339
官と民　201
観念論　315, 328
旱魃　105
漢文　33, 34, 36, 51, 52, 54, 82, 231, 249, 272
漢方　107
カンボジア　86, 109, 174, 195, 271, 272, 321, 325
管理社会　145, 257, 275, 334
官吏登用　182
韓流　99, 249, 259, 271
官僚(制)　18, 45, 53, 129, 143, 144, 146, 151, 171, 182, 184, 185, 187, 196, 208, 210, 213～217, 234, 250, 305, 309
寒冷化　18, 103～105, 112, 236, 341
環境保全　106, 123

キ

気(中国の観念)　107, 231, 250
魏　196
ギアーツ　78
生糸　98, 132, 338, 343, 344
記憶　18, 50, 51, 56, 92, 99, 117, 123,
　178, 206, 211, 261〜264, 266, 271,
　274, 300
議会政治　134, 155, 260
危機　2〜4, 14, 37, 38, 74, 79, 102,
　104, 112, 138, 139, 235, 238, 243,
　280, 308, 340, 341
企業経営　132
起居注　53
ギグ・エコノミー　125
『菊と刀』　284
紀元後　18
紀元前　18, 65, 69
気候変動　18, 88, 90, 93, 100, 102〜
　104, 106, 149, 189, 303
騎士　168, 170
偽史　282
偽使　159, 336, 337
疑似漢字　44
騎士道　172
技術(史)　3, 18, 23, 28, 38, 45, 47, 55,
　61, 74, 77, 88, 102, 106, 107, 109,
　110, 112, 120, 191, 243, 295, 298,
　308, 311, 317, 326, 336
技術革新　72, 120, 308
『魏志倭人伝』　42
寄生虫　115
季節　61, 64
基礎科学　297
貴族　18, 20, 66, 77, 123, 127, 129,
　142, 144, 148, 154, 155, 169, 170,
　183〜185, 187, 188, 190, 191, 194,
　196, 215〜217, 229, 230, 236, 248,
　249, 257, 309
帰属意識(→アイデンティティも
　見よ)　150
北アジア　85
北アフリカ　84
北アメリカ　107
北村厚　29, 87
基地経済　166
記念碑　174, 264
記念日　264
記念物(→モニュメントも見よ)
　44, 178
紀年法　18, 61
木下光生　218
規範化　44
機密文書　156
義務　8, 17, 26, 40, 64, 160, 174, 182,
　186, 188, 206, 250, 251, 301
義務教育　173
キムチ　122, 254
偽文書　54

虐殺　164, 177, 178, 272
格式(律令制)　181
キャッシュフロー　138
キャッチアップ型近代化　76
キャリアパス　14, 293
救済　66, 106, 178, 191, 202, 215,
　218, 306
旧正月　63, 64
旧石器時代　97
宮殿　45, 127, 143, 144, 246
旧仏教　69, 190, 191, 338
『旧約聖書』　42
旧暦　62〜64
京(京都)
　57, 83, 95, 144, 174, 221, 344
教育改革　280, 287
教育現場　5
教育ママ　239
教員養成(→教職課程も見よ)
　4, 290, 294
教会　61, 66, 127, 213, 250, 277
境界権力　98, 149
教会法　180
教科教育学　5
教科書　4, 5, 7, 9, 10, 12, 15, 16, 19,
　20, 22, 29, 44, 58, 59, 63, 65, 69, 72,
　84, 93, 94, 106, 110, 146, 147, 152,
　158, 179, 221, 225, 263〜265, 282,
　287〜292, 294, 302, 303, 330, 335,
　342
教区簿冊　113
教訓(歴史の)
　37, 161, 250, 262, 297, 325
教皇　145
共産主義　3, 23, 65, 73, 90, 92, 101,
　166, 200, 204〜206, 211, 275, 278,
　314〜316, 318〜323
共産党　86, 143, 201, 315, 318, 319,
　321〜323, 325, 334
強者　29, 261, 304
尭・舜・禹　66
共助(→相互扶助も見よ)　217, 218
行状　53
教職課程(→教員養成も見よ)
　290, 299
郷紳　215, 217
行政　19, 43, 51, 53, 61, 137, 141,
　174, 181, 185, 191, 206, 216, 297
「強制栽培制度」　118
強制同化(政策)　212, 253, 322
強制連行　177
共通教科書　265
経典　18, 43, 45, 242, 249
共同出資　132
共同性　205, 206, 208, 315, 318
共同体　18, 34, 124, 129, 152, 166,
　185, 199, 200, 205〜209, 211〜
　213, 247, 252, 274, 304, 312, 315〜
　318, 325
京都学派　67

郷土史　31, 81, 83, 122
郷約　51
教養　2, 4, 5, 7, 9, 14, 24, 38, 41, 141,
　184, 244, 267〜269, 281, 283, 291,
　296, 298
教養教育　9, 14, 15, 269, 290, 294
教養市民　248
共和政(制)　18, 67, 151〜155, 185
居延漢簡　182
虚学　297
虚構　281
居住(環境、形態)　202, 229
巨人の肩に乗って遠くを見る
　16, 36
漁労　18, 107
ギリシア(古代ギリシア)　22, 41,
　62, 87, 107, 133, 150, 156, 182,
　184, 253, 268, 275, 318, 333
ギリシア語　82
ギリシア文明　146, 273
ギリシア・ローマ
　66, 84, 166, 273, 278, 318
キリスト教民主党　143
キリスト教暦　63
規律的権力　335
ギルド　107, 151, 181, 186, 212, 215
記録　22, 24, 40〜43, 45, 47〜51, 53,
　55, 56, 58, 103, 104, 113, 114, 120,
　149, 157, 181, 182, 243, 254, 261,
　263, 264, 281, 301, 302, 328, 329,
　343
銀　97, 126, 131, 135〜139, 337〜
　341, 343, 346, 347
近経(近代経済学)　324
近現代史
　6, 25, 51, 52, 75, 85, 108, 314, 331
銀行　125, 132, 136, 137
キンシップ　228
近習　171
近親婚　229
近世(史)(→初期近代も見よ)
　22, 48, 50, 51, 59, 61, 67, 68, 71〜
　78, 85, 89, 90, 92, 94, 95, 97, 98,
　103, 104, 107, 110, 111, 113〜119,
　122, 123, 127, 128, 130〜132, 134,
　135, 137, 139, 145, 146, 149, 151〜
　155, 158, 169, 170, 172, 180, 181,
　190〜192, 194, 196, 207〜209,
　213, 216〜218, 223, 225, 229, 230,
　232, 233, 238〜240, 251, 252, 271,
　279, 291, 309, 310, 335〜337, 340
　〜342, 344, 345, 347〜349
近世史　73, 76, 216, 341, 345
金石文　18, 43
金属貨幣　136
近代(世界)　3, 9, 21, 22, 25, 26, 29
　〜31, 49, 50, 59〜61, 64, 66, 68〜
　76, 78, 80〜82, 85, 86, 88, 89, 91, 94,
　95, 97, 98, 101, 108, 109, 113, 115
　〜117, 121, 122, 124, 126〜129,

131〜142, 145, 148, 149, 152, 154
〜160, 167, 168, 170, 172〜174,
180〜184, 186, 190, 194, 200, 203,
209, 213, 219, 220, 222, 224, 226,
234, 242, 250, 266, 274, 276, 282,
283, 296, 303〜306, 309〜314,
318, 331〜333, 337, 341, 345, 349

近代医学　　　　　　　　107, 255
近代化　　25, 31, 38, 45, 65, 70, 73〜
77, 98, 115, 116, 118, 129, 132〜
134, 152, 204, 206, 207, 225, 251,
254, 255, 259, 267, 276, 278, 289,
311, 313, 334, 335, 340, 342, 345
近代科学　　24, 106, 107, 241, 244,
268, 332, 333
「近代家族」　74, 219, 225, 227, 311
近代化論　　　26, 27, 32, 101, 324
近代経済学　　　　　139, 159, 327
近代国際法　　　　　　　152, 180
近代国家　24, 46, 71, 129, 134, 136,
137, 148, 150, 152〜154, 156, 167,
169, 173, 175, 181, 184, 187, 189,
200, 209, 214, 215, 226, 314, 342
近代史
75, 84, 88, 94, 131, 152, 270, 331
近代資本主義社会(近代資本制)
26, 65, 79, 121, 129, 312, 316, 322
近代社会　3, 24, 73, 90, 91, 188, 205,
207, 211, 214, 243, 254, 308, 313,
314, 324, 334, 335, 342
近代主義　　　　　　　31, 203, 285
近代性　　　　　　　28, 73, 75, 311
近代西洋　　30, 68, 74, 108, 142, 259,
260, 284〜286
近代世界システム(→世界システ
ム(論)も見よ)　71, 75, 132, 153,
313, 316, 326, 340
近代戦争　　　　　　　　161, 176
近代の超克　　　　　　　　　　74
近代批判　　　　　　　　　　207
近代文明　　　　　　　　　25, 210
近代民主主義　　　　　3, 145, 187
近代ヨーロッパ　　23, 25, 64, 101,
108, 114, 133, 146, 225, 249, 274,
284
近代歴史学　　18, 21〜25, 70, 81, 83,
84, 92, 222, 275
金太郎飴　　　　　　　　　　　39
均分相続　　　　　　224, 238, 251
勤勉革命　　76〜79, 98, 111, 115〜
119, 129, 131, 134, 233, 340, 344,
346, 347
金本位制　　　　　　　　　　126
銀本位制　　　　　　　　　　126

ク

空間　　23, 64, 68, 69, 74, 75, 80〜83,
85, 86, 90, 98, 144, 212, 215, 247,
270, 305

偶像崇拝　　　　　　　　　　　18
空想的社会主義　　　　　　　315
空爆　　　　　　　　　　　　165
クオータ制　　　　　　　　　297
公家法　　　　　　　　　　　180
クシャトリヤ　　　　　　　　168
クーデタ　　　　　　　　　　194
クーリー　　　　　　　　　　118
国(→国家も見よ)　27, 28, 37, 45,
51, 56, 65, 66, 68, 71, 72, 80〜82,
87, 97, 113, 116, 117, 138, 139,
141, 142, 174, 210, 218, 241, 242,
253, 263, 265, 280, 284, 302〜305,
308, 311, 312, 336
「国づくりの論埋」　　　　　214
クラウゼヴィッツ　　　　　　162
暮らし　　18, 77, 120〜123, 142, 143,
193, 220, 224, 313, 342
クラシック音楽　　　　　　　248
グラデーション　　　　269, 333
グラムシ　　　　　　　　　　334
クラン　　　　　　　　　　　228
グランドセオリー　29, 204, 284
クリスチャン、デーヴィッド　102
グリニッジ標準時　　　　　　64
グルカ兵　　　　　　　　　　170
クルド人　　　　　　　　　　273
クレオール　　　　　　　44, 274
グレート・ゲーム　　　　　　85
黒田明伸　　　　　135, 137, 138
黒田俊雄　　　　　　　　69, 190
グローバル化　　18, 28, 32, 42, 88,
112, 133, 163, 212, 240, 259, 289,
335
グローバル経済史　71, 106, 113, 326
グローバル・シティズンシップ
288
グローバルな時代区分　　　　72
グローバルヒストリー　1, 28, 29,
45, 52, 68, 72, 75, 80, 85, 87〜89,
101, 102, 113, 120〜122, 124, 204,
213, 267, 282, 291, 292, 325, 327,
334
桑田六郎　　　　　　　　　　99
軍(軍隊)　129, 143, 161〜163, 165
〜168, 170〜172, 174〜177, 182,
185, 197, 217, 221, 233, 243, 264,
347
軍管区　　　　　　　　　　　170
軍記(物)　　　　　　　162, 172
郡県制　　　　　　　　　　　58
軍戸　　　　　　　　　　　　168
軍国主義　　　　167, 173, 278, 323
軍事(史、力)　　18〜20, 43, 91, 98,
101, 107, 108, 140, 149, 151, 153,
160〜163, 166, 168〜172, 181,
187, 189〜191, 213, 223, 224, 228,
247, 305, 309, 313, 347
軍事革命(火薬革命)　　　　167

軍事技術　　　90, 162, 167, 340
軍事貴族　　　　　　　　　　236
軍事政権　　　　　131, 171, 348
君主　18, 54, 63, 92, 95, 129, 142, 144
〜147, 151, 152, 154, 160, 162,
164, 169, 171, 180, 181, 183, 187,
195, 197, 200, 210, 229, 230, 232,
235, 248, 250, 253, 265, 286, 308,
309
軍縮　　　　　　　　　　　　175
軍需景気　　　　　　　　　　166
君主制　　　　　　　145, 184, 226
軍人　　18, 161〜163, 165, 168, 170,
172, 174, 197, 221, 232, 297, 306
軍人恩給　　　　　　　　　　174
君臣契約　　　　　　　180, 189
訓政　　　　　　　　　131, 348
軍隊式教育　　　　　　　　　173
軍団　　　　　168, 170, 171, 197, 198
軍閥　　　　　　　　　　　　171
訓読み　　　　　　　　　　　95

ケ

ケア労働　116, 117, 124, 134, 239
経営学　　　　　　　　　33, 142
経営中(日本の家)　　　232, 238
計画経済　　　　　130, 318, 321, 324
景観　　　　　　　　　　　　46
景況　　　　　　　　　　　　68
軽工業　　　　　　　　　　　131
経済(史)　　3, 12, 18, 24, 26, 31, 32,
38, 45, 48, 51, 53, 68, 69, 71, 72, 78,
81, 82, 94, 98, 110, 112, 113, 116,
118〜126, 129〜134, 137, 145,
147, 149〜151, 159, 164, 166, 168,
174, 178, 183, 191〜193, 200, 201,
204, 207, 208, 211, 215〜217, 219
〜224, 227, 231, 232, 239, 241, 246
〜248, 264, 265, 267, 275, 276, 283,
300, 302, 305, 309〜313, 315, 316,
323, 324, 327, 328, 335, 340, 344〜
346, 358, 349
経済学　24, 30, 121, 125, 133, 134,
153, 203, 259, 267, 283〜286, 291,
324, 346
『経済学批判』　　　　　　　316
経済構造　　21, 67, 140, 205, 247, 303,
315, 316, 343
経済成長(経済発展)　32, 75, 78, 79,
119, 121, 204, 219, 233, 239, 278,
308, 312, 314, 324, 346, 347
『経済・社会史年報』　　　　203
芸術(史)　　3, 14, 18, 23〜25, 40, 43,
67, 88, 191, 241〜243, 246〜249,
258, 260, 276, 296, 302, 309, 328
芸術家　241, 242, 247, 257, 274, 309
芸術学　　　　45, 245, 283, 291
経書　　　　　　　　　249, 250
京城帝大　　　　　　　　　　98
計数貨幣　　　　　　　　　　136

経世済民　250
継体朝　195
啓典の民　213
芸能　18, 45, 69, 169, 172, 173, 191, 247, 248, 256, 257, 259
芸能者　213
啓蒙主義　22, 23, 206, 334
啓蒙専制君主　308
契約　43, 51, 132, 180, 182, 275
計量経済学(経済史)　27, 28, 120, 121
ケガレ　191
劇場国家論　147, 246
下剋上　192, 349
ケシク　171
ゲゼルシャフト　202
血縁　114, 169, 208, 215, 217, 219, 231, 232, 311, 318
結核　105
結婚によらない出産　226
結婚年齢　115, 347
ゲバラ　175
ケプラー　108
ゲマインシャフト　202
ゲーム　13, 40, 162, 222, 244, 269
ゲームの理論　133
ゲルマン社会　84, 275, 318
ゲルマン法　180
元(朝)(→モンゴル帝国も見よ)　110, 137, 168, 198, 337
権威　4, 37, 44, 63, 130, 137, 144〜147, 160, 183, 191, 210, 235, 331
権威主義　74, 78, 131, 142, 215, 216, 307, 346, 348
減価償却　128
嫌韓・反中　99
研究者　1, 5, 7, 9, 14, 17, 19, 26, 28, 31, 33〜36, 40, 44, 48, 49, 51, 73, 80, 83, 85, 87, 99, 111, 207, 220, 222, 247, 255, 257, 269, 271, 272, 279, 284, 291〜295, 297, 299〜301, 303, 325, 326, 330, 331
研究入門(研究指南)　10〜12, 41, 47, 85
研究ノート　295
兼業農民　233
言語　9, 13, 18, 25, 36, 44, 48, 49, 52〜54, 58, 80, 82, 85, 107, 150, 154, 156, 203, 209〜212, 241, 242, 246, 253, 269, 273, 276, 277, 286, 291〜293, 307, 309, 327, 328, 331〜333
言語論的転回　28, 42, 206, 242, 251, 252, 281, 327, 328, 331
現在と過去との対話　255
原始共産制　65, 228, 317, 322
原始時代　26
元首　18
原住民　183
憲章国家　90
「原始, 女性は太陽だった」　222

原子力　108
建設(→建築も見よ)　46, 69, 90, 96, 107, 111, 112, 127, 134, 160, 204, 207, 312〜314, 321, 322, 344, 347
言説　2, 18, 28, 66, 115, 119, 204, 220, 245, 249, 251, 277, 278, 329
現代史　45, 75
現代社会　6, 7, 10, 13, 108, 123, 202
現代社会(高校科目)　175
現代性(現代的意義)　7, 198, 267, 268, 296, 349
現代奴隷制　177
現代用語　13
現代歴史学　1, 4, 5, 200
建築(史)(→建設も見よ)　44, 52, 107, 246, 248, 275
遣唐使　93, 96, 97, 158, 341
憲法　92, 152, 153, 180, 183, 239
顕密仏教(顕密体制)　29, 69, 190, 191, 248
県民性　87
権門体制(論)　190, 192
権利　8, 10, 43, 68, 124, 125, 127, 133, 154, 163, 175, 182, 183, 186, 188〜192, 196, 206, 209, 214, 220, 222〜225, 266, 287, 307, 310, 311, 322
権力(者)　46, 48, 58, 61, 63, 74, 81, 127, 130, 137, 139〜142, 144, 145, 147, 148, 151, 172, 180〜182, 187, 192〜194, 197, 215, 222, 228〜230, 234〜236, 246〜248, 250, 253, 254, 271, 273, 275, 305, 308, 309, 323, 332, 334, 336
権力(の)構造　59, 143, 151, 197, 201, 304
権力と権威の分離　145, 195
権力の継承　193
元老院　154, 155
言論　31, 142, 147, 154, 175, 178, 183, 187, 212, 327
言論空間　217

コ

孝　107, 224, 250〜252
豪→オーストラリア
広域交流　48, 141, 306
COVID-19 →新型コロナウイルス感染症
合意の調達　145, 247
交易(→貿易も見よ)　18, 76, 85, 90, 98, 149, 336, 339
『交易の時代の東南アジア 1450〜1680年』　85
工学的適応　111, 112
『皇華四達記』　57
交換　18, 34, 129, 130, 135, 137〜139, 159, 229, 343
交換手段　137
皇紀　64

後期近代　75, 332
合議制　193
後期帝政(ローマ)　305
後期帝政(中国)　216
後宮　144, 169
公共(高校科目)　175, 212, 217, 247, 290, 292
公教育　64, 227, 296
工業化　3, 72, 73, 78, 98, 101, 102, 105, 115, 116, 123, 132, 226, 233, 313, 340, 347
公共機能　150, 151, 188, 190, 213, 214, 217
公共業務　192, 347
公共圏　206, 208, 212
(国際)公共財　141, 153, 306
公共事業　202, 348
公共性　199, 205, 212, 217
公共善　200
公共の福祉　187
工具書　41, 47
工芸　44, 107, 248, 272, 337, 338
公元(→西暦も見よ)　64
高校教育　87, 92, 95, 123, 299, 335
高校教員　4, 5, 262, 291
考古学　18, 44, 45, 49, 52, 84, 135, 149, 166, 169, 272, 291, 294, 331
皇国史観　31, 96, 322
講座派　70, 78, 319, 322, 324
港市　18, 56, 58, 84, 85
公式・定理　8, 11, 16, 19, 27, 33, 38, 59, 80, 163, 174, 214, 281, 288, 301, 320, 339, 343, 347
港市国家　85, 98, 129, 130, 147, 149, 150, 309
交州　57
公衆　155
広州　57
公衆衛生　106
公助(→相互扶助も見よ)　218
考証　22, 23, 29, 40, 50, 322
工場　45, 61, 123, 125, 128, 130, 131, 226, 324
考証学　22, 50
工場制機械工業　131
口承文芸　246
工場労働者　123, 124, 155, 205, 316, 318
甲信越　344
後進国革命　319, 320, 325
洪水　105, 112, 118
交戦権　163, 175
構造　26, 27, 71, 72, 75, 86, 87, 96, 97, 132, 219, 256, 258, 284, 303, 315〜317, 333
構造主義　189, 203, 327, 331〜333
構造的暴力　178
校則　181
豪族　18, 148, 163, 171, 185, 216, 308
皇太后　197, 235, 236, 310

高大接続 287, 290, 291
高大連携歴史教育研究会 5, 16, 18, 288, 291, 301
構築主義 189, 251, 252, 333
公地公民 234
河内祥輔 195
行中書省 198
皇朝十二銭 137
交通 18, 46, 102, 107, 113, 124, 125, 153, 188
校訂 49～51
皇帝 18, 53, 57, 64, 145, 146, 156～159, 194, 195, 216, 235, 236, 310
『黄帝内経』 107
行動科学 332
高度教養教育 15, 269
高度(経済)成長 70, 117, 132, 134, 226, 239, 295, 324, 347, 348
公と私 212
江南(中国) 72, 77, 110, 144
江南デルタ稲作シンポジウム 110
鉱物 101
公法 180
公民 154
公民科 289, 290
公務員 182, 187
公文書 24, 43, 44, 263
『甲陽軍鑑』 172
公理(→公式・定理も見よ) 26
高利貸し 336
功利主義 244, 284
合理主義 250, 251
興論 155
高齢化 117, 119, 348
語学 9, 13, 35, 36, 41, 107, 203, 255, 269, 276, 288, 291, 292, 294, 295, 327, 328, 332, 333
後漢 67
『後漢書』 250
国学 31, 251
国技 173
国語 9, 36, 44, 50, 53, 85, 95, 157, 253, 255, 276～278, 283, 288, 291, 292, 298
国号 96, 97
国債 134
国際学会 293, 295
国際関係 81, 96, 158, 284, 309
国際結婚 157, 186, 226
国際交流 32, 295
国際条約 52
国際政治 88, 158, 259
国際秩序 158, 160, 163, 289
国際日本文化研究センター 285
国際バカロレア 9
国際分業 71
国際労働力移動 126
国史(→日本史も見よ) 30, 31, 36, 70, 81, 82, 94, 101, 213, 214, 325
国書 156

黒人奴隷制 71
国粋主義 93, 278, 307
国制史 67, 153, 200
国勢調査 45
国籍 172, 185, 218
石高制 135, 138
国定教科書 289
国土(概念) 37, 109, 183, 210, 245, 247
黒糖 343, 344
国風文化 97, 248
国民教育 140, 289
国民軍(国民兵) 170, 173, 253
国民国家 3, 23～25, 27, 29, 74, 81～83, 88, 89, 91, 141, 152, 153, 156, 174, 200, 203, 204, 226, 242, 246, 247, 253, 256, 257, 270～274, 292, 306, 309, 311, 312, 314, 335, 342
国民国家史観 9, 87, 91, 334
国民国家批判 252, 253, 255
国民主権 187
国民性 81, 92, 122
国民精神 88
国民帝国 153
国民的歴史学運動 269
国民統合 30, 155
国母 235
穀物 103, 104, 127, 131, 136, 305
国立公文書館 46
国立国会図書館 46
国立歴史民俗博物館 41, 69, 230
国連 124, 153, 177, 180, 221, 288
後家の権力 236
五権憲法 182
小作人 18, 78, 309
互市体制 95
戸主(権) 239
互酬 129, 159, 182
55年体制 185
古書 47
個人 17, 33, 52, 82, 117, 122, 146, 177, 199, 202, 204～206, 208, 213, 221, 222, 228, 241, 244, 261～263, 266, 280, 284, 304, 314, 332, 334
個人主義なき個人化 349
個人情報 47
「個人的なことは政治的なこと」 221, 244
個人の自由 205, 210
コスト計算 124, 128
コスモポリタニズム 18
コスモロジー(→宇宙原理も見よ) 150
個性 13, 28, 82, 150, 177, 212, 245, 284～286, 314, 324, 332, 348
個性記述的科学 24
戸籍 48, 113, 186, 239, 348
語族 18, 199, 276, 304
五族協和 99
後醍醐(天皇) 33

古代史 6, 12, 52, 55, 84, 85, 94, 95, 158, 266, 268, 271, 310, 331
古代奴隷制 65, 322
古代文明 25, 90, 317
5W1H 19, 20, 59, 302
国家(→国も見よ) 18, 23～25, 31, 33, 34, 43, 44, 46, 48, 58, 63, 64, 67, 69, 71, 75, 82～84, 87, 90～93, 97, 98, 102, 103, 105～107, 111, 112, 120, 122, 126, 127, 129, 130, 132, 133, 136, 137, 140～142, 145～153, 155～157, 160～162, 166～172, 174, 175, 177, 178, 180, 181, 183, 185～190, 192, 194, 195, 199～202, 204, 206, 210, 212～219, 238, 242, 245, 248, 250, 251, 255, 257, 261, 263, 265, 270～277, 284, 292, 305～320, 322, 325, 329, 332, 336, 341, 349
国家形成 3, 24, 68, 69, 149, 200, 215, 292, 311
国家権力 144, 191, 206, 312, 320
国家(国民)共同体 213
国家至上主義 263, 329
国家(的)資本主義 130, 325
国家のない社会 58, 148
骨董 49
固定給 128
古典 6, 9, 10, 25, 41, 87, 89, 120, 125, 193, 200, 202, 206, 241, 285, 340
「古典教育は必要か」論争 9
古典語 44, 82, 272, 283
古典国制 214
古典古代 66
子ども 225, 228, 348
近衛軍(近衛兵) 170, 171, 197
小葉田淳 158
小浜正子 230
コーヒー 123, 138
古美術 47
古墳時代 69, 96, 169, 223
個別研究 284
個別人身支配 196
コーポラティズム 200, 201
小松久男 85
コミュニケーション 15, 18, 34, 245
コミュニティ 82, 122, 123, 184
コモンズ 217
子安貝 131, 135
雇用関係 125
暦(→暦法も見よ) 62～64, 84, 160, 249
娯楽 122, 204, 257, 262
ゴルカル 201
コレラ 105
コロンブスの交換 122
婚姻 18, 115, 117, 159, 169, 185, 186, 220, 222, 227, 229, 310
婚外子 237, 240

金地院崇伝　338
コンテクスト　268
コンテンツ　249, 258, 259
コンピテンス　288
コンピューター　28, 44, 47, 102, 112, 120, 162, 167
コンラート　87

サ

サイエンス・ウォーズ　332
災害　3, 18, 80, 103, 106, 215, 263, 268, 304
再解釈（歴史の）　261, 303
最後の審判　60, 66
再婚　226, 229, 235
財産権　229, 236, 240, 311
財産相続　229, 239
祭祀（→祭りも見よ）　51, 142, 174, 208, 217, 231, 238, 248, 251
財政軍事国家　134, 167, 347
サイード　27, 258, 279
齊藤修　89
CiNii　46
在日（韓国・朝鮮人）　274
裁判　51, 181, 182, 184～186, 190, 213, 215, 280
再分配　129, 137, 159
在留資格　186
サーカス　249
作業仮説　26
搾取　124, 147, 148, 150, 153, 166, 206, 207, 216, 217, 223, 255, 316～318, 321, 325, 334
サクディナー　196
作品　34, 38, 45, 47, 54, 172, 241, 242, 245, 281, 286
冊封（体制）　56, 64, 94～96, 157～160, 179, 185, 292, 309
桜井由躬雄　207
鎖国　53, 76, 81, 97, 98, 122, 138, 244, 337, 340～343, 349
鎖国の実態化　342
佐々木愛　230, 231
作家　2, 4, 33, 40, 47, 242, 282
『冊府元亀』　55
砂糖　98, 123, 338, 343
佐藤進一　41, 115, 190
佐藤卓己　243, 330
『砂糖の世界史』　205
佐藤正幸　60, 81, 92, 286
里山　108, 341
讃岐　343
砂漠　100
ザーバジュ（ジャーヴァカ）　58
サハラ以南のアフリカ　85
サバルタン研究　274
サービス　46, 121, 125, 153, 312
差別　27, 39, 106, 126, 147, 153, 154, 177, 178, 183, 186, 191, 202, 208, 212, 224, 252, 255, 260, 279, 334,

348
侍（サムライ）（→武家、武士も見よ）　173, 192, 197
サラリーマン（社会、家族）　10, 127, 133, 212, 226, 239, 348
散官　196, 197
三教　217, 277
産業　3, 45, 124, 130, 131, 286, 344
産業革命　75, 76, 104, 105, 107, 121, 133
産業考古学　45
三権分立　181, 187
『三国志演義』　172, 232
「散砂の自由」　215
サンスクリット語　82, 272
三世代の直系家族　231, 239
三都（江戸、京、大坂）　344
三層の時間　68
山地民　149, 271, 272
三仏斉　56～58
三分法（古代ー中世ー近代）　65
参与観察　284

シ

士（身分）　250, 251
CE（Common Era）・BCE　64
GIS（地理情報システム）　46
自意識　261
ジェンダー　1, 8, 10, 18, 38, 67, 74, 78, 97, 101, 116, 121, 124, 125, 142, 161, 177, 178, 182, 185, 186, 193, 208, 212, 219～222, 230, 239, 241, 244, 252, 254～256, 258, 264, 278, 306, 310, 329, 342
ジェンダー学　221, 230, 329, 335
ジェンダー格差　79, 227
ジェンダー規範　219, 226, 273, 274
ジェンダー史　28, 45, 67, 185, 220, 221, 297, 299
ジェンダー主流化　221
ジェンダーバイアス　97, 195
ジェンダー表象　173
史学会　15, 32, 291
史学概論　5, 11
史学系　9, 14, 39, 281, 290, 293, 298, 299
『史学雑誌』　22
史学史　1, 11, 15, 22, 30, 31, 298, 299, 330
滋賀秀三　231
時間　6, 15, 18, 59～61, 63～65, 75, 80, 90, 104, 125, 128, 264, 266, 289, 298, 303
時間感覚（観念）　22, 59, 60, 61, 304
時間給　61, 128
志願兵　170
職（日本中世）　192, 232
指揮官（軍事）　163, 171
識字率　254
自虐史観　282, 329

自給経済　129, 135
死刑制度　185
時系列（時間軸）　17, 59, 68, 301
資源　72, 76, 94, 97, 101, 102, 112, 114, 116, 118, 127, 164, 201, 215, 217, 312, 313, 317, 336～338, 340, 341
事件　16, 19, 22, 25, 50, 59, 68, 262, 263
事件の現場　48
時憲暦　64
思考力　6, 16, 287～290, 301
自国史　12, 34, 49, 50, 53, 91, 92, 265
自己責任　71, 245
子午線　64
自己認識　278, 314
史実　11, 17, 23～26, 29, 40, 45, 48, 51, 55, 59, 146, 263, 265, 281, 300～302, 329～331
『資治通鑑』　250
事実立脚性　13
時事問題　268
寺社造営料唐船　338
市場経済　27, 37, 110, 129～131, 133, 135, 215, 216, 320, 342
市場原理　125
治承寿永の内乱　20, 170
辞書・事典　41, 47
地震　47, 103, 105
自衛戦争　163, 164
自然（界）　17, 67, 80, 102, 107, 111, 119, 252, 268, 277, 302, 328
慈善　217
自然科学　16, 24, 38, 106, 299, 332
自然災害　18, 20, 100, 103, 105, 106, 112, 118
自然法　180, 182
自然保護運動　108
思想（史）　10, 13, 14, 18, 23, 24, 40, 41, 65～67, 74, 77, 88, 142, 156, 174, 195, 199, 204, 209, 212, 231, 236, 241～243, 245, 246, 258, 260, 268, 278, 283, 286, 302, 316, 325～327, 331, 342, 345
氏族　91, 188, 189, 211, 310, 318
時代　5, 12, 13, 17, 18, 21, 29, 34, 49, 54, 59～61, 65～67, 80, 89, 97, 108, 112, 127, 166, 179, 182, 203, 204, 207, 212, 223, 225, 236, 242, 244, 254, 261, 263, 274, 281, 288, 296, 299, 301～305, 308, 310, 322, 331
時代区分　65～70, 72, 93, 185, 233, 270
事大主義　93, 307
士大夫　56, 155, 250
寺檀制　190, 251
自治　125, 183, 185, 206, 214～216, 277
自治体史　31

実学　297
失業者　123, 202
失業者対策　202
実験・観測　281
実効支配　158
実効税率　347
実在論　86
実質賃金　121
湿潤地帯　100
実証　18, 25, 26, 28, 29, 34, 88, 89,
228, 282, 284, 294, 299, 300, 322,
329, 330
実証主義　3, 322
実践　5, 24, 38, 98, 245, 250, 252,
300, 329
実践宗教　246
実体経済　125, 134
実力主義　147, 309
『実理論』　146
実録　53, 57, 172
GDP　37, 45, 71, 113, 120, 121, 297
私的所有　67, 321, 325
私的所有権の排他性　239
私的制裁　182
視点　1, 21, 23, 24, 26, 27, 29, 74, 83
～87, 89, 106, 150, 177, 189, 190,
203, 205, 214, 256, 269, 271, 291,
303
史伝　43
児童労働　78
「指導された民主主義」　142
自動車　132, 267
地主　18, 66, 67, 77, 78, 123, 124,
127, 132, 185, 207, 215, 217, 308,
319, 320, 344, 345
私年号　64
支配　3, 18, 19, 63, 64, 101, 140, 141,
144～148, 152～154, 161, 166,
181, 183, 185, 187, 189, 191, 199,
200, 209, 214～217, 230, 247, 254
～257, 304～313, 323, 334
支配者(層)　22, 27, 64, 68, 75, 90,
113, 130, 135, 145, 146, 148, 150,
151, 159, 167, 172, 183, 192, 197,
216, 222～224, 228, 229, 242, 251,
255～257, 260, 270, 293, 306, 308,
309, 333, 334, 345

『支配の社会学』　146
支配－服従構造　305
紙背文書　43
司馬遷　22, 42
自発的隷従　145
シーパワー論　162
自分史　263
私文書　43
私兵　169
紙幣　135, 137
司法　43, 181, 184, 185
私法　180

死亡率　48, 113, 115
資本　121, 128, 130, 318
資本家　124, 128, 142, 269, 316, 318,
323, 344
資本収支　139
資本主義　21, 23, 26, 27, 31, 32, 61,
66, 70, 71, 73, 77～80, 98, 101,
127, 129～132, 148, 155, 166, 183,
185, 188, 199, 200, 204, 206, 207,
211, 213, 247, 249, 254, 256, 259,
303, 312～322, 324～326, 346,
347
資本主義世界経済　139
資本主義的農業　124
資本主義(の)萌芽　132, 340
資本蓄積　78, 133, 344
市民　1, 2, 8～10, 123, 125, 165, 168,
169, 193, 225, 277, 285, 287, 290,
291, 318
市民運動　176, 177, 202, 264
市民革命　3, 69, 73, 75, 151, 152,
215, 256, 314
市民権　18, 84, 180, 307
市民社会　4, 27, 71, 134, 147, 155,
200, 208, 212, 215, 221, 247, 275,
278, 299, 312, 342
自民党　143, 201
『市民のための世界史』　2, 5, 10, 15,
76, 151, 237, 245, 292, 293, 314
ジャーヴァカ　58
社会　1, 3, 14, 17, 18, 33, 35, 46, 47,
51, 58, 59, 61, 65, 75, 102, 108, 116,
120, 123, 130, 143, 144, 161, 177,
179～182, 184, 185, 188, 189, 191,
192, 199～202, 205, 212～215,
217, 219, 232, 241, 245, 246, 249,
254, 255, 261～264, 269, 286, 300,
302～304, 307, 308, 311, 314, 315,
320, 322, 325, 328, 332, 334, 335,
347
社会運動　202, 335
社会科(教育)　186, 227
社会科学　14, 21, 24, 26, 38, 65, 72,
73, 125, 214, 258, 259, 268, 281,
283～285, 295, 296, 302, 325, 327
社会規範　182
社会経済構成体　316
社会契約(説)
142, 180, 182, 199, 200
社会工学　202
社会貢献　295
社会史　28, 37, 42, 60, 75, 113, 120～
122, 124, 188, 191, 194, 200, 203～
205, 241, 244, 263, 325, 327, 328
社会事業　202
社会思想　202
社会主義　32, 65, 70, 73, 77, 86, 125,
130, 131, 141, 142, 147, 155, 174,
183, 199, 200, 204, 207, 210, 211,
216, 217, 277, 312～316, 318～

326, 334, 348
社会主義革命　26, 69, 319, 320
社会進化論　278
社会人入学　293
社会心理学　283
社会政策　202
社会ダーウィニズム(→社会進化
論も見よ)　310
社会秩序　202
社会調査　202
社会の通念　40, 302
社会の負託　296, 298
社会批判　88
社会福祉　202
社会保険　185
社会保障　185, 202
社会民主主義　319, 321, 325
社会問題　202, 315
社学連携　15, 291
邪教　217, 250
ジャーギール　170
爵位　196
弱者
79, 201～203, 208, 215, 273, 332
借地農　124, 127
謝罪　174, 175, 177, 178, 224, 263
社史　31
奢侈品　97, 130, 131
写真　45, 47, 54, 264
社団　18, 201
社団国家　200, 202
ジャーナリスト　2, 109, 263, 282
写本　43, 50
シャム(→タイも見よ)
90, 156, 195, 196, 336
シャリーア　180
ジャワ　56, 58, 78, 98, 118, 119, 194,
253, 271, 336, 343
朱印船貿易　94, 338, 339
周　66
週　60, 298
自由　3, 74, 118, 129, 132, 133, 140,
142, 145, 151, 176, 183, 186, 187,
200, 205, 215, 218, 275, 311, 313,
318, 323, 333, 334, 344, 346, 349
修学旅行　264
宗教(史)　18, 22, 24, 34, 42～44, 51,
61～63, 67, 70, 81, 93, 124, 141,
145～147, 150, 157, 167, 168, 174,
190, 191, 206, 208, 211～213, 217,
224, 228, 241～243, 245～251,
264, 267, 276, 277, 302, 305, 307,
309, 310, 312, 313, 315, 336
宗教改革　75, 209, 210
宗教教団(宗教組織)　127, 176,
186, 201, 217, 309
宗教研究(宗教学)　246, 284
自由競争　120, 130, 216, 307
集権的(国家的)封建制　320
重工業化　132

集合的記憶　263, 264
私有財産(制)　69, 130, 166, 315
修士号　8, 295
重商主義　133
修身斉家治国平天下　250
習俗　204
従属理論　71, 72, 75, 316, 326
住宅　134, 246
集団就職　348
集団的安全保障　163
自由な競争　307
17世紀の危機　68, 97, 102, 114,
　138, 313, 340〜342
自由・平等・友愛　225
周辺(世界システムの)　71, 72, 310
周辺(周縁)(大文明、世界帝国の)
　86, 90, 93, 150, 153, 229, 241, 307
周辺(国家、地域)(中国の)　44, 46,
　64, 95, 107, 156, 158〜160, 181,
　196, 241, 307
自由貿易　95, 133, 153
自由貿易帝国主義　120, 307
自由民　189, 196
自由民権運動　344
自由民主主義　133
住民登録　186
宗門人別改帳　113
14世紀の危機　68, 102, 113
受益者負担　240
儒学　32, 249, 251, 256, 282, 338
主観　14, 17, 26, 59, 145, 204, 209,
　264, 301, 314, 333
手記・回顧録　263
儒教　33, 42, 50, 60, 66, 76〜78, 92,
　95, 142, 145, 155, 156, 159, 160,
　172, 174, 215, 217, 223〜225, 249
　〜252, 265, 266, 277, 286, 345, 346
儒教的家族モデル　117
儒教倫理　217
主権　58, 98, 146, 150, 152, 161, 194,
　195, 209, 234, 235, 239, 263, 306,
　311, 329
主権国家　89, 152, 163, 309, 311, 342
主権者教育　140, 161, 163, 186, 289
手工業
　71, 107, 127, 128, 131, 336, 337
朱子学　50, 76〜78, 231, 240, 250,
　251, 256, 345, 346
『朱子(朱文公)家礼』　251
呪術　182, 191
授時暦　64
主人権　230
主体性
　86, 88, 150, 246, 269, 324, 333, 334
主体と客体　268, 333
首長(制)
　18, 69, 149, 169, 183, 186, 222, 223
出産
　115〜117, 119, 204, 237, 238, 240
出産管理　347

出自集団　228
出生率
　115〜117, 119, 226, 227, 335, 348
出土品　49, 52
出入国管理　185
出版　4, 5, 9, 10, 12, 20, 32, 39, 41, 64,
　87, 88, 96, 162, 172, 180, 210, 244,
　257, 282, 292, 294, 295, 328
主婦(化)　124, 225, 348
『周礼』　144
シュリーヴィジャヤ　56, 58
狩猟採集　100, 304
循環史観　66
『春秋』　42, 43
純文学　248
巡礼　18, 272
上院　154, 155
荘園(制)　13, 19, 69, 127, 137, 169,
　190〜192, 235, 292, 338
荘園景観　46
荘園公領制　190
障碍者　117, 202, 240
蒋介石　143
蒸気機関　107
蒸気船　108
小規模国家　141, 306
商業　18, 85, 101, 128, 131, 132, 137,
　159, 242, 253, 259, 295, 308, 309,
　311, 336, 341
商業主義　247, 257, 259, 330
貞享暦　64
将軍　19, 20, 236
小経営　77, 110, 132, 214, 325
証券　43, 132
証言　18, 45, 203, 263, 281
証拠
　49, 58, 106, 275, 281, 305, 320, 348
上皇　20, 194, 229, 234, 235
城隍　51
尚古的(個性記述的)歴史学　13
少産少死　112, 115
少子高齢化　3, 79, 112, 116, 117,
　119, 134, 219, 226, 237
勝者(歴史の)
　163, 261, 263, 266, 270, 304
漳州　138, 339
少数民族　82, 201, 212, 253, 270,
　271, 284, 315, 322
正税帳　48
硝石　163, 337, 339
上代　66, 250
小中華　251
小中学校教育　262
小帝国　96, 160
小伝統　284
商人　18, 69, 124, 127, 129, 130, 136,
　137, 157, 192, 213, 217, 336, 339
上納金　127
小農社会　76, 77, 110, 115, 116, 119,
　123, 128, 129, 131, 133, 226, 240,

　251, 345, 348
小農自立　116, 233, 238
消費　3, 18, 34, 78, 103, 111, 120〜
　124, 131, 186, 204, 245, 312, 314,
　324, 325, 328, 339
常備軍　170
消費財　121
小氷期　103〜105, 112
上表文　57
商品化
　121, 123, 130, 247, 254, 312, 318
商品経済　67, 135
上部構造　315〜318, 325
城壁都市　144
情報　15, 18, 28, 40, 42, 43, 46〜49,
　53〜57, 88, 113, 122, 133, 214, 241
　〜244, 248, 258, 259, 280, 288, 301,
　302, 314, 332
情報化　3, 61, 241, 244, 332
証明書　43
証明責任　280
条約
　102, 152, 156, 162, 176, 309, 323
剰余価値　317
条里地割り　46
秤量貨幣　136
条例(地方自治体)　180
条例(中国)　181, 184
昭和史論争　285
書簡　43, 321
初期近代(→近世も見よ)
　59, 75, 251, 310
初期国家　69, 147
職業軍人　170
職業団体　201
職業としての科学者　107
職業訓練　202
職官　196, 197
職事官　225, 226
職人
　18, 38, 61, 107, 192, 233, 269, 297
職能　69, 169, 189, 232, 248
食文化　269
植民地　44, 47, 75, 82, 98, 115, 118,
　123, 124, 126, 127, 133, 134, 138,
　141, 147, 152〜154, 166, 174, 183,
　190, 207, 213, 242, 253, 255, 256,
　259, 260, 306, 307, 312, 313
植民地化　36, 156, 246, 311, 313, 342
植民地解放運動　31
植民地学　25, 203
植民地協力者　27
植民地支配(体制)　45, 71, 74, 75,
　86, 98, 106, 140, 153, 154, 176,
　185, 207, 223, 242, 255, 256, 263,
　305, 307, 311〜313, 320, 322, 345
植民地帝国　25
植民地博覧会　257
食料　100, 105, 112, 121, 304, 308
食糧(食料)生産　123, 131

食糧難　117
叙勲　185
「女権宣言」　225
「女工哀史」　226
『諸国民の富』　120
庶子　194, 231
書誌学　41
書式（文書史料の）　54, 156
女子スポーツ　255
徐松　50
女性学　221, 329
女性隔離　224
女性参政権獲得運動　220, 311
女性史　67, 221, 230
女性史のゲットー化　221
女性の社会進出　117
女性の贈与　229
女性の地位・権利　224
女性労働　226, 348
書体　44
女帝　234, 235
女帝＝中継ぎ論　195
所得　6, 45, 78, 116, 119, 121, 127, 134, 186, 344
所得格差　126
『諸蕃志』　56, 57
書評　295
所有　34, 110, 112, 120, 123, 124, 127, 130, 133, 223, 224, 230, 238, 239, 311, 316〜318, 326, 336
胥吏　215, 216
自力救済　182
史料（資料）　6〜9, 17〜19, 24〜26, 28, 29, 33, 34, 36, 38〜58, 80, 81, 93, 102〜104, 106, 109, 154, 163, 182, 203, 207, 214, 241, 243, 266, 278, 281〜284, 286, 288, 294, 301 〜303, 329〜331, 339, 346, 347
史料（資料）学　31, 41, 49, 54, 120
資料検索　9
資料収集　36
史料紹介　295
史料の復元　50
史料批判（→テキストクリティークも見よ）　18, 24, 40, 49, 51, 281, 301
資料目録　47
資料レスキュー　268
シルクロード史　48, 55, 291
指令経済　129
史論　13, 14, 23, 31, 33, 89, 281, 282
心（儒教の観念）　250
秦　67, 158, 196, 214, 231
清（朝）　50, 57, 64, 95, 110, 127, 136, 156〜159, 168, 170, 217, 231, 236, 251, 279, 337, 341, 346
仁　235, 250
新型コロナウイルス（→COVID-19 も見よ）　3, 37, 53, 74, 79, 103, 105, 119, 165, 187, 297, 346, 348

シンガポール　56, 116, 117, 143, 194, 227, 259, 294
進化論　206
シンギュラリティ　3
人権　74, 147, 150, 178, 183, 220, 221, 225, 278, 311, 313, 323, 324
人権と市民権の宣言　220, 225, 311
人口　3, 18, 37, 45, 48, 51, 53, 77, 78, 100, 103, 105, 111〜120, 130, 133, 149, 155, 213, 216〜219, 221, 222, 226, 237, 239, 267, 279, 297, 304, 308, 309, 311, 326, 340, 343, 344, 346, 347
人口圧　72, 105, 113, 117
人工衛星　249
人口減少社会　79, 349
人口転換　115, 116, 119, 226
信仰の自由　183, 184, 277, 315
人口爆発　112
人口ボーナス　119
人口問題　100
人骨　44, 103, 113, 166
新古典派経済学　133, 244
人災　18
人種　18, 101, 142, 153, 178, 183, 199, 206, 208, 253, 255, 260, 261, 264, 273, 304, 332
新自由主義　117, 177, 189, 199, 200, 202, 213, 215, 216, 227, 240, 245
人種主義　106, 254, 258
新植民地主義　323
人身売買　18, 338
心性（史）　45, 74, 99, 203, 204
神聖言語　253
神聖ローマ帝国　273
神蹟・神譜　51
新石器革命　115
親族　18, 58, 78, 134, 146, 192, 195, 201, 215, 222, 227〜229, 231, 232, 234, 240, 251, 252, 331
身体加工　224
新大陸移民　114
人治　275
人定法　180
神道　249, 251, 277
『新唐書』地理志　57
信徒組織　213
神仏　167, 336
新仏教　69, 190, 191
人物論　33, 142, 184
新聞・雑誌　7, 8, 20
人文科学　296
人文学　4, 7〜9, 14, 37, 41, 52, 73, 125, 247, 259, 267, 281, 282, 285, 293〜298, 327
新聞・雑誌　43, 244, 256
進歩史観　29
親密圏　116, 208
臣民　180〜183, 200, 250, 265, 333
人民　77, 124, 154, 155, 186, 205,

209, 210, 317, 321, 323, 334
人民行動党　143
新民主主義革命　319
人民戦争論　162
人民闘争史　147, 316, 325
人民民主主義　142, 321
信用　20, 45, 49, 136〜138, 171, 263
心理戦・宣伝戦　162
侵略戦争　96, 164, 263
人類　3, 14, 18, 21, 25, 28, 60, 76, 78, 80, 100, 102, 103, 105〜107, 120, 148, 149, 159, 165, 174, 199, 200, 206, 221, 229, 249, 267, 272, 275, 278, 283, 284, 286, 304, 311, 313, 315
人類史　24, 30, 80, 83, 276, 304, 321, 322
人類の拡散　103
新暦　63
進路（生徒・学生の）　15
『真臘風土記』　109
隋　146, 156, 160, 170
神話　18, 43, 45, 51, 54, 284, 331

ス

水月湖　93, 104
出挙　48
水上民　149, 217
推理小説　33, 140
水力社会論　111, 166
垂簾聴政　236
数学　13, 26, 41, 46, 288
崇禎（年号）　64
杉原薫　76, 340, 344
杉山清彦　159, 168, 279
杉山正明　85
スコット、ジェームズ　147, 149, 221, 256
スコット、ジョーン　147, 149, 221, 256
『スジャラ・ムラユ』　43
図像　18, 45, 243
スターリン　67, 70, 92, 121, 211, 316 〜323, 325
ストレス　108, 245, 314
ストロース、レヴィ　229, 245, 331
スハルト政権　272
スピヴァク　255, 274
スペイン風邪　165
スポーツ　122, 173, 218, 249, 255, 264, 296
スミス、アダム　120, 211, 213
スミス、アンソニー　120, 211, 213
スラブ　210
スラム　106, 202
スルタン＝カリフ制　179

セ

姓　186, 192, 228, 230〜232, 239
性（儒教の観念）　250

386

性愛　221, 224
征夷大将軍(→将軍も見よ)　19
成員権(資格)(村落)　217
成員資格　207
西欧(→西北欧も見よ)　37, 69, 74, 84, 90, 101, 142, 175, 215, 276
生活　18, 38, 43, 44, 60～62, 116, 122, 123, 177, 186, 200, 202, 204, 205, 211, 221, 228, 252, 260, 275, 291, 309
生活習慣病　116
生活水準(論争)　45, 72, 120～122, 346
生活水準バスケット　121
生活保障　148, 170, 207, 217, 323
世紀　18, 68
正義(論)　175, 178, 182, 243, 253, 269
正規軍　161, 162, 306
「世紀末」(19世紀)　73
政教分離　81, 182, 183, 246, 248, 249, 309
政権　19, 55～57, 63, 66, 67, 74, 113, 127, 140～143, 145, 157, 161, 164, 172, 174, 180, 181, 183, 187, 194, 212, 216, 269, 286, 305, 306, 323, 348
制限選挙制　151, 152
正妻　194, 224, 230, 231, 235, 236
政策　25, 95, 98, 112, 113, 117, 142, 143, 184, 237, 268, 322, 330, 341, 343, 347
政策提言　8, 284, 285, 295
正朔を奉じる　64, 160
生産　18, 34, 44, 61, 72, 76, 77, 80, 98, 110～113, 123～128, 134, 148, 204, 205, 213, 219, 278, 308～310, 312, 314, 317, 321, 325, 328, 336～338, 343～345
生産関係　124, 316～318
性産業　224
生産財　130, 166, 316～318, 321
生産性　77, 111, 346
生産様式　77, 110, 120, 123, 316～318, 320, 325
生産力　33, 80, 100, 108, 109, 112, 113, 120, 129, 132, 149, 224, 275, 304, 308, 317, 318, 323
正史　31, 43, 53, 55, 57, 142, 250, 263, 289
政治(史)　10, 11, 14, 18, 20, 22, 24, 32, 33, 37, 38, 64, 65, 67～69, 75, 78, 80, 90, 98, 107, 112, 123, 133, 140～145, 152, 154, 155, 161, 175, 185, 190, 193, 203, 221, 222, 227, 228, 236, 241, 247～250, 254, 262, 263, 273, 280, 282, 283, 300, 302, 308, 310, 311, 319, 327, 331, 332, 334, 335, 340, 343
政治家　6, 45, 142, 157, 187, 188,

195, 214, 268, 269
政治学　31, 33, 45, 141, 142, 152, 156, 259, 263, 267, 283～286
政治過程　141
政治機構　141
政治空間　143, 144
政治経済(高校科目)　175
政治結社　142, 186
政治的自由　77
政治=道徳的評価　33
政治(=)文化　148, 158, 159, 246
正社員　117, 125, 128, 133
税収　305
聖書　206
聖書学　50
生殖　117, 221, 224
聖職者　18
精神　24, 132, 155, 165, 172, 174, 252, 268, 275, 315, 333
聖人(儒教)　66, 250
成人男子　24, 127, 168, 204, 244
精神分析　332
製造者責任　331
生存戦略　148
政体　63, 67, 69, 91, 131, 148, 153, 185, 321, 348
生態学　84
西太后　236
静態的な方法　303
静的・共時的(視角)　333
性的マイノリティ　220, 221
聖典　18, 246
制度(史)　18, 24, 36, 50, 55, 66, 78, 98, 107, 110, 112, 115, 134, 137, 140, 141, 143, 144, 146, 148, 151, 153, 154, 169, 178, 179, 184～191, 193～197, 200～202, 208, 209, 213～216, 221, 227, 229, 230, 234, 239, 241, 246, 251, 255, 260, 273, 275, 287, 296, 305～308, 314, 316, 319, 325, 327, 346～348
政党　66, 131, 142, 143, 154, 175, 176, 202, 319, 348
青銅器　43
正統性　81, 145
正当性(原理)　63, 64, 81, 91, 140, 145, 150, 162, 182, 272, 286, 305
政党政治　143, 260, 314
性と生殖に関する権利(→リプロダクティブ・ヘルス・ライツも見よ)　244
制度的革命党　143
性奴隷制　177
性病　105, 165
征服王朝　170
生物兵器　108
成文法　180, 333
性別分業　18, 222
生母　124, 197, 224, 235, 236
性暴力　165, 177, 219, 224

西北欧(西北ヨーロッパ)(→西欧も見よ)　76, 78, 84, 121
生命　102, 223
生命観　332
西洋史　12, 25, 30, 31, 34～36, 51, 82, 84, 92, 93, 205, 292
西洋式音階　276
西洋崇拝　65, 310
西洋中心主義(→ヨーロッパ中心史観も見よ)　29, 258, 259, 274～277, 279
政略結婚　157, 159, 222, 224, 309
政令・省令　181
西暦　18, 63, 91, 112, 235
妹尾達彦　101
「世界各国史大系」　12
世界(=)経済　72, 87, 120, 121
世界史　1, 5, 12, 16, 18, 23, 25, 29, 31, 33, 34, 36, 62, 70, 72, 74, 82～85, 87, 88, 91～94, 101, 143, 147, 152, 168, 205, 250, 265, 274, 279, 289～292, 297, 300, 326
世界史実践　11, 300
世界市場　131
世界システム(論)　25, 68, 71, 72, 75, 121, 122, 132, 153, 204, 223, 310, 316, 321, 326, 340
世界史探究　289, 290
世界史実践の「作業工程」　300
「世界史叢書」　29, 74, 87, 279
世界史の基本法則　67, 70, 72, 92, 121, 321, 322
世界史未履修問題　4
世界宗教　18, 86, 222, 253, 309
世界大戦　163, 312
「世界単位」　86
世界帝国　71, 72, 210, 211, 253
世界同時革命　319
世界の一体化　27, 59, 88, 310
世界文学　88
石炭　72, 97
セクシュアリティ　220
世襲(制)　58, 169, 188, 189, 191, 193～195, 232～234
世俗社会　180
世俗主義　250, 251
世帯　78, 118, 127, 168, 227, 228, 232, 237～239, 310, 344, 348
摂関家　234
石器　107
積極的平和　178
絶対主義(絶対王政)　67, 70, 152, 200, 209, 246
節度使　158, 170, 197
折納　136
説明(歴史の)　17, 19～21, 24, 25, 33, 261～263, 266, 279, 286, 301～303, 329
セーフティネット　227

ゼミナール（ゼミ）
　　15, 24, 31, 38, 40, 48, 293, 298
禅（禅宗）　172, 191, 248, 333, 338
繊維（工業、製品）　125, 132
1968 年　28, 204, 243, 331
選挙　10, 141〜143, 153, 155, 163,
　　186, 193, 289, 323
宣教師　53, 157, 206
専業主婦　10, 117, 134, 226, 239, 348
選挙制度　142, 143, 186
前近代　45, 46, 53, 61, 68, 70, 73, 74,
　　77, 82, 94, 101, 113, 115, 120, 126,
　　127, 129, 132, 133, 137, 145, 146,
　　148, 150, 153, 156, 157, 168, 170,
　　171, 174, 176, 183〜187, 189, 193,
　　195〜197, 211, 212, 222, 223, 225,
　　227, 228, 243, 244, 273, 277, 281,
　　285, 293, 308, 331, 349
戦後家族モデル　348
戦国時代
　　104, 135, 162, 173, 191, 337, 343
戦後処理　161, 306
戦後責任　263
戦後日本　27, 33, 74, 77, 130, 131,
　　212, 239, 249, 269, 278, 319, 323,
　　324, 348
戦後歴史学
　　31, 74, 121, 205, 214, 322
戦死　165, 174
戦時国際法　163, 175
先史時代　18, 45, 88, 113, 149
戦時性暴力
　　165, 177, 178, 224, 264, 274
先住民　106, 177, 183, 209, 270, 271,
　　274, 311, 332
占城稲　110
先進国　37, 45, 71, 75, 112, 119, 125,
　　126, 133, 134, 139, 147, 171, 183,
　　203, 204, 247, 259, 295, 321, 335
先進国革命　319
専制国家　90, 101, 129, 150, 151, 200
　　〜202, 213, 214, 216, 275
専制のアジアと自由のギリシア
　　150, 275
前線（戦争の）　163, 169
宣戦布告　162
先祖　228, 262, 264, 273
戦争　18, 20, 34, 45, 80, 102, 134,
　　140, 147, 161〜167, 172, 174, 176
　　〜178, 224, 263, 266, 274, 288,
　　297, 304, 306, 332
禅僧　309, 338
戦争責任　263
戦争の形態　162
『戦争の世界史』　162
戦争犯罪　163
戦争は外交の延長　162, 264
全体主義　108, 142, 314
線的で不可逆な歴史　266
戦闘　161〜165, 167, 173, 176, 306

千年紀　18, 90, 91, 112
専売（制）　18, 64, 127, 129, 190, 336
戦費　127, 134, 167
戦没者慰霊施設　174
賤民　69, 191, 192, 201, 215
宣明暦　64
専門家養成　1, 6, 299
専門の細分化　36
専門用語　35, 41
戦略・戦術　162
占領　161, 164, 306, 321

ソ

宋（北宋）　50, 55, 56, 58, 67, 77, 95,
　　110, 135, 137, 158, 159, 163, 182,
　　197, 215〜217, 235, 336, 337, 346
『宋会要輯稿』　50
相関関係　46
葬儀　18, 251
SOGI（性的指向と性自認）　221
双系（制）
　　146, 195, 228, 231, 234, 240
相互扶助（→共助も見よ）
　　208, 217, 218, 234
葬式仏教　251
宗主国
　　44, 126, 154, 183, 255, 292, 313
蔵書家　47
宋銭　138
『想像の共同体』　87
宗族　51, 113, 217, 223, 231, 238
相続（財産、地位）　115, 223, 228,
　　231, 236〜239, 251, 347
相対性理論　331
総動員体制　130, 170
総督　154, 183
僧посル　57, 127, 157, 224, 233, 243
総力戦　166, 169, 170
俗語　210
『続資治通鑑長編』　55
族譜　51, 113
測量　247
祖国　175, 253, 274, 323
ソシアビリテ　212
組織原理　38
ソシュール　327, 328, 331, 332
租税　18, 45, 48, 126, 127, 129, 136,
　　138, 212
祖先崇拝（祖先祭祀）　18, 217, 231,
　　232, 238, 250, 251, 315
『外東外流三郡誌』　282
属国　57, 141, 152, 160, 292, 303, 306
ソフト・アカデミズム　299
素朴実証主義（→実証主義も見よ）
　　38, 331
ゾミア　149, 256
ソ連　74, 77, 86, 130, 141, 143, 199,
　　245, 249, 264, 312, 315, 319, 321〜
　　325
ソ連型社会主義　201, 213, 323, 326

尊皇思想　256
ゾンホ　51, 208, 232
村落共同体
　　51, 124, 151, 186, 206, 217, 321
村落共有田　207, 208

タ

タイ（→シャムも見よ）　119, 149,
　　156, 175, 207, 226, 227, 246, 273,
　　326, 339
第一次世界大戦　163, 165, 166, 175,
　　211, 306, 323, 325
太陰太陽暦　18, 62, 64
太陰暦　18, 62
大英帝国（→イギリスも見よ）
　　153, 170
大越　64, 164, 169, 194, 196, 197, 229
ダイエット　116
対外関係　20, 50, 91, 92, 159, 293
対外干渉　157
大学　2〜7, 10, 12, 16〜18, 24, 25, 30
　　〜32, 35, 36, 39, 40, 63, 82, 98, 106,
　　107, 161, 163, 198, 244, 259, 268,
　　287, 289, 293, 294, 296, 298, 299
大学院　8, 12, 15, 52, 269, 291, 294〜
　　296, 298
大学改革　9, 294, 298
大学教育　298
大学教育の質保証　298
大学教員
　　5, 8, 16, 31, 287, 294, 295, 297, 299
大学入学共通テスト　287, 290
大学入試センター　290
大学歴史教育　8, 14
大家族　115, 219, 228, 239, 310, 348
大化の改新　68, 69
大規模生産　77, 78, 126, 309, 311
大義名分論　30
体験　24, 117, 239, 263
大工業　76
太閤検地　68, 116, 127
第三世界　26, 75, 243
大衆　23, 33, 38, 143, 155, 244, 247
大衆化　78, 155, 163, 217, 289, 314
大衆娯楽　140, 264
対人関係　245, 314
体制　32, 37, 90, 94〜96, 142, 145,
　　146, 152, 153, 155, 158, 163, 166,
　　168, 170, 173, 179, 181, 183〜186,
　　189, 190, 200, 210, 214, 246, 277,
　　305, 312, 321, 325, 341, 346
大西洋奴隷貿易廃止 200 周年を
　　記念する国際デー　177
大政翼賛会　201
堆積物　103, 104
台帳　43, 51, 113
大伝統　284
大東亜共栄圏　94
『大徳南海志』　56
対独レジスタンス　204

第二次世界大戦　25, 27, 31, 64, 71,
　85, 99, 132, 143, 161, 163, 165,
　166, 171, 173～175, 177, 185, 203,
　204, 211, 239, 245, 258, 262, 284,
　290, 306, 311, 320～322, 325, 343,
　348
第二の近代　332, 348
第二波フェミニズム　221
『大日本史』　30, 31
大日本帝国
　98, 99, 131, 152, 153, 173, 178, 348
大日本帝国憲法　183
体罰　173
タイ文化圏　273
「大分岐」　71, 72, 121
『太平記』　172
対米従属　96
太平洋諸島　311
太平洋戦争(→アジア太平洋戦争
　も見よ)　99
台北帝大　98, 99
タイムスパン　74, 267
「大躍進」　321
太陽活動　104, 105
太陽暦　18, 62, 63
平清盛　19, 20
平雅行　190
代理戦争　86, 243
台湾　36, 37, 46, 64, 95, 98, 99, 117,
　129, 133, 152, 153, 183, 227, 255,
　259, 278, 294, 339, 349
高良倉吉　98
高谷好一　86, 110
田口卯吉　282
多元的民主主義　10
多国籍企業
　6, 81, 125, 133, 156, 213, 342
多産少死　115, 116
多産多死　115
他者
　149, 153, 199, 210, 253, 300, 304
他者認識　18, 28, 261
多神教　18, 100, 167
多数決　154, 155, 163
多数派　38, 117, 130, 208, 253, 256,
　257, 270, 271, 273, 297, 312, 326,
　327
多数派の悪意のない無神経　11
戦う男性市民の民主政　168, 253
タタ商会　131
脱亜入欧　30, 32, 89, 259
脱構築　333
脱主婦化　348
脱植民地化　32, 204, 211, 212
脱中国　342
脱領域　85, 89, 274
建前と実態　179, 307
谷本雅之　348
多文化主義　101, 212, 309
多様性の中の統一　256, 272, 312

ターリバーン　171, 175
単一民族(国家)　99, 349
単系出自集団　222
単婚小家族(→核家族も見よ)
　115, 219, 227, 238, 310
檀上寛　158
男女平等　169, 219, 225, 239
男性　9, 10, 23, 27～30, 78, 117, 121,
　125, 155, 165, 168, 173, 177, 194,
　196, 203, 206, 221～226, 228～
　230, 234, 238, 240, 250, 251, 253～
　256, 258, 273, 274, 310, 328, 329
団体型社会　202, 215, 218
団地　348
短陌　135

チ

治安判事　184
地域(史)　5, 12, 17, 18, 23, 25, 27,
　30, 32, 34, 36, 39, 51, 52, 58, 59, 61,
　62, 65, 72, 74, 75, 80～90, 98, 107,
　113, 115, 121, 124, 125, 136～139,
　142, 152, 154, 155, 172, 177, 180,
　185, 187, 189, 190, 192, 197, 200,
　209～212, 215, 232, 237, 238, 258,
　275, 278, 279, 284～286, 291, 297,
　302, 303, 309～313, 320, 344, 347,
　349
地域研究　26～28, 48, 101, 284～
　286, 291, 332
地域社会史　28, 51, 110
地域世界(→メガリージョンも見
　よ)　18, 23, 44, 83, 84, 258, 309
地域内貨幣　137
地域・民族・宗教紛争　176, 253
小さい中国　170
小さな政府　189
チェコ事件　323, 324
地縁　208, 215, 217, 318
地球　28, 71, 74, 102～104, 326, 341
地球環境　3
知行　135, 233
知識社会学　268, 330
知識人　9, 18, 22, 30, 32, 50, 58, 66,
　151, 176, 213, 217, 242, 247, 255,
　272, 277, 278, 282, 309, 317, 333～
　335
地図　14, 46, 83, 246, 247
治水　111, 166, 317
『チーズとうじ虫』　203
地政学　100
地代　127
地中海　68, 84, 121, 168, 275
『地中海世界』　85, 203, 204
遅塚忠躬　13
秩序　34, 39, 78, 144, 145, 147, 148,
　150, 152, 179, 181, 184～186, 248,
　254
治天(の君)　190, 234
地動説　29, 108

「知の理論」　9
チベット仏教世界　159
地簿　51
地方語　44, 82
地方自治体　127, 180
茶　123, 147, 205, 248, 321
チャイナタウン　172
嫡子　194, 231
茶の湯　172, 248, 338
チャンパー　55, 57, 164, 271, 272
中→中国
忠(忠臣)　142, 174, 250
中緯度乾燥地帯　101
中央アジア　54, 84, 85
中央研究院　46
中央日本　237, 238, 347
中央ユーラシア
　52, 74, 83, 96, 147, 168, 279, 291
仲介業者　213, 215
中核と周辺(世界システム)
　71, 223
中華の多極化　159
中華民族　270, 272
中間搾取　192
中間団体　18, 151, 201, 214
中韓歴史戦争　271
中規模国家　90, 141, 306
忠君愛国　173
中興　66
中国(人)　3, 22, 23, 34, 36, 37, 41,
　43, 44, 46, 50, 51, 56～58, 62, 64,
　68, 74, 76～78, 86～88, 92, 95～
　97, 101, 107～110, 112, 116, 121,
　122, 126, 129～132, 135～139,
　141, 143, 144, 146, 151, 156～160,
　162～164, 169～171, 174, 181,
　186, 187, 195～197, 212～214,
　216～218, 225, 231～233, 236,
　238, 240, 241, 251, 259, 268, 270～
　273, 275, 277, 294, 295, 307, 310,
　315, 319～323, 325, 338, 339, 342,
　343, 346, 347, 349
中国学　285
中国国民党　131, 143, 348
中国史　12, 36, 53, 55, 58, 64～66,
　83, 94, 95, 148, 182, 196, 206, 214,
　230, 279, 291, 296
中国史の時代区分　67
中国社会論戦　319
中国哲学　259, 283
中国東北部　96, 132, 160, 270
中国文学　80
中小零細企業　76, 131, 348
中進国　119
中心ー周辺構造　150
中心中心主義　279
中心へのコンプレックス　93, 307
中世温暖期　103, 112
中世史　84, 115, 143, 205, 266, 268
『中世的世界の形成』　322

中世の開始　　68
中世封建制　　65,322
中ソ対立　　323
中東　　62,84,87,157,279
中東学会　　32
中等学校　　30
チューノム　　44
朝→朝鮮
長期持続　　68,102
朝貢システム　　156,159,179,340
超国家システム　　156
長時間労働　　123,134
長子(単独)相続　　224,231,236,251
徴税　　43,51,126,137,170,186,187, 190,214
朝鮮(→韓国も見よ)　　54,64,82,86, 92,94〜96,98,99,132,136,152, 153,156,160,166,180,183,217, 225,233,238,240,255,270,274, 277,307,323,336〜339,341,343, 345,346,349
朝鮮史　　36,82,230,270
朝鮮戦争　　117,163
朝鮮半島　　77,95〜97,132,160,169, 176,231,232,236,240,251,270
超大国　　91,93,307
超長期変動　　68
朝廷　　19,20,51,56,69,127,129, 143,172,190,191,196,197,214, 346
徴兵制　　170
諜報・スパイ活動　　162
超歴史的　　286
直接税　　127,186
勅令　　181
直系家族　　116,227,237,238
地理学　　14,46,86,104,107
地理総合　　289,290
地理探究　　289
地理歴史科　　289,290
賃金　　45,61,80,116,118,119,121, 126,128,129,131,133,134,312, 318,345,348
鎮守府将軍　　19
沈船　　45
賃労働　　71,118,125

ツ
追悼　　174
通貨政策　　126
通貨変動　　138
通勤　　348
通俗道徳　　251
通訳　　18,35,52,156,213,309,338
塚田孝　　191
月遅れ　　63
都出比呂志　　69
津波　　47,105
角山榮　　31,205
妻　　50,117,128,165,194,223〜226,

228〜231,234〜236,238〜240, 243,310,346,348

テ
ディアスポラ　　85,274
TFR(合計特殊出生率)　　115,117,119
低開発　　71,75,132
抵抗　　18,117,122,140,164,207, 227,257,305,312,313,325
帝国　　18,21,24,86,88,90,101,106, 111,141,152,153,171,181,209〜 211,253,273,276,302,305,306, 312
帝国医療　　106
帝国史　　99
帝国主義　　26,79,85,88,126,153, 173,207,252,257,311〜313,319, 320,322,323
帝国主義戦争　　153,166
『帝国主義論』　　166
帝国大学　　31
ディシプリン　　49,65,284
定住農耕　　100,108,149,308
帝政　　18,67,153
定説　　17,26,40,69,88,291,301
貞操　　226
停滞論(アジア社会) 31,68,71,258,275,317
出稼ぎ労働者　　157,213
手形　　135,137
デカルト　　22,332
テキスト　　48,50,245,246,328
テキスト・クリティーク (→史料批判も見よ)　　49
出来高払い　　128
デザイン　　15,246,286,296
データ　　28,41,42,52,93,102,104, 112,115,281
データベース　　46,48,112
鉄　　72,98,127,135,138,165,259, 339,344
哲学　　9,14,18,24,107,188,202, 248,259,268,275,283,285,286, 299,315,327,332
鉄砲伝来　　162,163,339
テニュア　　294,295
デリダ　　333
テレビ　　39,242〜244
天下　　110,157,158,160
天可汗　　159
天下国家　　28,120〜122,140,203
伝記　　43,263
天子　　143,144,146,159,160,169, 170,197
電磁記録　　44
電子検索　　48
電子マネー　　139
天聖令　　182
伝説・伝承　　12,18,43,45,54,106,

167,173,284
伝染病(→感染症も見よ) 18,90,103,105
天体観測　　107
天地創造　　60,206
伝統　　59,65,93,134,146,148,173, 206,208,211,219,239,242,253〜 255,261,303,307,310,311
伝統社会　　18,207,219,286,310
伝統食　　254
天動説　　29,108
伝統村落　　207
伝統中国　　68,216
「伝統的」家族　　134,252
伝統の創造 122,179,237,242,252〜254,311
伝統文化　　18,272,278,311
点と線の支配　　305
天然痘　　48,105,106
天皇　　69,145,146,165,183,189〜 191,194,195,229,234,235
天皇家　　229,234,235
天皇制 32,70,96,145,185,195,205,278
天賦人権論　　182
天命　　250
天明の大飢饉　　103,218,347
天文学　　18,104
転輪聖王　　66,146

ト
ドイツ(人)　　23,24,84,130,175, 176,180,203〜205,244,264,273, 323
ドイツ歴史家論争　　264
ドイモイ　　264,271,272,321,326
トインビー　　23
唐(王朝)　　55〜58,64,67,110,122, 141,144,158〜160,169〜171, 182,192,196,197,215,217,236, 270,271,305,342,346
銅　　43,45,97,131,135〜138,337, 338,343
東亜同文書院　　98
檔案　　53
同位体比分析　　104
統一新羅　　270
統一戦線　　143,315,321,323
同一労働同一賃金　　128
動員(軍事)　　130,163,170,174,190
doing history　　29,262,269
東欧　　71,321
同化(政策)(→強制同化も見よ) 30,212,253,312,313,334
動画　　45,264
道教　　160,217,251,277
東京大学(東京帝大)　　14,20,32,41
東京大学史料編纂所　　31
道具　　13,44,61,109,126,134,150, 187,188,199,246,248,257,267,

317
統計 41, 43, 45, 46, 48, 53, 89, 113, 115, 120, 277, 281, 284, 335
東国と西国 115
東西交渉史 48, 55, 85
投資 119, 125, 126, 134, 166, 313, 338
同時代史料 49
動植物 44, 101, 107
唐人町 122
同性婚 187
同性不婚 231
唐宋変革 97, 169
動態的な方法 303
動的・通時的 332
東南アジア(史) 23, 32, 36, 37, 52, 57, 58, 75, 83~85, 87, 90, 94, 97, 98, 101, 109~111, 116, 118, 119, 122, 124, 127, 130~132, 146, 147, 149, 150, 158, 160, 163, 167, 169, 176, 183, 189, 195, 213, 231, 247, 251, 252, 268, 271~275, 277, 279, 285, 291, 297, 311, 336~339, 341, 342, 347
東南アジア地域研究 84, 86, 108, 109, 176, 279
東部ユーラシア 92, 96
東北アジア歴史財団 271
東北日本 218, 237, 238, 347
東洋(東方) 27
東洋医学 107
東洋学 25, 32, 98, 258, 275, 284
東洋史 12, 15, 23, 30, 31, 34~36, 51, 73, 82, 92, 93, 99, 258, 275, 292
東洋的専制 25, 151, 200, 258, 275
トゥルファン文書 54, 182
唐令 50, 182
独→ドイツ
徳川家康 338
独裁政権 21, 131, 142, 143, 201, 302, 308
特産物 98, 127, 305, 345
得分権 189, 192
匿名の多数派 314
時計 61
都市(史) 12, 18, 37, 45, 46, 61, 76, 83, 118, 127, 130, 134, 144, 149, 150, 152, 166, 185, 186, 201, 226, 233, 246, 251, 277, 313, 344
都市化 77, 115, 117, 206, 227, 237
都市計画 106, 144, 313
都市国家 18, 130, 141, 150, 306
都市社会 94, 191, 206, 217, 230
都城 46, 96, 144, 246
土台(下部構造) 316
土地(所有) 43, 51, 53, 67, 68, 110, 117, 124, 127, 136, 138, 150, 164, 170, 171, 186, 196, 217, 236, 238, 305, 308, 309, 311, 317, 318, 344
土地改革 123

土地生産性 111
土地なし農民 118, 119
トッド 112
徒弟制 38, 107
土布 108
ド・フリース 78
豊臣秀吉 248, 339, 343
渡来人 96
ドラマ 3, 13, 124, 140, 162, 171, 173, 239, 254, 255, 259, 271
度量衡 18, 153
奴隷(制) 18, 67, 68, 77, 115, 123, 127, 164, 165, 168, 189, 196, 223, 225, 227, 303, 305, 308, 316, 318, 322, 338
奴隷狩り 164
敦煌文書 47, 54
トンチャイ 156, 247
トンデモ史学 4, 26, 40, 282

ナ
内国植民地 98
内婚(族内婚) 194, 229, 234
内戦・内乱 20, 117, 162, 172, 176, 178, 207
内朝と外朝 143
内発的発展 82
内部告発 183, 263
内部制裁権 192
内陸アジア 85
長い18世紀 68, 78, 310, 341
長い16世紀 68, 340
長篠合戦 162, 339
中塚武志 104
永原慶二 22, 30, 74, 282, 314
永原陽子 88, 157, 213
仲間意識 206, 209
中村哲 76, 77, 110, 131, 134, 325, 344, 346, 347
名古屋大学出版会 12
ナショナリズム 27, 74, 81, 86, 88, 94, 99, 122, 130, 142, 147, 155, 164, 173, 183, 207, 209~212, 225, 242, 247, 249, 253, 254, 256, 259, 265, 276, 278, 311, 312, 323, 325
ナショナリズム史学 26, 27
ナショナルヒストリー 12
ナショナル・ブランディング 249
ナチス 108, 176, 178
納得 5, 174, 262, 263, 281
なでしこ 173
ナポレオン法典 180, 220, 311
南欧 121, 346
南京条約 52
南宋(→宋も見よ) 56, 57, 337
南蛮貿易 339
南北国時代 270
南北朝(日本) 68, 236
南北問題 203
難民 13, 45, 97, 157, 176, 186, 201,

202, 213, 274
南洋 99

ニ
二院制議会 154
二期作 109, 308
二項対立 208, 268, 269, 325, 333
西アジア 62, 84, 133, 135, 138, 228, 273, 310, 320, 323, 337
西尾幹二 282
西嶋定生 94, 96, 158, 160
二次史(資)料 49, 50, 52, 89
西陣 343
西日本 20, 115, 138, 347
二重王権 195
二重構造 76, 131, 348
『二十四孝』 251
24節気・72候 63
20世紀末 28, 36, 42, 51, 67, 74, 76, 104, 133, 134, 153, 177, 187, 190, 212, 221, 226, 240, 244, 249, 254, 257, 293, 296, 314, 329, 331, 346, 347
二十等爵 196
ニセ科学 282, 332
二大政党制 143
二段階革命論 319~321
日元貿易 336
日常生活 24, 200
日明貿易 336
日琉関係 338
日記・日誌 41, 43, 263
日系人 86, 175
日系人強制収容 177
日食・月食 64
日清修好条規 339
日鮮同祖論 99
日中(関係, 比較) 76, 132, 151, 202, 214, 338, 339, 345, 346
日中韓 227, 265
日中韓3国共通歴史教材委員会 265
日中朝 96
日中朝越 211
日朝関係 160, 338
日朝貿易 336
二宮宏之 205
日本 4, 9~12, 19, 23, 29~38, 46~48, 50~53, 63, 64, 69, 70, 74~77, 79, 81, 82, 84, 85, 88~90, 92~94, 96~99, 101, 107, 111~119, 121~123, 125, 127~129, 130~138, 142, 144, 145, 149, 151, 152, 154, 157, 158, 160~163, 165, 169, 170, 173~176, 179~182, 184~192, 194~196, 200, 201, 204~206, 212~214, 218, 224~226, 229~235, 237, 238, 240, 250~252, 254, 260, 264, 265, 269, 271, 272, 275~280, 282, 295~297, 306, 319, 322

〜326, 329, 330, 333, 335〜340,
342〜347, 349
日本学
　35, 45, 99, 284, 285, 291, 294, 319
日本学術会議　　　　　　　287
日本型華夷秩序　　　　　160
日本型の家(→家制度も見よ)
　　　　　　230, 234, 238
日本軍　165, 174, 177, 224, 264
日本語　7, 8, 10, 34〜36, 82, 85, 97,
203, 262, 276〜278
日本国　35〜37, 69, 96, 97, 119, 160,
190, 214, 291, 344, 345
日本史　5, 6, 12, 14, 30, 31, 34〜36,
41, 47, 53, 67〜69, l2, l3, 82, 83,
91〜94, 96, 97, 99, 147, 156, 191,
205, 222, 230, 244, 275, 284, 289〜
294, 300, 337
日本史学　93, 158, 277, 296, 322
日本史研究会　　　　　　32
日本史探究　　　　　289, 290
日本史の時代区分　　　　68
日本資本主義論争　70, 319, 324
日本人　3, 34〜36, 63, 92, 96, 97,
162, 217, 218, 245, 260, 277, 338,
341, 349
日本西洋史学会　　　　　32
『日本戦史』　　　　　　162
日本刀　　　　　　　　163
日本の推計人口　　　　　114
『日本の対外関係』　　　　91
日本の歴史学　1, 3, 30, 31, 33, 35,
36, 38, 93, 142, 143, 295
日本文化論　111, 252, 277, 278
二本松　　　　　　　　347
日本料理(→和食も見よ)　122
日本歴史学協会　　　　　32
日本列島　68, 72, 90〜92, 94, 96〜
98, 110, 114, 135, 160, 163, 169,
231, 234, 335〜337, 339, 341, 342
ニューサイエンス　　　332
入試改革　　　　8, 287, 290
入試の公平性　　　　　　6
入試問題　　　29, 289, 290
入植型植民地　　　　　153
ニュータウン　　　　　348
ニュートン　　　　108, 332
ニューレフト　　　　　326
女院　　　　　　235, 236
女官　　　　　169, 229, 234
任侠的習俗　　　　　　232
人間観　　　148, 266, 331
人間中心主義　　　　　　29
人間ドラマ　　　　33, 285
人間の安全保障　177, 244, 332
人間の顔をした社会主義　324
人間の再生産　　　79, 134
認識論　　　26, 279, 328
認識論的転回　　　　　332
にんプロ　　　　　　　91

ヌ
布　43, 52, 113, 127, 181, 219, 239,
242, 272, 273, 277, 307, 309, 310,
315, 343

ネ
ネオ・マルクス主義　　326
ネーション(→民族も見よ)
24, 87, 91, 92, 152, 199, 209〜212,
252, 304
ネーション意識　152, 209, 211
ねつ造・改竄　　　　　　49
熱帯医学　　　　　　　106
熱帯生存圏　　　　　　　78
ネットワーク　18, 25, 85, 98, 132,
202, 206, 215〜217, 336, 337, 339,
340, 342, 343
年金制度　　　　　　　118
年貢
113, 137, 189, 192, 216, 218, 336
年縞　　　　　　　93, 104
年号(元号)
18, 20, 57, 63, 64, 135, 160
年中行事　　　　　　　63
粘土板　　　　　　43, 45
年表　　　　　　20, 47, 286
年輪　　　　　93, 103, 104
年齢集団　　　　　　　201

ノ
能(能楽)　　　　172, 248
農学　　　　　　　　　84
農学的適応　　　　　　111
農業(農耕)　18, 45, 46, 60〜62, 66,
71, 78, 90, 92, 100, 101, 103〜105,
107〜112, 114, 115, 118, 123, 124,
128〜130, 133, 149, 150, 189, 207,
232, 236, 275, 277, 304, 308, 309,
345, 346
農業技術　　　　110, 112
農業近代化　　　　　　77
農業中心史観　　　　　205
農業の大規模化　　　　　76
農業労働者　　　　　　127
農村　37, 46, 63, 78, 83, 110, 118,
119, 133, 186, 205, 217, 232, 233,
239, 251, 344, 348
濃尾平野　　　　　　　347
農民　18, 48, 61, 62, 66〜69, 77, 83,
85, 107, 109〜111, 124, 126, 127,
138, 147, 148, 163, 165, 170, 190,
192, 204, 205, 208, 216, 226, 232,
233, 236, 238, 251, 293, 308, 311,
318, 319, 336, 347
農民層分解　　　76, 118, 123
ノーベル賞　　　　35, 218
のれん分け　　　　232, 234

ハ
場(歴史の)
96, 177, 178, 180, 219, 246, 247
バイオマス資源　　　　　78
俳諧連歌　　　　　　　248
ハイカルチャー　24, 244, 248, 268
敗者(歴史の)
161, 163, 167, 266, 270, 306
売春・買春　　　165, 224, 226
排除　10, 48, 74, 155, 194, 208, 212,
217, 229, 234〜236, 251, 256, 273,
274, 330
パーカー　　　　　167, 340
博士号　　　　293〜295, 299
博士論文　　　　　51, 293
博多　　　　　　336, 337
パーク　　　　　　　　203
幕藩制　116, 185, 238, 292, 341, 343
幕府　19, 20, 190〜192, 196, 232,
233, 236, 338
博物学　　　　　　101, 107
博物館　47, 257, 263, 269, 294
幕末
33, 73, 98, 156, 173, 235, 338, 343
博覧会　　　　　　　　258
覇権(ヘゲモニー)　3, 27, 35, 64, 88,
131, 145, 157, 226, 247〜249, 259,
274, 276, 323, 334, 335
覇権国家　　72, 120, 153, 307
派遣労働　　　　　　　125
橋本雄　　　　　163, 337, 339
畑作　　　　　　　77, 111
パターン(歴史の)
13, 38, 301〜303
破綻国家　　　　　　　133
バーチャルエコノミー　　125
八旗制　　　　　　　　168
発展史観　　　　　66, 266
発展段階論　24, 31, 66, 68, 206, 316
発展的(動態重視的)歴史学　13
発展途上国　37, 71, 112, 123, 126,
132, 133, 139, 169, 171, 181, 193
パートタイム　　　　239, 348
パトロン・クライアント関係
147, 202
羽田正　　　　　　　　87
母　81, 92, 143, 194, 197, 211, 223〜
225, 229〜231, 235, 236, 238, 240,
251, 322, 323
派閥　　142, 143, 171, 215, 216
ハーバーマス　206, 212, 264, 314
パフォーマンス　　　45, 246
ハプスブルグ家　　　　210
パブリックヒストリー
29, 257, 269, 296, 329
濱下武志　　　　　158, 340
濱島敦俊　　　　　　　110
林家　　　　　　　　　338
速水融　78, 116, 237, 344

パラダイム　8, 329, 330
ハラリ　102
ハリウッド映画　168
バリ島　229, 256〜259
バレエ　249
パロール　328
パワハラ　173
幇　218
反映論　327, 328
反逆　145, 183
反近代主義　29
ハングル　64, 82
判決　181
反抗　33, 140, 144, 145, 147, 148, 179, 188, 257, 272, 334, 341
万国史　25
「万国の労働者、団結せよ」　155
犯罪　183, 263
半周辺　71
阪神大震災　47
反清復明　217
万世一系　195
反省的(静態重視的)歴史学　13
帆船　108
反戦運動　86, 176, 243
阪大史学　290, 291
反体制運動　147
反知性主義　282
パンデミック　3, 102, 106
ハント　246, 266
半封建・半植民地社会　319
版本　43, 50

ヒ

非アカデミズム史学　281, 282
日出づるところの天子　156
BLM運動　147
被害者　106, 165, 167, 177, 178, 224, 263, 266, 274, 334
比較(史)　24, 31, 41, 50, 67, 71, 78, 87〜90, 94, 98, 121, 143, 160, 214, 233, 237, 240, 277, 278, 288, 302, 303, 335, 347
美学　283
比較家族史学会　218, 230, 232, 233, 347
比較ジェンダー史研究会　220
東アジア　22, 34, 38, 51, 62〜64, 71, 73, 76〜79, 81, 89, 91〜94, 96, 98, 101, 110, 111, 116〜119, 123, 129, 131, 133, 135, 137, 158, 167, 169, 185, 191, 199, 201, 209〜211, 216, 217, 219, 225〜228, 231, 233, 236〜237, 248, 250, 251, 258, 260, 265, 277〜279, 282, 286, 309, 310, 326, 335, 340〜342, 344〜348
東アジア型経済発展経路　78
東アジア史　76, 156, 230, 340
「東アジア史」(韓国の高校科目)　82, 94

東アジア資本主義　76, 340
東アジア世界　94〜96, 157
東アジアの奇跡　76, 77, 167, 219, 347
東インド会社　170, 172, 213
東シナ海沿岸地域　115
東日本大震災　47, 103
避諱　54
非公式帝国　141, 306
被災者　176, 202, 215, 263
PISAテスト　288
被差別民　18, 186, 233
「非自由民主主義」　142
美術(史)　44, 45, 47, 49, 78, 248, 257, 272, 291, 294, 343
美術館　264
ヒジュラ暦　62, 63
ピジン　44
ヒストリー・カルチャー　257, 269
非正規労働者　117, 125
非政府組織　156
非西洋(非欧米)世界　25〜27, 32, 63, 70, 71, 75, 81, 107, 226, 274, 276, 279, 311
非団体型社会　202
筆記具　43
ビッグデータ　314, 335
ビッグバン　60, 102
ビッグヒストリー　28, 68, 102
PTA　240
PTSD　165
人を数字として扱うことへの反発　335
人新世　102
「人つなぎの論理」　214
人の移動　18, 80, 304, 309
人・モノ・カネ・情報・技術の移動　28
一人当たりGDP　121
一人っ子政策　113, 117
火縄銃　104, 163, 336, 340
火の使用　107
批判(的)精神　7, 8, 13, 268, 297
秘密警察　171
秘密結社　217
百姓(日本の農民身分)　192, 233
百姓(庶民一般)　192
廟　173, 217, 218
表意文字　18, 95, 278
表演芸術　246
表音文字　18, 95
病気　18, 103, 105, 106, 118, 122, 165, 255
表現(歴史学の対象としての)　23, 28, 97, 243, 247, 254, 256, 260, 328
表語文字　95
氷床コア　103
評伝　142
評論家　285
平泉　19

ビルマ(ミャンマーも見よ)　90, 137, 149, 273, 336
貧困の共有　78, 111, 119
品種改良　107
ヒンドゥー教　29, 66, 173, 255, 256

フ

歩合制　128
ファシズム　13, 142, 171, 201
ファッション　285
ファリス　48
武威　145
フィールドワーク　51, 284, 291
風俗　45, 91, 210, 250
夫婦同姓　187, 227, 239, 254, 348
フェアトレード　125
フェアバンク　158
フェイクニュース　243
フェーブル　203
フェミニズム　177, 220〜222, 226, 230, 311
付加価値　110, 124
部活　173
武官　171, 196
武器(→兵器も見よ)　44, 149, 163, 168, 284
不均等発展　75
複合家族(合同家族)　227
複雑系の科学　332
福祉　131, 185, 201, 213, 217, 260, 323
福祉国家　125, 203, 278
服従　18, 144, 145, 148, 247
服飾　224
副葬品　45, 166
服藤早苗　230
武家(→侍、武士も見よ)　19, 69, 169, 189, 248, 251
父系(制)　58, 113, 185, 194, 208, 217, 222, 227〜229, 231, 232, 234〜236, 238, 240
父系親族集団　51, 223, 233, 238
武家政権　145, 169, 190, 248
武家法　180
夫権　230
父権　230
フーコー　333, 335
不在地主　127
武士(→侍、武家も見よ)　20
武士団　20, 169, 236
武士道　172, 173
父子同気論　231
武士の起源　169
不自由労働　71
藤原氏　195, 229, 235
武人　18, 20, 164, 169, 172
不戦条約　175
武装商館　313
部族　91, 171, 209, 211
武則天(則天武后)　159, 235, 236

二つの身体 146
仏→フランス
普通選挙 186, 256
仏教 29, 60, 66, 95, 146, 156, 160, 192, 217, 223, 243, 251, 266, 271, 272, 277, 333, 340
福建(省) 138, 339
物質観 332
仏文学 80
仏法(ダルマ) 146
物理学 13, 41
物理的暴力 178
武道 173
扶南 57, 58
扶南大王 58
不払い労働 124
不平等条約 141, 152, 156, 184, 306
不平等な相互依存関係 223
普遍史 22
扶養家族 128
プライバシー 212, 225
プラクシス 188
ブラック企業 125, 202
プラティーク 188
フラワー・デモ 219
フランク、A.G. 71, 72, 88, 267
フランス(史)(仏) 23, 24, 84, 90, 99, 112, 117, 130, 142, 151, 154, 155, 162, 170, 174, 176, 183, 203, 207, 209, 210, 220, 245, 246, 260, 271, 272, 275, 276, 278, 311, 312, 319, 325, 327, 342
フランス革命 103, 147, 154, 155, 200, 205, 225, 246
フランス語 82
プランテーション経済 118
振り子史観 66
ブルジョワ革命 70, 319, 320
ブルジョワジー(ブルジョワ階級) 155, 226, 248
ブルジョワ民主主義 323
ブルース・リー 58
ブルデュー 245
ブレトン・ウッズ体制 185
ブレーン 198
ブロック 89, 203, 204
『プロテスタンティズムの倫理と資本主義の精神』 346
プロテスタント的倫理 76
ブローデル 68, 85, 102, 121, 122, 203, 204
プロト工業化 131
プロトコル 156
プロレタリアート独裁 142
フロンティア社会 169
分(中国の概念) 251
文化(史) 3, 12, 18, 23〜25, 38, 59, 65, 67, 69, 74, 75, 81, 86, 88, 90, 92, 93, 98〜100, 105, 112, 120, 123, 124, 141, 146, 149, 151, 154, 158, 159, 172, 173, 175, 176, 178, 181, 191, 204, 210〜212, 220〜222, 226, 237, 241〜243, 247, 249〜251, 254, 255, 258, 260, 271, 273, 276, 295, 300, 302, 304, 305, 307, 309, 312, 313, 316, 331, 332, 335, 341
文学 3, 9, 14, 18, 23, 33, 36, 40, 41, 43, 45, 47, 54, 80, 88, 97, 162, 173, 239, 244, 246, 248, 255, 258, 280, 281, 283, 285, 286, 292, 302, 328
文化圏 18, 23, 83
文化財(文化遺産) 18, 44, 47, 268, 294
文化資本 6, 247, 256
文化人 257
文化人類学 28, 45, 47, 101, 122, 149, 203, 205, 222, 245, 246, 257, 263, 269, 282, 284〜286, 310, 331, 332
文化相対主義 284, 285
文化大革命 321
分割相続 236, 238, 347
文化的暴力 178
文化の政治性 145, 220, 245, 246, 252, 256, 257, 335
文化変容 18
文官 18, 169〜172, 196
分業と協業 38, 39, 126
分家 114, 231, 234
文献学 41, 50, 52
文献史学 42, 43
分国法 180
文人 18
紛争解決(学) 182, 266, 306
文治主義 172
墳墓 166
文脈 23, 27, 35, 48, 146, 151, 247, 265, 267, 272, 329, 330
文民統制 171
文明 18, 22, 23, 25, 28, 44, 60, 66, 67, 71, 74, 77, 83, 86, 88, 90〜93, 101, 102, 106, 108, 149, 150, 153, 166, 210, 218, 229, 241, 245, 250, 251, 261, 273, 275, 277, 304, 307〜309, 345

ヘ

米(国)(→アメリカ合衆国も見よ) 74, 86, 90, 101, 132, 136, 137, 142, 143, 162, 174〜177, 207, 210, 249, 260, 288, 323
『文明の生態史観』 90, 101
兵役 18
兵器(→武器も見よ) 161, 164, 337
平均寿命 113〜115
純利潤 125
米軍基地 175
『平家物語』 172
兵士 161〜163, 165, 168, 170, 171, 174, 207, 253, 297, 306
平氏 19, 20, 169, 261, 304
平城京 54, 144
米ソ(対立) 249
ヘイトクライム 126
ヘイトスピーチ 183, 265
兵農分離 165, 233
兵法書 172
平民 191
平和 147, 161, 166, 167, 174〜176, 178, 319, 343
平和革命 321
平和教育 178
平和主義 31, 36, 162, 175
平和論 178
ヘゲモニー→覇権
ヘーゲル 315
ペスト 105, 112
ベトナム(史) 37, 44, 51, 54, 57, 63, 64, 77, 80, 82, 86, 90, 92〜96, 107, 112, 118, 119, 135, 136, 142, 157, 160, 162, 164, 169, 174, 176, 186, 207, 208, 217, 227, 230, 232, 233, 236, 240, 251, 253, 264, 271〜274, 277, 315, 321, 322, 325, 326, 336, 343
ベトナム人民支援運動 176
ベトナム戦争 64, 84, 86, 94, 96, 117, 132, 165, 175, 176, 243, 264, 272, 285, 325
ベトナム戦争映画 176
ベトナム村落共同体論争 207
ベトナム反戦運動 175
ベトナム民主共和国独立宣言 243
ベトナム民族 86, 92, 272
ペルシア湾 336
ヘロドトス 22, 42
変革 34, 75, 88, 204, 315, 316, 322, 325
編纂史料 42, 43, 57
弁証法哲学 315, 333
変動相場制 139

ホ

法(法律) 18, 34, 50, 132, 144, 158, 162, 176, 179〜184, 186〜189, 191, 214, 224, 275, 307, 312, 316
法域・法圏 183
防衛 166, 308, 318
防衛省戦史研究センター 162
防衛大学校 162
貿易(→交易も見よ) 18, 42, 55, 95, 96, 126, 129〜131, 135, 136, 138, 139, 149, 158, 159, 163, 217, 233, 305, 310, 336〜339, 341〜344
貿易収支 139
貿易摩擦 132
法学 284, 285, 286
包括政党 143, 348
忘却 261, 303

方言　253
法源　182
封建遺制　75
封建社会　21,65,70,72,151,225, 303,315,340
封建制　58,66～69,73,90,101,155, 184,185,189,213,216,223,276, 314,317,320,322,325,346
奉公　78,115,225,227,232,234, 237,238,345
法思想　66,182,220,311
法実務　184
放射性同位体　104
北条政子　235,236
法人　15,186,290
法制史　180,182,231
法整備支援　183
包摂　72,212,232
法則(性)　8,13,21,24,66,102,104, 108,267,281,302,317
法則定立的科学　24
法治国家　181,182
報道　37,47,59,175,176,243,246,264
暴動　147,177
報道統制　176
法の下の平等　189
法文化　182
方法論的個人主義　284,334
亡命者　157
暴力　147,150,165,166,177,178, 208,212,255,318～320,349
暴力装置　150,166
暴力団　184
北宋→宋
牧畜　18,77,103,105,107
母系(制)　185,222,228,229,231,252,310
保険としての歴史　268
母権制　206,222,228,310
菩薩戒　146,160
墓誌　45,170
保守主義　65,142
補償　37,153,174,176,178
補助科学　286
補助貨幣　136
ポスト(官職)　85,196,197,243,294,333,335
ポスト近代(→ポストモダンも見よ)　3,29,59,88,310,313,332
ポスドク　293,295
ポストコロニアル・スタディーズ　75,153,254,319
ポストモダン(ポストモダニズム、ポスト近代)　14,28,50,75,188, 205,206,213,241,286,327,331
母性　224,225,229
保存・公開　263
ボーダーヒストリー　83
ホー・チ・ミン　86,157,243,326

渤海　270,271
北海道　82,83,270,336
ポップカルチャー　99,140,245
北方史　82,83,98
ポピュリズム　142,143
ホブズボウム　152,254
ポメランツ　71,72,88,115,121
ホモソーシャル　221
ボランティア　202
ポーランド　154,175
ポランニー　129,159
ボルシェヴィキ　319
ボルシェヴィズム　319
ポリティカル・コレクトネス　178
捕虜　163,164,175,204
ポル・ポト政権　174,272,321
ホワイト、ヘイドン　256,265,329
ホワイトカラー　239,348
本位貨幣　136
香港　36,58,117,227
本質主義　251,278,327,328
本草学　101
盆地国家(ムアン、ムオン)　273
本百姓　344
翻訳　9,10,18,34,35,39,41,49～ 53,85,88,156,265,283,284

マ
マイクロファイナンス　132
埋蔵銭　135
マイノリティ　177,201,203,213, 266,269,273,312,314
マイホーム　348
巻物　43
マクロ経済学　120,121
媽祖　218
町場　344
マッチョな男性性　274
末法　60,66
祭り(→祭祀も見よ)　45,63,207
マディソン　71,113,120
まなざし　247,263
マニング　87
マネーゲーム　125
間野英二　85
マハーバーラタ　173
マラッカ王国　43,56
マラッカ海峡　56,58
マリア・テレジア銀貨　138
マルクス主義　3,14,26,27,31～33, 36,65～72,85,88,89,110,116, 120,130,132,140,147,148,150, 166,200,203,204,207,241,247, 255,256,269,286,314,316,319, 322～327,334,335
『マルクス主義と民族問題』　211,316
マルクス・レーニン主義　321,322
マル経(マルクス経済学)　324
マルサスの罠　112,114

丸山真男　31
マレーシア　143,272
マンガ　13,36,173,239,244
満洲国　99
マンダラ　146,147,189
マンチェスター綿布　131
満鉄調査部　98

ミ
未開　23,25,206
ミクロ経済学　120,125
ミクロストリア(ミクロヒストリー)　122,203,263
未公刊史料　51
短い20世紀　68
水島司　68,87
水野和夫　282
貢ぎ物　305
密教　29
#MeToo運動　219
水戸藩　30,31
南アジア　51,107,118,135,274, 310,320,323
南アジア型発展経路　78
南アジア学会　32
南塚信吾　12,70,84,87,253
源頼朝　20
美濃　343
身振り　204
身分(制)　18,34,68,77,115,116, 132,142,168,180,185,189,191, 192,200,208～210,212,215,225, 226,231～233,253,260,307,309, 316,345,346
身分集団　192,201,212,248
身分制議会　151,152,180
身分的周縁　191
宮崎市定　23
宮嶋博史　77,110
ミャンマー　273
苗字　231
名主　189
名跡　231,233
弥勒仏　66
明(朝)　56,63,64,73,110,127,138, 156,158～160,168,336,337,339
民営化　168
民間委託　130,169
民間信仰　18,217,277
民国紀元　64
『明史』　57
民衆　26,34,75,130,143,145,148, 151,153,159,180,203,215～217, 242,250,251,256,257,265,273, 305,309,334
民衆運動史　147
民主主義　74,99,142,143,155,169, 253,260,323
民主政(民主制)　18,67,131,151, 153～155,168,253,275,348

民主政治 18
民政 170, 171
民族(→ネーション、エスニシティも見よ) 18, 24, 25, 27, 28, 65, 67, 69, 75, 88〜93, 96, 99, 124, 132, 141, 142, 155, 159, 165, 168, 175, 178, 179, 199, 208〜212, 221, 242〜245, 248, 250, 256, 257, 265, 270〜274, 280, 304〜309, 315, 316, 322, 323, 328, 332, 337, 338
民族運動 31, 312
民俗学 18, 45, 101, 122, 205, 245, 284
民族学 18, 25, 45, 101, 206, 222, 275, 284
民族自決(権) 81, 210, 211, 253
民族資本 132
民族人民民主革命 320
民族の自由 210
民族紛争 177, 211, 253
明末清初 67, 116, 126, 233
民謡 249

ム
無意識の偏見 178, 208
『無縁・公界・楽』 205
無形文化遺産 45
婿入り 231
無宗教 277
無償労働 127
ムスリム 55, 84, 184, 273
無政府主義 317
村(村落) 18, 37, 51, 107, 111, 118, 174, 181, 184, 191, 201, 206〜208, 212, 217, 218, 223, 230, 232, 233, 318, 344〜347
村井章介 20, 162, 336, 339
村請制 51, 190, 240
村田路人 341
室町幕府 19, 20, 248, 336, 339
門中 232

メ
明治(時代) 30, 63, 76, 114, 155, 162, 173, 179, 185, 231, 233, 254, 264, 282, 339, 340, 344, 347, 348
明治維新 70, 188, 306, 346
明治民法 186, 239
銘文 43
名誉 177, 178, 183, 193, 196, 197, 218
メガリージョン(→地域世界も見よ) 83
メキシコ銀 137, 138
メソポタミア 22, 62, 84, 108
メタナラティブ 256, 329
メタヒストリー 28, 256, 265, 329〜331
メトン暦 62
免疫 105

綿花 131
綿糸 132
面従腹背 38, 148, 257, 299
面の支配 247, 305
綿布 108, 131, 132, 336, 343

モ
毛沢東 70, 130, 162, 175, 319〜321
毛沢東思想 32, 322, 324
文字 18, 42, 44, 45, 51, 54, 95, 97, 113, 246, 307, 331
文字史料 18, 42, 44, 48, 103, 263
木簡 43, 45, 47, 54
モデル(図式、手本) 21, 24, 25, 30〜32, 59, 74, 76〜78, 83, 91, 101, 105, 114, 116, 117, 121, 123, 125, 128, 132, 142〜144, 147, 158, 169, 195, 201, 214, 225, 226, 229, 239, 240, 258, 260, 272, 278, 279, 284, 303, 310, 311, 320, 321, 323, 324, 327, 348
モニュメント(→記念物も見よ) 308
モラル・エコノミー 147
森正夫 110
森安孝夫 54, 85, 101
文科(文部科学)省 288〜290, 298
モンゴル時代 73, 74, 112, 132, 138
モンゴル帝国(→元も見よ) 85, 131, 151, 153, 159, 183, 235
文書 18, 35, 41, 43, 44, 47, 51, 53, 54, 57, 263, 286, 337
文書館 46, 47, 51, 54, 257
問題意識 26, 27, 29, 31, 204, 255, 297

ヤ
八尾隆生 119
焼畑農耕 109, 149
ヤクザ 171, 173, 184, 202
屋久島 93, 104
訳注 39, 50, 52
役割語 255
靖国神社 142, 174, 175
安丸良夫 147
やつら 210, 211, 253, 304, 312
野蛮 23, 229
山内晋次 97, 158
山崎覚士 158
山下範久 14, 25, 70, 73, 74
邪馬台国論争 55, 282
山田信夫 54
ヤマト王権 96
やまとごころ(和魂) 278
闇経済 133
弥生時代 68, 69, 97, 195
ヤンガードリアス・イベント 103, 105
両班 180, 233, 307

ユ
由緒 262
唯心論 315
油井大三郎 175
唯物史観(→マルクス主義も見よ) 26, 285, 315, 316
有権者 10, 142, 143
優生思想 106
遊牧国家 85, 90, 129, 150, 171, 183, 189, 309
遊牧社会 164, 168, 223, 236, 309
ユーゴスラヴィア 176
輸送 18, 107, 123, 124, 126, 137, 313
ユダヤ教 64
ユダヤ=キリスト教世界 66
ユダヤ人 85, 124, 213, 274
輸入代替工業化 98, 133, 340, 342, 343

ヨ
用語 7, 8, 13, 15, 18, 54, 227, 253, 288〜290, 292, 296, 303, 318, 330
養子 223, 224, 226, 231, 232
曜日 60
傭兵 18, 170, 213, 338
養和の飢饉 20
義江明子 195
ヨーロッパ(史) 22, 27, 31, 32, 36, 37, 44, 61, 65, 66, 68, 70〜75, 77, 78, 81, 83, 84, 87, 91, 104, 106, 107, 110, 112, 113, 116, 117, 119, 126, 130〜132, 135, 145, 146, 151, 152, 157, 170, 180, 185, 189, 200, 203〜205, 209, 210, 226, 239, 245, 248, 249, 258, 268, 274〜277, 279, 284, 310, 311, 317, 318, 320, 322, 323, 326, 333, 339〜343, 346〜348
預言者 18, 249
横並びの発想 10, 38
吉本隆明 282
4つの口 342
淀君 236
與那覇潤 151, 216, 268, 282, 296
嫁入り 231
ヨーロッパ中心史観(中心主義) 9, 25, 74, 87, 88, 204, 259, 275, 283
「ヨーロッパの拡大」 25
弱い国家と貧しい自給農民 341
四層の歴史(グローバル・リージョナル・ナショナル・ローカル) 89
四大文明 23, 111

ラ
ライフサイクル 18, 122, 193, 224, 227, 238
ラオス 271, 273
ラデュリ 203
ラテンアメリカ(史) 27, 30, 71, 85,

171, 209, 310, 313, 323, 338
ラテン語　44, 82, 210, 277
ラーマーヤナ　173
蘭→オランダ
蘭学　107
ランク（官位）　3, 196, 197
ラング　328
ランケ　23〜25, 31, 269

リ

理（儒教の観念）　250, 251
利益分配　140, 143, 305, 348
リオタール　327
陸軍参謀本部　162
離婚　117, 186, 224, 226, 238〜240
理性　23, 145, 147, 203, 205, 244,
　268, 280, 308, 313, 332〜334
李成市（り・そんし）　96, 157, 158
リーダー　33, 140〜142, 151, 168,
　170, 195, 305, 322, 323, 339
リーマンショック　139
律　118, 125, 127, 145, 151, 179〜
　192, 194, 200, 201, 215, 229, 234,
　235, 275, 287, 289, 305, 307, 308,
　316
立憲王政　67
立法　43, 141, 183
律令国家　69, 96, 192
律令制
　19, 95, 169, 180, 188, 234, 307
リーディングス　47
リード、アンソニー
　84, 85, 121, 135, 250, 341
リニージ　228
理念型　24
リーバーマン　89, 90, 101, 341
リプロダクティブ・ヘルス・ライ
　ツ（→性と生殖の権利も見よ）
　117
留学生　35, 99, 157, 213, 293, 294
琉球　83, 98, 130, 149, 158, 160, 273,
　336, 337, 339, 341, 343, 344
琉球・沖縄史　82
令　50, 144, 169, 170, 180〜182, 184,
　187〜190, 192, 194, 197, 234, 235,
　275
領域型ナショナリズム　210, 212
領域国家　18, 150
両替商　136
令外官　196, 198
良妻賢母　220, 225, 311
領事裁判権　184
領主制　68, 69, 190
領土問題　288
良民　191, 192, 215
リンガ・フランカ　18, 242, 309
倫理　145, 241, 250, 346
論理整合性　13

ル

類型（論）　13, 24, 26, 31, 113, 146,
　170, 180, 181, 202, 284, 300, 312,
　320, 347
類書　43
ル・ゴフ　203
ルネサンス　65〜67, 75
ルーマン　183, 206

レ

礼（礼楽）　50, 150, 156, 158, 159,
　205, 206, 224, 245, 247, 248, 250〜
　252, 257, 272, 284, 286, 345
『嶺外代答』　56
冷戦　26, 27, 32, 36, 84, 90, 96, 99,
　101, 132, 161, 163, 166, 175, 176,
　204, 243, 249, 275, 312, 319, 322,
　323
冷戦終結　23, 27, 32, 99, 165, 176,
　177, 211, 314, 315, 332
隷属民　77, 208, 218, 228, 308, 345
隷属労働力　165
レヴィレート婚　224
礫岩のような国家　152
歴研派　67, 121, 322, 324
歴史意識　22, 265
歴史家　34, 40, 255, 264, 265, 269
歴史科学協議会　22
歴史学研究会
　12, 22, 32, 76, 85, 103, 322
『歴史学事典』　22, 34
「歴史学の成果と課題」　12
歴史学の専門性　65, 257, 266, 295
歴史学のフロンティア　291, 292
歴史学部　14, 31
歴史観　7, 17, 22, 25, 65, 66, 68, 87,
　92, 101, 132, 140, 249, 265, 269,
　280, 301〜303, 332
歴史叙述　22, 266
歴史教育改革　1, 12, 290, 330
歴史研究の理論と方法　291
歴史言語学　333
歴史時代　18
歴史時代考古学　45
歴史実践　29, 257, 262, 274
歴史修正主義
　4, 13, 40, 265, 282, 329, 332
歴史主義　24
歴史趣味　14, 162
歴史書　2, 9, 50, 302, 329
歴史小説　11, 13, 162, 281, 282
歴史上の岐路　280, 304
歴史叙述
　18, 23, 26, 265, 300, 302, 303
歴史史料ネットワーク　47
歴史人口学　28, 45, 78, 105, 109,
　112, 113, 115, 116, 120, 204, 218〜
　220, 228, 238, 310, 335, 342, 346,
　347

『歴史人口学研究――新しい近世
　日本像』　237
歴史像　4, 17, 26, 40, 84, 98, 111,
　222, 266, 281, 301, 329, 330, 335
歴史総合　2, 163, 289〜292, 335
歴史創造　300
歴史対話　271, 300
歴史地図　47
歴史地理　143
歴史的個性　24
歴史哲学　11
「歴史なきアフリカ」　275
「歴史にイフはない」　267
歴史認識　38, 261, 264
歴史の一回性　24
歴史の基礎概念　16, 18
歴史の教訓　266, 268, 297
歴史の公式（基本公式）　14, 16, 19,
　92, 261, 282, 288, 301
「歴史は繰り返す」　21, 302
「歴史は勝者が作る」　261, 266
歴史批評　300
『歴史評論』　22
歴史編纂　30
歴史無用論　5, 9
歴史＝物語り論
　205, 265, 281, 329, 331
歴史理論
　1, 11, 31, 207, 298, 299, 321
「歴史ワクチン」　268
暦法（→暦も見よ）　18, 61〜64, 107
烈士　174
列伝　142, 250
レーニン
　15, 24, 40, 70, 79, 166, 317, 320
錬金術　107
連合政権　143, 168
連合東インド会社（→オランダ東イ
　ンド会社も見よ）　342
連邦国家　180

ロ

労役　18, 43, 51, 113, 127, 137, 186,
　196, 212, 215, 305, 310
老人　117〜119, 128, 202, 204, 227,
　229, 238, 240, 251, 326
労働　3, 61, 78, 100, 111, 115, 117〜
　119, 121, 123〜126, 128, 133, 134,
　142, 166, 202, 220, 246, 294,
　304, 316〜319, 321, 323, 325, 344
　〜346
労働運動　129, 131, 155, 202
労働時間　61, 126, 227
労働者階級　75, 123, 318, 319, 323
労働者の自主管理　324
労働生産性　100, 111, 304
労働点数　130
労働力　76, 116〜118, 128, 129, 133,
　253, 308, 344, 346, 348, 349
浪人（牢人）　172, 338

労農派　70, 319, 324
ローカライズ　86, 150, 252
六波羅　19, 20
ロシア　85, 90, 101, 124, 127, 249,
　271, 277, 319, 321, 323
ロシア革命　166
ロストウ　27
ロビンソン・クルーソー　205
ロボット　3, 165
ロマ　55, 85, 106
ローマ（古代）　41, 96, 151, 154, 155,
　180, 230, 275, 305〜307

ローマ帝国　146, 273, 302, 303
ローマ法　180
ロマン主義　207
ロールズ　178
論文　8, 16, 26, 32, 35, 38〜40, 46, 49
　〜52, 93, 103, 230, 284, 292〜295,
　297, 330
論理学　9, 268

ワ

和歌　189, 248
和解　175, 178, 224, 264, 265, 332

和解学　176, 178, 266
ワクフ　132, 206
倭寇　97, 337〜340
和食（→日本料理も見よ）　123
和製漢語　98
渡辺信一郎
　12, 110, 146, 157, 158, 214
ワタン制　233
和蕃公主　159
和平交渉　161, 306
われわれ意識　211

398

著者紹介

桃木至朗（ももき しろう）

大阪大学大学院文学研究科名誉教授
専門はベトナム史を中心とする東南アジア史、海域アジア史、歴史教育
主要著作は『中世大越国家の成立と変容』（大阪大学出版会、2011）、『海域アジア史研究入門』（共編
著、岩波書店、2008）、『新版東南アジアを知る事典』（共編著、平凡社、2008）、『市民のための世界
史』（共編著、大阪大学出版会、2014）、『世界史叢書総論 「世界史」の世界史』（共編著、ミネルヴ
ァ書房、2016）など

市民のための歴史学
―テーマ・考え方・歴史像―

| 2022年3月31日　初版第1刷発行 | ［検印廃止］ |
| 2023年9月30日　初版第2刷発行 | |

著　者　桃木　至朗

発 行 所　大阪大学出版会
代表者　三成賢次

〒565-0871　大阪府吹田市山田丘2-7
大阪大学ウエストフロント
TEL：06-6877-1614
FAX：06-6877-1617
URL：https://www.osaka-up.or.jp

印刷・製本所　（株）遊文舎

Ⓒ Shiro MOMOKI 2022　　　　　　　　Printed in Japan
ISBN　978-4-87259-756-1 C1020